長い18世紀イギリスの都市化

成熟する地方都市キングス・リン

小西恵美

日本経済評論社

目　次

序　章 …………………………………………………………………… 1

第一部　都市を構成する——経済・社会の基本構造——

序　19

第1章　キングス・リン——持続と変化—— ……………………… 21

1　中世都市リンの成長と変容　22
2　長い18世紀の経済・社会構造　32
　2-1　長い18世紀の人口推移　34
　2-2　就業構造　36
　2-3　富の分布　45

第2章　フリーメン、納税者、エリート
　　　　——都市の担い手—— ………………………………………… 69

1　フリーメンの構成——登録簿の分析（1636〜1835年）——　70
2　1790年代のフリーメン　82
3　1830年代のフリーメンと非フリーメン　85
4　選挙権——フリーメンから納税者へ——　92
5　エリートたち　96

結び　108

第二部　都市を治める──新しい自治体制の3つの柱──

序 111

第3章　伝統的統治機構と都市自治体 …………………… 113

 1　市議会構成員　114
 2　都市自治体の伝統的役割　118
 3　都市自治体の革新　126
 4　活動資金の担い手たち　134

第4章　法定委員会──舗装委員会の事例── ………………… 149

 1　法定委員会　150
 2　キングス・リンの舗装委員会の設立背景　154
 3　構成員　156
 4　事業内容　160
 5　活動資金の提供者たち　170
 6　舗装委員会と都市コミュニティ　180

第5章　公的領域とアソシエーション ……………………… 189

 1　救貧・慈善　190
 2　相互扶助　198
 3　学校・教育・教化　205
 4　公共施設の建設　210
 5　その他のアソシエーション　217

結び　229

第三部　都市を消費する──ポライトな社交関係の構築──

序　233

第 6 章　消費文化とその空間　237

　　1　消費と所有物　238
　　2　市から小売店舗へ　249
　　3　小売店舗とその地理的分布　256
　　　　3-1　小売店舗の種類　258
　　　　3-2　小売店舗の分布　268
　　　　3-3　ハイ・ストリートとノーフォーク・ストリートの富裕度の比較分析（1830年）　273

第 7 章　社交と催し　287

　　1　催しのための空間　288
　　2　社交と公衆　291
　　3　社交と娯楽　298

第 8 章　教養・知識・情報とアソシエーション　321

　　1　印刷文化を介した教養・知識　322
　　2　「有用な知識」──科学と改良──　326
　　3　政治社会の知識や議論　332
　　4　礼儀と素養　335
　　5　親睦とネットワーク　342

結び　355
結論　357
付表　367
一次史料　399

刊行一次史料 402
二次文献 405
あとがき 423
索引 429

図表一覧

第1章

図1-1　イースト・アングリアとフェンランド　23
図1-2　1680年代のキングス・リン　31
図1-3　キングス・リン市域（セント・マーガレット教区）　33
表1-1　区別人口と人口増減率（1676〜1841年）　37
表1-2　世帯数と世帯規模（1801〜1841年）　37
表1-3　男性の職業リスト（1841年）　39
表1-4　男性の職業構成——ノーフォークの3都市（1841年）　41
表1-5　ノーフォーク3都市の性比（1801〜1841年）　44
図1-4　年齢層別男女別人口（1821年）　46
図1-5　年齢層別男女別人口（1841年）　47
表1-6　富裕度にもとづく分類（1796年）　52
表1-7　富裕度にもとづく分類（1836年）　58

第2章

図2-1　フリーメン登録数（1636〜1835年）　73
図2-2　登録方法別フリーメンの比率（1636〜1835年）　74
表2-1　フリーメンの職業（1636〜1835年）　78
表2-2　時期別フリーメンの職業（1636〜1835年）　80
表2-3　フリーメン納税者のクラス別富裕度の分類（1796年）　84
表2-4　フリーメンの職業（1837年）　86
表2-5　非フリーメン納税者の職業（1830年）　87
表2-6　フリーメン納税者のクラス別富裕度の分類（1836年）　89
図2-3　選挙人の数の変化（c. 1830〜c. 1840年）　95
表2-7　選挙権保持者の人数（1837年）　96
図2-4　キングス・リンと関わりをもつ農村地主　103

第3章

表3-1　都市自治体の収入（1714〜1789年）　120
表3-2　都市自治体発行の年金証券引受人（c. 1750〜 c. 1830年）　136
図3-1　都市自治体債権引き受け額（c. 1750〜 c. 1820年）　137
表3-3　都市自治体債権引受人（c. 1750〜 c. 1820年）　138
表3-4　慈善基金（1581〜1833年）　140

第4章

表4-1　専任舗装委員、専任市議会議員、兼任舗装委員（1803〜1810年）　158
図4-1　キングス・リンの通り、広場、建物　162
表4-2　舗装委員会発行の年金証券引受人（1806〜1865年）　171
表4-3　舗装委員会証券引受人（1803〜1810年）　173
表4-4　舗装委員会証券引受人の職業・地位別人数と引き受け総額（1803〜1810年）　175
表4-5　舗装委員会証券の引き受け額別リスト（1803〜1810年）　177
表4-6　リン・ガス会社の株主（1824年）　178

第5章

表5-1　新劇場への出資者（1813年）　212

第6章

表6-1　プリーザンス・バッグの宝石　247
表6-2　ロンドン、ブリストル、ノリッジ、マンチェスター、ハル、キングス・リンの小売店舗——職種ごとの比率と小売店舗数　254
表6-3　18世紀末と1830年のキングス・リンの小売店舗　257
図6-1　1830年のキングス・リン　270
表6-4　通り別小売店舗の件数と比率（1830年）　272
表6-5　ハイ・ストリートとノーフォーク・ストリートの建物等の査定額（1836年）　274
表6-6　ハイ・ストリートとノーフォーク・ストリートの住人の職業（1830年）　276

第7章

図7-1　キングス・リンの社交空間　289

結　論

図結-1　公開晩餐会（1815年）　364

付表

付表1　クラスⅠ～Ⅲの納税者と査定額（1796年救貧税記録より）　369
付表2　クラスⅠ～Ⅲの納税者と査定額（1836年救貧税記録より）　373
付表3　納税者の分類と職業（1836年）　376
付表4　フリーメン納税者の職業別富裕度の分類（1796年）　381
付表5　フリーメン納税者の職業別富裕度の分類　（1836年）　382
付表6　市議会議員（1684～1835年）　384
付表7　公開晩餐会区別責任者（1814年）　391
付表8　キングス・リンのアソシエーション（c. 1750～c. 1830年）　392
付表9　バッグ家の家系図　395
付表10　キングス・リンのハイ・ストリート・ショップ（1830年）　396

略記号

BNP：*The Bury and Norwich Post*
CEHMB：Floud, R. & Johnson, P., eds., *The Cambridge Economic History of Modern Britain, vol. 1 Industrialisation, 1700-1800*（Cambridge, 2004）
CFL：Norfolk and Norwich Archaeological Society ed., *A Calendar of the Freemen of Lynn 1292-1836*（Norwich, 1913）
CUHB：Clark, P., ed., *The Cambridge Urban History of Britain, vol. 2*（Cambridge, 2000）
CWG：Brewer, J. & Porter, R., eds., *Consumption and the World of Goods*（London, 1993）
House of Commons PP: House of Commons Parliament Papers
KLA：King's Lynn Borough Archives
LWP：*The Lynn and Wisbech Packet ; Norfolk, Suffolk, Cambridge, Lincolnshire Advertiser*
NA：National Archives
NC：*Norfolk Chronicle or the Norwich Gazette; Norfolk Chronicle and Norwich Gazette*
NM：*Norwich Mercury*
NRO：Norfolk Record Office
NYLC：*The Norwich, Yarmouth, and Lynn Courier, and General Advertiser*

序　章

　かつての経済史の解釈では、イギリスの18世紀は王政復古や名誉革命という政治的革新と、産業革命という経済的革新の間に挟まれ、ただ時代と時代を繋ぐ間奏曲、変革への準備の時期でしかなかった。しかし、今日ではJ. C. D. クラークのように国教主義、貴族、君主の支配する旧体制であったことを強調する見方はあるものの[1]、18世紀のイギリスが、経済的にも政治的にも社会的にも文化的にも重要性をもった、変化に富んだ時期であるという解釈を支持する者は多い。都市史の場合も同様である。18世紀のイギリスの都市は、ヨーロッパの諸都市が停滞または衰退する中で例外的な成長をとげ、19世紀初頭には人口のほぼ3分の1が都市に居住するようになっていた[2]。18世紀の都市は大きな変化の原動力をもっていたのである。本書は、こうした重要な変化が起きていた長い18世紀におけるイギリス都市化の状況を明らかにするため、ノーフォーク西部に位置するキングス・リンを事例としてとりあげる。

　長い18世紀のイギリスについての研究は、今、最も活発に研究がなされている分野といっても過言でない。就業構造や人口移動、産業分析から、行政や宗教、そして社会構造やアイデンティティ、消費、レジャーなどの社会的、文化的なものまでさまざまなテーマが、多様なアプローチで研究されている。こうしたテーマの多くは都市に関連するものであり、18世紀都市への興味が高まっているといえる。しかし、イギリス18世紀の都市研究は、長い間、研究史上空白の領域であった。中世に栄えたイギリスの地方都市のほとんどが中世末の危機からなかなか立ち直れず、産業革命で復活をとげる時期までその活力を取り戻せなかったという暗黙の想定が、この空白の背景にあったと考えられる。社会経済史の視点からいえば、18世紀は都市の時代というよりも、農村と農村工

業の時代であったといってよいし、また18世紀の都市は、中世以来の特権や規制によって成長が阻害された場と見なされてきた[3]。したがって、都市の研究者の興味の対象は産業革命期以降に急速な工業化や人口増加を経験した都市におかれ、工業化や都市化の過程、それらに伴う住環境や生活環境への影響、家父長主義の崩壊や階級闘争といった社会関係の変化などのテーマが積極的に追求されたのである。こうした「成功した」都市は、それまでの経済社会の中心ではなかったイギリス北部に集中した。その一方で、地域の中心地として商工業や豊かな農業を背景に中世以来長期にわたり繁栄してきた南部の地方都市では、本格的な工業化は進まず、そのために都市の成長が停滞し、相対的衰退を経験したと理解されてきた。

地方行政の観点から見ても、19世紀までは大きな変化は起こらなかったとするのが通説であった。1830年代に全国的な大改革が行われる中で近代化を達成したというのが、S. & B. ウェッブ以来の伝統的な考え方である[4]。とりわけ1835年の都市自治体法は、地方都市にとって大きな転換点になるものであった。それまでは各都市の自治に委ねられていたため都市ごとに大きな相違が見られたが、一連の改革によって一定水準の均一性をもった地方自治が保障されるようになったとされる。それ以前には、古くから続いた旧態然たる都市自治体（都市法人、コーポレーション corporation）が都市の近代的発展を阻害し、腐敗を生み出す根源であった。それを避け、成長を可能にしたのは、法定委員会をはじめとする新しいタイプの行政組織が都市自治体を抑えて都市を統治できた場合であったが、これに該当するのはその多くが、伝統的で強力な行政の中核組織をもたない工業化が急速に進んだ新興都市であったという議論が大勢であった。しかし、イギリスの都市化はただ一つのシナリオに沿って進んだわけではない。本書が明らかにしたいのは、都市化の多様なあり方である。

18世紀の都市は、長い間19世紀の変革期の都市の前史としてしか扱われなかったが、ようやく独立した研究対象として注目されるようになったのは1980年前後である。1982年に出版されたP. J. コーフィールドの『イギリス都市の衝撃1700-1800年』では、人口、経済、社会、政治、文化などさまざまな角度から、

大きく変化する18世紀のイギリス都市が議論された[5]。19世紀ほどではなかったが、それまでにない勢いで人口が増加していた18世紀の都市では、市場町や港湾都市、製造業都市、レジャー都市、首都というように経済機能の特化が進んでいた。また、18世紀の都市では、都会的な洗練された場をもつ都市化の過程も見られた。現代にいたる長期的な都市化の時代がこの時点からはじまったことを主張するコーフィールドは、18世紀都市に関するさまざまな視点を提示した上で、工業の繁栄から都市化を考える従来の見方だけでは不十分であることを明らかにしたのである。コーフィールドと同じ年、N. マケンドリックとJ. ブルーワ、J. H. プラムは『消費社会の誕生――18世紀イングランドの商業化』を出版した[6]。消費革命や商業化の結果として、18世紀に消費社会が誕生したことを議論するこの本は、直接的に18世紀の都市を論じているわけではない。しかし消費社会の拡大がとりわけ都市の特徴であったことから、新しい18世紀都市研究のための重要な出発点の一つとなった。さらに、後述するように、P. ボーゼイが「イギリス都市ルネサンス」と表現する都市の質的な変化をはじめて正面から扱ったのもこの頃であった[7]。

　こうした初期の研究に触発され、18世紀のイギリス都市研究はめざましい発展をとげた。1980年代後半以降は、18世紀都市社会における中間層、消費と所有物、ジェンダー、都市のアイデンティティなど、テーマ別の研究が進む一方で、個別の実証的都市研究が数多くなされた。こうしたテーマ別研究や事例研究の成果をまとめるべく、総合的研究が出はじめたのは2000年頃からである。R. スウィートの『イギリス都市1680-1830』やJ. M. エリスの『長い18世紀のイギリス都市――1680-1840』では、コーフィールドが提起した18世紀都市の経済や行政、社会、文化といった諸側面が、20年間の実証研究の成果の蓄積を加え整理された[8]。そして、それまでの18世紀都市研究の集大成ともいえるP. クラーク編集の『ケンブリッジ・イギリス都市史』第2巻（1540-1840）では、その後半部分には1750～1840年を対象とし、経済機能別都市の特徴、産業、人口、レジャーなど、多様なアプローチでの18世紀都市研究が多数収録された[9]。これらの著作に共通な点は、1700～1800年というカレンダー上の単なる区切り

ではなく、都市の実際の変化に合わせた「長い18世紀」と呼ばれる時期に注目をしていることであった。王政復古または名誉革命期から中央指導の行政改革が相次いだ1830年代や1835年の都市自治体法までをひとまとまりとして長い18世紀と呼ぶことには、今ではほぼコンセンサスが得られている。本書もこれに従い、長い18世紀後半、すなわち1750〜1830年代のキングス・リンを対象としている。

こうした18世紀研究が提示するのは、工業化以前のイギリス社会における、経済的にも社会的にも文化的にも繁栄し成長をとげる都市像であった。このことは、工業化に結びついた都市化という従来の議論が、重要ではあるがあくまでも一つの説明モデルであり、すべての都市化や近代化を説明するものではないということを示唆するものである。実際、18世紀から19世紀にかけて劇的な工業化を進行させた都市は、数の上からすれば例外的存在であった。大半の都市は急速な工業化を経験することも、従来の産業構造を根本的に変化させることもなかったし、伝統的な自治都市のほとんどでは、機能しているかどうかは別としても、1835年までは都市自治体が都市行政の中心にあった。これらの都市はめざましい工業化は経験しなかったかもしれないが、それとは違った形での社会・文化的な性格の都市化を成しとげていた。

18世紀の都市化を考える上で、ボーゼイのいう「イギリス都市ルネサンス」論は有効な総合的視点を提供するものである[10]。ボーゼイは「都市ルネサンス」という言葉をかなり自由に、あるいは多義的に用いている。しかしとりわけ2つの側面での「ルネサンス」を強調した。一つは建築ルネサンス、もう一つは文化ルネサンスである。建築ルネサンスとは、整備舗装された道路や広場、公共の建物や商業施設など、この時期に生まれた新古典派様式の建物を中心とし、通りや町の一角に、統一感のとれたファッショナブルな景観が出現する一連の過程をさしている。これとほぼ同時進行で起こったのは、文化ルネサンスとボーゼイが呼ぶものである。都市は洗練された社会生活を提供する場であり、レジャーを提供する空間になり、それまでの共同体的な空間とは異なり、よりオープンなものとなった。ボーゼイによると、都市ルネサンスは、人々が社会

的地位を追求する中で実現された。人々はそのために、判断の基準となる社交上のふるまいと資源を領有すべく、衒示的消費に繋がるモノの所有や、社交の催しでの経験、教育や教養、公的な仕事・慈善活動などに関わって洗練性を身につけようと試みた。都市ルネサンスには中間層以上の人々が関わると考えるボーゼイは、上品さや洗練性を求めた中間層以上と、そうでない一般大衆の中での文化の差異化が起こったと主張している。

　ボーゼイの唱えたイギリス都市ルネサンス論は多くの議論を呼んだ。その主な４つの論点を以下で整理してみよう。第一に、その地理的な広がりの問題がある。都市ルネサンスという現象が、ボーゼイの主張するようなイングランドの都市全般的な兆候ではなく、一部の例外的な都市でのみ起こったことであると批判したのは A. マッキネスである[11]。確かにボーゼイが事例としてとりあげた都市に偏りがあったことは否めず、新興の工業都市の例は彼の議論にはほとんど含まれていない。しかし、これに関連して示唆に富む最近の研究に、L. シュウォーツによるものがある。シュウォーツは、都市ルネサンスに関する諸指標を用いてその達成度を比較し、ボーゼイが例にとりあげなかった新興の製造業や港湾都市にも達成度の高かったところがあることを指摘した上で、居住レジャー都市 residential leisure town という分類を用いて都市ルネサンスとの関係を論じた[12]。彼の分析によると、一般に上位の居住レジャー都市ほど都市ルネサンスの影響力が大きかったが、リヴァプールやバーミンガム、マンチェスターなどの新興工業都市が上位にあがる一方で、州都市や地域の中心都市でも上位に入らない都市は少なくなかった。

　第二に、ボーゼイが都市ルネサンス論を唱えた当初から続く議論の一つとして、時期の問題がある。ボーゼイの著書の副題にあるように、彼がイギリス都市ルネサンスの時期を1660年から1770年と考えているのは明らかである。しかし王政復古期にボーゼイのいうような建築物や文化インフラをもてた都市はロンドンくらいのものである。古くからの地方大都市でさえ、都市ルネサンスへの動きは名誉革命期以降にようやくはじまったのであり、1660年を始点とするには疑問が残る。また、ボーゼイの考察からは外れた製造業都市や商業都市を

含むその他多くの都市の動向を見ると、それらの都市では1770年よりむしろ後に、質的な変化をとげていることを指摘する研究者も多い。近年、J. ストバートやJ. ベケットらが都市ルネサンスの第二波という考えを示している[13]。彼らは、ボーゼイが主張した王政復古期から1770年までの期間を、リゾート都市や州都市を中心とした都市ルネサンス期の第一波と捉えた。一方、製造業や港湾機能をもつ新興の都市では、1780年以降に前者のグループと同様の質的都市化がはじまったが、それを都市ルネサンスの第二波と表現したのである。都市のタイプや時期によって第一波と第二波と分けることに対しては異論もあるが、ボーゼイが考える都市ルネサンスの時期を超えた長い18世紀全般に都市の質的な変化が見られることについては、近年では、否定をする者は多くないであろう。

　第三に、ロンドンと地方都市の関係、あるいは都市ルネサンスの普及のプロセスをめぐる問題がある。ボーゼイの主張では、都市ルネサンスとは、宮廷文化（ハイカルチャー）の流れをくむロンドン発の文化が、社会的模倣を通じて地方の大都市に及び、やがて全国に滴下していく過程として捉えられているが、それに疑問を唱えた一人はエリスであった[14]。彼女は、必ずしも地方都市がロンドンのファッションをそのまま模倣し、その結果、画一化したナショナルな都市文化ができたわけではないということを強調した。地方都市は常に他都市との比較を意識しており、時に最新のロンドンのファッションを取り入れたものの、同水準の都市との競争の中で独自の状況に応じた改善を進めるなどの主体的な選択を行っていたのであり、滴下理論や社会的模倣が強調されるべきではないとした。

　これと密接に関連した第四の論点として、地方都市のアイデンティティをめぐる問題がある。この時期の都市で全国共通の文化が確立したことよりも、むしろ地元意識や都市のもつ固有のアイデンティティを求める傾向が強くなったことを強調しているのはJ. バリーやスウィートである。彼らもまた、前述のエリスと同様に滴下理論や社会的模倣を否定し、地方都市が新しい文化を取り入れる際に、単に模倣しているのではなく、主体的な選択をしていたと論じ

た[15]。さらにバリーは、18世紀の都市文化はボーゼイのいうような産業革命後に繋がる文化ではなく、むしろ17世紀以前の伝統的な民衆文化の発展型であるとし、前の時代との継続性を強調した。スウィートも、この時期の都市の人々が、自分たちの都市の歴史や慣習に誇りをもち、そういうものを通じて都市への帰属意識を強めていったと主張した[16]。バリーもスウィートも、ボーゼイのいう新しいナショナルな都市文化の形成を否定しているわけではないが、伝統的なローカルな文化や前の時代との連続性も、18世紀の都市文化の重要な要素として見過ごすことはできないとしている。

　ボーゼイが提起したイギリス「都市ルネサンス論」に対しては以上のような多方面からの批判や疑問が出されてきたが、彼が「都市ルネサンス」と呼んだような、ある質的な変化が18世紀のイギリスの都市で見られたことには、多くの歴史家が同意している[17]。しかし、18世紀の都市化を全般的な現象として捉えるために、上記の批判や問題点をふまえて、より広い視点から当時の社会を見る必要がある。

　まず、18世紀の都市化は、滴下理論にもとづくロンドンの流行や上層の人々の文化の模倣だけでなく、もっと広い階層の人々に共有された、快適さを求める新しい都市的生活様式を考える中で理解されなければならない。市庁舎やアセンブリ・ホール、劇場、図書館、学校、遊歩道、街灯といった公的な性格を帯びる建物や施設の建築、人やモノの移動を促す道路やコミュニケーション手段の整備や改善、常設小売店舗やイン、コーヒーハウスなどの流行を追った商業施設の敷設、演劇、演奏会、展示会など各種催しの企画、書物やパンフレットの印刷・出版など、多様な要素が観察された。これらの新しい都市文化の共通した特徴は、快適で便利で洗練された、審美性を追求する都市空間の創造を促すものであり、そこにはナショナルなものだけにとらわれることなく、地域の伝統や慣習にもとづく独自性を強調されるようなものも含まれるのである。公的な行政組織から商業企業や私人にいたる、さまざまなレベルで作り出されたこうした空間は、必ずしもタテの方向で上層から下層、大都市から中小都市というように、ベクトルが下に一方的に向いていたわけではなく、時には双方

向で、また時には横の関係で作用しあう場合もあった。また、新しい都市空間は都市の一部の人々のためのものではなかった。確かに、ボーゼイのいうように、都市の快適度を高めるために必要とされた大きな経済的基盤を実質的に担い、新しい都市文化を満喫できたのは生活に余裕のある中間層や地主たちであっただろう。しかし、同じ都市に住み生活している貧しい一般住民たちも、全く除外されていたわけではなかった[18]。豊かな者と比べれば機会が少なかったとはいえ、一般庶民はもとより貧困者でさえも、直接的であれ間接的であれ、それらを享受する機会はあった。社会的地位が承認され位階構造が再編成される場には、エリートだけでなく、より広い一般住民の参加も必要だったのである。

　新しい都市空間を構成する重要な要素の中でもう一つ強調しなければならないものに、ボーゼイもふれてはいるが十分議論していなかったヴォランタリ・アソシエーションがある。クラブやアソシエーションの歴史を詳細に検討したクラークも、これらを18世紀の都市化を特徴づけるものとして捉え、商業的催しと並ぶ新しい社交の形態の一つとして発展していったとする[19]。アソシエーションは、名誉革命期以降、とりわけ1730年以降に顕著な発展が見られるようになった。消費革命や富の拡大、新しいレジャーや新聞・印刷物に鼓舞された社会改良の欲求に刺激される一方で、宗教の多元化が進み、国家や教会の役割が変化したことが要因となって大きく発展をとげたのである。原則的には私人の集う組織であるが、18世紀のアソシエーションは社会から隔離された存在ではなかった[20]。都市の公共施設や公共事業、社交圏の形成や発展に資するものも少なくなかったし、そういった組織では社会からの認知を受けるためにも、積極的に活動内容も公開されていた。また、地方政府にインフラ整備の資金が不足していた長い18世紀において、幅広い中間層や地主が潜在的にもっている運用資金をうまく集めることは必要不可欠であったが、その役割もアソシエーションは担った。学校や図書館、病院などの社会・文化施設の敷設や、慈善のための費用を調達することを目的として、18世紀末頃から活発に組織されはじめた出資型アソシエーションがそれにあたる。しかしアソシエーションの役割

はそれだけでなく、とりわけ都市の富裕層や貴族、地主のネットワークの形成にあり、社会関係資本の構築を促すものとして機能した。都市の発展に伴い都市には多様な人々が存在するようになったが、こうした都市社会における異種の人々を結びつける役割を果たしたのがアソシエーションであった。近隣に住む農村地主も積極的に都市のアソシエーションに関わりをもったが、党派や宗派、職業を超えて集まった会員は、教養や知識、情報の交換を通じて親睦を深め、都市内外に非公式の幅広いネットワークができあがっていったのである。

　こうしたさまざまな論点をふまえた18世紀の都市化の諸特徴は、大小さまざまなイギリスの都市にあてはめて考えることができる。本書では、工業化の最先端とはかけ離れたところに位置していた一都市、キングス・リンを事例に検討していく。ノーフォークの港湾都市キングス・リンが有力な中世都市であったことは誰もが認めるであろう。とりわけ最盛期にあった13世紀、キングス・リンはイギリスで五本の指に入る取引港であった。羊毛と穀物の一大輸出港であったキングス・リンには、多くのハンザ商人も居住し商業施設も設置され、活発な海外取引が行われており、歳市には国内外から多くの人々が集まったといわれる。こうした「国際都市」キングス・リンの経済的繁栄は16世紀末まで続いた[21]。しかし中世に黄金時代を迎えたキングス・リンの海外貿易は、その後、停滞・縮小していった。その代わりに成長をとげたのは、イングランド北部の石炭とキングス・リンを取り囲む穀倉地帯の生産物を主な取引商品とした沿岸・内陸取引であった。それは着実な成長をとげ、近世以降のキングス・リン経済を支え続けたが、ロンドンや大西洋に面した港湾都市と比べれば、その繁栄は控えめなものであった。また、19世紀にいたるまで、新しい製造業が生み出されることもなく、新興工業都市に見られためざましい成長をとげることもなかった。こうした経済的側面のみから都市化の最先端をいく新興工業都市と比較すると、この都市は時代に取り残された中世の遺物のように見えてしまう。

　しかし、これは一面的な見方に過ぎない。人口激増や産業構造の変化などの

劇的な変化こそなかったことは確かであるが、新しい消費社会の広がりとそれを基盤とする都市の社会的・文化的重要性の高まりとともに、イースト・アングリア西部地域の中心地としての役割がキングス・リンを再生させることになったのである。その変化の仕方は穏やかであり、決して古いものが新しいものにとって代わったわけではなかった。むしろ、長い間行政に携わってきた都市自治体も、フリーメン制度も、そして港湾都市としての機能もそのまま残っていた。しかし、それらの伝統的な組織やメカニズムは社会の根底に存在し続け、多様化する社会へ適応しながら新しい持続的な展開を支えたのである。その姿は、当時の都市が目指す一つの型たる「快適で便利で審美的で洗練された都市」であった。キングス・リンの都市としての安定は、こうした伝統が強く持続しながらも、穏やかな変化や多様化を実現したことによってもたらされたともいえる。この都市は、長い18世紀に、文化・社会的な重要性を拡大することで都市化を進行させ、中世とは別の意味での「黄金期」を迎えたのである。

　キングス・リンについての研究は、古くは18世紀の都市史までさかのぼる。B. マカレル（1738年）、W. リチャーズ（1812年）、W. テイラー（1844年）は古い時代からの歴史と彼らの生きた時代に起きている事象を叙述したし、H. L. ブラッドファー゠ローレンス（1929年）はキングス・リンの商人たちのルーツをたどった[22]。しかし現代の歴史家による研究は必ずしも多くない。近年ではP. リチャーズ（1990年）が都市史概観を整理した[23]。一方、学術的な事例研究では、V. パーカー（1971年）とD. オーエン（1984年）がそれぞれ、中世以来の建築物についての著書と編書を記したが、それ以外は多くが未刊行の学位論文である[24]。そのうち、主にキングス・リンの16～17世紀を研究対象にするのは、当時の支配者である商人と国内外の取引についてのA. メター（1982年）、世帯構造についてのS. クーパー（1985年）、住民間の信用や市場活動について明らかにしたC. マルドリュー（1990年）である[25]。18世紀を対象にしたものでは、F. ウッド（1992年）が内陸取引と後背地の関係、J. バーニーが18世紀の商人と取引について追究している[26]。これらの学術研究は、それぞれ特定のテーマに沿って近世のキングス・リンの理解を深めるものである。したがって、

当時の都市社会を多元的に観察し全般的に見る視点をとる本書は、従来のキングス・リンの事例研究を補完できるのである。

　本書では全体を「都市を構成する」「都市を治める」「都市を消費する」という三部に分け、長い18世紀後半に起こったキングス・リンの都市化の過程を考察する。第一部では経済構造や社会構造、居住者について、第二部は自治システム、第三部は新しい消費文化や社交について議論する。いずれの部でも、それぞれの領域における持続性と変化が大きなテーマとなっている。

　第1章と第2章から成る第一部は、長い18世紀のキングス・リンの概観を捉えるために、中世から18世紀にいたる都市の歴史や、人口や職業構造、住民の富裕度と階層といった都市の基礎構造ともいえる部分を検討する。19世紀の都市化には急速な工業化や産業構造の変化、人口の激増などが伴ったが、18世紀の都市化にも、穏やかではあるが基礎構造は着実に変化したことが観察される。センサス、フリーメン登録簿、徒弟記録、選挙人名簿などから人口や住民の職業情報を入手し、住民の大半が課されていた救貧税記録を合わせて用いながら、このことを明らかにする。

　第1章ではキングス・リンの経済・社会の大枠を概観する。まず、制度と経済的側面から18世紀までの前史を簡単にふり返ったあと、18世紀の経済・職業構造を見る。沿岸取引と内陸取引はいぜんとして、キングス・リンの主たる産業であったし、生活基盤を支える伝統的な職業も変わらず存在した。しかしその一方で、消費社会化が浸透していく中で、職業にどのような変化が見られたかが検証される。次に、救貧税記録をもとにして、住民の富の分布の詳細を検討し、経済的な位階構造が明らかにされる。その中でも、資産的ゆとりをもつ中上層の人々の存在を18世紀の都市を牽引していく者として注目する。

　特権都市の中核的住民を構成したのは、人数の上では住民のほんの一部に限定されていたフリーメンであった。しかし彼らは、長い18世紀を通してその役割を徐々に低下させていく。代わって都市社会の担い手になったのは、地方税の納税義務を果たす多数の有産者であった。第2章ではこれら新旧の社会の担

い手について、その変化する過程や社会的構成を、職業や富の分布から説明する。また、フリーメンの役割が減少した後も、フリーメン制度そのものは根強く残っていた理由も検討される。

　第3章～第5章までの第二部では、都市の行政と統治機関が、長い18世紀の社会的経済的状況の中でどのように対応し、変化していったのかが検討される。伝統的な統治機関である都市自治体と新しく出現した行政を担う組織との間にどのような関係が築かれたのかについても着目される。都市自治体とその関連組織や法定委員会の活動は、議事録や会計簿の分析を通して明らかにされる。一方、行政の一端を担いながら公的記録からはたどりにくいアソシエーションの活動については、主に新聞に掲載される年次報告から得られる情報をもとに検討される。

　都市自治体は18世紀になってもいぜん行政機関の中核にあったが、その活動内容、運営方法、資金調達方法ともに中世以来そのままであったわけではない。都市自治体は、積極的とはいえないまでも、ある程度は新しい活動に関与していたし、そのために必要な資金を新たに調達していた。また、市議会を中核としながらも、下位組織として各種委員会を設けたり公開集会を開催するなど、運営上の重要な変化も見られた。第3章ではこうした都市自治体の活動や構成員、資金源を検討する。

　しかし、行政に求められる内容は多様化し、より多くの資金が必要とされるようになると、都市自治体だけでは対応しきれなくなっていった。こうした部分をうまく補完したのが、法定委員会とヴォランタリ・アソシエーションである。第4章で議論される法定委員会は、新たに行政の重要な一角を担うようになった公的な組織であった。キングス・リンには複数の法定委員会が存在したが、その中でも、都市の改良事業一般を広く担った重要な組織である舗装委員会を詳しくとりあげる。第5章では、多種多様なアソシエーションの中でもとくに、公的な領域で役割を担うものを対象とする。これらは、慈善や教育、時にはインフラの供給といった公共利益のために活動しており、実質的に公的な行政の一部を担うものであった。その意味で、私人が集まるアソシエーション

とはいえ、私人の領域と公的領域が交わる社会的な場に位置していたといえる。第4章と第5章では、2つの別のタイプの新しい行政組織について、その活動内容や構成員、資金調達方法について、詳しく議論すると同時に、都市自治体との関係についても注目していくことになる。

　第6章～第8章から成る第三部では、キングス・リンの都市化の表舞台ともいえる社交領域に目を転じる。社会の流動性や匿名性の高まりは、従来の位階構造を不安定なものにしたが、それを再構築する場として都市の新しい社交領域は重要な役割を担っていた。服装やもち物、買い物の場、社交の場への参加の仕方、洗練されたマナーや教養、知識といったもので社会的地位が判断される新しい社会では、人々は積極的に社交の機会に接する必要があった。こうした社交空間の分析が第三部の課題となる。

　キングス・リンの都市化の背景には消費社会化、消費文化の広がりがあった。新しい消費財の普及についてはすでにいくつもの研究が存在するが、第6章ではまず、そうした研究の示唆する内容を、キングス・リンのエリート一族や中間層の人々の遺産目録や遺言書、競売品目録を用いて検証する。次に、こうしたモノを購入する場の変化として市場から常設小売店舗への移行が観察される。また、人名録は、新しい消費の拡大を裏づけるように、キングス・リンにおける18世紀後半以降の小売店舗の増加と多様化を示す。しかし、その地理的分布は一様ではなく、しかも取り扱う商品の内容によっても異なっていた。この章では18世紀末と1830年代の小売店舗の分布を比較しながら、消費文化の地理的、そして社会的広がりを検討する。

　第7章では、18世紀の都市化を最も特徴的に表す社交の催しに注目する。この時期、参加者が制約される伝統的な共同体的行事も形を変えて存続したが、洗練性を追求した新しい商業的催しは1750年代を境に広がりを見せる。アセンブリ、演劇、音楽会、展示会、スポーツ・娯楽の催しなどの展開が見られ、地域の多様な社交の場を提供していたが、こうした新しい社交の詳細を具体的に明らかにするとともに、入場料や会費を払えば誰にでも開放していた場が位階の再構築に与える影響についても考える。

最後の第8章で議論されるのは、教養や知識、情報の交換のための「知の公共圏」ともいえる、文化的なアソシエーションである。文字文化や印刷文化を介した教養を求める人々は、図書館や読書クラブの設立や新聞や都市史の出版に積極的に関わり、科学や哲学から得られる合理的で有用な知識を求め、政治社会についての議論をし、時には純粋に親睦を楽しむために、アソシエーションに集った。また、社交のための礼儀や素養を獲得すべく、若き紳士淑女たちは私塾やアカデミーで教育を受けていた。行政機能を果たすものとの違いに注目しながら、文化的アソシエーションの活動を追うのがこの章の目的である。

　以上が本書で明らかにしようと意図することの概要である。本書での議論は、工業化とは一線を画す都市化の過程を明らかにすることになるだろう。それは、都市ルネサンスという言葉で表現されることもあるように、消費文化と深く結びついた都市の経済・社会・文化的な発展の過程であり、より快適で便利な都市空間の創造をめざす、質的な都市化とも呼べるものであったのだ。そしてこの都市化は、前の時代との大きな連続性をもちながらも、はっきりとした都市社会の変化を伴うものであり、キングス・リンの文化的で社会的な「黄金期」を生み出すことになったのである。

　本書は一事例に焦点を合わせた研究ではある。しかし本書の試みは都市史研究に貢献する、より一般的な意義をもちうることも示唆しておきたい。一つは、工業化と切り離して考察することによって、都市化の多様なあり方を提示し、さらには都市化という普遍的な現象をより広い歴史的展望の中で比較し考察する手がかりを得られることである。さらに、本書が論じるような都市化のあり方は——工業都市の成長以上に——現代社会の都市問題と重なる部分があることも指摘しておきたい。情報、知識、コミュニケーション、流通、サービスの集中する成熟した先進国の都市が直面しているのは、工業化とは別の問題である。こうした空間としての都市の活力をどう維持し、取り戻すかは、とくに地方都市において大きな課題となっている。18世紀のキングス・リンの文化的・社会的「黄金期」の事例は、こうしたことを考える上で、ヒントやインスピレーションを与えることができるかもしれない。

注

1）　Clark, J. C. D., *English Society, 1660-1832: Religion, Ideology and Politics during the Ancien Regime* (Cambridge, 2000).
2）　De Vries, J., *European Urbanization, 1500-1800* (London, 1984).
3）　斉藤修『プロト工業化の時代――西欧と日本の比較史』（日本評論社、1985年）；Clarkson, L. A., *Proto-Industrialization: First Phase of Industrialization?* (Basingstoke, 1985), 鈴木健夫訳『プロト工業化――工業化の第一局面？』（早稲田大学出版、1993年）。
4）　Webb, S. & B., *English Local Government, vol. 2-3: The Manor and the Borough* (London, 1908); *do., English Local Government, vol. 4: Statutory Authorities for Special Purposes, with a Summary of the Development of Local Government Sturucture* (London, 1922).
5）　Corfield, P. J., *Impact of English Towns, 1700-1800* (Oxford, 1982), 坂巻清・松塚俊三訳『イギリス都市の衝撃 1700-1800年』（三嶺書房、1989年）。
6）　McKendrick, N., Brewer, J. & Plumb, J. H., *The Birth of a Consumer Society: The Commercialization of Eighteenth-Century England* (London, 1982).
7）　Borsay, P., 'The English Urban Renaissance: The Development of Provincial Urban Culture c. 1680-1760', *Social History*, 2-5 (1977).
8）　Sweet, R., *The English Town, 1680-1840: Government, Society and Culture* (Harlow, 1999); Ellis, J. M., *The Georgian Town, 1680-1840* (Basingstoke, 2001), 松塚俊三・小西恵美・三時眞貴子訳『長い18世紀のイギリス都市――1680-1840』（法政大学出版局、2008年）。
9）　*CUHB*.
10）　Borsay, P., *The English Urban Renaissance: Culture and Society in the Provincial Town 1660-1770* (Oxford, 1989).
11）　McInnes, A., 'The Emergence of a Leisure Town: Shrewsbury 1660-1760', *Past & Present*, 120 (1988); Borsay, P., 'Debate: The Emergence of a Leisure Town: Or an Urban Renaissance?', *Past & Present*, 126 (1990).
12）　Schwarz, L., 'Residential Leisure Towns in England towards the End of the Eighteenth Century', *Urban History*, 27-1 (2000); Stobart, J. & Schwarz, L., 'Leisure, Luxury and Urban Specialization in the Eighteenth Century', *Urban History*, 35-2 (2008).
13）　Stobart, J., 'Culture Versus Commerce: Societies and Spaces for Elites in Eighteenth-Century Liverpool', *Journal of Historical Geography*, 28-4 (2002); Beckett,

J. & Smith, C., 'Urban Renaissance and Consumer Revolution in Nottingham, 1688-1750', *Urban History*, 27-1 (2000).

14) Ellis, *Georgian Town; do.*, '"For the Honour of the Town": Comparison, Competition and Civic Identity in Eighteenth-Century England', *Urban History*, 30-3 (2003).

15) Barry, J., 'Provincial Town Culture, 1640-1780: Urbane or Civic?', in Pittock, J. H. & Wear, A., eds., *Interpretation and Cultural History* (Basingstoke, 1991); *do.*, 'Civility and Civic Culture in Early Modern England: The Meanings of Urban Freedom', in Burke, P., Harrison, B. & Slack, P., eds., *Civil Histories: Essays Presented to Sir Keith Thomas* (Oxford, 2000).

16) Sweet, R., *The Writing of Urban Histories in Eighteenth-Century England* (Oxford, 1997).

17) その他の批判として、都市ルネサンスが、都市を越えて農村にまで影響力をもったというボーゼイの主張に対して、農村の独立性や農村における都市文化の拒絶があったことをブリストル近郊の事例で示したのは C. B. エスタブルックである。しかし、この例においては確かにそのような点が確認されるが、一般的傾向であるかどうかは、これだけでは判断できない。Estabrook, C. B., *Urbane and Rustic England: Cultural Ties and Social Spheres in the Provinces, 1660-1780* (Manchester, 1998).

18) Griffin, E., 'The 'Urban Renaissance' and the Mob: Rethinking Civic Improvement over the Long Eighteenth Century', in Feldman, D. & Lawrence, J., eds., *Structures and Transformation in Modern British History* (Cambridge, 2011).

19) Clark, P., *British Clubs and Societies 1580-1800: The Origins of an Associational World* (Oxford, 2000). 一方、クラブやアソシエーション、その他の新しい社交は、中世以来のギルドやフラタニティの活動の延長にあると議論する者もいる。ギルドは会員やその家族との懇親をはかるために、饗宴や各種催しを行っており、それらがアソシエーションや新しい社交の催しの前身であったと考えている。King, R., 'The Sociability of the Trade Guilds of Newcastle and Durham, 1660-1750: The Urban Renaissance Revisited', in Berry, H. & Gregory, J., eds., *Creating and Consuming Culture in North-East England, 1660-1830* (Aldershot, 2004). しかし、そうだとしても、都市ルネサンス期のアソシエーションや社交の催しの種類や数の多さは、その前の時代とは比較にならず、この時代の特徴として捉えることに問題はないであろう。

20) Clark, *British Clubs and Societies*.

序 章 17

21) Parker, V., *The Making of King's Lynn: Secular Buildings from the 11th to the 17th Century* (London/ Chichester, 1971), p. 4.
22) Mackerell, B., *The History and Antiquities of the Flourishing Corporation of King's Lynn in the County of Norfolk* (London, 1738); Richards, W., *The History of Lynn: Civil, Ecclesiastical, Political, Commercial, Biological, Municipal and Military from the Earliest Account to the Present Time* (King's Lynn, 1812); Taylor, W., *The Antiquities of King's Lynn* (King's Lynn, 1844); Bradfer-Lawrence, H. L., 'The Merchants of Lynn', in Ingleby, C., ed., *A Supplement to Blomfield's Norfolk* (London, 1929).
23) Richards, P., *King's Lynn* (Chichester, 1990).
24) Parker, *Making of King's Lynn*; Owen, D. M., ed., *The Making of King's Lynn: A Documentary Survey* (London, 1984).
25) Metter, A. G., 'The Rulers and Merchants of King's Lynn in the Early Seventeenth Century', Ph. D. thesis for Univ. of East Anglia (1982); Cooper, S. M., 'Family, Household and Occupation in Pre-Industrial England: Social Structure in King's Lynn, 1689-1702', Ph. D. thesis for Indiana University (1985); Muldrew, C., 'Credit, Market Relations, and Debt Litigation in Late Seventeenth Century England, with Special Reference to King's Lynn', Ph. D. thesis for Univ. of Cambridge (1990).
26) Wood, F., 'Inland Transport and Distribution in the Hinterland of King's Lynn, 1760-1840', Ph. D. thesis for Univ. of Cambridge (1992); Barney, J., 'Merchants and Maritime Trade of King's Lynn in the Eighteenth Century', Ph. D. thesis for Univ. of East Anglia (1997).

第一部　都市を構成する――経済・社会の基本構造――

序

　19世紀の都市化の特徴は、急速な工業化や人口の激増という大きな産業構造の転換や社会構造の変化にあったことはよく知られている。それに対し、経済や社会構造の変化よりもむしろ、快適性や利便性、審美性の追求といった都市生活の質の向上に注目して18世紀の都市化を説明してみるのが本書の基本的視角である。18世紀のイギリスの都市化を象徴する特徴は、ボーゼイが強調する「建築ルネサンス」や「文化ルネサンス」に代表される、新古典派の建物や統一感のとれたファサード、新しいレジャーや商業的催しといったものであった。とはいえ、程度の差こそあれ、都市化はそれを支える社会・経済構造の変化を伴って進むものである。18世紀のキングス・リンではそれがどのように変わっていったのかを検討することが、第一部の目的である。

　それにはまず、人口や就業構造が着目されなければならない。次の世紀ほどではなかったとしても、長い18世紀のキングス・リンはそれまでの時代と比較すれば大きな変化を経験した。富の分布のあり方もこの時代の都市化を考える上で重要である。奢侈品を購入できる一握りの富裕者と生活必需品しか購入する能力のない大多数の一般大衆という両極分化した社会であったとすれば、消費文化を背景にした18世紀の都市化の影響範囲は限られたものでしかなかっただろう。都市化が進む場所では、生活にある程度の余裕をもち、生活の基本物資以外の消費を行える中間層の人々が出現したはずである。第1章では、キングス・リン全体から、人口や職業構造、富の分布等を見ていく。

　次の第2章では、都市の担い手に注目する。他の多くの中世自治都市と同様、キングス・リンでも伝統的に、住民の中の限定された集団であるフリーメンが都市社会の中核的な担い手であったが、18世紀になると状況が変わる。フリー

メンの数は減少することはなく、毎年、一定数の新規参入があったが、その一方でその構成員や資格の意義には変化が見られた。フリーメンの代わりに実質的な社会の担い手になったのは、中間層と富裕層から成る地方税納税者集団 rate payer であった。第２章では、フリーメンの変化を通して、都市の担い手が代わっていく様子を追う。

第1章　キングス・リン——持続と変化——

　　　　　　私たちはこの古いイースト・アングリアの港を、何世紀にもわたって
　　　　　ウーズ川の河口を見張ってきた、ノーフォークの屈強な市民として思い
　　　　　描いてもよいだろう[1]。

　中世のキングス・リンは、ハンザ商人たちも駐在するほど繁栄する「国際都市」であり、経済的には最盛期を迎えていた。その後は貿易構造の変化の影響を受けつつも、国内流通と地域経済の中心地として機能し続けた。一方、都市自治の制度も王室特許状を介して徐々に整っていったが、1524年と1527年の2つの特許状によりほぼ完成したといってよく、それは1835年の都市自治体法にいたるまで変わらぬ枠組みとなった。本章ではまず、制度と経済的な側面を中心に、18世紀までの前史を簡単にふり返り、長い18世紀における社会の前提を議論する。

　次に長い18世紀の社会に目を向け、経済・社会構造を明らかにする。はじめに、住民全体に注目し、人口の変遷と長い18世紀末の世帯構造の詳細を検討する。そこでは、1801年以降に行われたセンサス記録を中心に利用するが、17世紀の人頭税記録や、貧困者数を把握するために独自で行われた18世紀末の人口調査も補足史料として、検証を試みる。

　さらに、住民全体の職業構造に目を移すが、できるだけ多くの就業者の職業を分析するために、1841年センサスを利用することとする。そして最後に、1796年と1836年の救貧税査定記録を用いて、富の分布状況を分析する。ここでは、富の分布の指標として利用する査定記録の意義についても批判的検討が加えられる。職業構造と富の分布状況をふまえ、キングス・リンの経済・政治・

社会の中核的グループがどのような人々から構成されていたかを明らかにしていく。

1　中世都市リンの成長と変容

経済地理的背景

　ノーフォーク西部のキングス・リンは、グレート・ウーズ川［ウーズ川と表記］の河口に位置する。ウーズ川は、テムズ川やセヴァン川、マージー川、ヨークシャー・ウーズ川に並ぶイングランド有数の大河川であるが、イースト・アングリア地方の一大商業圏の動脈として人々の生活を支えてきた。ノーフォーク東部にはノリッジの製造業をグレート・ヤーマス［ヤーマスと表記］が外港的な役割で補完するノリッジ＝ヤーマス経済圏があったが、それとは独立するものであった（図1-1）。

　地形的に見ても、全体的に小高い丘になっている東部に対して、キングス・リンはフェンランドと呼ばれる低湿地にある。18世紀、D. デフォーはフェンランドを次のように描写している。

　　　フェンランドはウェインフリートの辺りからはじまる。グリムズビーから20マイルほどの場所だ。そこから南はイーリー島、東はノーフォークのリンまで延びている。この地域は実際のところ、オランダと呼ぶのがまさにふさわしい。というのも、一様に平坦で、しばしば水浸しになるところは、オランダそのものである。ここでは水路は航海可能であり、オランダのように、人々は町から町へ舟で移動をする……2)。

　フェンランドは、北はリンカーン、南はニューマーケット、西はスタッフォードから東はキングス・リンまで広がっており、そこにはリンカーン州、ノーフォーク、サフォーク、ケンブリッジ州、ノーサンプトン州、ベッドフォード州が含まれている。この地区は、昔から、頻繁に洪水に苦しめられた。上記

図1-1　イースト・アングリアとフェンランド

出典：Parker, *Making of King's Lynn*, p. 2. をもとに筆者作成。
注：☐は州名

のデフォーの描写は18世紀に書かれたものであるが、それ以前はもっとひどかったものと思われる。というのも、17世紀にはキングス・リンも深く関わった「ベッドフォード・レベル」と呼ばれる大規模な灌漑事業がいくつもの州にまたがって行われていたからである。しかしこうした洪水被害にもかかわらず、

この地は肥沃な農業地帯として地域経済を支えていたのである。

　キングス・リンは水運の要所であった。海から入ってきた大型の船舶は直接キングス・リンまでは入って来られたので、国内の沿岸取引の重要な港として力を発揮できた。ウーズ川の上流地域に物資を運搬するときは、必ず、この町で荷物の積み替えをしなければならず、そうした作業の手数料はキングス・リンの重要な収入源になっていた。また、ウーズ川の支流やいくつもの水路はキングス・リン付近で合流していたが、そうした支流や水路、運河を利用して小型船舶で運ばれた上流地域の生産物は、この町で大型船舶に積み替えられ、沿岸取引でイギリス国内に流通した。さらに、水運の要所というだけでなく、中世以来、道路の結節点にも位置する便利な場所であった。近世には、3方面に向かって延びる道路の始点として重要な役目を担っていた。まずサフォークのブランドン、ニューマーケット、そしてロンドンに到達する南方向への道路。二つ目はケンブリッジ州ウィスビッチを通り西方、北東、そして北部方面へ向かうもの。三つ目はノリッジや東方に向かうものである。

　このように、地理的に恵まれた場所に位置するキングス・リンは、18世紀には地域経済の中心地として機能していた。キングス・リンは、まさに、フェンランドの首都ともいえる存在であった。しかしリンは18世紀よりもずっと古い時代から、都市として成長の道をたどっていた。その歴史を簡単にふり返っておこう。

中世都市リンの成立

　リンはヨーロッパの都市建設ブームの中で作られた都市である[3]。ドゥームズデー・ブックには、リンから少し東方、内陸地区に入り込んだノリッジ司教のゲイウッド地区のそばに、ウーズ川を中心としたレン len と呼ばれる湿地帯があったことが記載されている。ここには塩づくりで生計をたてていた人々が集まっていた[4]。初期には、塩や穀物、羊毛がこの地区の色々な場所で交換されていたが、次第に取引量が増えると決まった取引の場が望まれるようになった。そうした中、水運の要所であったリンが自然と選ばれることになった[5]。

11世紀末にノリッジ司教領の定住地 settlement とされ、人々に通行税 toll が課されることになったが、その代わりとして1095年には修道院の建設と、土曜市広場における週市と歳市の開催も認められた。これによって、リンは急速に港町として成長をとげることになった[6]。1101年、ノリッジ司教はノリッジの修道士にリンの修道院を譲渡しこの地の管理を任せるとともに、セント・マーガレット教会を建設した。このとき、リンを横断する2つの主要な水路、ミルフリートとパーフリートに挟まれる地区で人々が生計をたてることが正式に許可されたのである。その後商取引は活発に行われ、50年間のうちに定住地はミルフリートを越えさらに北のほうに延びていった。新しくできた地区に対し、ノリッジ司教はミルフリートとパーフリート間の地区と同様の特権を与え、火曜市広場における週市と歳市、そしてセント・ニコラス教会を作った。しかし、新たに拡張した地区の管理をリンの修道院に任せることはせず、自身の直轄領として統治したため、隣接する2つの地区は別個の定住地として13世紀初頭まで存在した。

　1204年、リン修道院に譲渡した定住地はノリッジ司教の手に戻され、新たにできた北側の地区と統合されると同時に、王室特許状によりビショップス・リンという正式な都市として認められることになる。しかしこの統合と特許状の獲得は、必ずしもノリッジ司教が率先したものではなかった。力をつけてきたリンの商人たちと、領主の利益を拡大しようと圧力を強める司教の間には12世紀を通して衝突があり、そうした圧力から解放され自由に商業を営めるように王室に願い出たのは商人であった。王室としては、繁栄するリン商人からの見返りも魅力であったし、ノリッジ司教の影響力を抑えたいというもくろみもあった。一方、ノリッジ司教にしても、港湾取引を通じてさらなる商業的な繁栄が見込まれるリンを都市として認可し、数々の特権を王室に保障してもらうのは悪い話ではなかった。こうして、1204年、リンは最初の特許状を受け、特別行政区 liberty としての自由バラの地位を得たのである。さらに徴税権や、防衛のための塞を築くことも認められた。また、ギルドの設立を正式に承認され、土地の保有や商取引で起こる負債を回収する権利も与えられ、地所を獲得する

ことも可能になった。1204年特許状はその後、300年以上にわたるリンの都市統治の基礎となるものであった。

中世のリンには少なくとも31のギルドがあり、そのほとんどが宗教ギルドで共済的性格をもつものであったが、中には富裕エリート層を構成員とする宗教ギルドであると同時に、商人ギルドとしてリンの経済を担うものもあった。このうち、少なくともトリニティとセント・ジョージ・ギルドは王室から広大な土地や建物を授与されていた。とりわけトリニティ・ギルドはジョン王が正式に認可するずっと以前から活動していたといわれ、その勢力は突出しており、他と区別してホーリー・トリニティ大ギルド［圏点は筆者］と呼ばれていた[7]。トリニティ・ギルドは、富裕な会員の相互扶助や経済規制を行うだけでなく、リン全体の自治にも大きく関わっていた。ヘンリー3世は1267年、トリニティ・ギルドの会員から都市の市長と市参事会員aldermanを選出し、市長か、市長がいない場合は市参事会員が都市を統治するといった内容の特許状を与えている[8]。その後、1416年のヘンリー3世の特許状でギルドの会議とは別に、地方自治のための会議を開催することが定められ、トリニティ・ギルドから自治機能の一部が切り離された。しかしこれは形式上のことで、実際はギルドの主要メンバーが自治会議の構成員を兼ね、資金が必要とされればギルドが最大の債権者になって調達するシステムに変わりはなかった。市長を選出する権利はそのままトリニティ・ギルドに残されたし、また司法権も保持していたことから考えて、中世を通してトリニティ・ギルドとその構成員は、事実上の都市自治体として独占的で他を圧倒する力を保持していたことは明らかである。

都市としての制度が次第に整備されていくのと並行して、取引の拠点としてのリンの重要性も高まっていった。パーカーはキングス・リンの商取引を3つの時期に分けて考えている[9]。ウーズ川を中心とした地域取引が大きく拡大し、同時に外国貿易も行われていた中世初期13世紀半ば頃までの時期、外国貿易の主要な取引商品が変化した14世紀から15世紀、そして安定した国内取引が行われた16世紀から17世紀である。

13世紀半ばまでの主要取引商品は後背地のフェンランドで生産される塩と羊

毛、穀物であったが、これらはほとんど外国向けであった。それに対し、木材やアシ、スゲ、泥炭、石などの建築材料は主に国内向けであった[10]。ウーズ川の水運が拡大し改善されるにつれ、活発な取引が行われた結果、1203年の関税記録では、リンはロンドン、サザンプトン、ボストンに次いで国内4位の取引量に達した[11]。その意味で、13世紀初頭のリンは他の都市との比較の上では、最も繁栄していた時期ともいえる。輸入された商品は、地元の農産物と一緒に、ウォーリック、レスター、ノーサンプトン、ラットランド、ベッドフォード、バッキンガム、ケンブリッジ、ハンティンドンなどの諸州に、ウーズ川水系を利用して運ばれた。

　しかし、13世紀後半以降は、主要取引商品であった穀物も羊毛も塩も問題を抱えることになり、国内における地位を相対的に落とす。1334年には地方都市の中で11位に順位が下がり、その後も回復することなく、16世紀までその地位をほぼ維持することになった[12]。この理由として、まず13世紀後半にすでに後背地の農業生産は限界に達しており、それ以上の取引量の増大は難しかった。羊毛に対しては、原材料の海外への輸出を抑制するため関税を高く設定しはじめたため、輸出に制約がかかった。その代わりに出現した毛織物製品は、その生産地がウーズ川水系からは離れていたこともあり、リンでの扱い量は格段に下がったのである。また、塩の取引量が激減したのは、ハンザ商人が勢力を伸ばしたことにも一因がある。ハンザ商人は北海貿易をとり仕切っていたが、キングス・リンにも基地を設け、駐在して活発な活動を行っていた。彼らが主として扱っていた北海やバルト海沿岸、南フランス産の魚や塩は、リンの後背地産のものより格段に安く、太刀打ちできなかった。しかしながら、国内における相対的地位の低下やハンザ商人との熾烈な競争にもかかわらず、リンの商人たちはバルト諸国との地理的な近さを利用した外国貿易で栄えた。住民1人あたりの収入は15世紀から16世紀にかけては増加していき、都市としては最大の繁栄期を迎えたのである。その繁栄ぶりは、今でも一部残されているリン商人の住居やハンザ商人の倉庫に見られるが、中でもリンの商人たちが建築したホーリー・トリニティとセント・ジョージ・ギルドホールの豪華な建物は卓越

している[13]。

中世から近世へ

　中世末から近世にかけて、キングス・リンは18世紀にも繋がる重要な変化を経験することになる。その一つは、制度面での変化であり、ヘンリー 8 世による1524年と1537年の 2 つの特許状が決定的な転機になった[14]。1524年の特許状は、中世のトリニティ・ギルド体制の抜本的変革を迫るとともに、以後、1835年の都市自治体法にいたるまで続く、この都市の統治、行政と司法の基本的枠組みを固めるものであった。これによりリンは自治都市としての基盤を拡充し、法人格をもつ都市自治体として土地や建物を保有し、自由に売買する権利を付与された。それまでの自治を司っていた議会は廃止され、新しく作られた市議会に自治権を集中させることになった。強大なギルドの力を削ぐための措置ともいえる。同時に都市自治体の役職も特許状に列記された。市長と12人の市参事会員、18人の市会員 common councilman から構成される市議会のほかに、剣持ち、法律顧問 recorder、市書記 town clerk、市場監督官、 4 人の警吏 sergeant at mace、 9 人の治安官 constable、 2 人の検屍官、牢獄監守官がそこには含まれた。その他、1524年の特許状で認められた特権には、市民の認可や立法、徴税権、牢獄の保有などがあった。下院議員選出枠を 2 枠与えられたのも、この特許状によってである。

　ヘンリー 8 世による二つ目の特許状（1537年）では、まず、ノリッジ司教のリンへの支配を完全に断ち切るために都市の名前をビショップス・リンからキングス・リンへ変更した。二点目に、州裁判所の影響下からリンは除外され、 2 つのリン独自の裁判所が認められた。市長、法律顧問、市参事会員は、職権上の治安判事または裁判官となり、司法をつかさどることになった。立法権を保障された1524年特許状と合わせ、キングス・リンは統治機構としての制度的枠組みを確立した。これに加え、年に 2 回の歳市と週に 2 回の市場開催も許可され、経済的安定が見込まれるようになった。

　法人格の獲得と密接に関連して、この時期のリンには、第二の、もう一つの

重要な変化がもたらされた。都市自治体として所有する土地、不動産が大幅に拡大したことである。1548年、エドワード6世のギルド解散令により、トリニティ・ギルドとセント・ジョージ・ギルドが解散させられ、それぞれが所有していた地所が都市自治体に移譲されたのである。この土地・建物の移譲は、その後の都市自治体のあり方や活動範囲、そして長い18世紀のキングス・リンの安定や改良に大きく影響を与えることになった。まず、これによって都市自治体に安定した地代収入や使用料収入が見込まれるようになったことである。譲り受けた地所は市内外の広範囲に渡り、リンから20キロ圏内にあるスネッティシャム Snettisham やノース・ランクトン North Runcton にある広大な農場も含まれていた。また港や波止場、橋、市場広場などの主要な施設も例外なく、都市自治体のものとなった。キングス・リンの土地・建物の重要な部分が都市自治体の所有地となり、中心部にいたっては、都市自治体が最大でほとんど唯一の地主になったことは、その後の都市運営にとって極めて大きな意味をもった。都市の物理的改良にとってしばしば大きな障害となるのは、土地や不動産の所有権が細分されていたり、複雑に入り組んでいたりすることである。市内の不動産の重要部分を所有するリンの都市自治体では、18世紀から19世紀になって既存の市街地の大規模な改良事業が計画された時も、一般地主との間に生じがちな土地の所有権に伴う障害によって計画が頓挫することはなかった。後に見るように、これは都市自治体が長くその影響力を保持しえた要因の一つであった。

　こうして、16世紀前半に出された3つの特許状により、キングス・リンは確固たる自治体制をもつようになった。もちろん、特許状というものは、基本的には新しい制度や慣習を植えつけるものではなく、すでにそれまで存在しているものを公的な形で認可するものである。その意味では、16世紀よりもずっと昔からリンには自治制度が存在していたとはいえ、これら3つの特許状のもつ意味は大きい。16世紀後半以降も1845年の都市自治体法の施行にいたるまで、いくつかの特許状により小さな修正や権利の追加は見られたが微調整程度のものであり、それまでの枠組みを超えるものはなかった。本書の対象時期である

長い18世紀の自治制度も、この連続線上にあるのである。

　近世に経験した第三の変化は、経済的状況である。近世に入ると、ロンドンの独占的地位やヨーロッパ国際貿易の変化の結果、キングス・リンは外国との取引における地位を大幅に低下させ、オランダやスカンジナビア諸国、バルト諸国との間の取引が細々と続く程度になった。しかしながら、その代わりとして、リンは地理的な優位性を活かし、国内の沿岸そして内陸に向けた取引に一層集中することになる。16世紀を通し、イースト・アングリアの沿岸取引用の港は、リンと、そこから90キロ以上離れたヤーマスの2港に集中するようになっており、両港合わせるとイースト・アングリアの全取引の80％を占めていた[15]。しかし、近くのリンカーン州のボストンも含め、イースト・アングリアの港は、競い合うよりは、むしろ補完しあう関係で存在していた。

　近世以降、重要性を高めたリンの主な取引物はまず、イングランド北部のニューカッスルやサンダーランドの石炭であった[16]。リンとその後背地でも石炭に対する需要は拡大したが、リンはこの嵩高な商品の中継地としても不可欠の役割を担うようになった。ニューカッスルから巨大消費地ロンドンに一気に石炭を運搬するのは当時の技術からすると簡単ではなく、途中、一度停船する必要があったが、2つの都市のちょうど中間地点に位置するリンは、その目的にも都合がよかったのである。17世紀初頭のキングス・リン港の取引記録を見ると、ニューカッスルから入港する船が圧倒的に多く、サンダーランド、ロンドンがそれに続く。逆に出港する船の行き先はロンドンが他を大きく上回り、その次にニューカッスルがあがっている[17]。

　石炭は穀物と交換された[18]。穀物はリンとその経済圏にとって、中継商品にすぎない石炭よりずっと重要な取引商品であった。中世にもリンの後背地の豊かな穀物地帯から供給されていたが、16世紀以降のイギリスの人口増加は穀物に対する需要を著しく高めた。急成長するロンドンは最も大きな市場を提供したし、ニューカッスルのようなプロト工業化の進む地域でも穀物の市場は広がった。先にふれた「ベッドフォード・レベル」と呼ばれる大規模な灌漑事業による農地の造成は、こうした需要の拡大に対応する試みの一つであった。農地

図1-2　1680年代のキングス・リン

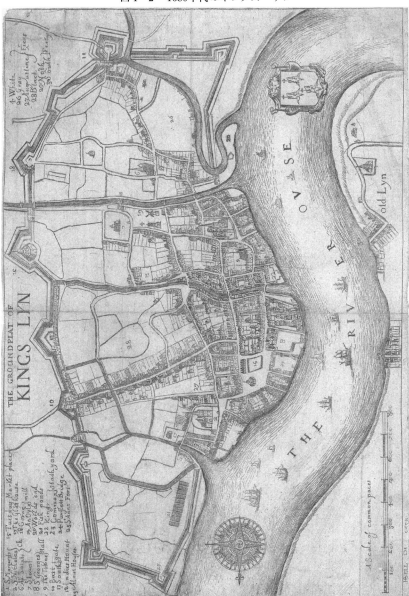

出典：*The Groundplan of King's Lynn*, by Henry Bell, C. 1680.

の拡大は農業の改良とともに進む。周知のように、ノーフォークは農業改良の先進地域であった。やがて18世紀にはこの地でノーフォーク農法と呼ばれる新しい輪作方式が生まれた。キングス・リンの沿岸取引の成長の背景には、16世紀から続く、この後背地での農業改良による穀物生産の増大があったと思われる。

現実のリンの沿岸取引は石炭と穀物のバーターよりももっと複雑なものであった。メターが指摘しているように、ロンドンから入ってくる植民地産品や食料品など、多岐にわたる商品がボストンやヤーマス、ハルなどに再輸出され、そこを基点に内陸の後背地に運ばれたのである[19]。デフォーが「これらの航行可能な川を通って、リンの商人たちは6つの州全体に、そして3つの州の一部に、色々な商品、とりわけワインや石炭を供給していた」と記録しているように、フェンランドとその周辺地域にとって、キングス・リンを通して行われた商取引はとても重要なものであった[20]。ウーズ川上流にはイギリス最大の歳市で有名なストウブリッジ Stourbridge があったが、スターチや石鹸、リネン、マンチェスター製の商品、ガラス、ボトル、陶器、服飾小物、薬、鉛、羽、蝋、毛皮、木材、タバコ、なめし革、車輪、そして墓石など、さまざまな商品が扱われた[21]。これらのほとんどは「リンの樽桶工が作った容器に入れられ、リン製の帆をつけた船に積まれ、リンを経由してきた」のである[22]。その中には、キングス・リンの消費生活を豊かにするさまざまなモノも含まれていた。こうした沿岸取引・内陸取引の基点という経済的な重要性は、18世紀にもほぼ変わることなく引き継がれた。

以上では自治制度と経済的な側面について、長い18世紀キングス・リンの前史を追ってきた。「黄金期」といわれる中世末の社会は、その後、成長と変容を見せて18世紀にいたったのである。

2　長い18世紀の経済・社会構造

本節では、長い18世紀のキングス・リンの経済・社会構造を分析する。人口

図1-3 キングス・リン市域（セント・マーガレット教区）

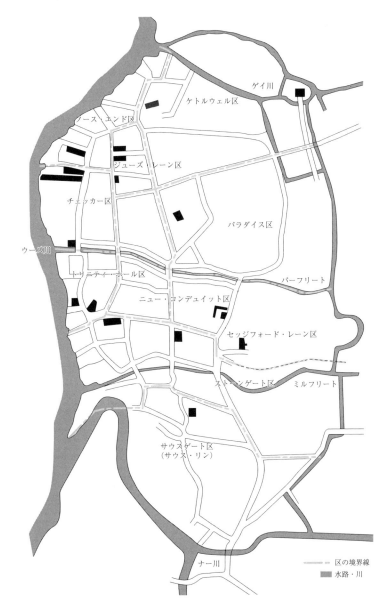

推移と職業構造、そして富の分布に着目し、センサス、課税記録、人名録などの資料を用いて解明していく。

2-1　長い18世紀の人口推移

　まず、市域あるいは地理的範囲を確認しておこう（図1-3）。キングス・リンとは、正式には、主たる部分を占めるセント・マーガレット教区と、通称サウス・リンと呼ばれるオール・セント教区を合わせた、南北に12キロ、東西に2キロから2.5キロ広がる、ウーズ川に沿った細長い地域のことをいう。セント・マーガレット教区には、古くから9つの区があった。北部にはノース・エンド区、ケトルウェル区、ジューズ・レーン区、中部にはチェッカー区、ニュー・コンデュイット区、パラダイス区、南部にはトリニティ・ホール区、セッジフォード・レーン区、そしてストーンゲート区である。セント・マーガレット教区は火曜市広場と土曜市広場とそれらを結んで縦に延びるハイ・ストリートで東西に分かれ、さらに北部と中部はノーフォーク・ストリート、中部と南部はパーフリート水路が境になっている。中心部はウーズ川沿いのチェッカー区とトリニティ・ホール区で1件あたりの建物の査定価額も高く、そこから離れるほど、区の面積は広くなり住居の数も増えるが、査定額は相対的に低い。最高平均査定価額をもつチェッカー区と、最低のセッジフォード・レーン、ケトルウェル、ノース・エンド区では、1830年代には約2倍の開きがある[23]。

　しかし、こうしたセント・マーガレット教区も、サウス・リンと比較すると均質に見えてしまうほど、サウス・リンの状況は異質で複雑である。かつてはミルフリート水路がリンの町の境界線であったが、サウス・リンは、そのミルフリートをはさんで位置するストーンゲート区よりもさらに南にあり、完全に町のはずれである。18世紀半ばまではあまり人が住んでおらず、都市自治体の関心がその地に向くことはなかったが、18世紀後半になると状況が変わってくる。急激に人口、とりわけ貧困者が増えはじめ治安が悪くなってきたサウス・リンは、一時期、統治の観点からサウスゲート区として、セント・マーガレット教区の10番目の区に編入されたこともある。しかしますます増加する人口と、

とりわけサウス・リンの貧困者への救貧負担が問題となり、結局、元どおりオール・セント教区に戻されることになった。建物の平均査定価額も1830年代には、セント・マーガレット教区で最低のケトルウェルの約80％にしか達しないことからも、サウス・リンの貧しさは明らかである[24]。本書では、断りがない限り、サウス・リンを含めてキングス・リンとしているが、慣習的にはセント・マーガレット教区のみをさすことも多く、都市自治体におけるサウス・リンの扱いも一貫していなかった。

　キングス・リンの人口規模について知ることのできる最も古いデータは、1676年のコンプトン・センサスである。この調査には国教徒だけでなく非国教徒も含まれており、キングス・リンには4,600人の男女が居住していたと記録されている[25]。しかしその後の人口に関しては、炉税記録などが残されているとはいえ、全体を把握できるようなものではない。1789年に都市自治体が貧困者数を把握するために独自の人口調査をし、総人口を9,089人と記録しているが、それまでの過程は推量に頼る以外ない[26]。18世紀初期の段階で7,000人から9,000人とする推定値もあるが、1750年頃に8,000人から9,000人に達したと考えるのが一般的である[27]。キングス・リンの人口は17世紀末に急激に増加したのではなく、18世紀前半を通して増え続けたものの、後半になるとその増加速度は落ち、ほぼ横ばい状態が続いたということになる。

　18世紀末以降は、上述の都市自治体の人口調査やセンサスにより、継続的に正確な人口データが入手できる[28]。1801年からの10年間は、ナポレオン戦争の影響もあって、人口は2％程度しか増えなかった。港湾都市であるキングス・リンは戦争のために水夫や船を提供するよう国家に求められ、そのことが人口の停滞を招いたが、1815年に終戦を迎えて以降は、人口増加率は高まった（表1-1）。しかし、1801年から31年までの30年間での人口増加率32.4％は、同時期におけるノリッジ（65％増）やヤーマス（42％増）に及ばないだけでなく、ノーフォークの平均人口増加率41.6％をも下回る。そもそもノーフォークは、同時期のイングランドとウェールズ全体の平均人口増加率57.1％から見ても人口増加は緩慢であり、都市化は進んでいなかったが、そのノーフォークの中で

表 1-1　区別人口と

年	教区全体		チェッカー		ジューズ・レーン		ケトルウェル		ニュー・コンデュイット		セント・パラダイス	
	人口	増減率	人口	増減率	人口	増減率	人口	増減率	人口	増減率	人口	増減率
1676												
1789	8,442		1,030		601		610		740		854	
1801	9,395	1.11	1,049	1.02	690	1.15	750	1.23	845	1.14	915	1.07
1811	9,319	0.99	968	0.92	812	1.18	913	1.22	914	1.08	931	1.02
1821	10,647	1.14	1,120	1.16	964	1.19	1,136	1.24	1,069	1.17	1,023	1.10
1831	11,424	1.07	1,071	0.96	884	0.92	1,209	1.06	1,071	1.00	1,193	1.17
1841	12,517	1.10	1,061	0.99	898	1.02	1,366	1.13	1,108	1.03	1,333	1.12

出典：*House of Commons PP: 1801-02 (9); 1812 (316); 1822 (502); 1833 (149).*

も人口増加率の低いキングス・リンは都市化を伴う19世紀的な人口増加からは遅れをとっているといわざるをえない[29]。17世紀末に5,000人を超えていたときは、イングランド・ウェールズで人口の上位20位程度に位置していたが、1841年時点で、68位まで落ち込んでいる[30]。

　1789年以来、キングス・リン全体としての人口は増加傾向ではあるが、それは中心からはずれた区の成長によるものであった。とくに1810年以降はさらにはずれたサウス・リンが増加の大半を担った（表1-1）[31]。中心にある区ではほとんど増加せず、区によっては微減している時期も見られる。住居数や世帯数もまた人口増加に比例するように増加した。1801年に1,965軒あった住居は、1831年には2,707軒になり、世帯数も2,437から3,035に増えた。1世帯あたりの平均人数は、単純に計算すると、同期間の平均で4.21人となる（表1-2）[32]。

2-2　就業構造

　都市の経済的・社会的特徴を浮かびあがらせる方法の一つは、その職業分布、就業構造を明らかにすることである。ここでは1841年センサスを用いて分析していくことにする[33]。

　長い18世紀を考察の対象とする本書の分析に1841年という年のセンサスを使うことには、異論があるかもしれない。しかし、以下の理由により1841年セン

人口増減率（1676～1841年）

マーガレット教区								オール・セント教区		キングス・リン全体	
セッジフォード・レーン		ストーンゲート		トリニティ・ホール		ノース・エンド		サウス・リン			
人口	増減率	人口	増減率	人口	増減率	人口	増減率	人口	増減率	人口	増減率
										4,600	
1,634		1,276		725		972		647		9,089	
1,749	1.07	1,339	1.05	770	1.06	1,288	1.33	701	1.08	10,096	1.11
1,579	0.90	1,175	0.88	749	0.97	1,278	0.99	940	1.34	10,259	1.02
1,766	1.12	1,270	1.08	793	1.06	1,506	1.18	1,606	1.71	12,253	1.19
2,064	1.17	1,701	1.34	766	0.97	1,465	0.97	1,946	1.21	13,370	1.09
2,450	1.19	2,008	1.18	761	0.99	1,532	1.05	3,522	1.81	16,039	1.20

表1-2　世帯数と世帯規模（1801～1841年）

年	人口	住居数	世帯数	1住居あたり家族	1住居あたり人数	1世帯あたり人数
1801	10,096	1,965	2,437	1.24	5.14	4.14
1811	10,259	2,199	2,530	1.15	4.67	4.05
1821	12,253	2,554	2,891	1.13	4.80	4.24
1831	13,370	2,707	3,035	1.12	4.94	4.41
1841	16,039	3,313	3,843	1.16	4.84	4.17

出典：*House of Commons PP: 1801-02 (9); 1812 (316); 1822 (502); 1833 (149); 1844 (587)*.

サスのデータがここでの分析に最も適しているのである。次節以下で詳細に検討するように、職業の分布に関しては、18世紀でも人名録や登録簿の資料を利用することができるが、それらは社会の一部の階層に関わるもので、キングス・リンの全住民を対象とした職業調査はセンサスの出現を待たなくてはならない。しかし1801年から、以後3度にわたるセンサスの結果はすべて要約され、農業従事者、商工業・手工業従事者、その他の3つのグループに分類された人数が報告されているのみである[34]。それぞれの分類に含まれる職業の詳細が不明であるだけでなく、各グループの人数や比率を見ても年度ごとに大きく異なっており、信頼に欠ける。1831年センサスは職業の詳細リストはあるものの、そこに含まれるのは商工業と手工業に携わる20歳以上の男性自営業者のみであ

る[35])。したがって、職業全般に関する詳細情報や、あわせて女性や未成年者の就業状況を知ることは不可能であり、こうした情報を知り得るのは1841年以降のセンサスなのである。

　もちろん、1841年の職業情報がどのくらい長い18世紀末の社会に適用できるかは、19世紀前半の変化の評価にかかってくる。確かに19世紀最初の数十年で大きな経済変動を経験した工業都市のような例では、1841年の分析から19世紀初頭の状況を推定することには大きな障害があるだろう。しかし人口の推移でもふれたように、キングス・リンの変化の規模は、ごく控えめなものだった。したがって、1841年のセンサスの分析から数十年以前の職業構造を推定することは、新興工業都市のような例と比べれば問題は小さいといえる。性別、年齢、職種すべてにわたる就業者の情報を得ることができる1841年センサスは、掲載されている情報もそれまでより格段に豊富であり、そのことがより詳細な分析を可能とし、また他都市の同様なデータと比較できるというメリットさえある。ここからは、18世紀以降、キングス・リンが経験したゆっくりとした変容過程の一つの到達点を読みとることができるといってもよい。

　まず男性から見ていくことにしよう。キングス・リンの20歳以上の成人男性就業者は3,537人、未成年は536人、合わせて4,073人であり、これは成人男性の90.7％、未成年男性の15.8％、全男性住民の55.8％にあたるが、65歳以下の成人男性のほぼ全員が職をもっていたことになる。次の表1-3は、就業者の多い順に職業を並べたものである。最大数は労働者であるが、雇用先の業種の特定はできない。続いて多い水夫も、基本的には海運業者や商人に雇用される者であるが、徒弟修業をする者も多く、キングス・リンの基幹産業を担う主要な職業の一つである。そのあとには、靴屋、仕立屋、大工、漁師、パン屋、煉瓦積工と生活基盤を支える職業が続く。加えて公的な役職に就く者と、未成年男性の比率が他の職業に比べて相対的に高い奉公人も上位に並ぶ。

　これらの職業を部門別に分類したのが次の表1-4(a)である。都市の中心的な職業は、製造・手工業、小売・卸売業、商業サービスであるが、キングス・リンでは製造・手工業者が1,515人（37.20％)、小売・卸売業者が397人（9.75％)、

表 1-3　男性の職業リスト（1841年）

職業	人数	%	職業	人数	%	職業	人数	%
労働者 labourer	635	15.59	庭師 gardener	各31	各0.76	弁護士 attorney	各16	各0.39
水夫 mariner	564	13.85	ロープ工 roper			訪問者 traveller		
靴屋 shoe maker/cordwainer	230	5.65	書籍商・印刷屋 bookseller/printer	29	0.71	御者 coachman	15	0.37
仕立屋 tailor	173	4.25	行商人 hawker	28	0.69	会計士 accountant	各14	各0.34
公的な役職 civil clerk	163	4.00	馬丁 ostler	27	0.66	パイプ工 pipe maker		
指物師・大工 joiner/carpenter	150	3.68	馬車製造工 coach maker	各26	各0.64	煙突掃除人 chimney sweeper	各13	各0.32
家内奉公人 servant	130	3.19	樽桶工 cooper			聖職者 clerk/Rev.		
漁師 fisherman	94	2.31	コルクカッター cork cutter			木摺工 lath maker		
パン屋・菓子屋 baker/confectioner	各88	各2.16	教師 teacher	各25	各0.61	蝋燭商 chandler	各12	各0.29
イン・パブ経営者 inn/pub keeper			薬屋 chemist			鋳物師 iron founder		
煉瓦積工 bricklayer	79	1.94	石工 stone mason			織布工 weaver		
家具屋 upholster	78	1.92	陸運業者 carrier	各23	各0.56	真鍮細工師 brazier	各11	各0.27
港湾荷担ぎ人 porter	75	1.84	金物商 ironmonger			金銀細工師 goldsmith/silversmith		
食料雑貨商・茶商 grocer/tea dealer	69	1.69	醸造業者 brewer			左官 plasterer		
肉屋 butcher	各64	各1.57	美容師 hair dresser	各22	各0.54	獣医 vet surgeon		
鍛冶屋 smith			帽子屋 hatter			牛飼い・ミルク屋 cow keeper/milkman		
船大工 shipwright	61	1.50	製革工 currier			家畜商 drover/cattle dealer	各10	各0.25
服地商 draper	59	1.45	馬具商 saddler	各21	各0.52	技師 engineer		
商人 merchant	58	1.42	製帆工 sail maker			オルガン奏者・音楽家 organist/musician		
鉛管工・ガラス屋 plumber/glazier	57	1.40	時計製造工 watch maker	各19	各0.47	ブリキ工 tinplate worker		
木挽師 sawyer	47	1.15	外科・内科医 surgeon/medical doctor			陸軍軍人 army		
水先案内人 pilot	33	0.81	ブラシ製造工 brush maker	17	0.42	ブロック製造工 block maker		

職　業	人数	%	職　業	人数	%	職　業	人数	%
煉瓦製造工 brick maker	各9	各0.22	仲立人 broker	各4	各0.10	タバコ商 tabacconist		
魚屋 fishmonger			彫版工 engraver			建築士 architect		
小間物商 haberdasher			麻布製造工 hemp manufacturer			漂泊工 bleacher		
ファーマー farmer	各8	各0.20	船具商 ship chandler			チーズ商 cheesemonger		
馬商人 horse dealer			万屋経営者 shop keeper			穀物取引代理人 corn agent		
麦芽製造業者 maltster			芸術家 artist	各3	各0.07	刃物師 cutler		
測量士 surveyor			メッキ工 gilder			フェルト製造工 felt manufacturer		
籠製造工 basket maker	各7	各0.17	水車大工 millwright			フェンス製造工 fence maker	各1	各0.02
手袋工 glover			海軍軍人 navy			毛皮商 furrier		
機械製造工 machine maker			油かす加工業者 oil cake manufacturer			ガラス製造工 glass maker		
粉屋 miller/flour dealer			製紙業者 paper manufacturer			研ぎ屋 grinder		
ろくろ工 turner	各6	各0.15	銀行家 banker	各2	各0.05	洗濯屋 laundryman		
取引代理店 agent			陶磁器商 china dealer			演奏会企画者 music seller		
競売人 auctioneer			店舗従業員 commercial clerk			苗木屋 nurseryman		
染色工 dyer			羊皮商 fellmonger			ステー製造工 stay maker		
鉄砲工 gun maker			花火工 firework maker			皮鞣工 tanner		
船主 ship owner			果物商 fruiterer			トランク工 trunk maker		
車大工 wheelwright			眼鏡商 optician			ワイン製造工 wine worker		
質屋 pawnbroker	各5	各0.12	パッテン製造工 patten maker			合　計	4,073	100.00
スレート工 slater			研磨工 polisher					
馬小屋管理人 stable keeper			船舶取引代理人 ship agent					

出典：NA, HO 107/786 Census Enumeration Books, King's Lynn, 1841.

表1-4　男性の職業構成——ノーフォークの3都市（1841年）

(a) 部門別分類

	キングス・リン			ノリッジ			ヤーマス		
	職種数	人数	%	職種数	人数	%	職種数	人数	%
農業	1	8	0.20	1	64	0.41	1	17	0.30
漁業	1	94	2.31	1	3	0.02	1	116	2.05
商工業									
製造・手工業	68	1,515	37.20	146	8,845	56.99	71	2,567	45.39
小売・卸売業	35	397	9.75	63	1,554	10.01	39	524	9.26
商業的サービス（運送）	3	602	14.78	2	226	1.46	4	749	13.24
商業的サービス（その他）	28	310	7.61	37	993	6.40	28	423	7.48
商工業小計	〈134〉	〈2,824〉	〈69.33〉	〈248〉	〈11,618〉	〈74.85〉	〈142〉	〈4,263〉	〈75.37〉
個人・世帯向けサービス	5	190	4.66	9	881	5.68	6	185	3.27
専門職	21	143	3.51	27	778	5.01	21	182	3.22
公的な役職	14	163	4.00	20	523	3.37	18	191	3.38
労働者	3	635	15.59	4	1,638	10.55	4	699	12.36
その他	1	16	0.39	1	16	0.10	1	3	0.05
合計	180	4,073	100.00	311	15,521	100.00	194	5,656	100.00

(b) 商工業細目

	キングス・リン			ノリッジ			ヤーマス		
	職種数	人数	%	職種数	人数	%	職種数	人数	%
飲食料	15	285	10.09	26	1,079	9.29	21	446	10.46
イン・パブ	4	87	3.08	6	340	2.93	5	105	2.46
繊維・衣料	10	286	10.13	46	3,711	31.94	16	356	8.35
皮革・製靴	7	283	10.02	7	1,679	14.45	5	481	11.28
家具・備品	6	88	3.12	13	413	3.55	4	166	3.89
金物・金属加工	10	137	4.85	24	566	4.87	11	188	4.41
建築	15	423	14.98	19	1,527	13.14	12	601	14.10
船舶・水運	13	797	28.22	11	466	4.01	20	1,406	32.98
馬車・陸運	6	83	2.94	11	310	2.67	6	130	3.05
奢侈品・奢侈的サービス	9	90	3.19	15	384	3.31	11	109	2.56
銀行・保険	3	4	0.14	4	17	0.15	1	5	0.12
その他	36	261	9.24	66	1,126	9.69	30	270	6.33
合計	134	2,824	100.00	248	11,618	100.00	142	4,263	100.00

商業サービス提供者が912人（22.39％）で、これらを合わせると就業者総数の7割近くを占める。他都市との比較でいえば、繊維産業という主産業をもつノリッジは製造・手工業者の比率がそれだけで56.99％と圧倒的に高く、小売・卸売業は10.01％、商業サービスは7.86％となっている。それに対して、ヤーマスでは製造・手工業者は45.39％とキングス・リンを大きく上回るが、小売・

卸売業と商業サービスはほぼ同じである。運送部門を除いて考えると、3都市とも商業サービスの比率に大きな差はない。しかし、キングス・リンの製造・手工業者の中には小売を兼業する者も少なくなく、従来なかった新しい奢侈品を扱う小売業者も見られるようになったし、また商業サービスは、金融、外食・宿泊から新しい奢侈的なものやレジャーといくつもの分野にも広がる。したがって、これらの商工業部門を扱う商品の種類ごとに分類してみると（表1-4（b））、飲食料、繊維、皮革部門の商工業者と建築部門の職人が目立つ。しかし、都市ルネサンスを反映する家具・備品関係と奢侈的新業種（これについては後述、6章）も、数は多くはないもののまとまった数が存在しており、消費文化の普及が見てとれる。

　しかし何よりもキングス・リンを特徴づける職業分野は運送とその関連部門であり、その中でも、船舶・水運関係者の多さは顕著である。ここには水夫を主とし、ボートやはしけの船頭、水先案内人、船主、水運業仲介者といった水運サービス提供者と、それに加え、船大工、製帆工、船具商などが含まれるが、これらを全部合わせると、リンの男性商工業従事者の28.22％、全男性就業者の19.57％が水運部門に見られることになる。

　その他専門職、公共的な性格をもつものと、個人・世帯向けサービス提供者が存在する。キングス・リンには法律家、医者、聖職者、教師、芸術家、技師、科学者、軍人など21種（143人、3.51％）の専門職がいる。27種の専門職に全男性就業者の5.01％が就いているノリッジと比較するとキングス・リンの専門職の層は薄いが、ヤーマス（21種、3.22％）とはほぼ同等である。専門的な知識の提供は都市の大きな機能の一つであったことがわかる。公共的な性格をもつサービスが多いのも都市の特徴である。ここには関税官や郵便局員、間接税徴収者など中央政府から任命される役人だけでなく、計量人、治安官、教区教会の役職者、港湾などの公共施設の使用料徴収者など役人ではないが公的な役割をもつ職業が分類される。全体の就業者から見た割合は4.00％と高くはないが、その内訳を見ると、キングス・リンで多いのは計量人（33人）と関税官（18人）で、そのほか、港や波止場の管理人も含め、ウーズ川を介した取引に関わ

る者が大きな比率を占める。もう一つの重要なサービスは、個々の世帯の維持向けのものである。このうち約6割が男性奉公人であるが、馬丁や庭師、農場や土地の管理人なども一定の数が見られる。

　就業していたのは男性だけでない。相当数の女性もまた、仕事をもっていた。しかし女性の就業パターンは男性とは大きく異なる。女性就業率が都市部で高いのはノーフォークでも例外ではなく、キングス・リンにも1,552人おり、全女性の17.8％が職業に就いているが、この数字はノーフォーク全体の就業率平均14.3％を上回る[36]。また男女を合わせた就業者全体における女性の比率は27.6％となり、就業者の4人に1人以上は女性であることを意味する。しかしこうしたキングス・リンの数字はノリッジやヤーマスには及ばない。ヤーマスでさえも女性就業率は、女性全体だと18.0％、男女全体の就業者における女性の割合は30.1％、ノリッジにいたっては、それぞれ、23.1％、33.8％となっており、キングス・リンを全て上回る。

　キングス・リンにおける女性の従事する職業は、男性の180職種と比較して、全部で61種と少ない。さらにその中でも、奉公人（58.1％）、婦人服仕立屋dress maker（12.7％）、洗濯屋（4.3％）、学校教師（3.6％）、（一般）仕立屋tailor（2.9％）、麦わら帽子屋（2.4％）、保母（1.9％）、靴屋（1.6％）、日雇い雑役婦（1.4％）、一般小売商（1.2％）という10種に90％が集中しており、職業にはジェンダー差があったこと、そして女性の職業が狭い範囲のものに限定されていたことがわかる。婦人服仕立屋や麦わら帽子屋は女性を顧客とし、主に女性が携わる職業であったし、洗濯屋も女性の職業であった。また、未成年女性の場合、その多くが奉公人か婦人服・一般仕立屋に限定されている。

　こうした傾向は、キングス・リンだけのものではない。ノリッジでは女性の職種は127種に達するものの、上位17職種に90％が、ヤーマスでは75種のうち、上位15種に90％の女性就業者が集中しており、職種もキングス・リンとほぼ同じである。ただし、これら両都市には繊維産業関連の仕事があるが、キングス・リンではそれらは見あたらない。たとえばノリッジには織布工（11.1％）、絹織物製造業者（9.2％）、綿織物製造業者（1.1％）が、ヤーマスにも絹織物

表1-5 ノーフォーク3都市の性比（1801~1841年）

年	キングス・リン	ノリッジ	ヤーマス
1801	0.82	0.75	0.77
1811	0.75	0.73	0.79
1821	0.82	0.82	0.74
1831	0.81	0.83	0.74
1841	0.83	0.82	0.78

出典：*House of Commons PP: 1801-02 (9); 1812 (316); 1822 (502); 1833 (149); 1844 (587).*

製造業者（9.5％）や織布工（2.5％）などが女性の雇用先として加わる。繊維産業のような主要な製造業をもたないキングス・リンでは、女性の就業先の選択肢はさらに限られていたといえる。

ここで都市の就業構造と関連したと思われるキングス・リンの住人の性別と年齢に目を向けておこう。都市では女性の数が男性を上回る傾向が強いとされるが、キングス・リンも例外ではなく、ナポレオン戦争期を除き、0.82前後である（表1-5）[37]。ノーフォークの都市と比べると、ノリッジの1821年以降の性比はキングス・リンとほぼ同じであるが、この年間を通して性比が0.8を上回ることがなかったヤーマスよりは高い。性比は年齢層によっても大きく異なった。1821年と1841年のセンサスの例で見ると、20歳前後から30歳前後にかけて、女性の比率が極端に高くなる。1821年の場合、15~19歳でそれ以前と比べ突然、性比は低くなり、20代では0.68にいたる（図1-4）。その後、30代では少し高くなるが、40代の0.80をピークに、それ以降はまた0.70以上に戻る。1841年は、1821年のものよりも細かく年齢層が分かれている。15~19歳で0.83であった性比は、20代前半では0.61と最低に落ち込むが、後半では0.71、30代以降はさらに性比は高まり、50代前半には0.97とほぼ男女同数に近くなる（図1-5）。1821年と1841年の数値は、ほぼ類似の傾向を示しているが、これは女性のライフサイクルから一通りの説明がつく。女性の多くは10代後半から20代に奉公先や職探しで都市に出てくるため都市生活者の人数がピークを迎えるが、20代後半から30代にはその大半が、その都市で結婚しなければ、そのまま都市に住み続けることは少なく、結果として性比が上がっていくのである。したがって、若い女性たちの就業機会が多いほど20代の性比は低くなる。

しかし、ノリッジやヤーマスと比較してみると、男性の従事する職業の種類

が性比に大きく関わることがわかる。同時期、ノリッジの20代の性比は、1821年は0.73、1841年には0.69であるのに対し、ヤーマスでは1821年が0.47、1841年は0.57であった。この違いを説明する要因の一つは繊維産業の存在である。ノリッジは繊維産業が主たる産業であり、女性が従事する仕事はキングス・リンよりもはるかに多い。また昔ながらの州都市であるノリッジには家内奉公人を必要とする相対的に富裕な者も多く、女性にとっての奉公先も不足はしなかったであろう。にもかかわらず性比が高いのは、キングス・リンで見られるように水夫として雇用された体力のある若い男性たちが、長期にわたって船旅に出てしまうことがなかったからであろう。つまり、ノリッジの場合、男性人口を極端に減らす要因がなかったため、キングス・リンよりも性比が高くなった。一方、ヤーマスはキングス・リンと同様の港湾都市であるが、圧倒的に性比が低い。これはキングス・リンと同じ理由で男性が少なかったのに加え、ノリッジほどではなかったものの、女性の働き口を提供する繊維産業が女性の流入をより促進し、その結果、極端な性比の低さを記録することになったと思われる。

2-3　富の分布

次に1796年と1836年の救貧税課税記録を用いて、富の分布状況を分析する。1796年には救貧税納税者が大幅に増え、査定も大きく見直された。したがってこの年は、キングス・リンの人口や社会経済的変化を俯瞰する上で重要なベンチマークの一つとなる。また1836年は詳細な査定記録が残っているために選ばれた。ここでは、富の分布の指標として利用する査定記録の意義について批判的検討が加えられるが、職業構造と富の分布状況をふまえ、キングス・リンの経済・政治・社会の中核的グループがどのような人々から構成されていたかを明らかにしていく。

救貧税課税記録の史料的特徴

住民の富の分布には救貧税課税記録［救貧税記録と表記］を利用するが、まず、その特徴や利用上の注意点などを議論していくことにする[38]。世帯別デー

図 1-4　年齢層別男女別人口（1821年）

キングス・リン

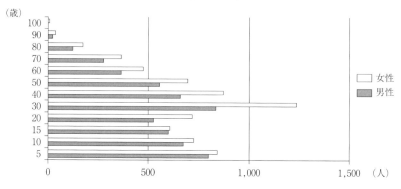

ノリッジ

ヤーマス

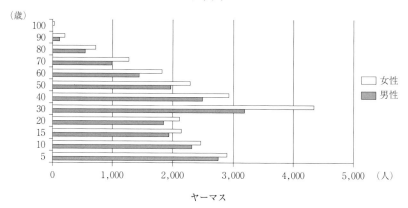

出典：*House of Commons PP: 1822 (502)*.

第1章 キングス・リン 47

図1-5 年齢層別男女別人口（1841年）

キングス・リン

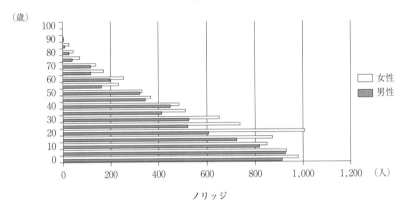

ノリッジ

ヤーマス

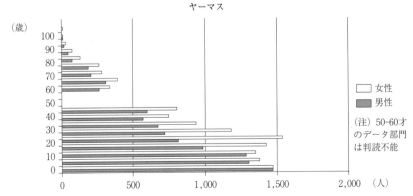

(注) 50-60才のデータ部門は判読不能

出典：*House of Commons PP: 1844 (587)*.

タの獲得が可能になる1841年センサス以前の史料で、キングス・リンにおける最大数の住民の情報を記録しているのはセント・マーガレット教区の救貧税記録であろう[39]。1796年のセント・マーガレット教区の救貧税記録には、2,572件の納税者の名前があげられているが、この数は1801年の教区内の住居数（1,791世帯）のみならず、キングス・リン全地区の住居数（1,965世帯）さえ上回るものである[40]。これは、一つには不動産ごとに課せられる救貧税の性格によるものである。すなわち、複数の不動産をもっている者の名前は何度も記録に現れるし、また不動産と合わせてストックや船を所有する者はその分も別に登記されるため、のべ2,572件の納税者の中には重複者も少なからずいる。そうした重複を除くと2,068人にしぼられるが、1801年の住居総数が2,000軒以下であったことを考慮すれば、これでも数の上では100％を超える住居に課税されていたことになる[41]。

　実は1790年代前半まで、キングス・リンの納税者は600人程度しかいなかった[42]。納税者の数が急増したのにはいくつか理由がある。もともと救貧税の主たる担い手は土地、宅地、建物など不動産所有者であった。しかし都市の人口増加に伴う貧困層の増加は納税者の負担を拡大させることになり、一部の富裕な不動産所有者だけが救貧税を負担することに対し不満が高まってきた。救貧を受けなければならない極貧層を除き、社会全体が税金を負担すべきであると、考え方が変化していった。また長期にわたり課税対象の不動産の再査定を行わず、不動産価額の大幅な変化を無視してきたことに対しても批判が出た。1795年の救貧税課税の見直しを求める集会の総意を受け、対象物の大幅な見直しを行った結果、できるだけ広範な住民に負担させる方式に変わり、この年を境に納税者数が急増したのである。

　本節では、救貧税課税額を個人の富の指標と見なして住民の富の分布を分析しようとしているが、職業情報や詳細な住所は一切含まれなかったことや、その他、以下でふれるいくつかの史料上の制約があることを認識する必要がある[43]。第一に考えなければならない点は、誰が納税者なのか、または誰が免除されていたのかということであるが、この特定は難しい。救貧税は原則として、

土地・建物・部屋等を所有・占有している者、すなわち土地・建物の所有者だけでなく借家人にも課税されるが、支払い能力のない一部の者は納税の免除措置を受けることができた。確実に免除されたと思われるのは、救貧受給者とワークハウスに収容されている者である。これら免除者の数は1809年に出されたある慈善報告からおよその規模が推定される[44]。この報告書によれば、救貧を受けていた者（院外救貧として週手当てをもらっていた者）の数は、1770年にはセント・マーガレット教区とオール・セント教区を合わせて132家族280人であったのが、1809年には514家族1,172人に増加した。また、1800年代には都市自治体も325人に救貧券なるものを与えていた。この数から推定すると、18世紀末にはおよそ400から500世帯程度、1830年代にはそれ以上の免除者がいたと考えて間違いない。したがって、セント・マーガレット教区の1841年の住居数は2,539世帯、1836年の納税者数は2,235人であることから、1796年はもとより、1836年も、数の上では、救貧受給世帯以外の世帯主はほぼ全員課税対象者であったといえることになる。しかし、一つずつデータをチェックしていくと、このような結論を出すのは早急であることが明らかとなる。たとえば、貧困層ではありえず、むしろ富裕層に属し、しかもキングス・リンに居住し営業していることが明らかな人物の名前が、救貧税記録の中に見つからない事例がある。

　第二に、救貧税の査定額がどこまで個人の資産の目安になるかという点である。この時期の救貧税は、あらゆる不動産に課せられるとはいえ、実際のところ、ほとんどの場合の課税対象は「住居 dwelling house」である。しかし、納税者の中には、別の場所に主たる住居をもち、キングス・リンでは営業や一時的な居住に必要最低限の広さの住居を保有する者もいるが、その主たる住居以外の建物をもとに富裕度を測ると、過小評価になってしまうことも多い。

　第三に、資産としての金融証券が正しく査定されて救貧税記録に現れているかどうかも疑問である。キングス・リンでは、都市自治体が18世紀から19世紀を通して年金証券や債権を、また19世紀になると道路舗装委員会も証券をそれぞれ発行している。しかし営業上の在庫商品と違い、金融証券は目に見えないため、査定を免れる可能性も高かったと推定される。さらに都市自治体が発行

する債券のようなローカルな金融証券の購入者は地元の行政機関の記録から追跡できるが、ロンドンを中心にさまざまな種類の金融商品が普及する中、誰が何をもっていたかを、教区委員を中心とした救貧税を査定する委員会が追求するのはほぼ不可能であったに違いない。

　しかしながら、以上であげたような問題点は、本史料を用いてキングス・リンの富の分布を分析するのに大きな妨げにはならない。救貧税記録に名前があがらない者については、その大半が貧困者であったことは疑いがない。たとえ納税者でありながらなんらかの理由で記録から漏れた人がいたにせよ、その数は多くなく、全体的な富の分布を知るという目的は十分達成できる。査定の対象となるものと個人の資産についても、正確に知ることは不可能である。しかし、複数の課税対象をキングス・リン内外にもっている者は、実際にデータを整理してみると意外に少ないことがわかる。この時代のキングス・リンでは、自宅を作業場や店舗、事務所、そして商品を保管する場として利用するのが一般的であり、不動産を複数保有するのはごく少数の有力者だけであった。個人の資産の測り方は重要な議論のポイントであるが、不動産やストック、船以外にもさまざまな形の資産が考えられ、救貧税記録から導きだすことは不可能である。しかし、富裕層から貧困層がどのように分布しているのかを知るためには、そうした分布を示唆するような指標があればよいことであり、個人の資産額を正確に知る必要はない。したがって、富の分布を知るには、個人のもつ資産がかなり直接的に反映される不動産をもとにした救貧税だけで十分な根拠となりうる。

　こうした救貧税記録の制約を念頭におきながら、以下、分析を進めることにする。

富裕度分析（1796年）

　この時期、キングス・リンでは富める者、貧しい者、あるいは「中位の階層」の人々はどれくらいいたのだろうか。都市の統治や消費文化の広がりに関与できたのは、どのランクの人々であっただろうか。それぞれの職業はこの富の位

階にどのように分布していたのだろうか。本項では1796年と1836年の2つの時期を対象にして、キングス・リン全体の富の分布の分析を試みる。

　前項で述べてきたように、下層を含めた大部分の住民の富を査定した1796年の救貧税記録は、その目的にとって最良の資料である[45]。というのも、この記録は大きな見直しの直後のため査定価額が比較的正確であることに加え、社会階層分類に際し、約1,400人の新たに納税を課せられた者をほぼ下層に分類できるという、階層区分上の一つの目安があるからである。職業情報に関しては、18世紀末のキングス・リンで発行されたベイリーズ人名録（1786年）とユニバーサル人名録（1792年）の2つにより、主だった住人の職業情報を得ることが可能になった。しかし、人名録はこの時期のキングス・リンの住民の職業を知り得る貴重な史料ではあるが、中間層以下の社会層の職業情報はほとんど得られないという欠点を併せもつ。また、いずれも掲載される職業数は限られており、救貧税記録との照合率は高くない。したがって、階層区分上の一つである下層を分類する際の目安があるという点では優れているが、その情報を人名録に頼った職業分析は一部の中上層に限られることになる。これに対し1836年の課税記録分析では、1830年代になって次々に現れた、より多くの職業情報を得られる記録を補完史料として利用することができる。1830年のピゴット人名録には18世紀のものとは比較にならない数が掲載されたし、何よりも1841年のセンサス個票は、全住民の情報を入手可能にした。したがって1836年の課税記録分析では、18世紀末には職業が特定できず分析対象にできなかった中間層以下の人々も含め、広く都市社会を検討できるメリットがある。しかし、一方で、1796年の分析とは異なり、各社会層の境界線をどこに引くかの目安が存在しない。したがって、以下では、こうした史料の性格を考慮し、それぞれの強みを活かしながら、2つの時期の富の分布を分析・比較していくことにする。

　まず、1796年の資産査定額にもとづき、納税者を以下の6つのクラスに分けてみる（表1-6）。クラスⅠは査定額が100ポンド以上の最富裕層、クラスⅡは50〜100ポンドの富裕層、クラスⅢは20〜50ポンドの中間層上位、クラスⅣは10〜20ポンドの中間層、クラスⅤは6.5〜10ポンドの中間層下位、そしてク

表 1-6　富裕度にもとづく分類（1796年）

クラス	人数	%	査定額合計(£)	%
クラス I　£100～	14	0.7	2,144.3	13.6
クラス II　£50～100	13	0.6	914.5	5.8
クラス III　£20～50	107	5.2	2,998.0	19.0
クラス IV　£10～20	215	10.4	2,842.5	18.1
クラス V　£6.5～10	241	11.7	1,616.3	10.3
クラス VI　£ ～6.5	1,478	71.5	5,230.0	33.2
合　　計	2,068	100.0	15,745.5	100.0

出典：NRO, MF/X/341/10.
注：救貧免除者を除く。

ラス VI は6.5ポンド未満の下層である。救貧税納税者見直しによる増加分を下層としたが、その他のクラス区分は恣意的なものでしかない。しかしこの表は18世紀末のキングス・リンにおける富の分布の特徴をよく表している。

　まず、富の分布にはきわめて大きな偏りがあった。人数ではわずか0.7％でしかない最上層のクラスだけで、査定総額の13.6％を占めている。上位2クラスまで広げても、人数は1.3％を占めるだけだが、査定された富全体の20％近くを握っている。クラス I に分類されている14人は、何か特定の種類の商品に特化している「専門商人」ではなく、全員が多種多様な商品を扱う「総合商人」である（付表1）。これらの人々は、不動産資産のほかに、全員がストックを保有しており、14人中12人が1,000ポンド以上の査定を受けている。また、廻船業出身の者たちは何隻もの大型船を保有しており、それらを資産に加えるとさらに突出した資産額に達する。彼らの多くが、第3章でふれるように、都市自治体の要職に就いていたことも重要であり、14人中8人が査定時に市参事会員、2人は市会員であった[46]。一方、クラス II には、5人の商人のほかに、専門職が3人（法律家2人、医者1人）、イン経営者2人、そして婦人3人、合わせて13人が見られた。

　それでは、中間層（クラス III～Vの）の資産状況はどうであっただろうか。クラス III は、生活に十分余裕があり、上層とともに、キングス・リン社会をさまざまな角度から牽引する人々が含まれる。人数は107人（5.2％）で、資産総額の比率は上層の総額とほぼ同じ19.0％に達する。不動産査定額を基準にした資産分析では、醸造所や商品倉庫、穀物貯蔵庫などの事業で必要とする施設を

もっている者の資産は相対的に高く評価され、逆に専門職のように大きな付帯施設をもたない者の富裕度は低く評価される傾向がある。したがって、クラスⅢには、不動産を必要とする事業を営んでいないがために富裕度を過小に評価されてこのクラスに分類される者も含まれていると考えねばならない。クラスⅣは、ここでは平均的な中間層と捉えているが、クラスⅢの約2倍の215人（10.4％）がこの層に分類され、資産総額は18.1％に達している。そして、クラスⅤは残りの中間層で、経済状況によっては下層の生活水準まで落ち込むこともある層である。ここには、クラスⅣと同程度の241人（11.6％）が見られるが、資産総額の比率は10.3％である。

　中間層の上層部、クラスⅢに含まれる107人については、その内92人（85.0％）、38種の職業が判明する。第一の特徴として、クラスⅢで最大数の職業はここでも商人であるが、9人の商人は、総合商人と専門商人が半々であった。また、銀行家もこのクラスⅢには見られる。第二に、商人以外の商工業者もこのクラスには多くいて、服地商（8人）をはじめとし、食料雑貨商（8人）、家具屋（6人）などが見られた。また、人数は多くないものの、書籍商・印刷屋、銀細工師・時計製造工、陶磁器商、香水商、馬具工、馬車製造工など、奢侈的な需要に応える新しい職業従事者もここには含まれた。その一方で、ブラシ製造工、製帆工、船具商、鉛管工、塗装工、コルクカッター、靴屋、肉屋、パン屋、金物商といった生活必需品やサービスを提供する職業に就く者も1～2人程度ではあるが見られる。第三に、専門職の比率は他のクラスと比較してもかなり高い。法律家8人、医者・薬屋5人、聖職者3人、教師1人と計17人の名前があがり、これはクラスⅢの職業判明分の18.7％にあたる。そして第四に、ファッショナブルな催しの開催地として名が通っていたインやタヴァーン、コーヒーハウス、パブといった飲食サービス施設経営者（6人）も見られる。メイズ・ヘッド・イン、クラウン・タヴァーン、コーヒーハウスは、クラスⅡの二大インに並ぶ、催しの開催地であった。しかし具体的な事例を検討してみると、富のランクで同じクラスに属することが、同じ社交グループに属することを意味したわけではなかったことがわかる。たとえばこのクラスⅢの中

でも商人とそれ以外の商工業者の間には微妙な差があった。商人は、キングス・リンのさまざまな場で、クラスⅡ以上の富裕者層と交わることが多かったが、その他の商工業者たちはむしろ中間層の代表という意識が強かったようである。たとえば、家具屋で競売人のC. クルーソは、「中間層の利益を守るために」先述の救貧税の査定見直しの際にはその中心人物として活躍し、1792年の集会では議長を務めている[47]。

　クラスⅣの納税者の職業判明分119人（55.3％）、47種は、服地商（11人）や靴屋（9人）、パン屋（7人）、食料雑貨商（6人）、肉屋（4人）など、商工業者が多い点ではクラスⅢと重なる。紳士・婦人帽子屋、小間物商、陶器商、香水商、茶商、書籍商などのファッショナブルな商品を扱う者も少なくない。しかしそれらに加え、金属加工業者（3人）、指物師（3人）、鉛管工（3人）、煉瓦積工、製革工、樽桶工、塗装工（2人）など、職人がより多く含まれるようになる。他方で専門職は、医者・薬屋（3人）、聖職者（2人）、法律家、オルガン奏者（1人）がこのクラスに見られるが、クラスⅢと比較すると数の上でも、クラス内の比率でも、半分以下に少なくなっている。また、飲食サービス施設経営者（9人）は、1人のコーヒーハウス経営者を除き、残りの8人すべてがパブ経営者である。そして、中間層の下位のクラスⅤは経済状況やライフサイクルによって、下層との間を行き来している者も多い集団と考えられるが、次に説明するクラスⅥとともに、職業情報はほとんど得ることができない。

　クラスⅥの下層は人数の上では71.5％と圧倒的な比重を占める。このクラスは、そのほとんどが、1795年以降の基準で新たに課税された者から構成されている。先に見たように、納税負担を中間層以外にも広げたという課税見直しの趣旨から考えると、クラスⅥの構成員は、査定時こそ救貧税の受給者ではなかったものの、決して余裕のある生活を送っていたわけではない、あるいはかろうじて生計を維持できた層と見なせる。このクラスも職業が判明しない者が92.4％を占め、どのような仕事で暮らしていたかは不明だが、人に雇われず独立していることが最低限の条件である中間層と比べ、この階層の人々の大半は安定した生業をもたないか、雇われて賃金で暮らしをたてる「賃金稼得者」世

帯であったと考えられる。しかし、彼らが都市社会への貢献を全く果たさなかったとは考えるべきでない。彼らが個々に行う救貧税への貢献は小さかったが、このグループ全体で考えると、総納税額の33.2％、つまりは都市救貧税の3分の1を担っていたことになるからである。この階層の人々が都市の公的世界で積極的な役割を果たすことは難しかったとしても、彼らの中にも、少なくともライフサイクルのある局面では、新しい消費財やサービスを享受するものがいた可能性を否定すべきではない。

しかし、この階層は都市社会の底辺ではなかった。前述のとおり、この階層の下にはさらに400～500世帯の救貧受給者で納税免除を受けていた層が存在していた[48]。このような社会の最下層には、働けなくなった高齢者・病人・けが人の男性を世帯主とする家族、一家の稼ぎ手を亡くした寡婦や子どもから成る家族、未婚の女性などが多く含まれる。仮に400の救貧受給世帯があったと考えると、それは全体の約16％を占め、クラスⅥと合わせると75％を超える下層世帯があったことになる。

他の地方都市と比べた場合、キングス・リンの富の分布状況はどのように評価すべきなのだろうか。ジョージ王朝期の地方都市の社会構成を概観したエリスは、少なくとも年50ポンド以上の所得がある階層を地方都市の中間層と分類するとすれば、その比率は都市の成人人口の20％強であったと推定している。これに対し、上層はせいぜい5％以下、70～75％は貧困と隣り合わせの「下層」「勤労者層」「労働者層」と呼びうる階層であった[49]。もちろん地域差はあり、洗練された都市ほど上層の比率が増え、逆に新興の工業都市には中間層より上の層はほとんど存在しないといわれることもある。依拠する資料や算定基準に違いがあるため、単純に比較することは難しいが、キングス・リンでは、エリスの数値よりも上層の比率が少なく、その分、中間層の比率が高かったように見える。しかし、中間層上位に分類されている者と上層との境は明確なものではなく、あくまでも恣意的に分けたにすぎない。したがって、キングス・リンの経済・社会構造もエリスの示す平均的な都市と大差ないといってよかろう。

最後に、女性納税者についてふれておきたい。納税者2,068人中344人（総納

税者数の16.6％）は女性であったが、このうちクラスⅡ以上の富裕な納税者は3人いる。1人は詳細不明であるが、E. ハモンドはノーフォークの農村地主の親族であり、E. エルスデンは富裕な商人の寡婦であった。これら3人を含めた16人のジェントルウーマン（未婚女性または寡婦）は、1人を除き中間層以上に分類され、査定価額も比較的高かった。一方、男性と同等の職業に就き、生産活動に従事している女性も少なくない。その大半の女性の職業は不明だが、判明分ではパブ経営者、服地商、婦人帽子屋、パン屋、家具屋、教師、樽桶工、粉屋、金物商、香水商、鉛管工、石工などが見られる。彼女らは男性と同等の資産査定を受けており、クラスⅢ～Ⅴに分布していた。しかし、女性の過半数以上はクラスⅥに分類されていたし、救貧院や施療院に収容されている者や救貧を受けている者には圧倒的に女性が多く、エリスがいうように、当時の社会構成の最底辺には不釣り合いなくらいに女性が多かったというのはキングス・リンでもいえることであった[50]。他の都市と同様に、この都市も明らかに性差の顕著な社会だったのである。

富裕度分析（1836年）

次に1836年の救貧税記録をもとに、類似の分析を試みる[51]。1841年のセンサス個票によってどの社会層に偏ることなく幅広い職業情報を得られ、職業による富裕度の分布を知ることが可能なことは、この年度の分析の一番の強みである。また、人口の推移に関してふれたように、18世紀末から19世紀初期はゆっくりと、その後は速度を上げながら、キングス・リンは変化を経験していた。1796年の資料を中心に分析した富と職業の分布状況との比較により、この間の変化を確認できる。

しかし、1836年の救貧税記録に現れる納税者全員がセンサス個票に載っているわけではない。1836年救貧税納税者2,235人のうち、センサスで名前が確認できるのは907人（40.6％）だけである。照合率が下がる最大の理由は、記録作成時に5年間のズレがあることである。都市、とりわけ新興の商工業都市の人口が高い移動率をもっていたことはよく知られており、5年間の人の移動が

この低い照合率を説明する理由の一つと考えられる。しかし人口変化そのものが緩慢であったこの都市で、5年間で60％の人口が入れ替わるほどの人口移動があったとは考えられない[52]。さらに、キングス・リンのセンサス個票は史料の損傷により、セント・マーガレット教区の住民の5％の情報は入手不可能であり、これも同定率を下げることになる[53]。また、救貧税納税者の中には、キングス・リンで営業のみ行い、自宅は別の場所にあった者もいる可能性も指摘できる。ここでは、ピゴット人名録とフリーメン登録簿で職業情報をさらに補完し、1,124人（50.3％）を分析対象にする。

　職業による富の分布を調べる前に、1796年の分析と同様に、納税者をクラス分けする必要がある。しかし、1796年の記録では新しい納税者をほぼ中間層より下の層に分類するという基準があったが、1836年の記録にはそのような階層の境界線となる目安は存在しない。査定額は40年間の間に定期的に見直され、上昇しているため、1796年と同じ査定額で境界線を引くこともできない[54]。ここでは便宜的に、クラスⅠ（120ポンド以上、最富裕層）、クラスⅡ（60～120ポンド、富裕層）、クラスⅢ（30～60ポンド、中間層上位）、クラスⅣ（15～30ポンド、中間層）、クラスⅤ（7.5～15ポンド、中間層下位）、クラスⅥ（7.5ポンド未満、下層）の6つに分けることにする（付表2）。

　全体の富の分布の形は、1％強の上位2クラスに17％の富が集中し、逆に約70％の最下層に30％弱が集まっている（表1-7）。1836年と1796年とでは、不動産の価値も、各クラスに含まれる不動産価額の範囲も異なるため正確な比較は不可能である。しかし中間層の格差の広がりが見られることと、それ以上に、最下層のさらに下にいる貧困層の拡大は顕著である。1796年から1841年までに人口は約7,000人増加したにもかかわらず、納税者の数は200人程度しか増加していないことからも、貧困者が拡大したことは確実である。人口増加率に比例して貧困者が増えるとすれば、1809年の救貧受給者の514人をもとにして計算すると、少なくとも700～800人に達していると考えられる[55]。仮に700人として計算をすると、クラスⅥと貧困者を合わせた集団には4人に3人が該当することになる。

表1-7　富裕度にもとづく分類（1836年）

クラス		人数	%	査定額合計（£）	%
クラスI	£120〜	9	0.4	2,018.9	9.5
クラスII	£60〜120	19	0.9	1,614.0	7.6
クラスIII	£30〜60	83	3.7	3,405.0	16.1
クラスIV	£15〜30	208	9.3	4,272.7	20.2
クラスV	£7.5〜15	370	16.6	3,962.9	18.7
クラスVI	£〜7.5	1,546	69.2	5,895.4	27.8
合計		2,235	100.0	21,168.8	100.0

出典：NRO. MF/X/344/6.
注：救貧免除者を除く。

次に職業ごとの分布を見てみよう。クラスIは2種、クラスIIは9種、クラスIIIは33種、クラスIVは58種、クラスVは71種、クラスVIは95種と、下層に行くほど職種は多くなり、全部合わせると117種類にのぼる（付表3）。各職業で最も富裕な者がどのクラスに分類されるかという点と、人数のばらつき方の2点を基準とし、以下、富裕度が高い職業から順に、具体的な例にもふれながらみていきたい。

　最上位にあがるのは商人である。クラスIからVIのどのクラスにも現れるが、クラスI〜IIIに半数以上の商人が含まれる。また、クラスIII以上の4人に1人以上が商人であり、他の職業を圧倒している。商人の中でも、多種の商品を扱う総合商人ほど上位に、石炭や木材、ワインなど何かに特化した商品を専門に扱う商人ほど下位に来る傾向がある。クラスIに商人以外で唯一、含まれるのがイン経営者である。付表3ではインとパブの経営者を一緒にしてあるが、イン経営者のみ抽出すると、クラスIからIIIまで1人ずつで、グローブ・イン（クラスI）、デュークス・ヘッド・イン（クラスIII）、メイズ・ヘッド・イン（クラスIII）が含まれる。これらのインは本書でもしばしば名前が登場するが、宿泊機能に加え、多人数を収容できる部屋では会食や催し、商品取引の場としてもしばしば利用され、キングス・リンのビジネスや社交の中心的な場を提供するものである。1796年には、グローブ・インはデュークス・ヘッド・インに次ぐ第2位のインであったが、1830年には資産価値を上げ、クラスIに分類されている。パブ経営者はクラスIII以下に出てくるが、水夫に次いで就業者が多い。クラスIIIのパブには、小さめの饗宴の場としてたまに使われることがあった、サンやグリーン・ドラゴンを含む。パブはクラスIIIからVIまで満遍なく分

布しており、多様な規模・客層のパブがあったことがわかる。しかしながらパブやインの経営者は、その査定額は自身の豊かさというよりも、むしろ建物そのものの価値が評価されている点が他の一般的な職種とは異なる。

　クラスⅡの富裕層を含む職業には、上記の商人とイン経営者のほかに、金物商、服地商、食料雑貨商、帽子屋、コルクカッターといった商工業者と、法律家と外科医の専門職が見られる。これらの商工業者はクラスⅡからⅥまで満遍なく分布しているが、クラスⅡやⅢに分類される者たちは卸商で、下位にいくほど小売商になり、同じ職業の中でも格差が大きい。たとえば金物商の場合、クラスⅡにいる2人の金物商はいずれも査定額が110ポンドとクラスの最上位にいるが、工業製品としての金属板から金属加工品にいたる幅広いものを扱う卸商であり、商人と遜色ない事業を展開している。一方、下位の金物商たちは金属小物製品を細々と扱う小売商でしかなかった。また、キングス・リンで多数見られるコルクカッターの例をとってみると、コルクカッターには、工業原料としてのコルク材の供給も行う卸商の仕事をする者から、商品の製作・加工を行う職人まで含んでおり、卸商の中にはコルクだけでなくワインや蒸留酒も一緒に取り扱う者もいた[56]。コルクカッターのT. ハンキンソンは、別の史料ではコルク商人と記載されることもあったが、並の商人以上に富裕であった。1820年に売り出されたあるコルク業者の仕事場兼住居は、「ほぼ新築同然の立派な住居、営業のための事務所、四輪馬車、馬車置き場、馬小屋、壁で囲まれた大きな庭、地下ワイン貯蔵庫、ワインセラー、倉庫、仕事部屋」という作りで、多くの「ワイン、蒸留酒、コルクの在庫」をもっていた。上述のハンキンソンが66.5ポンドと査定された動産・不動産も、この事例とほぼ類似であったと思われる[57]。その他、服地商や食料雑貨商、帽子屋には伝統的な、庶民の日常必需品を扱う者もいたが、上位にくる者たちは、第6章で一つの事例として紹介するJ. アンドリューズのように、ロンドンのファッショナブルな商品や輸入品を扱っていた。専門職では、その筆頭に法律家と外科・内科医が来るが、いずれも富裕度の平均は他の職業に比べて高い。

　これらに続くクラスⅢ以下の人々を含む職業の中で目立つのは、家具屋、醸

造業者、薬屋、書籍商、チーズ商などである。人数は少ないながらも、茶商や銀行家もこの職業グループに入れられる。伝統的な職業と比較的新しい職業の両方を含んでいるが、伝統的な職業であっても、パン屋ではペストリーや菓子を扱う者、流行の家具や備品を店に並べる家具屋、薬だけでなく話題の生活雑貨も売る薬屋、茶商など、消費文化の浸透を反映した新しい商品を扱っている者も多い。クラスⅡの商工業者を含む職業群と比べれば、相対的に富裕度の分布は低いところにあるが、全体から見ると比較的高いところに分布しているといってよい。専門職には、法律家と医者に続き、教師と測量士があがる。キングス・リンにはグラマー・スクールだけでなく、評判の高い私塾がたくさんあった。そうした評判の高い教師は大体が寄宿学校を経営しているが、商業施設保有者と同様に、学校の建物が査定額に反映されるため、富裕度の上位にあがってくる。しかし実際には、多様な学校があり、教師の中には余裕のない生活をしている者も少なくなかった。一方、測量士は、専門的な知識を活かした仕事を委託され、他都市からキングス・リンに移住した者が多く、教師と肩を並べ、比較的富裕な集団であった。これに加え、クラスⅢには大工、鉛管工、煉瓦積工、仕立屋、製帆工といった職人も含まれるが、これらの職業に就く者のほとんどはクラスⅤとⅥに分類される。

　クラスⅣで見られる職業には2つのタイプがある。第一のタイプは、銀細工師・時計製造工や陶磁器商、靴下商、馬具工などである。これらの職業は奢侈品を扱う商工業者として、一般には比較的富裕な者が多いことで知られている。キングス・リンではこれらの職業の就業者たちはクラスⅢ以上では見当たらず、クラスⅣに全銀細工師の70％、陶磁器商の100％、靴下屋の60％、馬具工の75％が集中しており、富裕度にあまりばらつきがない。一方、第二のタイプは、このクラスにもいるが、むしろより下のクラスⅤやⅥに多くが集まる職業で、その代表がパン屋、肉屋、靴屋、籠製造工、樽桶工、そして水夫である。数は少ないが、石工や手袋工、ブラシ製造工もここに含まれる。ただし水夫という職業には注意が必要である。一般に水夫は商人等に雇用されて低賃金で仕事を請け負うが、中にはわずかではあるが、かなり富裕度の高い者もいる。クラス

Ⅳの２人がそれにあたるが、両者とも数隻の船をもち廻船業を営んでおり、他の一般的な水夫とは一線を引いている。この２人を除けば、残りの水夫はすべてクラスⅤとⅥに分類される。専門職では聖職者がこのグループに入るが、他の専門職と比較して富裕度は低く、下位に分布が偏っている。

　クラスⅤ以下に分布する主な職業は、鍛冶屋、鉄砲工、パイプ工、煉瓦製造工などの職人である。また、水先案内人、港湾荷担ぎ人、計量人、漁師、そして水夫全般もここに分類される。そして、労働者も、例外的に１人だけクラスⅤにいるが、残りの73人はすべてクラスⅥである。さらに、クラスⅥにのみ見られる最貧層の職業として、ロープ工をはじめとし、その他、洗濯人、商売等の事務員、煙突掃除人、下宿屋管理人などのサービス業などがある[58]。ここに分類される職業に就く者の少なからぬ部分は、いわゆる「やり繰り経済」によりながら日々の暮らしをたてていたと思われる。18世紀末からの人口増加は、この底辺を広げることになったのである。

　19世紀の都市自治体法にいたるまでの都市の制度の基礎的枠組みを決定づけたのは15世紀にヘンリー８世によって授与された２つの特許状であった。キングス・リンは自治都市になり、市議会を中心にした統治と、市民たるフリーメンと不動産の所有も合わせて認められたが、これがその後400年以上続く制度的枠組みになった。

　キングス・リンの近世における経済的基盤は、恵まれた地理的な立地と良港を活かした沿岸・内陸取引であった。しかし、製造業にはほとんど発展が見られない。そのため、新興工業都市が経験した急激な成長と比較すると、長い18世紀のキングス・リンは経済的には変化に乏しい都市で、時には相対的に衰退した都市と評価されることすらあった。しかし沿岸・内陸取引は近世に順調な成長をとげており、キングス・リンの経済は安定を保っていた。

　1841年の職業構成を見ると、産業構造を反映し、商人と水運関係者の比率が他の職業と比較して、非常に高くなっている。それを除くと、どの都市にも存在する、生活基盤を支える職業が大部分を占めた。しかし、詳細を追うと、こ

の時期、商工業者の職業の分化や専門化が進み、新しい職業も出現することが観察され、決して経済が停滞していたわけでもなければ、変化しなかったわけでもないことが示された。

　キングス・リンの富の位階構造は、18世紀末からの40年ほどの間に大きく変わることはなかった。しかし、自身の速度で変化を取り入れ、新しい都市社会の形を作りつつあった。その頂点にいたのは、全体の１％程度を占めるだけの、クラスⅠやⅡの富裕者層であった。しかしその多様な職業構成が示唆するように、20％に満たないクラスⅢ～Ⅴの中間層の人々もまた、この一握りのエリートと新しい都市生活のさまざまな機会を共有する資格を十分にもっていた。他方で、底辺の層も拡大の傾向を示した。しかしクラスⅤ以上とクラスⅥの間に完全な断絶があったと考えるのは現実的ではないだろう。２つの間には慈善や恩顧関係を介しての結びつきがあった。さらに社会の７割以上も占めたと思われる下層の人々が、新しい都市生活や消費文化から完全に除外され蚊帳の外におかれたわけでもなかった。キングス・リンの多様な階層が、都市生活のさまざまな場面にどのように関わっていったか、第２章以下では検討していくことになる。

注
1) Mee, A., ed., *The King's England: Norfolk* (London, 1940), p. 210.
2) Defoe, D., *A Tour through the Whole Island of Great Britain*, Furbank, P. N. & Owens, W. R., eds. (New Haven, 1991), p. 216.
3) Parker, *Making of King's Lynn*, p. 1.
4) ４地区から構成され、それは後のビショップス・リン、サウス・リン、ウェスト・リン、ノース・リンになった。
5) Owen, ed., *Making of King's Lynn*, p. 7.
6) Parker, *Making of King's Lynn*, p. 1.
7) Richards, *History of Lynn*, p. 452.
8) *Ibid.; Report from Commissioners on Municipal Corporation in England and Wales* (1835), p. 2390.
9) Parker, *Making of King's Lynn*, p. 5.

10)　*Ibid.*, pp. 10-11.
11)　ブリストルは記録が残されていないが、おそらく上位に入ってくると思われる。Gras, N. S. B., *The Early English Customs System*（London, 1918）, pp. 221-222.
12)　Schofield, R. S., 'The Geographical Distribution of Wealth in England, 1334-1649', *Economic History Review*, 18-3（1965）.
13)　Parker, *Making of King's Lynn*; Richards, *King's Lynn*, p. 6. 1547年にギルドが解散すると、その後、これらの建物は別の目的で利用されるようになった。ホーリー・トリニティ・ギルドホールは都市自治体に引き渡され、市庁舎として使われた。またセント・ジョージ・ギルドホールは、一時期、州の四季裁判所となったが、その後、16世紀末に劇場に転用された。Burley, T. L. G., *Playhouses and Players of East Anglia*（Norwich, 1928）, p. 121.
14)　各特許状の内容については *Report from Commissioners*（1835）.
15)　Cooper, 'Family, Household and Occupation', p. 21.
16)　石炭は、すでに中世の時点でリンに入ってきていたが、とくに重要な取引商品になったのは16世紀以降である。Parker, *Making of King's Lynn*, p. 13.
17)　Metters, A. G., 'Corn, Coal and Commerce: Merchants and Coastal Trading in Early Jacobean King's Lynn', *International Journal of Maritime History*, 23-1（2011）.
18)　Williams, N. J., *The Maritime Trade of the East Anglian Ports, 1550-1590*（Oxford, 1988）; Willan, T. S., *The English Coasting Trade, 1600-1750*（Manchester, 1938）.
19)　Metter, 'Corn, Coal and Commerce'.
20)　Defoe, *Tour*, pp. 30-31.
21)　Willan, T. S., *River Navigation in England, 1600-1750*（London, 1936）; *do.*, *English Coasting Trade*.
22)　Cooper, 'Family, Household and Occupation', p. 21.
23)　*A Report of the Commissioners Appointed to Report and Advise upon the Boundaries and Wards of Certain Boroughs and Corporate Towns, part II*（1837）, pp. 124-125.
24)　*Ibid.*
25)　MS. Compton Census, f. 177 in Chalklin, C. W., *The Provincial Towns of Georgian England: A Study of the Building Process 1740-1820*（London, 1974）, p. 3.
26)　センサスに先立つ1789年に、キングス・リンでは救貧社による救貧税課税対象者と課税額の大々的な見直しがなされ、それに伴い正確な人口が明らかになった。

KLA, KL/C7/15, 1789/2/14.

27) E. A. リグリーと J. パッテンは17世紀末に大きな人口増加があったと考えて、18世紀初期のキングス・リンの人口を、それぞれ7,000人と9,000人としている。マルドリューも、炉税記録に基づき、7,000人から8,000人と推量した。しかし、同様に炉税と人頭税記録を分析した P. リチャーズやクーパーは、6,000人かそれ以下、チョークリンもせいぜい5,000人とした。コーフィールドと J. デ・フリースは、港湾都市の一般的な人口成長パターンからすると、5,000人から6,000人と考える。Wrigley, E. A. & Schofield, R. S., *The Population History of England, 1541-1871: A Reconstruction* (Cambridge, 1981); Patten, J., *English Towns, 1500-1700* (Folkstone, 1978); Muldrew, 'Credit, Market Relations, and Debt Litigation'; Richards, *King's Lynn*; Cooper, 'Family, Household and Occupation'; Chalklin, *Provincial Towns*; Corfield, *Impact of English Towns*; De Vries, *European Urbanization*.

28) *House of Commons PP: 1801-02 (9); 1812 (316); 1822 (502); 1833 (149)*. なお、18世紀から19世紀のイギリスの人口調査の特徴については以下を参照のこと。安元稔「近代センサスの成立過程——イギリスの事例」、安元稔編『近代統計制度の国際比較——ヨーロッパとアジアにおける社会統計の成立と展開』(日本経済評論社、2007年); 山本千映「ヴィクトリアン・センサス——1841年センサスの成立」、安元編『近代統計制度』。

29) 1801〜1831年の人口増加率が高いのは、上位から、モンマスシャー (115.3%)、ランカシャー (98.7%)、サリー (80.8%)、チェシャー (74.4%)、スタッフォード (71.6%)、サセックス (70.9%) で、新興工業地帯やロンドンの首都圏が目立つ。逆に低いのは、ラットランド (18.5%)、ウィルトシャー (29.2%)、ヘレフォード (24.4%)、ウェストモーランド (32.3%)、サロップ (32.7%)、バークシャー (33.0%) で、大きな都市をもたない農村地帯が多い。

30) *House of Commons PP: 1844 (587)*, p. 10. 1841年には、ノリッジは10位、ヤーマスは46位であった。1851年にはキングス・リンは55位に上がり、ヤーマスも36位に上がったが、ノリッジは13位に順位を下げた。*House of Commons PP: 1852-53 (1631)*.

31) 18世紀末の段階で、すでに中心部には家や建物が隙間なく建てられており、増加した人口を収容するために新築された建物の大半が外縁部にあった。しかしながら、空き家はほとんどなく、中心部から周縁に住人が移動する兆候は1841年までは見られない。

32) この数値は16世紀から19世紀の平均世帯規模に関する P. ラスレットの古典的数値4.25〜4.50と大差ない。Laslett, P., *The Traditional European Household*, 酒田

利夫・奥田伸子訳『ヨーロッパの伝統的家族と世帯』（リブロポート、1992年），pp. 14-15. しかし17世紀末の人頭税記録から世帯人数を計算すると、1689年の課税対象者は1,184世帯3,248名で1世帯平均2.74人、1692年は685世帯1,951人で、世帯平均2.85人となる。1800年以降と比べるとこの数字は低すぎで、人頭税の課税の仕方に問題があるようにも思われる。KLA, KL/C47/10-15. しかしマカレルは1730年代のキングス・リンに2,360世帯が住んでいたとするが、当時の人口を7,500人と見積もると、1世帯あたりの人数は約3.18人となる。正確なデータがない18世紀の世帯構造は推論になってしまうが、これらの数字が正しいとすれば、18世紀の間に世帯構造が大きくなっていったことになる。Mackerell, *History and Antiquities*, p. 2.

33) NA, HO 107/786; *House of Commons PP: 1844 (587)*, pp. 130-134.
34) *House of Commons PP: 1801-02 (9)*, pp. 241, 243; *1812 (316)*, pp. 219, 221; *1822 (502)*, pp. 217, 219; *1833 (149)*, pp. 420-421, 424-425.
35) *House of Commons PP: 1833 (149)*, pp. 426-427.
36) 当時、家業を営む世帯では、世帯主だけでなく家族内の女性もまた一緒に働いており、実際に就業している女性の比率はさらに高いことは確実であるが、ここではセンサスの数字に従って分析する。
37) 1811年は性比が0.75と前後の年間と比較して男性が少なくなっているが、これはナポレオン戦争の影響で、男性が兵士や水夫としてかりだされた結果と考えられる。
38) 詳しくは、小西恵美「18世紀末イギリス地方都市社会の多元的構成——キングス・リン救貧税課税記録の分析を中心に」『専修大学人文科学研究所月報』234号 (2008年), pp. 34-38; Barney, J. M., 'Local Taxes as a Measure of Commerce in the Eighteenth Century: The Cases of Poole, Dorset and King's Lynn, Norfolk', *Local Historian*, 28-2 (1998).
39) セント・マーガレット教区の救貧税記録は毎年作成されており、18世紀から19世紀を通して連続して残っている点で貴重である。しかし、通称サウス・リンと呼ばれていた地区は、セント・マーガレット教区に編入されたり除かれたりを繰り返していたせいか、通常、セント・マーガレット教区の救貧税記録からは省かれ、独立して管理されていたようである。
40) 1831年までのセンサスには「居住者のいる住居数」と「そこに住む家族数」の両方、1841年には前者のみ、記載がある。救貧税は原則、住居ごとに課税されるので、ここでは「居住者のいる住居数」を世帯と表記する。
41) 不動産、船舶、ストックへの課税件数は2,572件、不動産のみの課税件数は2,306

件、重複物件保有者をまとめると2,069人、「市長と市民」を除くと2,068人である。
42) NRO, MF/X/341/9.
43) 救貧税課税額を富の指標と見なす研究として Withington, P., 'Citizens, Community and Political Culture in Restoration England', in Shepard, A. & Withington, P., eds., *Communities in Early Modern England: Networks, Place, Rhetoric*（Manchester, 2000), p. 141; French, H. R., *The Middle Sort of People in Provincial England 1600-1750*（Oxford/NewYork, 2007), pp. 90-140.
44) Grisenthwaite, J., *Remarks on the Political Economy and Management of the Poor in the Borough of King's Lynn with a Copious Appendix*（King's Lynn, 1811).
45) NRO, MF/X/341/10.
46) この2人の市会員も、後に市参事会員に昇格する。
47) NRO, MF/X/341/10.
48) これらの集団は、最低限の義務としての納税を行うことができない点で正式なコミュニティ構成員とは見なせないとしても、その中にはかつて救貧税を払っていた実績やその他の長年のコミュニティへの貢献等が配慮されて、救貧に与った者も少なからずいたと思われる。French, *Middle Sort of People*, pp. 99-100.
49) Ellis, *Georgian Town*, pp. 71-74.
50) *Ibid.*, p. 75.
51) NRO, MF/X/345/2-4.
52) 19世紀後半の新興工業都市ミドルスバラでは、10年間で70〜80％の人口が移動または死亡していたとされるが、19世紀前半のキングス・リンではせいぜい、5年間で20〜30％の移動であったと推測できる。安元稔『製鉄工業都市の誕生——ヴィクトリア期における都市社会の勃興と地域工業化』（名古屋大学出版会、2009年）、pp. 173-179.
53) ストーンゲート区の個票のかなりの部分が破損または紛失されている。1841年センサスではストーンゲート区に413世帯が居住しているが、個票では368人の世帯主しか確認できず、さらにその内の85人は情報の一部が欠損している。
54) 明らかに同じ場所にあるインやパブを比べると、両年の査定価額の変化が見てとれる。たとえばグローブ・インは建物のみの査定価額は55.5ポンド（1796年）と122.5ポンド（1836年）、メイズ・ヘッド・インは25ポンド（1796年）と32ポンド4シリング（1836年）、スターは21ポンド（1796年）と35ポンド（1836年）。すべて査定価額は上昇しているが、上昇率は異なる。
55) 514人×（1811年〜1841年の人口増加率）を計算した数字である。

56) キングス・リンにはコルクカッターが集中しており、センサスに出てくる全就業者における比率を見ると、ヤーマスの8倍、ノリッジの15倍となっている。
57) この者は、長年、コルク業に携わってきたが体調を崩したため引退を決意し、商品のストックと不動産をコルク業者向けに売却するため、この新聞広告を出した。広告の中ではこのコルク業者の名前は特定できないが、最富裕のコルク業者であったことは間違いない。*BNP*, 1820/12/13.
58) クラスⅥのみしか存在しない職業はほかにもあるが、サンプル数が少なく、金細工師や玩具商 Toy dealer、石炭商 coal dealer、ガラス工、彫版工、馬車製造工など、最下層グループには入れられない職業も多い。

第2章　フリーメン、納税者、エリート──都市の担い手──

　第1章ではキングス・リンの住民を全体から眺めて分析してきた。本章では、伝統的な都市の特権的担い手とされているフリーメンに注目し、キングス・リン社会の基礎構造を明らかにする。よく知られているように、フリーメンに関する記録のうち、最も重要なものは登録簿である。キングス・リンでもその記録は中世からはじまり1836年まで残されている[1]。フリーメン記録が都市史研究にとって重要なのは、それが都市社会の変化を時系列的に捉えることのできる数少ない記録の一つだからである。本章では、この登録簿を利用しながら、長い18世紀のキングス・リンで、フリーメンという中世以来の特権的集団がどのような社会的・経済的位置にあったのかを考察し、それを通して都市社会の変容を分析していく。

　まず、1636年から1835年の200年間をフリーメンの職業構成を中心に、長期にわたる変遷を追う。そして、大きな変化があったと見られる18世紀末から1830年代のフリーメンに焦点をしぼり、この時期のはじめと終わり、すなわち1790年前後と1830年代の救貧税記録を用いながら彼らの経済的地位について検討し、長い18世紀後半のフリーメン制度がもつ意味を考える。次に納税者全員の富の分布と職業構成を全体的に分析し、その中でフリーメンが占める位置を確かめることを通じて、キングス・リン社会の中心的担い手がどのように代わっていったかを明らかにしていく。最後に、社会的地位や経済的豊かさの点で最上位に位置するだけでなく、第二部以降で議論をする公的領域や社交の領域でも中核になる人物を整理する。このエリート集団には、長い間キングス・リンの名望家として知られている一族もいれば、新興の富裕者も含まれる。加えて、キングス・リンの救貧税記録には名前があがらないが、周辺の農村に居住

する地主についてもふれることになる。

1　フリーメンの構成――登録簿の分析（1636〜1835年）――

フリーメンの特権

　フリーメン制度はイギリス中世都市制度の重要な要素の一つである。世帯主の男性からなるフリーメンは都市住民の一部でしかなかったが、一般的には、一定の規模以上のほとんどの中世都市社会においては経済的にも社会的にも指導的な地位を占め、都市経済の基幹となる職業に就く傾向があった。したがって、フリーメンの構成は都市社会の縮図とも考えられるのである[2]。フリーメンの認可は特許状によって都市が与えられる権利の一つであり、その管理統制は各都市自治体に委ねられている。そのためフリーメンの数や彼らのもつ具体的な特権の内容は、都市ごとにばらばらであった。ロンドンやブリストル、ノリッジ、リヴァプールなど多数のフリーメンがいる都市もあれば、市議会構成員とその関係者のみがフリーメンである都市もある[3]。

　キングス・リンの例に即していえば、フリーメンの特権には大きく3つの内容が含まれる。第一に、フリーメンのみが都市内で特定の商工業を営むことができるとする営業上の特権である。フリーメンにはそのほかにも経済的特権として、港湾など各種商業施設の優先的利用や利用料の軽減・免除、都市自治体の土地・建物の優先的賃借権などが認められることがあった。これらは中世都市の商工業者にとってきわめて魅力的な特権であり、彼らの多くがこの特権を求めた。第二に、フリーメンには政治的特権も与えられた。市議会議員を含む都市の役職に就くことができるのは、都市政府の正式な構成員であるフリーメンだけであったし、彼らだけが都市役人の選出権をもっている都市も少なくなかった。さらに、キングス・リンもその例の一つだが、多くの都市では市を代表する国会議員の選挙権もフリーメンだけがもっていた。とくに議会の権威が高まりその開催が定期化する近世以降、この役割が注目されるようになった。国政と地方行政のいずれの場においても力を発揮するには、フリーメンである

ことが基本的な条件であったのだ。第三に、福祉的特権とも呼べる権利である。相対的に恵まれた経済状況にいたとされるフリーメンにとって、福祉的特権は、経済的特権や政治的特権と比較して強調されることが少ない。しかし、病気やけが、世帯主の死亡などさまざまな理由でフリーメンが経済的困窮に陥った場合、一般の都市住民よりも優先的な福祉的措置をあてにすることができ、それはしばしばフリーメン本人だけでなく、その家族も享受できるのである。そこには、病院や施療院に優先的に入院できたり慈善を受けたり、市の共同地を使用したり、あるいは孤児の監督権を都市当局に執行してもらうなどの権利が含まれていた。こうした権利は裕福でない都市住民にとってもフリーメンの地位を魅力あるものにする一因であった。

　しかしこうした特権を求め有力な住民の大半がフリーメンになった時期もあったものの、18世紀にはフリーメンの意義は大幅に縮小し、フリーメンの認可を求めない者が後を絶たなくなったという議論が存在する。一つの理由は、フリーメンの最大の特権として考えられてきた営業上の独占権や商業諸施設の優先的な利用という経済的な特権が、次第に実質的意味をもたなくなっていったことである。さらに、政治的特権の意義にも変化が見られた。王政復古期から18世紀前半にかけては、国政における党派対立の激化とともに、フリーメンのもつ政治的特権、すなわち国会議員の選挙権を獲得するためにその地位が大いに利用されていた。しかし、トーリーとホィッグの激しい政党対立が鎮静化し政治的安定期を迎えると、この政治的特権もさほど魅力的なものではなくなった。

　現実にはこれらフリーメンの諸特権それぞれ、およびフリーメン制度そのものの意義は、時代によって変化した。フリーメンの経済的・政治的特権は減退する傾向にあったが、にもかかわらず、フリーメン制度そのものは消滅しなかったし、19世紀にいたっても、それは都市制度の中で一定の役割を果たし続けていた都市もあった。その好例がキングス・リンである。

フリーメン登録数と登録方法

　キングス・リンでは19世紀になっても、毎年、新規のフリーメンが生み出されており、18世紀半ば以降は常時、250人から300人程度のフリーメンが存在していたと考えられる。ノリッジやリヴァプールのようにフリーメン特権を比較的広く開放していた都市とは異なり、限定された集団であった。たとえば1837年には最低でも298人のフリーメンがいたが、これは1841年の人口で計算すると成人男性人口の9％に満たない。フリーメンの認可を求める富裕者であっても、都市当局から色々な理由をつけられて認可が下りない事例も少なくなく、フリーメンの認可の仕方に都市自治体の圧力や恣意的な判断が働いていた[4]。本節では、フリーメンが都市社会にもった歴史的意義を検討するため、内乱直前の時期から都市改革の時代までのおよそ200年間におけるキングス・リンのフリーメンの変化を見ていくことにする。

　まず、この200年間のフリーメン総登録者3,269名の10年ごとの登録人数を示したものが図2-1である。この表から直ちに明らかになるのは、趨勢線が示すように、この期間を全体として見れば、フリーメン登録数は減少傾向にあることで、18世紀におけるフリーメン制度の衰退とも見える。しかしながら、同時に、このグラフで減少傾向が顕著なのは1730年代までで、それ以降はフリーメンの目立った減少はない。17世紀から1720年代までは10年間で150人から200人の登録数が見られていたフリーメンは、1730年代を境に数を減少させるものの、それ以降19世紀にいたるまで80人から140人の間を行き来する水準を維持している。さらに、このグラフが示すもう一つの特徴は、2ないし3つの登録数のピークが見られることである。最大のピークは王政復古期からの20年ほどの期間である。1670年代と80年代は年間50人以上の登録が見られる年も珍しくなく、1674年には最大数の142人がフリーメンになった。その結果、10年間で400人という高水準を生みだすことになったのである。二番目に大きなピークは1710年頃に見られるが、これは1708年の102人を筆頭に、その後数年間、比較的多数の人々がフリーメンになったことを反映している。それらに加え、1820年代にも小さなピークがある。

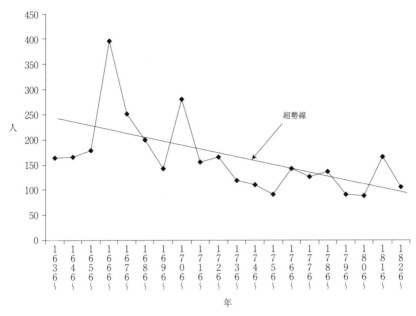

図 2-1　フリーメン登録数（1636～1835年）

出典：*CFL*.

　こうした急激な登録数の変化を説明する一つの手がかりとして、認可方法の変化がある[5]。図 2-2 は、フリーメンを登録方法別に分けてその比率の変化を示しているが、興味深いのは、図 2-1 で確認できるピークがこの表の動きとほぼ重なっていることである。フリーメンの認可のされ方には、徒弟、継承、購入、付与の 4 つの方法があったことはよく知られているが、登録数がピークに達する 2 つの時期には、購入と付与による登録が目立って多くなっている。その数・比率ともに1666～1685年は他の時期よりもずっと多く、両方を合わせるとちょうど50％に達している。同様に18世紀初頭にも購入と付与による登録者を合わせると50％を超えていることがわかる。他方、19世紀の小さなピーク時は徒弟が増えている。

　一般的にいえば、購入・付与は、フリーメンの政治的特権に関わるところの多い登録方法であった。都市選出の国会議員や市議会の構成員を通して都市政

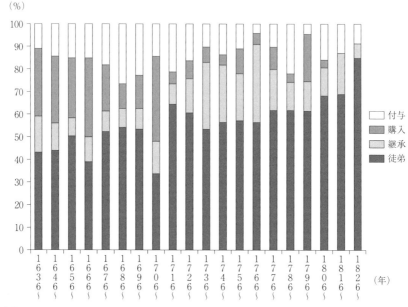

図 2-2 登録方法別フリーメンの比率（1636〜1835年）

出典：*CFL*.

治を統制しようとする人々は、自分たちの政治的立場を支持するフリーメンを増やそうとし、そのため購入や付与の方法によるフリーメンの新規登録が増え、新たな選挙人が作り出される傾向があった。国会議員選挙権を得るために、居住してもいなければ徒弟の経験もない、縁もゆかりもない都市でフリーメンになった例も少なくない。直接の証拠は例示できないが、他の都市の例から類推しても、17世紀と18世紀初期にみられるフリーメンの登録数および購入や付与の2つのピークは、内乱期から王政復古期にかけての市政の混乱、王政復古期から名誉革命とそれ以後の議会政治の展開が、キングス・リンにおいてもフリーメンの政治的特権の意義を高めたことを物語っているように思われる[6]。実際、比較的補足率が高いとされる1692年の人頭税記録で見てみると、1681〜1690年の間にキングス・リンでフリーメンに登録された者のうち、納税者として現れるのは77人で、納税者全体の3割程度にすぎなかった[7]。経済的にも比

較的恵まれた中上層の人々がフリーメンになったとされる17世紀において、人頭税の支払い能力がなかった者が全体の7割もいたとは考えられず、この時期にキングス・リンのフリーメンとして認可された者の多くは、必ずしもこの都市の住人ではなかったことを示唆する。こうした選挙権獲得を主な目的としてフリーメンになる傾向は1720年代以降弱まり、購入や付与による登録者の比率は減少した。とりわけ購入者は大きく減少し、1807年を最後に見られなくなった。

　他方、徒弟と継承による登録の比率は高まり、1720年代以降、18世紀の間は、徒弟期間修了者の比率は少なくとも全体の登録者の50～60％を維持し続けていた。しかし19世紀に入るとその傾向にさらに拍車がかかり、1826～1835年ではほぼ85％とほかの方法を完全に圧倒している。しかしそれはフリーメン制度と選挙権が無関係になったことを意味するわけでない。徒弟を経たフリーメンも選挙権との結びつきがあった。このことを明らかにするために、1820年代の小さなピークを詳細に検討してみよう。1820年代のピークは、1821年（55名）と1822年（22名）に登録者が集中しているが、これは現職の国会議員の1人の急死の後に行われた1822年の選挙の影響であったといって間違いないだろう。平穏選挙が行われるのが通例のキングス・リンであったが、この時は各陣営の激しいやりあいが暴動を引き起こし、鎮圧のためにノリッジから軍隊が派遣されるほどであった[8]。キングス・リンでは1784年以来の競争選挙で、2枠を3人の候補者で争うことになったが、票田の拡大のためにフリーメンの認可が積極的に行われた。新規フリーメン77人のうち10人（13.0％）は付与の方法をとり、候補者のベンティンク卿やウォルポール大佐の一族をはじめとする貴族やジェントルマンで占められていた。しかし注目すべきは、徒弟の方法でフリーメンになった50名（64.9％）という大勢の人々である。その中ではとくに水夫（25名）を筆頭に、ロープ工（4名）、船大工（6名）、製帆工（1名）など全体の7割に達する水運関係者が目立っている。確かに水運関係者の比率の高さは19世紀の特徴であり1821年と1822年も例外ではない。しかし前後の時期に比べ不自然なほど多い登録人数は、市当局の意思が働いたと考えざるをえず、選挙と

の関連性を否定できない。(この点に関しては、次節でもう一度ふれることにする。)とはいえ、徒弟や継承によるフリーメン登録は、市当局や中央政府のイニシアティブよりもむしろ、登録者本人の意思が反映されるものであり、本人の側から見た場合、選挙権以外のメリットを追った結果とも考えられる。彼らは何を求めてフリーメンになったのだろうか。この問題はまた後で議論する。

フリーメンの職業構造

　次にフリーメンの職業構造に目を向け、1636年から1835年までの200年について概観してみよう(表2－1)。この期間全体の職業構成を見ると、大まかに4つのグループに分けることができる[9]。まず、フリーメンの中で数の上でも富の点でも最大の勢力を誇っていたのは商人である。単独の職業の人数としては二番目にあがるが、これにはさらに一部の都市地主が加わる。というのも、キングス・リンでは都市地主と称されている者の多くは純粋に不動産収入で生活しているわけではなく、実質、商人としての生活を送っていた。それらを加えると、商人の比率は全体の10％を超えるであろう。彼らは中世以来、この都市の経済・政治を指導してきた集団であり、この時代でもフリーメンの最も重要な構成員であった。

　数の上で最大の比率を占めるフリーメンの職業は水夫である。また、水夫に加え、ロープ工や製帆工、船大工、その他錨工、船長、水先案内人、船具商といった海運・造船関連の多様な職業が存在することもキングス・リンのフリーメン独特の特徴といえよう。水夫の大半は船上で肉体労働に従事していたし、水夫以外の海運関係者も、後でふれるように船舶所有者を除けば水夫と同様、経済的地位は高くなく、少なくとも都市社会の中核を占めるような人々ではなかった。

　次のグループには商工業者一般が含まれる。表2－1ではパン屋、食料雑貨商、肉屋といった食料関係従事者、靴屋、樽桶工、仕立屋、織布工などの手工業者、煉瓦積工や大工など建築関係職人と続いているが、これらはどんな都市にもある伝統的基盤職業であり、18世紀になっても親方の下で7年間徒弟修業をして

いた。しかしその一方で、職業ごとの従事数は多くはないが、タバコパイプ製造工、タバコ商、書籍商・印刷屋、小間物商、パッテン製造工、音楽家、陶磁器商、襟製造工、麻織物仕上げ工、銀細工師・時計製造工など、新しい消費生活やファッションに関連して出現した職業もフリーメンに含まれていることは注目に値する。古いフリーメン制度にそぐわないと思われがちな新しい職業に就く者も、その数は全体からすると少数ではあるが、キングス・リンのフリーメンには見出されるのだ。

　最後のグループは、聖職、医学、法律などに関わる専門職である。聖職者は、その大半が国教会所属であるが、中にはクエーカーやメソディストの牧師も含まれていた。その他に外科医も数が多い。理髪師や鬘製造工の中には薬屋との兼職も見られるため、表2-1ではひとまとめにしてあるが、こうした兼職はとくに18世紀後半以降に見られるようになっていった。法律家は200年間で15人見つかるが、実際の数はジェントルマンの多くの部分を加えて考えなければならない。というのも、18世紀後半以降、フリーメン登録簿には法律に携わる者を「ジェントルマン」と表記する習わしができており、現実には、表の中に現れるよりもずっと大きな職業集団であった。こうした専門職の存在は、キングス・リンのフリーメンが閉鎖的な商工業者のコミュニティではなかったことを示唆する。キングス・リンのフリーメンには一定の割合の専門職従事者がおり、この都市が住民だけでなく、周辺の地域にも専門的知識や技能を提供する場所であり、農村の住民が拠点を構えたり定期的に訪れたりする多面的な機能をもっていたことを示している。

　200年間のキングス・リンのフリーメンの職業は、基幹産業ともいえる商業を支える水夫や船舶関係者と、食料や各種製造業、建築、織物、皮革関係などの生活基盤を支える職業がバランス良く存在する一方で、都市のリーダー的存在である商人やサービス・専門職も偏りなく存在していた。しかし、職業構造は200年を通して同じであったわけではなく、また、フリーメンの意義にも変化があった。時代ごとの変化を見るために、時期Ⅰ：1636〜1685年、時期Ⅱ：1686〜1735年、時期Ⅲ：1736〜1785年、時期Ⅳ：1786〜1835年と50年ごとに区

表 2-1　フリーメンの

職業	人数	%	職業	人数	%
水夫 mariner	406	12.90	弁護士 attorney	各15	各0.48
商人 merchant	290	9.21	公的な役職 civil clerk		
パン屋 baker	208	6.61	梳毛工 woolcomber		
食料雑貨商 grocer	162	5.15	製革工 currier	各14	各0.44
肉屋 butcher	各142	各4.51	パイプ工 pipe maker		
靴屋 shoe maker			皮鞣工 tanner		
樽桶工 cooper	126	4.00	帽子屋 hatter	13	0.41
エスクワイア esquire	125	3.97	白目細工師 pewterer	12	0.38
ジェントルマン gentleman	119	3.78	ブロック製造工 block maker	各11	各0.35
煉瓦積工 bricklayer	92	2.92	小間物商 haberdasher		
仕立屋 tailor	83	2.64	金物商 ironmonger		
大工 carpenter	74	2.35	書籍・文具商 bookseller/stationer	各10	各0.32
織布工 weaver	64	2.03	真鍮細工師 brazier		
服地商 draper	59	1.87	フェルト製造工 felt maker		
製帆工 sail maker	52	1.65	鉄砲工 gunsmith		
鉛管工 plumber	48	1.52	鬘製造工 peruke maker		
ロープ工 roper	43	1.37	学者 scholar		
理髪師 barber	各42	各1.33	船頭 waterman/boatman		
聖職者 clergy/Rev.			粉ひき屋 miller	9	0.29
貴族・地主 aristocracy/gentry	41	1.30	店舗従業員 commercialclerk	8	0.25
家具屋 upholster	37	1.18	手袋工 glover	各7	各0.22
醸造業者 brewer/distiller	各36	各1.14	船長 shipmaster		
船大工 shipwright			錨工 anchorsmith	各6	各0.19
石工 mason/stone cutter			ボディ製造工 body maker		
蝋燭商 tallow chandler	35	1.11	水先案内人 pilot		
高級服地商 mercer	31	0.98	石鹸製造工 soap boiler		
馬具工 saddler	各28	各0.89	染色工 dyer	各5	各0.16
鍛冶屋 smith/blacksmith			木摺工 lath maker		
薬剤師 apothecary	24	0.76	オートミール製造工 oatmeal maker		
麦芽製造業者 maltster	22	0.70	パッテン製造工 patten maker		
外科医 surgeon	18	0.57	毛皮屋 skinner		
イン経営者 inn keeper	各16	各0.51	羊毛選別人 woolstapler		
塗装工・画家 painter			ヨーマン yeoman		

出典：CFL.

職業（1636～1835年）

職　業	人数	％	職　業	人数	％
軍司令官 captain 魚屋 fishmonger 庭師 gardener 金細工師 goldsmith 計量人 meter 婦人帽子屋 milliner 音楽家 musician 酒類販売業者 victualler ワイン商 vintner 学校校長 writing master	各4	各0.13	会計士 accomptant 荷馬車御者 carter 家畜仲買人 cattle jobber 薬屋 chemist 料理師 cook 漁師　fisherman 果物商 fruitrer 皮革商 furrier 労働者 labourer 革製品販売人 leather seller	各1	各0.03
運搬夫 carrier 刃物師 cutler ファーマー farmer 羊毛商 fellmonger 屠殺業者 knacker 民兵隊長 Lieutenant 内科医 medical doctor ピン・釘製造工 pin/nail maker 陶工 potter 澱粉製造人 starch maker タバコパイプ工 tabaccopipe maker 車大工 wheelwright	各3	各0.10	牛乳屋 milkman 行商人 peddler セールスマン salesman 船主 shipowner 銀細工師 silversmith 測量士 surveyor タバコ販売人 tabacco seller 通訳 translater 時計製造工 watch maker		
			職業内容不明（5職種）	5	0.16
銀行家 banker 籠製造工 basket maker 襟製造工 collar maker 石炭船乗組員 collier 麻布仕上げ工 hempdresser パブ経営者 publican 木挽工 sawyer 船具商 ship chandler 万屋経営者 shop keeper ろくろ工 turner	各2	各0.06	合　計	3,148	100.00

表2-2　時期別フリーメンの職業

時期Ⅰ 1636〜1685年			時期Ⅱ 1686〜1735年			時期Ⅲ 1736〜85年		
職業	人数	％	職業	人数	％	職業	人数	％
水夫	118	11.0	水夫	100	10.9	商人	61	10.6
商人	87	8.1	パン屋	68	7.4	肉屋	51	8.9
パン屋	66	6.1	商人	56	6.1	食料雑貨商	36	6.3
靴屋	64	5.9	樽桶工	51	5.6	水夫	35	6.1
食料雑貨商	56	5.2	エスクワイア	49	5.4	パン屋	33	5.7
仕立屋	52	4.8	靴屋	49	5.4	ジェントルマン	28	4.9
服地商	38	3.5	肉屋	48	5.3	樽桶工	26	4.5
樽桶工	36	3.3	ジェントルマン	48	5.3	煉瓦積工	26	4.5
エスクワイア	32	3.0	食料雑貨商	45	4.9	製帆工	25	4.3
ジェントルマン	32	3.0	大工	33	3.6	エスクワイア	20	3.5
織布工	32	3.0	煉瓦積工	32	3.5	靴屋	19	3.3
肉屋	31	2.9	織布工	24	2.6	聖職者	17	3.0
煉瓦積工	29	2.7	仕立屋	21	2.3	鉛管工	16	2.8
高級服地商	26	2.4	理髪師	18	2.0	馬具工	15	2.6
大工	25	2.3	石工	15	1.6	大工	14	2.4
蝋燭商	23	2.1	鉛管工	13	1.4	石工	13	2.3
醸造業者	16	1.5	服地商	12	1.3	理髪師	12	2.1
家具屋	13	1.2	蝋燭商	12	1.3	家具屋	11	1.9
貴族・地主	12	1.1	鍛冶屋	11	1.2	鬘製造工	10	1.7
理髪師	12	1.1	麦芽製造業者	11	1.2	醸造業者	10	1.7
薬剤師	11	1.0	梳毛工	10	1.1	船大工	10	1.7
鉛管工	11	1.0	その他（66種）	188	20.6	貴族・地主	8	1.4
ロープ工	11	1.0				塗装工	8	1.4
船大工	11	1.0				薬剤師	6	1.0
聖職者	11	1.0				その他（29種）	65	11.3
その他（80種）	222	20.6						
合計	1,077	100.0	合計	914	100.0	合計	575	100.0

出典：*CFL*.

切って比較してみよう。

　まず、職業数は、時期Ⅰ（105職種）と時期Ⅱ（87職種）に比べ、時期Ⅲ（53職種）と時期Ⅳ（57職種）ではほぼ半減しているが、これはキングス・リンの経済状況を反映するものではない（表2-2）。一つには、登録されるフリーメンの絶対数が、時期Ⅰ、時期Ⅱと、時期Ⅲ、時期Ⅳとでは2倍以上の差があること、および登録方法に時期ごとに差があることと関係があると思われる。す

（1636～1835年）

時期Ⅳ 1786～1835年		
職　業	人数	％
水夫	153	26.3
商人	86	14.8
パン屋	41	7.0
食料雑貨商	25	4.3
ロープ工	25	4.3
エスクワイア	24	4.1
製帆工	21	3.6
貴族・地主	14	2.4
船大工	13	2.2
樽桶工	13	2.2
肉屋	12	2.1
ジェントルマン	11	1.9
弁護士	10	1.7
靴屋	10	1.7
聖職者	9	1.5
帽子屋	9	1.5
店舗従業員	8	1.4
鉛管工	8	1.4
外科医	6	1.0
仕立屋	6	1.0
家具屋	6	1.0
その他（36種）	72	12.4
合　計	582	100.0

でに述べたように、選挙人を大量に作り出すためにフリーメン登録数が例外的に多くなった時期Ⅰと時期Ⅱには、営業の種類や都市の経済状況とは無関係にフリーメンが登録されたであろう。これがこの時期にフリーメンの職種の幅が広がっている理由の一つとして考えられる。一方、後半の2つの時期における職種の減少は、フリーメンになる者の営業が相対的に限定されてきたことを示している可能性もある。

　詳細を見ていくと、職種の数以上に重要な変化に気づく。時期ごとに登録数は異なるので、比率で比較してみると、大きく3つのグループに分けることができる。まず18世紀後半以降に大きく比率を増加させた職業は、水夫、製帆工、ロープ工であることがわかる。水夫はそれまでの時期も単独で最大の職業グループであり、18世紀前半までは全体の10％程度を占めていたのに対し、時期Ⅲでは6％位まで少なくなったが、時期Ⅳでは驚異的にその数も割合も伸ばし、26.3％と全体の4分の1以上にまで達した。またロープ工や製帆工も時期Ⅳではそれぞれ4.3％、3.6％と上位グループに加わった。さらに、商人も18世紀半ば以降にさらに比率を高めている。商人の比率が伸びる時期は水夫たちよりも少し早目であり、その比率も水夫には及ばないが、フリーメンの中核としての存在感をさらに強めたことは疑いがない。ただし、フリーメン商人の絶対数は、1635年以降、大きく変化せず、都市のリーダーたる商人の数には暗黙の上限があったように思われる。

　一方、靴屋や織布工、仕立屋などの手工業者や建築関係の職種に就く者は18

世紀半ばまでは一定の人数がいたが、その後、大半の職種でわずかな数しか見られなくなっていった。また、肉屋や醸造業者もこのグループに入れられる。詳細な例は後述するが、第1章で見たように、同時期の住民全体ではこうした職業に就く者が多かったことから考えると、これらの職業ではフリーメンになることから生じるメリットがなくなったと考えるのが適当であろう。

職業の中には、200年を通じて一定の割合を維持し続けたものもあった。パン屋や食料雑貨商、家具屋、樽桶工といった商工業者と、法律家や聖職者を中心とする専門職やジェントルマンがその例である。第1章の分析では、樽桶工を例外として、これらの職業が比較的富裕であることを示している。しかしながら、安定した割合をフリーメンとして供給し続けているとはいえ、これらの職業もまた、時期Ⅳではパン屋を除いて、比率の低下が見られる。

これらを総合すると、18世紀後半、すなわち時期Ⅲから時期Ⅳにかけて、フリーメンの構成に転換があったことがうかがわれる。18世紀半ば頃から徐々に変化がはじまり、世紀末から19世紀にかけてその変化が加速したと考えられる。次節では、この転換期のフリーメンについて、別の史料を利用し、非フリーメンとの比較をしながら、さらに詳しく見ていきたい。

2　1790年代のフリーメン

フリーメンは都市住民全体の中でどの程度の比重を占めていたのだろうか。第1章で救貧税記録を用いて行った分析結果をふまえて、救貧税納税者とフリーメンの関係を見ていくことにしよう。

1796年の救貧税納税者2,068人のうち、1796年時点でフリーメンであったことを確認できる者は192人（総納税者の9.3％）である。この時期、フリーメンは250人から300人ほどいたと推定されるので、フリーメン全体の7割前後が救貧税の負担をしていることになる。第1章で確認したように、1796年には数の上では90％ほどの住民が納税しており、救貧受給者以外はほぼ全員が税負担をしていた[10]。それと比べればフリーメンの救貧税負担者数の比率の低さは目立

つものである。なぜ3割のフリーメンが課税を免がれたのであろうか。その理由として、①キングス・リンで居住・商売しておらず、救貧税の対象となる土地や建物を保持・賃貸していないこと、②救貧受給者で免税者であること、③又貸し不動産で居住・商売していること、④家族や親族の名前で課税されていること、などの可能性が考えられる。①の事例には、選挙権の問題が絡んでいる。1830年代までは国政選挙権をもつにはフリーメンになるしかなかったが、居住場所の制限がなかったため、キングス・リンに居住しない者が多数フリーメンになりえた。たとえば1708年から1782年にフリーメンに登録された者のうち、出身地のわかるのは372人であるが、そのうち134人はキングス・リン以外を居住地としている[11]。国政選挙権を目的としてフリーメンになる者の数は18世紀後半には減少してくるが、1796年の時点でも、キングス・リンで居住も営業もしていないフリーメンは少なくなかった。②の事例としては、高齢による労働能力の喪失か、さもなければ失業や不慮の事故や病気などの短期的原因によって一時的に困窮状況に陥った者が考えられる。しかし、救貧受給者がいても不思議ではないとはいえ、少なくとも徒弟を終え何らかの職業についているフリーメンが、困窮により救貧税を免除される全住民の10％の中に、そうたくさん含まれていたとは考えにくい。したがって、救貧税記録に現れないフリーメンについては、③ないし④の可能性も考えなければならないが、史料がない中で非納税者に関してはこれ以上の追求は難しい[12]。

　それではフリーメン納税者に目を向けることにしよう。1796年のフリーメン納税者192人の職業と富の分布状況を第1章で行ったクラスにほぼ準じて分けたものが付表4である。職業による富裕度の分布には、第1章の住民全体の結果と大きな違いはない。最も裕福なのは商人であり、それには及ばないものの法律家も富裕なグループを形成している[13]。次に続くのは、家具屋と食料雑貨商、その次にはパン屋、肉屋、金物商をはじめとする商工業者グループが現れ、その下には水夫、製帆工、ロープ工などが来る。もちろん、どの職業も、それぞれの職業の中で富裕度に差はある。伝統的な職業である食料雑貨商やパン屋の中でも、流行品や高級な輸入食材を扱う食料雑貨商や、ジンジャーブレッド

表2-3 フリーメン納税者のクラス別富裕度の分類（1796年）

クラス	フリーメン納税者		納税者全体	
	人数	%	人数	%
クラスI　£100〜	10	5.2	14	0.7
クラスII　£50〜100	3	1.6	13	0.6
クラスIII　£20〜50	24	12.5	107	5.2
クラスIV　£10〜20	40	20.8	215	10.4
クラスV　£6.5〜10	20	10.4	241	11.7
クラスVI　£　〜6.5	95	49.5	1,478	71.5
合　計	192	100.0	2,068	100.0

出典：NRO, MF/X/341/10; *CFL.*
注：救貧免除者は除く。

やビスケット、ペストリーといった新しい嗜好品を扱うパン屋は、富裕度が高い。また、肉屋の場合、屠殺場をもつ肉屋とそうでないものの差が大きく、二極化している。水夫では、水夫親方は相対的に富裕度が高いが、一般水夫は貧しい。製帆工は全般に貧しい者が多いが、船具商を兼ねた者は例外である。

　しかしフリーメンの富の分布は納税者全体の分布とかなりズレがある。個々のフリーメン納税者の資産分布を見てみよう。まず目につくのは高額納税者がフリーメンに集中していることである（表2-3）。納税者全体を対象とすると、クラスI（不動産査定額100ポンド以上）には0.7％しか分類されないにもかかわらず、フリーメンではその5.2％がクラスIに入るのである。クラスIの納税者は全体で14人いるが、その内、比較的長くキングス・リンで商売を行っている者10人（71.4％）がフリーメンである。クラスIIでは、13人中3人しかフリーメンはおらず、全フリーメンの1.6％がこのクラスに分類され、クラスIよりも全体に見るフリーメンの比率は低くなっている。しかしそれでもクラスIIには全納税者の0.6％しか分類されないのと比べると、フリーメンでこのクラスに分類される者の割合は高い。また、クラスIIの富裕なジェントルマンの寡婦3人のうち少なくとも2人は、亡夫はフリーメンではあったので、それを入れて計算するともう少しフリーメン関係者の割合は上がることになる。クラスIIの3人のフリーメンの内訳は、2人は商人、1人は法律家であるが、いずれも長く市議会議員を務める伝統的なエリートであった。その一方で、クラスI、IIの富裕層に分類されながらフリーメンでない者には新興商人が多い。

　中間層の中上位に相当するクラスIIIとクラスIVにも、納税者全体の比率を大

きく上回るフリーメンがいたが、クラスⅤ以下になると、納税者全体の平均よりもフリーメンの割合の方が下回るようになる。とりわけクラスⅥは、全体では7割を超えるのに対し、フリーメンは5割を切る。しかし、強調しなければならないのは、この下層のクラスにもかなりの数のフリーメンがいたことである。

　こうした富の分布状況は、予想されるように、フリーメンには社会全体から見ると平均以上の資産をもつ者が多く、とりわけ最上層とフリーメンの結びつきが顕著であったことを示す。しかしフリーメンの資格は中間層と上層の独占物であったわけではない。フリーメンの約半数がクラスⅥに含まれることからもわかるように、中間層の下位以下の経済的に豊かでない者の中にもまた、フリーメンの少なからぬ部分が属していた。フリーメンは富める者の特権であると同時に、貧しい者にとっても意味ある特権だったことになる。いうまでもなく、2つの階層にとって、フリーメンであることの意義は異なっていたと考えなければならない。この点をより具体的に検討するために、また1790年代の状態がどのように変化したかを確認するために、次に1830年代のフリーメンに目を向けてみよう。

3　1830年代のフリーメンと非フリーメン

職業構成

　1830年代に焦点を当てるのは2つの統計的な理由からである。一つは、第1章でも指摘したように、センサス個票により、職業についてより詳細なデータが得られるため、より多様なフリーメンについての分析が可能になるからである。もう一つはフリーメンの数がより正確に把握できるようになるためである。1830年代に国会議員の選挙権は資産をもとにした基準ができたが、フリーメンの特権の一つとしての選挙権もそのまま残され、選挙人名簿には両方の資格にもとづく選挙人の名前が別々に記載されることになった[14]。結果として、それまでは登録年度をもとに全体のフリーメンの人数を推定するしかなかったが、

表2-4 フリーメンの職業（1837年）

職業	全フリーメン 人数	%
水夫	94	31.5
商人	42	14.1
ロープ工	21	7.0
パン屋	18	6.0
製帆工	12	4.0
食料雑貨商	10	3.4
樽桶工	各7	各2.3
船大工		
パブ・イン経営者	各6	各2.0
弁護士		
仕立屋	各5	各1.7
店舗従業員		
計量人	各4	各1.3
聖職者		
その他（29種）	57	19.1
合計	298	100.0

出典：KLA, KL/TC10.

 この名簿により単年度ごとのフリーメンのリストが入手可能になったのである[15]。ここでは、1837年にキングス・リンに居住または営業していた者で、職業が判明する298人のフリーメンを分析対象にすることにする。

 まずフリーメンの職業を多い順に並べてみよう（表2-4）。フリーメンの職種は43種にわたるが、最大数を有する水夫（水夫長も含め94人、31.5％）、ロープ工（21人、7.0％）、製帆工（12人、4.0％）の比率はいぜん高く、表2-4の時期Ⅳの数字よりもいずれもさらに比率を上げ、3職種合わせると42％に達している。また、商人（42人、14.1％）も相変わらず多かった。その他には、パン屋（18人、6.0％）と食料雑貨商（10人、3.4％）、桶樽工と船大工（各7人、2.3％）、法律家とパブ・イン経営者（各6人、2.0％）と続くが、それ以外の職業の大半は1～3人しか従事者はおらず、前節で検討した1786年から1835年の50年間分の集計値が示す以上に、フリーメンが特定の職業に集中する傾向が明らかである。

 フリーメンの職業構成を、職業が判明する非フリーメン納税者930人と比較してみよう（表2-5）。基本的には、フリーメンの従事する職業は、そのほとんどが非フリーメンでも見られ、フリーメンでないと就けない職業というのは存在しなかった。しかし、非フリーメンが従事する114種の職業の分布の仕方は違い、フリーメンに特徴的な特定の職種への集中はなく、大きな突出のない職業分布が見られる。労働者を除き最大の人数を抱えるパブ・イン経営者でも6.8％、次が水夫の5.8％、そして靴屋が5.3％である。

靴屋や漁師、肉屋、大工は、フリーメンでは人数としては上位にあがってこないが、非フリーメンでは比較的多く見られる職業である。これらは中世から続く伝統的な職業で、以前にはフリーメンを多く輩出した職業もあるが、この時期には新規の参入を統制する障害はほとんどなかった。最たる例が靴屋である。靴屋は18世紀前半まではフリーメンの人数では常時、上位にあったが、18世紀半ば以降、その数は激減する。しかし靴屋そのものが減ったのではなく、むしろキングス・リン全体で見ると水夫に次いで多数の人々が従事する職業であり、非フリーメンの新規参入者が増えていたのである。1815年には、靴屋と皮鞣工、製革工が共同で陳情書を提出したが、その内容は「これら3種の職業における3世紀間にわたる伝統的な業務の住み分けが、新しいタイプの皮革業者や靴屋の参入により崩れはじめており、製品の質の低下を招いているのをなんとかしてほしい」という趣旨であった[16]。フリーメンは、もはや営業上の特権を保証する資格としてはほとんど意味をもたなくなっていたのである。ただ、その経緯には職業によって違いがあった。肉屋の場合、18世紀末までは急増していったにもかかわらず、19世紀に入ると激減したが、その背景の一つには市場広場に長いこ

表2-5 非フリーメン納税者の職業（1830年）

	人数	%
労働者	74	8.0
パブ・イン経営者	63	6.8
水夫	54	5.8
靴屋	49	5.3
利子・年金生活者	40	4.3
漁師	34	3.7
パン屋	32	3.4
肉屋	31	3.3
仕立屋 指物師・大工	各27	各2.9
家具屋 服地商 教師	各22	各2.4
煉瓦積工	19	2.0
鍛冶屋	18	1.9
食料雑貨商	16	1.7
港湾荷担ぎ人 万屋経営者	各13	各1.4
商人 水先案内人	各12	各1.3
醸造業者 書籍商・印刷屋 薬屋	各11	各1.2
弁護士 計量人 銀細工師・時計製造工	各10	各1.1
鉛管工・ガラス屋	9	1.0
船大工 コルクカッター 美容師	各8	各0.9
樽桶工 塗装工・画家 測量士	各7	各0.7
医者 帽子屋 公的な役職 御者 家内奉公人	各6	各0.6
その他（76種）	183	19.7
合計	930	100.0

出典：NRO, MF/X/344/6; Pigot's Directory Norfolk, 1830; CFL.

と設置されてきた肉屋の売り台の撤去や移動が考えられる[17]。これは18世紀後半に増加した、市場における家畜の屠殺や生肉処理への住民からの苦情に対処したものである。それ以降、自身の屠殺所と店舗をもつ肉屋が多数派になっていったが、市場広場での売り台の確保という経済特権がなくなり、フリーメンになることの意義が薄れたと考えられる。

このようにフリーメンと非フリーメンには共通する職業がある一方で、非フリーメンに大きな偏りを見せる職業も少なくない。それらの職業には、まず、奢侈的新業種があげられる。印刷文化と結びついた書籍商・印刷屋、珍しい日用雑貨品を扱う薬屋、装飾品や時計などの奢侈品を店頭に並べる銀細工師・時計製造工、社交の場での身だしなみを整える美容師、最高の奢侈品ともいわれる馬車の製造工などがあげられる。万屋経営者もまた、非フリーメン特有のものであった。また、服地商はフリーメンにはたった1人しかいない。中世以来の古い有力な職業でありながら都市ルネサンス期においては流行の商品を取り扱う小売業の中心的役割を担うようになり、新規の参入者はむしろ伝統の枠を外れて営業することを選んだものと思われる。

職人の中にも、鍛冶屋や帽子屋、籠製造工など、フリーメンには1人も見あたらないが、非フリーメンでは一定の数が見られる伝統的職業もある。伝統的な職業に就く職人は、少なくとも18世紀半ば頃までは徒弟制度の下で管理されていたが、1830年代になるとフリーメン制度とは無縁になったと考えられる。専門職従事者の多くもフリーメンの資格を求めなかった。伝統的にはフリーメンの聖職者が都市自治体公認の牧師として、公の場での説教やグラマー・スクールで教鞭を担当していたが、18世紀末以降は非フリーメンの男女教員が寄宿制の学校経営に乗り出した。測量士は、18世紀末以降に都市改良事業という具体的な事業に携わるためにキングス・リンに移入してきたものが大半であり、フリーメンになる者はいなかった。

職業と富の分布

次に18世紀末と比較するために、1836年の救貧税記録を用いて、フリーメン

の富裕度を職業との関連で見てみることにしよう。1836年のフリーメン納税者は196人いるが、これを第1章でのクラス分けにもとづき人数を数えたものが表2-6である。クラスⅠからⅤまで、それぞれ納税者全体の分布の比率よりもすべてにおいて、フリーメン

表2-6 フリーメン納税者のクラス別富裕度の分類（1836年）

クラス		フリーメン納税者		納税者全体	
		人数	%	人数	%
クラスⅠ	£120〜	8	4.1	9	0.4
クラスⅡ	£60〜120	9	4.6	19	0.9
クラスⅢ	£30〜60	18	9.2	82	3.7
クラスⅣ	£15〜30	27	13.8	209	9.4
クラスⅤ	£7.5〜15	35	17.9	370	16.6
クラスⅥ	£〜7.5	99	50.5	1,546	69.2
合計		196	100.0	2,235	100.0

出典：MRO, MF/X/344/6; *CFL*.
注：救貧税免除者を除く。

のほうが高くなっているが、とりわけクラスⅠとⅡへの集中度は顕著である。一方で、クラスⅥに分類される者は納税者全体よりも20％近く少なく、フリーメンが全体としてみれば、都市住民の比較的余裕のある富裕な層に属していたことを示す。しかし1796年の分布と比べると、この時期には、クラスⅤとⅥの下位のグループに分類されるフリーメンの比率は拡大しており、フリーメンの中での格差の広がりがあったことがわかる。

さらにクラスごとに職業詳細を見てみよう（付表5、前掲付表3）。クラスⅠでは、非フリーメンのグローブ・イン経営者を除き、残りの8人はすべて商人で、フリーメンである。クラスⅠのフリーメン商人には新興商人も含まれ、ほとんどが長期にわたって営業してきた商人であった18世紀末の状況とは異なる。クラスⅡは、納税者19人中9人がフリーメンであるが、そのうち7人が商人である。ここでも数名の新興商人がフリーメンに名を連ねている。クラスが下がるにつれて、納税者全体から見たフリーメンの割合はさらに低くなり、クラスⅢでは納税者82人のうちフリーメンは18人だけだった。クラスⅣ以下になると商人の割合は大きく減少し、代わりにパン屋、水夫、そしてロープ工がフリーメンの主流になる。水夫とロープ工、製帆工を合わせた割合は、クラスⅤでは納税者全体の31.5％、クラスⅥでは56.7％である。

これらのことから、1836年のフリーメン納税者は大きく3つのグループから

成ることがわかる。すなわち、第一のグループは富裕な商人たち、第二のグループは貧しい水夫とロープ工を中心とする水運関係者、そして第三のグループは、中位の経済力をもつ食料雑貨商やパン屋を中心とする商工業者に加え、法律家も含まれた。この最後のグループには飲食料など、都市住民の日常生活の安定に不可欠な必需品を提供する職業が多く含まれ、ある程度の規律と統制が必要な職業であった。しかし、残りの2つのグループは、明らかにこれらのグループとは異なる目的をもち、積極的にフリーメンの資格を獲得したものと思われる。

　第一のグループ、商人についていえば、18世紀末と比較して、1836年の上位の納税者がフリーメンである割合は明確に高くなっている。どちらの時期も、上位のクラスになるほどフリーメンである商人の比率は高いが、1836年のクラスⅠ〜Ⅲいずれをとっても、商人がフリーメンである割合は18世紀末よりも高くなっている。これは19世紀になると、伝統的な商人だけでなく新興商人もまた、フリーメンに新たな意義を見出していることを示唆する。親はフリーメンでなかった者も、19世紀になり子の代になるとフリーメンになった商人は何人もいる。一例をあげれば、クラスⅠのJ. B. ストックデールの父は、1796年にはクラスⅠに分類される非フリーメンの商人であったし、クラスⅡのW. ボナーの父もまた、1796年にはクラスⅢの非フリーメンであった。

　一方、第二のグループ、水夫・製帆工・ロープ工は、フリーメン率が非常に高い。これら3職種合わせて127人の納税者がいるが、そのうち69人（54.3%）がフリーメンである。ロープ工にいたっては、14人の納税者のうち13人がフリーメンとなっている。同時期の食料雑貨商のフリーメン比率30.4%、パン屋27.3%と比べても、水運関係者のフリーメン率の高さは顕著である。しかも、これらの職業ではその80%近くが経済的には最下層のクラスⅥに分類される。

フリーメン制度の意義

　これらの人々がフリーメンになったのはどのような理由からだろうか。都市の提供するローンや慈善、共同地の利用権など、その多くはフリーメンのみが

享受できたが、水夫や製帆工、ロープ工など比較的貧しい都市住人にとって、それらは本人と家族の生活保障ともいえ、とても重要であっただろう。しかし、ほかにも経済的に苦しい職業の者がいたはずなのに、これらの職業の割合が急上昇したのにはもう一つの理由がある。それは商人との間にある密接な関係である。18世紀以降、水夫や製帆工、ロープ工はとりわけ商人の下で徒弟修業をすることが多くなっていた。徒弟記録を見ると、19世紀初期にフリーメンになった水夫の徒弟先の大半は、キングス・リンの三大商家が作るバッグ＝ホッグ＝エヴェラード商会、または有力商人であった[18]。海運・造船業を通じて経済的に繋がりがあるだけでなく、徒弟制度という人的なコネクションを通じても、2つのグループは緊密な絆をもっていたのである。フリーメンという共通の社会集団の中で、裕福な者と貧しい者の間には、一種のパトロン＝クライアントの関係があったと思われる。パトロンとしての役割を引き受けることによって、裕福なフリーメンは名誉や威信ばかりでなく、経済活動にとっても不可欠な社会的信用を得ることもできたであろう。フリーメンたることは、彼ら裕福な商人グループにとっても十分報われることだったのである。フリーメンの地位は営業や社交の場におけるネットワークを担保する意味でも意義があったことは間違いない。

　しかし商人にとって、フリーメンになることのメリットはそれだけではなかった。商人の事業に不可欠な労働力である水夫は安定的に再生産される必要があり、海難等の高いリスクを負う水夫の生活保障もまた、そのためには重要なものである。しかしこうした生活保障は商人が個人レベルで担保できるものではなく、商人にとっても水夫の組織的なセーフティ・ネットを必要とした。だからこそ、最裕福層のフリーメン商人は、積極的に水夫がフリーメンになることを手助けしたのである。したがって、キングス・リンの基幹産業ともいえる沿岸・海外取引と海運業の中心にいる商人と、それを支える集団でありながら、経済的にはあまり恵まれない職業集団の構成員が増えたことは、フリーメンの意義を考える上でも、さらにまた都市社会全体の安定性を考える上でも大きな意味をもっている。

都市の指導者が水夫たちをフリーメンとして認可したことには、政治的理由もあったと推定される。既述のように、1822年の国会議員選挙では、選挙の数カ月前に突然有力候補者が亡くなり、十分な選挙活動ができない中、票田争いを牛耳ったフリーメン商人たちは、徒弟を終えた水夫をフリーメンにさせる後押しをしたと思われる。伝統的な商人エリートたちはベンティンクを推し、選挙権をもたない住民にフリーメンと同じ独立した地位を与えることに理解を示すフォークスに対抗し、勝利をおさめた。残念ながら1822年の投票簿は入手できないが、1824年にベンティンクが急死し、再度そのイスをベンティンクの弟とフォークスが争った選挙の投票簿を見ると、伝統的商人が推すベンティンクに、38人中34人の水夫が投票している[19]。このことからも、何らかの圧力が水夫にかけられていたことは否定できない。

さらに、18世紀の都市社会では、フリーメンになることにはもっと別の含意があった。スウィートは、フリーメンが18世紀にはしばしば都市の独立や誇りといった概念と結びつけて解釈されたことを指摘する[20]。これをふまえると、キングス・リンでは商人や水夫がフリーメンの中心であったことからは、フリーメンのもったもう一つの歴史的意義が浮かび上がってくる。どちらも中世以来、港湾都市キングス・リンの発展を担ってきた代表的な伝統ある職業で、キングス・リンの誇りと独立を象徴するものであったのだ。そしてその誇りと自由は、エリートの商人だけでなく貧しい水夫もまた共有するものであった。経済的、政治的特権の意義が大幅に低下していってもなお、フリーメン制度が19世紀にいたるまで存続し、しかもその中心が商人や水夫であったことの背景には、フリーメンのもつこのような歴史的意義もあったように思われる。富者にとっても貧者にとっても、その目的に違いはあれ、フリーメンの地位は社会的信用と支援を保証する意義をもっていたのである。

4 選挙権──フリーメンから納税者へ──

フリーメン制度が果たした役割は経済的・社会的領域に限られなかった。す

でに何度か言及したように、それは政治的特権とも密接に関連していた。国会議員の選挙権、並びに都市役職への就任資格である。これらは長い間、フリーメンにのみ開かれた特権であった。

一般的にいえば、都市の国会議員選挙人の資格には、1832年の選挙法改正以前は一貫した基準がなく、州（農村部）と都市で大きく違う上に、都市の間でも地域差が大きく、複雑なシステムをとっていた[21]。地方税を払っている者全員に選挙権を付与するところもあれば、フリーホルダーのみに与えたり、または市議会議員だけに選挙権を限定する都市もあった。現実とは大きくかけ離れているにもかかわらず、40シリング以上という形骸化した伝統的土地保有条件にもとづく資格を条件にしている都市もあった。人口が激減して衰退してしまったのに2人の国会議員選出枠をもち、実質的には無選挙になっている腐敗選挙区もあった。キングス・リンは選挙人をフリーメン全員に開放していたため、比較的多くの選挙人をもっていた選挙区である。しかし、フリーメンは都市住人に限られることはなかったため、国会議員選挙権はどんなに遠い場所に住んでいても、都市内部に土地や建物を保有・貸借せずとも獲得できる一方で、富裕な都市住人であってもフリーメンでなければ投票権がなかった。それが大きく変わるのが1832年である。国会議員選挙人資格に、年間10ポンド以上の査定額をもつ家屋所有者または占有者（男性に限定）で前年度に救貧を受けていないこと、という新しい資産基準が加わり、新興商工業者を中心とする社会層が新たに国会議員選挙権を獲得することになった。フリーメンとしての選挙人資格は、引き続き生涯にわたりその権利が保障されたが、都市から7マイル圏内に居住することが条件として付加された[22]。

市政に携わる役職は、長期にわたり、原則、フリーメンのみに開放されていた。市政に参加するということは、公的な場で発言権をもち、社会的地位を高めることにもなり、都市住民にとって大きな意味がある。18世紀前半までのキングス・リンでは、この役割は実際に少数のフリーメンに担われていた。しかしやがてフリーメンではない新興商工業者が増加してきた結果、フリーメン以外の住民も市政に参加させざるをえない状況が生まれてきた。市政の役職に関

しては、第4章で詳細に扱う19世紀初頭に重要性を高めた法定委員会の道路舗装委員のほか、各区を代表する名誉職的役割の区長 head borough、治安官、教区会役員（教区書記 parish clerk、教区委員 churchwarden、貧民監督官 overseers など）、議会法下にある税金の課税査定や徴収に関する最終的な責任を負う「有力住民 substantial inhabitant」などがあった[23]。これらの役職就任の資格として、少なくとも18世紀末にはフリーメンであるか否かは問題ではなくなり、多くの非フリーメンが就任するようになっていた。この頃までに、もはやフリーメンであることが市政参加の条件ではなくなる一方で、あらたな基準、すなわち都市におけるさまざまな地方税の納税者であることの意義が高まってきていたのである。

　しかしながら、市政の中心メンバーである市議会議員だけは厳格にフリーメンだけに限定されていた。しかも、これらの役職者は選挙を経ないで選ばれ、フリーメンの中から市議会議員自身が非公開で新任者を選び、指名するシステムをとっていた。フリーメンにとっては、国会議員選挙権とともに残された最後の政治的特権であったのだ。しかし、1835年の都市自治体法はこの特権をも奪った。どの都市においても市議会議員の選挙を行うことが規定されており、地方税納税者に対して選挙権が付与されることになった。都市自治体法の下でも、国会議員選挙権という既得の政治的特権を保持し続けたフリーメンであったが、新しい市政選挙権を認められることはなかった。すでに事実上、資産にもとづく位階社会に移行していたキングス・リンでは、新しく設置した市政に関する投票権は、資産基準に沿ってのみ付与されたのである。フリーメンにとって、決定的な政治的特権の喪失ではあったが、すでにそれ以前から、キングス・リンの経済的・政治的影響力は、特権をもつフリーメンから、特権をもたない有力な商工業者の手に次第に移行しつつあったので、大きな混乱はなかった。

　では都市自治体法によって最終的に政治的権利を認められた、フリーメンと非フリーメンが混在するこれら有資産者とはどのような人々であったのだろうか。18世紀末のキングス・リンにはフリーメンであることから選挙権を保持す

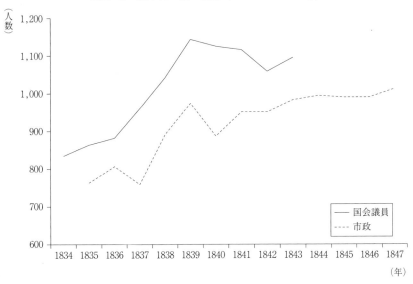

図 2-3 選挙人の数の変化（c. 1830〜c. 1840年）

出典：KLA, KL/TC10.

る者が250〜300人程度おり、成人男性人口の10〜12％にあたる。19世紀に人口が増加する一方、フリーメンの数は1831年になっても300人弱と変わらなかったため、国会議員選挙人は成人男性の9％程度に落ちた[24]。しかし、選挙法改正後の1834年には、新たに資産にもとづく資格で587人が選挙人に加わったため、選挙人の数は、在住フリーメンと合わせて835人に増え、成人男性の22％を占めるまでになった。選挙人の数は1839年には1,144人に達し、その後は1,100人前後の人数を維持していった（図2-3）。一方、市政選挙権は、都市自治体法によってキングス・リンでは763人の住民にはじめて与えられた。選挙人の数は1830年代後半に急激に増加し、1840年に一度、落ち込んだものの、それ以降は漸増し続け、1847年には1,013人に達した。

　国会議員選挙人は市政選挙人の数よりは常に100〜200人ほど多く、しかもどちらか一方の選挙権しかもたない者も少なくなかった。たとえば1837年にいずれかの選挙権をもっている者は1,076人いたが、両方の選挙権をもっていたの

表 2-7 選挙権保持者の人数（1837年）

	フリーメン	非フリーメン	合計
国会議員選挙権のみ	151	172	323
市政選挙権のみ	5	132	137
両方の選挙権	104	512	616
合計	260	816	1,076

出典：KLA, KL/TC10.

は616人（57.2％）のみで、残りはどちらか片方の選挙権しかもっていなかった（表2-7）。フリーメン資格基準がある国会議員選挙人には、前節で述べたように貧しいフリーメンも含んでいたが、彼らは市政選挙人として必要な資産をもっていなかったことが考えうる。1836年の納税者で国会議員選挙人であるが市政選挙権をもたない者は161人見られるが、そのうち107人が前節で利用した分類では最も貧しいクラスⅥに含まれる。しかし、これだけで片方しか選挙権をもたない者たちの説明はできない。資産資格から見れば当然、2つの選挙権をもっていたと考えられる住人であっても、片方の選挙権しかもっていない例も見られ、市政に興味をもたない者が選挙人登録をしなかった可能性もある[25]。このように、選挙権の有無にはさまざまな要因が働いたが、少なくとも新しく加わった選挙人は、フリーメン制度に縛られない人々であった。とりわけ市政選挙権は、全員が、新しい社会の位階の基準となる資産にもとづき付与されるものであり、長い18世紀末期の社会の担い手を知る上での手がかりを与えてくれるものである。

5　エリートたち

　本章では社会の担い手に着目し、長い間その地位にいたフリーメンと、18世紀以降新しく台頭してきた納税者の視点から議論をしてきた。最後の本節では社会の担い手の中でも中心的な役割を果たした人物で、第二部以降で議論をする自治や社交の領域でも、中核になる人物を整理することにする。

　これらの人々をひとまとめで考察することには次のような理由がある。第一に、キングス・リンのエリート層は相対的に少数の家族から構成されていたことである。第二に、これらの家族の多くは経済活動や婚姻関係を通じて相互に

結びついていたことである。第三に、これらのエリートのネットワークには、商工業者以外の人々、すなわち専門職や、都市に居住せず納税義務をもたない、農村に拠点をもつ地主たちが重要なメンバーとして含まれていたことである。彼らを結びつける絆は、フリーメン制度とは別の原理から成り立っていた。

　沿岸取引や商業が基盤産業であるキングス・リンでは、どんな時代でも商人が社会の中心にいたが、その中でも長い18世紀後半を通して最も影響力があったのは、三大商家と呼ばれることもある、バッグ、ホッグ、エヴェラード家であった。いずれも17世紀末から18世紀はじめにキングス・リンに定住した一族である。大きな失敗もなく次々に事業を成功させ、また後継者にも恵まれたこともあり、18世紀末以降、これらの一族はその富裕度と影響力で他を圧倒していた。

　バッグ家は17世紀末にキングス・リンに移住して醸造業で起業したが、18世紀半ばにはウィリアムとトマス兄弟はいずれも商人の仲間入りをしていた。そして、有力者との結婚を通じて、さらにその地位を確立していった。当時のキングス・リンで最も力をもっていたといわれるのが、法律家のP. ケースであった。しかし跡継ぎの息子はおらず、彼の影響力や財産を引き継いだのは、1768年に長女のプリーザンスと結婚をしたトマス・バッグであった。1792年に義父のケースが亡くなると、トマスはストラッドセットのカントリー・ハウスを含む莫大な資産を手にすることになり、その地位を不動のものとした。バッグ家の黄金時代を築いたのはトマスの息子、トマス・フィリップであった。地元社会のみならず、中央政界とも強いコネクションを築いたが、その影響力が認められ、長男のウィリアムに準男爵の爵位を与えられることになり、州社会の名士の仲間入りをしたのである[26]。1830年代のキングス・リンで活躍していたのは、このウィリアムの双子の兄弟のリチャードと、その弟のエドワードであり、バッグ家は都市と農村、両方で影響力をふるうようになった。

　エヴェラード家は元々、キングス・リン郊外のミドルトンの地主の家系であった。キングス・リンでこの一族の名前が見られるようになるのは、次男で初代のエドワードが18世紀初期にキングス・リンの商人の下に徒弟として入って

からである。エドワードは、その後、キングス・リンの大醸造業者の娘と結婚をして、この都市の代表的な商人兼醸造業者となった。さらに、その息子のエドワードは、当時最も有力であった商人S. ブラウンの娘との結婚を通して、18世紀半ばにはキングス・リンにおける確固たる地位を得ている。上記のP. ケースでさえ、エヴェラードとの親戚関係を求めて、次女をS. ブラウンの息子に嫁がせている。以来、エヴェラード一族は、数十年にわたりキングス・リンの有力な商人として活躍したが、19世紀半ばには完全に事業から引退し、その後は出身地のミドルトンとバースに生活の拠点を移した。

　ホッグ家の記録はバッグ家やエヴェラード家と比べると多くは残されておらず、この一族が最初にいつ、キングス・リンに来たかはわからない。しかし、18世紀初期にはすでに廻船業を営んでおり、18世紀半ばまでには有力商人としての土台を築きあげていた。ホッグ家は、バッグ家やエヴェラード家を中心とするネットワークからは少し、距離をとる傾向があった。一つには、醸造業を基盤に資産を築いた他の２つの一族とは異なり、商人になってからも、廻船業に比重をおいた事業を展開していたことが理由である。さらに、ホッグ家はキングス・リン選出の国会議員を出した農村地主のターナー家との繋がりが深かったが、バッグ家たちが支援していたのはそれとは別の国会議員であった。概して国政をめぐる激しい党派抗争はなかったキングス・リンではあるが、エリートの間には、支持する政党、都市自治体内の政治的影響力、経済的基盤、親方・徒弟関係、婚姻関係、宗教的信条などの異同を通じて、穏やかに結ばれたいくつかのグループがあった。政治的な派閥が異なるホッグ家の社交ネットワークと、主流派のバッグ家やエヴェラード家のものとは重ならない部分も少なくなかっただろう。ホッグ家は実際、18世紀の後半には一時期、キングス・リンの社会とは一線を画するところさえ見られた。都市のリーダーの一人として都市行政における義務は果たしていたものの、政治的立場の違いが引き起こした自治に関するいさかいから、市議会議員も辞めてしまい、社交領域から遠ざかった時期もある。しかし18世紀末に世代交代をしたあとは、積極的にバッグらと共同で事業をすることも増えていった。その一つが1830年代のバッグ＝

ホッグ＝エヴェラード商会である。これは水夫や製帆工、ロープ工の最大の雇用先となった。

　バッグやエヴェラード、ホッグは、徒弟関係や結婚を通じたネットワークの中心にいた。バッグ家は、親戚関係にある伝統的商家のエルスデン家やアレン家とは何代にもわたる繋がりをもっていたし、1830年代にはそこにハルトン家も加わった。また、W. & R. クリフトン兄弟も徒弟修業先のバッグ家とは深い関係をもっていた。エヴェラード家は、多くの親族が商人をはじめとし、銀行業などでも活躍していたが、それに加え、エヴェラード家で徒弟修業をしたJ. P. ブレンコウ親子やL. セルフ親子とも密接な繋がりがあった。ホッグ家もまた、テイラー家やアレン家と婚姻関係を通じて古くからのつきあいがある。

　三大商家以外にも長い18世紀後半には有力な商人がたくさん出てきた。1796年の救貧税記録からは、最裕福層の商人としては、O. デントン、J. ストックデール、T. ブラックバーン、S. ベーカー、T. オードリー、さらに、R. フリーマン、T. カー、J. キャリー、1830年にはJ. B. ストックデール、O. イングリッシュ、J. ディリンガム、W. オクスリー、J. & A. ボウカー、W. ボナー、E. B. マニングの名をあげることができる（付表１、２）。この中には、一代で富を築き上げた者もいるが、二代に渡ったキングス・リンでの営業の結果、最富裕層にのぼりつめた者も少なくない。既述のようにストックデールは二代にわたり最富裕層であったが、ボナーやオクスリー、ベーカーは、18世紀末の父親の代にはまだクラスⅢに分類されるくらいの商人であった。A. ボウカーの長男のアレクサンダーは、父親の下で商人としての徒弟修業を受け、その後父親の家業を引き継いだが、一番下の妹とE. エヴェラードの三男ウィリアムとの結婚はアレクサンダーのキングス・リンでの経済的・社会的地位を後押しすることになった[27]。A. ボウカーの次男のジェームズは市参事会員R. グリーンの下での徒弟修業を終了すると、キングス・リンの古くからの商人一族であるグリーンとパートナーシップを組んで商売を拡大していった。こうした新興の最富裕層の商人たちが成功するためには、やはり、バッグ、ホッグ、エヴェラード家を中心とする人々との親交をもっている必要があった。親族や徒弟関係と

いった直接的な繋がりがなかったとしても、この時代、三大商家を中心とするネットワークの中にいないと、T. A. カーターのように、事業の成功からレベルⅡの中位に分類されるほどの資産をもつようになっても、市会議員に選出されず、なかなか社会の中で力を発揮することはできなかった。

　銀行家もまた、18世紀末以降、社会の中で重要な役割をもちはじめた新しい資産階級である。キングス・リンで銀行家という職業表記が現れたのは18世紀末のことであるが、後に成功を収める T. オードリーも当初は商人としての活動の傍らで銀行業を行っていた。その他はパートナーシップの形態で営業をしていた者もいたが、クエーカー教徒のネットワークの中で、J. バークベックがJ. テイラーとD. ガーニーそれぞれと手を組んだ2つの銀行がその例である[28]。19世紀になると銀行家はますますその影響力を強めていき、1830年代には専業の銀行家が一般的になった。商人と兼業するJ. グリーン以外は、L. W. ジャーヴィス、F. クレスウェル、W. テイラー、W. エヴェラード、すべてキングス・リン在住の専業の銀行家であり、社会の中心で活躍していた。中でもクレスウェルは、1790年代にバークベック＝ガーニー銀行に出資をし、キングス・リン最大の資金力のある銀行として知られるガーニー＝バークベック＝クレスウェル銀行を組織しており、公的な改良事業では資金の管理も任されていた。

　しかし、服地商と食料雑貨商、金物商、イン・パブ経営者は、富裕度は比較的高いにもかかわらず、商人や銀行家と比較して、都市の行政や社交などの公的な場面に登場することがあまりない。とりわけ、インやパブは、アセンブリなど各種催しやクラブやアソシエーションの会合に利用されており、施設の名前は広く知られているが、その経営者自身が公的な場で目立った活躍をすることはなかった。グローブ・インやデュークス・ヘッド・イン、メイズ・ヘッド・インをはじめとし、サン、グリーン・ドラゴン、ホワイト・ハート、スターなど大きいパブの経営者は、18世紀末も1830年代も富裕度の上位に名前が現れる。しかし、これらは通常、短期リース契約で貸し出されるため、最大のインであっても経営者は短期で代わることが多く、経営者個人の社会的地位は高くはなかった。

これに対して商人・銀行家に並び、キングス・リンの社交や公的世界で広がる人的・ネットワークの有力な結び目として機能していたのは、専門職従事者である。専門職の中で以前から影響力をもっていたのは、法律家である。前述のP. ケースのほかにも、H. ベルも多大な力をもっていたし、W. ケース、H. グッドウィン、J. ローレンスなども都市の公的な場面に頻繁に顔を出している。1830年代に活躍した法律家としては、C. グッドウィン、J. タウンリー、F. レーン、W. ウィンコップをはじめとし、J. J. コウルトン、R. ピッチャー、J. ローレンス、J. S. プラットンなど多くの名前があげられる。法律家は商人と比較して富裕度としては相対的に低いが、商人には負けない影響力を発揮していた[29]。内科医・外科医は、専門職の中では法律家に次いで富裕度が高く18世紀の間も一定の地位はもっていたが、その専門性が公的な場で発揮される機会はほとんどなかった。しかし19世紀に入り、診療所や病院の設置や公衆衛生の問題などが出てくるにつれ、公的な場や社交の場において専門分野の知識を発揮する機会が増えてきた。1830年には、外科医のJ. B. ウィティング、T. イングル、T. ブレンと、富裕度はそれらより低いが社会的には地位が高い内科医のJ. ツウィーデール、J. ウェイトは、ますます大きな影響力をもつようになっていた。加えて、数は少ないものの、社会の結び目になる専門職として聖職者もいた。18世紀末のH. ロイズ、E. エドワーズ、R. ハンキンソン、1830年のG. マンフォード、H. ケース、S. アレンなどは、さまざまな場での儀式や式典を仕切ると同時に、公的な活動に使う寄付金集めにも一役買っていた。また、教師の中には、グラマー・スクールや寄宿制の学校を経営するJ. ブランスビーやE. ベロー、E. マグリッジのように、富裕度も知名度も高い者はいたが、その数はごく限られていた。

　こうした人々がキングス・リン社会を構成するエリートだった。それに加え、農村地主の存在も忘れてはならない。キングス・リンの近隣に居住する農村地主は、元々は、自分たちの居住地の利益にも直結するような広範囲の改良事業でもない限り、都市自治には関与することなく、せいぜい国会議員選挙などの特別な時だけ関わりをもつ存在であった。しかし18世紀には都市は農村地主

にとっても特別の場所となってきた。彼らは買い物をし、専門職を中心とした都市が提供する各種サービスを利用し、社交の場である催しの会場やクラブやアソシエーションに頻繁に足を運ぶようになっていた。一方、後で詳しくふれるように、キングス・リン側にとっても、彼らの訪問は歓迎すべきものであった。都市の主張や陳情を伝える際には彼らの広いコネクションは公式にも非公式にも大いに利用価値があったし、さまざまな文化的催しに顔を出してもらうことは都市の威信を高めることであり、彼らがパトロンとして参加するアソシエーションではその寄付金がさまざまな活動の資金源となった。こうした繋がりを通じて、18世紀の間に、農村地主もまた、キングス・リンの人的なネットワークの中に組み入れられていった。

ウェスト・ノーフォークには大貴族はほとんどおらず、長い18世紀後半においては、貴族ではウォルポール家（ホウトン）、タウンシェンド家（レイナム）、クック家（ホルカム）、ターナー家（ワラム）、フォークス家（ヒリントン）などが、数世代にわたり、キングス・リンに最も影響力をもった一族であった（図2-4）。ウォルポールやターナー、フォークス家のメンバーはキングス・リンから国会議員として選出されており、これらの一族にはキングス・リンのフリーメンの権利が付与されている。彼らは、直接的にキングス・リンの自治に干渉することはなかったが、地元と中央を結ぶパイプ役として強い信頼を受けていたし、また、さまざまな事業や催しのパトロンとしてしばしば顔を出していた。このほかにも何人もの農村地主がキングス・リンの周辺にはいるが、とくに関係が深い農村地主のほとんどはキングス・リンの住民との婚姻関係を通して築いたものである。たとえば、E. ロルフ（ヒーチャム）と再婚をしたのは伝統的商人のS. アレンの娘サラであり、彼女の初婚相手はJ. バッグであった。再婚をしたサラを通じて、バッグ家、アレン家、ロルフ家は深い親交をもった。また、J. バッグの兄ウィリアムは、ディクソン家（イスリントン）の長女と結婚をしている。先述のP. ケースの三女はA. ハモンド（ウェストエーカー）と婚姻関係をもったし、S. ブラウンと結婚をした次女はその長女をE. プラット（リストン）、次女をJ. アストリー卿（メルトン・コンスタブル）に

第2章 フリーメン、納税者、エリート 103

図2-4 キングズ・リンと関わりをもつ農村地主

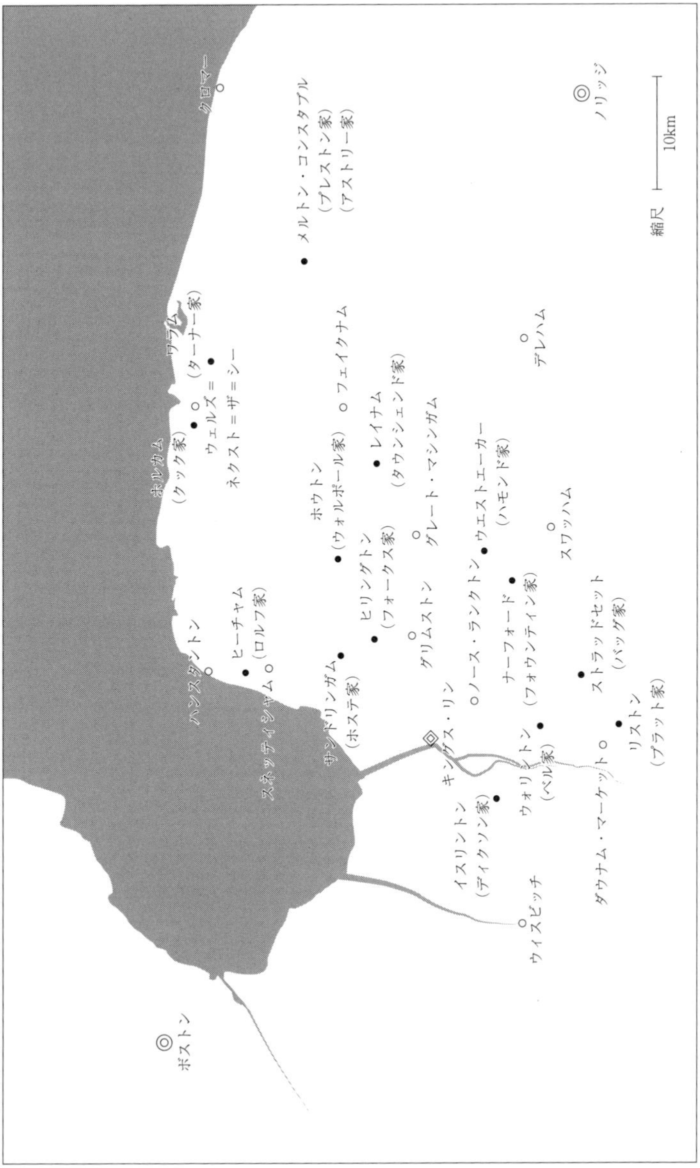

（地図中の地名・家名）
ボストン
ウィスビッチ
イズリントン（ディクソン家）
ハウスデン
ダウナム・マーケット
ウォリントン（ベル家）
キングズ・リン
グリムストン
ノース・ランクトン
ナーフォード（フォウンティン家）
リストン（ブラット家）
ストラッドセット（バッグ家）
スワッハム
テレンハム
サンディリンガム（ホステ家）
ハンスタントン
ピーチャム（ロルフ家）
ホウトン
ピリングトン（フォークス家）
ウォルポール家
グレート・マシンガム
レイナム（タウンシェンド家）
ウエストエーカー
ウエストン
ウェルズ
ネクストン＝ザ＝シー
ブラケナム
ターナー家
フェイクナム
ハモンド家
メルトン・コンスタブル（プレストン家）（アストリー家）
ノリッジ
クロマー

縮尺 10km

嫁がせたが、このような縁で、長い18世紀後半には、ロルフ、ディクソン、ハモンド、プラット、アストリー家はキングス・リンにしばしば足を運んでいた。ここであげた例はキングス・リンの人々と周辺農村地主間の婚姻のほんの一部であるが、長い18世紀を通して、近隣地域との良好な関係がキングス・リンの安定した社会をもたらしていたのである。

　18世紀以前には、経済的にも政治的にも大きな特権をもち、フリーメンであることが社会を担う条件でさえあった。しかし、フリーメンを中核とする都市コミュニティは事実上、18世紀にはすでに過去の社会となっていた。長い18世紀においては、特権よりも資産を保持することが社会の位階を決定する重要な要素になりつつあったのである。1830年代の選挙法改正や都市自治体法の実施は、制度の面からもフリーメンから成るコミュニティに終止符をうつものであった。しかし、それはフリーメン制度そのものが崩壊したことは意味しなかった。それは、都市とそれを取り巻く状況の経済的・社会的・文化的変化に伴い、その役割を変化させつつ、長期にわたりイングランドに定着した制度であった。フリーメンであることは、いつの時代においても、独立した市民としての誇りや信用、そして生活の保障を与えるものであった。1830年代になっても、社会の中で存在感を発揮できないほど貧しくとも、フリーメンになることで誇りを保持し、信用のネットワークに入り、困窮に陥った場合は福祉的措置を受けることも可能であった。他方でフリーメンは富裕な市民層にも社会的信用を与える役割を果たしていた。また、それはキングス・リンのような港湾都市にありがちなリスクに対する一種の救済制度であり、上層と下層の二極を結びつける人的紐帯でもあり、さらに都市のアイデンティティを形成する一つの基盤でもあった。それはキングス・リンの背骨をなす産業の維持のために貢献するものであり、都市の安定にとってなくてはならない制度的要素であったといえる。19世紀にいたるまで、フリーメン制度の意義は過小評価されるべきではない。
　フリーメンに代わる新しい社会の担い手は、地方税の納税義務を果たし、時には公共事業への資金投資や慈善事業を通して社会貢献ができる納税者であり、

フリーメン、非フリーメンの区別なく、資産をもつ者であった。キングス・リンでは、こうしたフリーメンから納税者の社会への移行は18世紀の間に、激しい対立もなく進行していた。納税者の社会では、人数の上では、フリーメンよりもずっと多数の者が社会の担い手として見なされ、職業にもフリーメンのような偏りは見られなかった。また、フリーメンが形の上では全員が同じ権利をもって平等に扱われるのに対し、納税者にはその資産額によるはっきりとした序列がつくことも特徴的である。富は絶対的な基準ではなかったが、社会の秩序を作る要素としてその重要性を高めていった。

しかし、都市社会を牽引したエリートには、フリーメンでも納税者でもない者も含まれた。商工業者だけでなく、専門職や都市に居住していない農村地主も、経済活動や婚姻関係を通じてエリート・ネットワークを形成していた。彼らは経済的なエリートだけでなく、文化的なあるいは社会的なエリートであった。以下の章で見るように、彼らを結びつけたのは社交や共通の価値観であった。

注
1) *CFL*.
2) フリーメン登録簿を利用した職業分析として、Rowe, M. M. & Jackson, A. M., eds., *Exeter Freemen 1266-1967* (Exeter, 1973) がある。日本人の研究では以下を参考のこと。酒田利夫『イギリス中世都市の研究』(有斐閣、1991年), pp. 110-144;唐澤達之『イギリス近世都市の研究』(三嶺書房、1998年), pp. 23-55.
3) リヴァプールは18世紀後半に2,000人のフリーメンがいた。Sweet, R., 'Freemen and Independence in English Borough Politics c. 1770-1830', *Past & Present*, 161 (1998), p. 91.
4) KLA, KL/C9/20. しかし、だからといってフリーメンは市議会関係者にのみ開放される閉鎖的な集団でもなかったし、認可の条件は厳しかったとしても比較的公正な基準にもとづきなされていた。
5) 都市自治体は財政困難に陥るとフリーメン登録者数を増加させる傾向があるという議論がある。キングス・リンでは、確かにフリーメン登録料はあったが、収入役会計簿をはじめとする現存の会計簿の中でほとんど認可料を確認することができないため、都市自治体の財政状況とフリーメンの登録者数の関係については

はっきりしない。
6) Rowe & Jackson, *Exeter Freemen*.
7) 中野忠・小西恵美・山本千映「17世紀末イギリスの課税記録」『早稲田社会科学総合研究』3巻3号（2003年）, p. 12. しかし納税していないフリーメンのすべてが政治的目的で登録したわけではない。
8) *BNP*, 1822/7/3.
9) フリーメン登録簿の史料論は以下を参考のこと。Pound, J. F., 'The Validity of the Freemen's Lists: Some Norwich Evidence', *Economic History Review*, 34-1 (1981).
10) 本書第1章48-49ページを見よ。
11) KLA, KL/D/19/1. 134人のキングス・リン以外を出身地とする者の内訳は、ロンドン（41人）、スワッハム（8人）、ノリッジ（7人）である。残りはボストン、ブリストルやベリ・セント・エドマンズ、中には北米出身者もいるが、大半はキングス・リン周辺地域から来た者であり、その数も2人ずつしかいない。
12) 本書の分析ではビジネスでパートナーシップを組んでいる場合、筆頭の者の名前しか課税者には含めていない。
13) 商人の中には下層に分類される者もいるが、キングス・リン以外に自宅をもっている場合が多く、この数字のみで富裕度をはかるわけにはいかない。
14) KLA, KL/TC10.
15) ただし、選挙権をもつ在住フリーメンがフリーメンのすべてであるわけではない。規定により、キングス・リンから7マイル圏内に居住しない者は選挙権をもてなかった。以前に比べ、そうした直接キングス・リンに関係をもたない遠方に住むフリーメンは少なくなっていったとはいえ、18世紀末にはフリーメンの2〜3割、1830年代にも一定の割合には達していたと思われる。また、これらの非居住者に加え、フリーメンの中には、キングス・リンのパブリックな場でも活発な活動をし、不動産を所有ないしは賃貸する納税者であるにもかかわらず、主たる住居がキングス・リンにないなどの理由から、フリーメンとしての権利を用いて選挙権を取得しない者もいた。
16) KLA, KL/TC2/2/1, 1816/06.
17) ごく小さな地方都市でも、肉屋の業務を不快なものと捉えられるようになり、売り台や屠殺場の撤去を余儀なくされた。Ellis, *Georgian Town*, pp. 91-92.
18) *CFL*; KLA, KL/C9/25.
19) Mugridge, E., ed., *A Copy of Poll … for the Borough of King's Lynn … 1824 …* (Lynn, 1824).

20) Sweet, 'Freemen and Independence'. バリーもまた、市民生活における「自由・独立」の重要性を強調している。Barry, 'Civility and Civic Culture'.
21) 選挙法改正前の選挙人については O'Gorman, F., *Voters, Patrons and Parties: The Unreformed Electoral System of Hanoverian England, 1734-1832*（Oxford, 1989）.
22) 主たる居住地が7マイル圏にないためにフリーメンとして選挙権を付与されることがなかった者の中には、キングス・リン内にある別宅や事業で利用する建物などの査定額の条件を満たして選挙人になっている者がおり、その数は11人だった。したがって、フリーメンで選挙権をもつ者は合わせて259人となる。
23) 小西「18世紀末イギリス地方都市社会の多元的構成」, pp. 48-54.
24) 1801年と1831年の男性人口はそれぞれ4,540人と5,972人である。1841年の20歳以上と20歳未満の男性の比率1：0.86を1801年と1831年に適応すると、成人男性人口は、1801年が2,430人、1831年が3,196人である。選挙人の成人男性における割合は、この数字から計算している。
25) すでに息子に実質的な会社の経営を譲っていたE. エヴェラードやJ. アンドリューズを含むクラスIII以上の商人や食料雑貨商5人がその例である。
26) 当初はトマス・フィリップに爵位を与える話であったが、彼は断ったため、その代わりに息子のウィリアムに爵位が与えられることになった。
27) *BNP*, 1822/3/20.
28) 19世紀に入り、この2つの銀行は、バークベック＝ガーニー＝テイラー銀行に再編成された。
29) J. S. プラットンやJ. ローレンスはクラスVIに分類されているが、これはおそらく、査定対象の建物が主として居住する建物ではないため、富裕度が低くなったと思われる。

結び

　第一部では、都市の基礎的な構造を見るために、まず、住民全体を対象とした産業・就業構造や住民全体の富の分布を検討し、次に、伝統的な都市の担い手であるフリーメンと、新しい担い手の有資産者に焦点を絞った分析を行った。

　これらが示すのは、まず、キングス・リンの経済と社会構造は、18世紀を通して劇的に変化することはなかったということである。人口は決して減少することはなかったが、その変化の仕方は、全国平均と比べても、ノーフォークの他の都市と比べても穏やかなものであった。また、製造業はあまり拡大しなかったが、主産業であった穀物と石炭を主要な商品とする沿岸取引や内陸取引は、近世を通して順調に成長し経済的な安定をもたらした。商人や海運関係に従事する水夫、ロープ工、製帆工、そして港湾労働者たちをはじめとするキングス・リンの多くの人々の生活を支え続けたのである。さらに、1524年の王室特許状は、その後400年以上にもわたる制度的枠組みを規定するものであり、そこで与えられた重要な権利の一つであるフリーメン制度は、1835年の都市自治体法以降も続くものであった。フリーメンの数は、年ごとに認可される数は異なるが、全体として常時、250～300人を維持していた。

　しかし一方で、詳細を観察すると、着実な変化の様子も見てとれる。18世紀末になると、停滞していた人口が増えはじめた。10年間で1,000人というペースではあるが、その大半はフリーメンでなく、しかも貧困に苦しむ者が多く、キングス・リン社会に影響を与えるには十分であった。富の分布はよりはっきりとした階層構造を示すようになったが、とりわけ貧困層の拡大は顕著であり、救貧や慈善の必要性がより高まってきた。第二部で議論する自治活動の中でも貧困者対策は重要な部分を占めていたが、その背景にはこの状況がある。しかし、同時に、中間層と富裕層は安定した納税者集団を構成し、フリーメンに代わる実質的な社会の担い手になり、消費社会を先導していくことにもなる。職業に関しても、新しい側面はあった。18世紀後半には、従事者は少ないながらも新しい職業も出てきたし、職業の分化や専門化も観察された。これらは、第

三部で追究する消費社会の浸透と新しい社交空間を支えるものであった。

　キングス・リンは制御不能な社会変化を経験することなく、持続的で安定した基礎構造をもち続けた。しかし同時に、そうした古くからの枠組みの中でも変化し続け、とりわけ社会の担い手に関しては、1830年代までに大きな衝突もなく、自然な形で、フリーメンから納税者への受け継ぎができていたのである。

第二部　都市を治める――新しい自治体制の3つの柱――

序

　人口の増加や多様な背景や職業をもつ人々の出現、地域経済の発達、首都や成長する地方都市とのコミュニケーションの緊密化といった18世紀のキングス・リンとそれを取り巻く経済・社会の変化によって、都市当局に寄せられる住民からの要求や期待も大幅に高まり、多様化した。より快適な生活空間を望む住民、道路や港湾施設、市場広場などの経済インフラの改良を求める商工業者に応え、またはライバルとなる他都市に遅れをとらないように対抗するために、都市当局が背負うべき責任は拡大した。こうしたさまざまな要求に対応したのは、古い自治体当局、それに新しく加わった法定委員会、および民間のアソシエーションという新旧3つの組織であった。

　近代以前のイギリス都市には、現代の地方自治体のようなすべての住民の利益を考慮して活動する行政組織は存在しなかった。とりわけ18世紀は、古いものから新しいものまで、自治を担ういくつもの組織が併存しており、しかも組織間の関係は都市ごとに千差万別であった。そもそも特許状で法人化が認可された自治都市と、近世に著しい成長をとげて多数の人口を抱えるが自治権を与えられていない非自治都市とでは、大きな違いがある[1]。自治都市では良い意味でも悪い意味でもフリーメンをその構成員とするような自治団体（法人）が大きな既得権を築いたが、その一方、非自治都市では、教区会やマナ関係の諸機関が実質的に行政を担っており、その中には都市自治体以上の資金をもっているものもあった[2]。

　公的な承認を受けて独自の財源をもつ法定委員会が活発に組織されるようになったのは、18世紀半ば以降である。法定委員会の認可は自治都市、非自治都市にかかわらず見られたが、自治都市では、長期にわたり強力で唯一の行政組

織として存続してきた都市自治体と軋轢が起こりがちであった。とりわけ、新興勢力が急成長してきた都市においては、都市自治体の構成員と、新しい法定委員会の委員が別々のグループを形成し、そのため組織同士の対立が生まれることも多々あったからである。しかし、その一方で、両者が調和的に共存する場合もあった。

　18世紀にはさらに、私人の集まりであるアソシエーションの中にも、公的機能の一部を事実上担うものが出てきた。自由に組織し、運営し、そして解散することができるアソシエーションは多様な目的をもち、その形態もまたさまざまであった。その中で、行政的な機能をもつものは、まとまった額の活動資金を集める必要がある場合が多く、そのためにアソシエーションとしては規模も大きく、広い社会層の人々が参加できるような工夫がされていた。本書の第8章で議論する、文化的アソシエーションとは大きな違いがある。

　第二部では、キングス・リンの自治組織を都市自治体（第3章）、法定委員会（第4章）、アソシエーション（第5章）の順で見ていく。活動内容や構成員、活動資金の集め方を中心に議論するが、第3章では伝統的な組織である都市自治体が18世紀の変化の中でどう対応していったかにも注目する。同時に、新旧行政組織がどのような関係で機能していたかについても議論し、キングス・リンの自治システムの持続性と変化について考える。

注

1) Clark, P. & Slack, P., *English Towns in Transition 1500-1700* (Oxford, 1976), 酒田利夫訳『変貌するイングランド都市1500-1700年――都市のタイプとダイナミックス』（三嶺書房、1989年）；坂巻清「イギリス都市の"Incorporation"をめぐる若干の問題」『西洋史研究』新輯16号（1987年）。

2) Innes, J. & Rogers, N., 'Politics and Government', in *CUHB*, pp. 531-534.

第3章　伝統的統治機構と都市自治体

　イギリスの自治都市では、住民全体からするとごく一部の特権市民たるフリーメンを構成員とする都市自治体が、事実上の行政府として古くから活動を行ってきた。都市自治体と都市の関係については、20世紀はじめのウェッブ夫妻の批判に代表されるように、都市自治体が存在しない新興工業都市は大きく成長する一方で、閉鎖的で保守的な都市自治体が支配する伝統的自治都市は相対的衰退の途をたどったといわれてきた[1]。しかし最近の研究には、都市自治体が果たした役割をより積極的に評価するものもある[2]。

　キングス・リンは中世以来の典型的な自治都市である。フリーメンを構成員とする都市自治体が都市の行政を担い、その中心には最高意思決定機関である市議会があった。1524年の王室特許状で大枠を固められた都市自治の枠組みは、その後、いくつかの付加的な役割や権力を与えられることはあったが、1835年の都市自治体法まで基本的には大きく変わることはなかった。この法に関連して設置された調査委員会の報告によれば、キングス・リンの都市自治体は健全な自治活動を行っていた事例の一つであった[3]。このことは、この都市自治体が、変わりゆく社会、とりわけ18世紀のさまざまな変化に対応していたことを意味する。都市当局に要求される内容は多様化し、対応するためには専門的知識も必要になり、また対処すべき業務の量も大幅に増え、より大きな活動資金も必要になっていく。そのような状況下でキングス・リンの都市自治体は新たな対応を迫られたが、自治機構の大枠は崩さず、その中で最大限、時代の変化に対応しようとしたのである。

　本章ではまず、市議会を構成する議員の分析を行った後で、18世紀半ばまでの都市自治体の伝統的な活動を見る。その後、18世紀半ば以降の新しい活動内

容に目を移し、さらに18世紀末以降の新しい運営形態として委員会や公開集会public meeting についても見ていく。そして最後に活動資金の提供者について分析する。

1　市議会構成員

　都市自治体には特許状で認められた多くの役職者や聖職者がいた。法律関係の仕事を一手に担う法律顧問や、事実上の行政執行責任者である市書記は、通常法律家がその職務を担っていたが、都市自治体の活動において重要な役目をもっている[4]。都市自治体の会計簿を作り会計監査役の役割をもつ会計役chamberlain も資金の公正な管理のためには必要な役職であった。また治安官や検屍官、市場監督官、そして各種徴税請負人にいたる「下級役人」も実際の行政活動で不可欠であった[5]。しかし、何にもましてキングス・リンで権限をもっていたのはホールと呼ばれる市議会であり、その構成員である市長と12人の市参事会員と18人の市会員から成る30人の市議会議員であった（付表6）。

　キングス・リンの市長は、市会員によって毎年、市参事会員の中から選出される。任期は1年であり、一度市長に就任するとその後5年間は再任されないという規則の下、市長職がすべての市参事会員にできるだけ平等に回るよう考慮されていた。有力者の中には市参事会員在職中に最大3回、市長職に就く者もいたが、これは本人が望んでのことではなかった。確かに、都市を代表する市長職には、多大な権力が伴うこともある[6]。しかし、少なくともキングス・リンの市長は名誉職ではあるものの、実質的には市議会議員の1人でしかなく、市議会に優越するような大きな権力をもっていなかった。それどころか、儀式や饗宴にかかる多額の費用を市長自らが負担しなくてはならないこともあり、できれば避けたい役職であった[7]。事実、キングス・リンには市会員から昇格したばかりの者や、もしくはそれまで市会員ですらなかった者が突然、市長に就任することがある。これは、市長職に就くことを条件に市参事会員への昇格または就任を認める、一種の交換条件ともいえるが、市長のなり手が少なかっ

たであろうことはこの例からもわかる。

　長い18世紀のキングス・リンでは、少数ながらも、市長に任命された者が罰金を払って就任を拒否する場合もあった。J. ターナー卿（1765年）、H. ベル（1798年、1802年）、E. エヴェラード（1804年）の3人である。これらの3人はいずれも市長経験者で、市参事会員として長期にわたりキングス・リンの行政に関わってきた有力者であった。しかしキングス・リンから離れたカントリー・ハウスに居住していたこの者たちは、通いきれないという理由で役職忌避を願い出たのである[8]。60ポンドという高額の罰金を払うことで、この願い出は受理された。

　市議会を構成する市参事会員と市会員は、キングス・リンの実質的な権力者であり、就任するためには色々な条件が課せられた。1834年にキングス・リンの市書記は「市議会議員には余暇、資産、レスペクタビリティ、そして知性」が必要であると強く主張している[9]。また「資産と余暇は市議会議員になるための重要な条件であり、ある程度の期間、キングス・リンに居住し、仲間の住民の信用を得なくてはならない」[10]。「小売店主のような商工業者は、私の記憶している限り、誰も市議会議員になっていない。というのも、時間も資産も不足しているからだ」[11] とも言っている。事実、市議会議員は無給であっただけではなく、必要経費でさえ常に補填されるとは限らず、都市自治体が資金を必要とするときは寄付や債券の購入、貸与を要求された。また、市議会議員としての職務の中には、市議会に関することに加え、各種裁判所での判事職も含まれ、裁判への出席と的確な判断が求められた。そのため適任者を見つけられず、市議会議員のポストが空いたままになっていることも珍しくなかった[12]。しかしながら、こうした暗黙の制約条件はあったものの、選出に対しては比較的寛容であった。トーリーかホィッグかといった政治的党派性は選出にとくに問題とならなかったし、非国教徒であっても市議会議員や、市長にさえ就いていた。たとえば1791年度の市長 J. テイラーはクエーカー、1824年度の市長 W. スワットマンはバプティスト教徒であった。

　市参事会員と市会員は、理論上はお互いに独立しているものであるが、ロン

ドン・シティなどの構成とは異なり、キングス・リンでは独立した議会をもつこともなく、互いに深く関連していた。市議会には市参事会員だけが召集されることはなく、いつでも市会員と一緒の場で都市自治体の意思決定がなされた。しかし、もちろん市議会の上位構成員と下位構成員という違いはあり、市議会への影響力のみならず、都市行政における責任、社会的地位という意味でも大きな差はある。また、市参事会員は終身職であり、病気や死亡などやむをえない事情で空席になったときのみ、現職の市会員から選出されることが原則であった。一方、市会員はフリーメンの中から選出された。その任命権と罷免権をもっているのは市長と市参事会員であったが、名誉革命期以降、市会員が個人の都合で辞職することはあっても、罷免された事例は見当たらない。中には事業に失敗して破産宣告を受けた市会員もいた。徒弟修業を経て1800年にフリーメンになったG. Y. ボナーは、1803年に市会員に任命されたが、1811年に破産したあとも1817年まで市会員を辞めることはなかった。このことは、進退に関しては市長や市参事会員の圧力ではなく、個人の意思が強かったことを示す[13]。

　市会員全員が市参事会員に昇格するわけではない。長い18世紀の市議会議員239人のうち、過半数（131人、54.8％）は期間中に市参事会員になっていなかった。また、市会員から市参事会員への昇格の仕方も異なり、後から市会員になった者が、先に市会員になった者を追い越す事例は多い。中には形だけ市会員に就任し、すぐに市参事会員に昇格する者もいた。こういった者たちは、例外なく、その年度か翌年に市長に就任していた。先にふれたように、市長の引き受け手を見つけることが困難であったため、市長就任と引き換えに市参事会員の役職を与えたと思われるが、いずれの場合も相当な富裕者であるか、高い名声のある地主であった。

　1684年から1835年の間に市参事会員に就任した計108人の職業を上位から列挙すると、商人（42人、38.9％）、ジェントルマン（12人、11.1％）、服地・高級服地商（11人、10.2％）、エスクワイア、専門職、食料雑貨商（各7人、6.5％）、薬剤師、パン屋、家具屋（各3人、2.8％）、さらに7種の職業が続く[14]。エスクワイヤと表記されていても明らかに商業を営んでいる者も多く、また食料雑

貨商や服地・高級服地商も流通全般に手広くビジネスを広げている。すなわち、キングス・リンで市参事会員になるような有力者は、大半が広い意味での商人であり、それに加え、専門職とエスクワイアで構成された。一方、同時期の市会員に就任した者のうち、期間内に市参事会員に昇格した者を除いた131人の職業は、上位から、商人（50人、38.2%）、ジェントルマン（19人、14.5%）、服地・高級服地商、食料雑貨商（各7人、5.3%）、専門職（6人、4.6%）、ビール醸造業者（5人、3.8%）、そして21種類の職業が続く。市参事会員に比べて多様な職業が見られるが、商人、ジェントルマン、専門職を中心とする構成には大きな違いはない。

　市参事会員と市会員は、基本的には狭い内部ネットワークの中で調達されており、キングス・リン社会の外部から入ってきた者はいるものの、数は少ない。市議会議員になるためには、前章で議論したように徒弟、相続、購入、付与の4つのいずれかの手段でフリーメンになっていることが前提条件である。上記の市参事会員、市会員合わせた239人の市議会議員は、徒弟（74人、31.0%）、相続（31人、13.0%）、購入（61人、25.5%）、付与（72人、30.1%）、不明（1人、0.4%）という手段でフリーメンの権利を取得している。購入や付与の手段でフリーメンになる者の比率が比較的高いため、一見、彼らは外の世界から新たに加わった新人のようにも思われるが、詳細を見ると、有力一族の家族や親族がこの方法を通して加わっている場合が多いことがわかる。市議会議員の選出には比較的制約の少なかったキングス・リンではあるが、やはり他都市と同様に、都市の指導者層は少数の有力一族が仕切る閉鎖的な集団であったといわざるをえない。とりわけ、第2章でもふれたキングス・リンの三大商家――バッグ、ホッグ、エヴェラード家――は、長い18世紀を通して、本家はもちろんのこと、分家もキングス・リンの中核で活躍していた。直系の親族に加え、彼らの会社で徒弟として修業をした者も市議会議員には多い。たとえば1780年代末から親子二代にわたり市議会で活躍をしていたブレンコウはエヴェラード家で徒弟修業をし、その後も、エヴェラード家の事業を実質的に支えた。このような者を含めると、1834年の市議会では、議員28人のうち17人がキングス・

リン三大商家の関係者となる。また、アレン家、エルスデン家など親子で市議会議員である一族も見られるが、親族関係にはなくとも、上記の有力一族と婚姻関係にある者もいる。しかし、中には既存の市参事会員や市会員と直接的な血縁をもたずにキングス・リン社会に入ってきた富裕な商人や地主、専門職もいる。1790年頃に市議会議員になった A. ボウカーや J. ヘミングトン、J. ローレンス、W. スワットマンをはじめとし、市議会で重要な役割を果たした者も少なくない。

2　都市自治体の伝統的役割

　キングス・リンの市長と市民に自治権が与えられたのは1524年であるが、以来、都市自治体は一貫して、この町の行政の中核を担ってきた[15]。この特許状は、市長と市民から構成される「コミュニティ」に自治権と土地の所有、市民認可権を与えるもので、さらに、裁判権や、週市・歳市の開催権、港湾施設の保有・管理権も含んでいた。これにより、キングス・リンで唯一の公式な行政機関になった都市自治体は、以後、不動産と市民の管理を一手に担うことになった。これが、都市自治体設立時以来の核となる活動である。

　都市自治体の活動は、収入なくしては営みえない。経常的収入のほとんどを占める地代や使用料を生み出す土地や建物、施設の管理は、そこに居住し、働く人々の管理も含め、都市自治体にとって最も重要な仕事の一つであった。都市自治体は中世以来、キングス・リン市内の主要な土地と建物を保有していたが、修道院領の大半を解散後に手に入れたことにより、16世紀以来、市内やウェスト・リン、サウス・リンに加え、スネッティシャムやセント・メリーなど郊外にも土地や建物、農場を保有することになった[16]。それ以降、19世紀にいたるまで、大規模な不動産の新たな獲得はほとんどなかったが、公共空間を充実させることを目的とした小規模な土地の購入や交換は見られる。たとえば1769年、都市自治体はサウス・リンの地主である J. ウィルキンソンからコーナーハウスと呼ばれる土地を購入し、公共空間 common space として開放し

た[17]。また、1770年にはグラマー・スクールの移転と拡大に伴い、隣接地を所有する E. エヴェラードとの土地の交換も行っている[18]。都市自治体の不動産はフリーメンを中心とする住民に貸し出されたが、条件の良い借地・借家人と契約する一方で有給の地代徴収人も任命し、滞納を防ぎ安定した地代収入を集める努力を行った[19]。市議会議事録の中で最も多く記載されている議題は土地や建物の賃貸借契約であることからも、都市自治体にとって不動産の管理が大きな役割であったことは明らかである。通常の収入源の中では最大で、総収入の３分の１から２分の１を占めていた地代収入は、18世紀前半はほぼ横ばい状態であったが、1760年代以降、増加していった（表３-１）。

　都市自治体の所有地には、週市や歳市の開催場所や港湾施設などキングス・リンの経済活動の中心地も含まれていた。都市自治体はこれらの施設に税金や使用料を課す権利をもっており、施設利用者に対し賦課金 town due[20]、市場使用料 mart rent[21]、波止場使用料 wharfage[22]、通行料[23]、水道使用料 water rent[24] を課していた。中でも港湾を利用する非フリーメンに課せられる賦課金は地代に次ぐ収入源であった。18世紀を通して賦課金収入は約３倍にまで拡大し、通常の総収入の３分の１に達していたし、18世紀後半になると、時には地代収入を超える規模の収入をもたらすことさえあった。波止場使用料とウーズ川の通行料もまた、18世紀半ばを境に２倍以上に拡大したが、市場使用料や水道使用料が18世紀を通して大きな変動がなかったのとは対照的である[25]。都市自治体は港湾の監視や施設・設備の管理にとりわけ注意を払い、後述のように、錨や係船杭のような小さな設備からウーズ川の浚渫工事にいたる改良をしばしば行い、収入の安定・増加に力を入れた。

　また、週市・歳市の開催場所や港湾施設では、特別の有給の徴税請負人を配置することに加え、商品価格を監督し、度量衡を統一して取引のトラブルを防ぎ、また認可制を導入して港湾荷担ぎ人、計量人、水先案内人、橋の管理人などの港湾労働者を管理するなど、市場や取引が円滑に機能するようさまざまな規制を行った[26]。それにもかかわらず、港湾労働者はしばしば問題を起こし都市自治体をトラブルに巻き込むことも多かった。W. ケースは公証人として

表3-1 都市自治体の収入（1714～1789年）

年	地代	賦課金	市場使用料	水道使用料	波止場使用料・通行料	徴税請負料	慈善	年金証券・自治体債券	借入金	その他	合計
1714	908	499	118	0	85	50	0	500	0	48	2,208
1715	912	525	111	0	85	50	0	0	0	60	1,743
1716	917	524	111	0	85	50	0	0	0	203	1,890
1717	857	594	111	0	85	50	0	0	50	143	1,890
1718	935	570	111	0	85	50	0	0	0	139	1,890
1719	943	495	110	0	85	50	0	0	700	105	2,488
1720	963	554	110	0	85	50	0	0	140	0	1,902
1721	1,016	647	100	0	85	50	0	0	400	7	2,305
1722	1,019	700	92	0	73	50	0	0	0	30	1,964
1723	349	595	0	0	75	0	0	0	0	76	1,095
1724	1,018	595	91	0	75	50	0	0	0	0	1,829
1725	n.a	n.a	n.a	n.a	n.a	n.a	n.a	n.a	n.a	n.a	n.a
1726	n.a	n.a	n.a	n.a	n.a	n.a	n.a	n.a	n.a	n.a	n.a
1727	n.a	n.a	n.a	n.a	n.a	n.a	n.a	n.a	n.a	n.a	n.a
1728	n.a	n.a	n.a	n.a	n.a	n.a	n.a	n.a	n.a	n.a	n.a
1729	1,048	654	75	0	75	50	0	0	0	75	1,977
1730	1,052	10	81	0	75	26	0	0	0	2	1,246
1731	1,049	661	127	0	75	73	0	0	0	120	2,105
1732	1,050	1,105	107	0	75	24	0	0	0	129	2,490
1733	1,034	609	107	0	75	26	0	0	0	4	1,855
1734	1,032	830	104	0	75	26	0	0	0	6	2,073
1735	960	578	112	0	75	119	0	0	0	549	2,393
1736	872	540	111	0	75	26	0	0	0	7	1,631
1737	1,118	484	99	0	75	26	0	0	0	41	1,843
1738	1,007	1,007	106	0	75	26	0	0	0	110	2,331
1739	1,016	748	95	0	75	26	0	0	0	194	2,154
1740	n.a	n.a	n.a	n.a	n.a	n.a	n.a	n.a	n.a	n.a	n.a
1741	1,051	778	102	0	75	26	0	0	0	651	2,683
1742	1,059	0	103	0	20	26	0	0	0	127	1,335
1743	1,049	783	99	305	120	93	49	0	0	182	2,680
1744	1,057	1,008	94	295	93	52	0	0	0	61	2,660
1745	1,152	1,000	90	331	94	52	0	0	0	142	2,861
1746	1,049	900	81	249	93	46	42	1,650	0	5	4,115
1747	n.a	n.a	n.a	n.a	n.a	n.a	n.a	n.a	n.a	n.a	n.a
1748/9	2,240	1,496	39	468	1	88	0	0	0	102	4,434
1750	1,200	1,080	41	269	176	51	0	0	0	1	2,818
1751	1,693	1,861	46	284	194	51	0	0	0	18	4,147
1752	1,189	1,650	48	277	162	50	0	0	0	14	3,390
1753	1,198	1,107	35	277	162	50	0	0	0	762	3,591
1754	1,197	1,192	38	275	192	50	0	0	0	178	3,122
1755	1,195	1,603	33	274	236	50	0	0	0	188	3,579
1756	1,197	1,262	33	265	217	50	0	0	0	1,035	4,059
1757	1,195	891	34	262	209	66	60	0	0	34	2,741
1758	592	637	27	130	124	50	0	0	0	1	1,511
1759	1,150	1,124	28	266	188	50	0	0	105	71	2,982
1760	1,150	1,282	30	262	186	50	0	0	50	174	3,184
1761	1,218	1,817	30	293	167	50	0	0	0	189	3,764

1762	1,146	1,500	30	280	185	50	0	0	0	61	3,252
1763	1,158	1,492	27	267	217	50	0	17	300	9	3,537
1764	1,895	1,449	30	263	211	50	0	0	900	157	4,955
1765	1,377	1,646	33	340	211	50	0	200	2,500	67	6,424
1766	1,418	1,259	34	340	205	50	0	0	150	41	3,497
1767	2,074	1,374	36	478	246	90	0	1,900	0	106	6,304
1768	1,305	1,918	39	313	224	45	0	0	0	4	3,848
1769	1,694	1,601	60	280	231	0	0	0	0	566	4,432
1770	1,039	1,728	0	307	247	50	380	426	0	78	4,255
1771	n.a	n.a	n.a	n.a	n.a	n.a	n.a	n.a	n.a	n.a	n.a
1772	1,430	2,014	39	465	337	0	0	0	0	190	4,475
1773	1,522	1,244	35	306	294	0	0	96	0	378	3,875
1774	1,467	1,459	35	293	298	0	0	500	0	42	4,094
1775	1,500	1,600	37	337	276	177	0	148	0	161	4,236
1776	1,520	1,491	39	310	262	78	0	48	0	103	3,851
1777	1,550	1,509	41	318	210	42	377	48	0	1	4,096
1778	1,523	1,245	39	317	184	50	0	2,348	0	35	5,741
1779	1,525	1,293	37	321	158	43	36	1,300	0	220	4,933
1780	1,781	1,244	38	329	125	5	200	2,000	0	63	5,785
1781	1,564	1,388	31	310	127	42	0	367	0	18	3,847
1782	1,553	1,448	41	311	144	43	0	83	0	45	3,668
1783	1,268	1,406	40	312	173	42	200	280	0	533	4,254
1784	1,428	1,412	41	311	175	42	100	80	0	321	3,910
1785	1,806	1,487	41	307	175	44	0	780	0	145	4,785
1786	1,694	1,540	42	307	176	43	20	480	0	4	4,306
1787	1,568	1,532	45	309	186	43	0	80	500	322	4,585
1788	1,545	1,327	43	313	212	43	100	588	1,100	64	5,335
1789	1,692	1,241	42	320	204	44	0	238	0	81	3,862

出典：KLA, KL/C39/109-170.
注：1748/49年は2年分が1冊にまとまっている。1747年と1771年については、原簿は存在するが、正確な集計が困難なので対象外とした。1745年については2冊分を集計した。

1787年から1808年の間、船主からのクレームの記録を残しているが、その中では無責任な港湾労働者たちの仕事により事故が引き起こされていたことがしばしば問題になっている[27]。港湾労働者のミスと断定された場合、船主に対して都市自治体が代償を払わなくてはならず、そのことも都市自治体の港湾労働者の管理が厳しい要因になっていた。

　一方、市民の統制と保護は都市自治体のもう一つの重要な役割であり、フリーメンの登録には細心の注意が払われた。最も一般的な方法であった徒弟修業修了による市民権獲得に関しては、都市自治体は徒弟契約書を通じて徒弟遍歴や徒弟年数を確認し、徒弟の管理を行っていた[28]。しかしとりわけ慎重に扱

ったのは購入と付与を通したフリーメン認可であり、都市自治体の利益になる人を選択していた。たとえば社会的地位の高い者やキングス・リンへの影響力がある者には積極的にフリーメンの権利を与えた。ウォルポール家やフォークス家のように、キングス・リンからかなり離れた場所に住んでおりキングス・リンに在住していなくても何の問題もなかった。また特定の役職に就くことが見込まれている者にもフリーメンの権利が与えられた。法律顧問のG. チャド（1769年）やH. ハルトン（1795年）、会計役のW. タック（1784年）はそれぞれ、役職に就任する直前にフリーメンになった。一方、フリーメンの権利を購入するためには相当の富裕者でなければ簡単に用意することはできないほど高額な代金を支払う必要があった。しかし登録料を支払えるからといってすべての申請者を認可することはなく、都市自治体は取捨選択を行っていた。一つの判断基準は国会議員の選挙であった。第2章でふれたように、購入と付与を通してフリーメンになる者の数は、競争選挙が開催されそうな年は、味方陣営の有権者の数を確保するために多くなる傾向があった。

　市民の統制に並び、都市自治体や区の役職に就く者の任命も都市自治体の役割である。都市自治体や区の役職者としては、前述の特許状に記載されているもののほか、会計役や各種管財人 treasurer、説教師、グラマー・スクールの校長を任命していた。その他、市議会構成員の中から区ごとに選出される区長や、各区に1名ずつ任命される治安官もいた。これらの役職は、名誉職ないしはコミュニティ構成員の義務と考えられ、給与が与えられたとしても必要経費の一部にしか充当できない額であり、基本的にヴォランティアで行われるものであった。都市自治体はこうした役職を、適切な人物に公平に割り当てる役割を担っていたのである。

　こうした都市自治体所有の不動産の管理と市民の統制・保護に関連して、何種類かの業務が発生する。所有地内の建物や施設では修理や改良工事が必要になることもあったが、これらにかかる費用は都市自治体の最大の支出項目であった[29]。また、けがや病気で働けなくなった市民や、市民が死亡したあとに残された寡婦や孤児の生活の面倒を見ることも都市自治体に期待された。都市自

治体は定期的に施療院やワークハウスに物資や金銭の提供をしていたし、施設の管理人を雇う責任もあった[30]。施療院へ入居する高齢者や貧困者には圧倒的に女性が多かったが、都市自治体は、定員を大幅に上回る入院希望者の中から空きがあるとその都度、市議会の場で選定を行った[31]。こうした活動の中には、フリーメンだけでなく、公共の福祉や都市の住民全体の利益に資するものも含まれていたと考えられる。

　しかし、このような諸施設の整備や慈善活動を過大評価してはならない。これらが都市自治体の伝統的な役割に組み込まれていたことは確かであるが、基本的にそれらはすべて、地代や使用料から得られる収入を超えない範囲で行われなければならなかった。18世紀の都市自治体の腐敗の例として、派手な儀式や饗宴にその財政収入を用い、不足する場合には土地売却によりその費用を賄っていた、という点がしばしば指摘される[32]。しかしキングス・リンではそのような傾向は決して見られなかった。土地の売却も見られず、儀式や饗宴費も妥当な額の範囲内であったし[33]、財政逼迫時にはむしろ積極的にこれらの費用を削減しようとさえした[34]。しかし、それにもかかわらず人件費や必要経費を払ってしまうと、残りはあまりなかった[35]。大規模なインフラの整備のような特別の事業のために限られた財政資金を投入することは困難であり、少なくとも18世紀前半までは、現状維持のための業務しか行っていなかった。

　同様に慈善費も都市自治体の収入から直接的に出せる額には限りがあり、都市自治体の慈善活動としてはむしろ慈善目的に委託された資金の配分に携わることによって間接的に関わることが大半であった。たとえば都市自治体の財政からの慈善資金への出費は、主に子どもの教育と貧困者・高齢者の救済、民兵への補助金や食料、燃料の供給、そして慈善施設の管理人の給料のために使われていたが、割当額は、18世紀中は年間200ポンドから400ポンドの間、19世紀になり少し増加したものの年間350ポンドから600ポンドにすぎず、この額では十分な慈善活動はできない。しかし、都市自治体にはこのほかに、収入役会計簿には現れない信託された慈善基金があった[36]。貧しい子どもを徒弟として預けるためのものや、能力のある貧困者に学校教育を受けさせる奨学金、施療院

の経営を補助するものなど、使途が具体的に決められた慈善基金がいくつも見られた[37]。また、キングス・リンの都市政府が管理していたグラマー・スクールとライティング・スクールはトラストによって作られたものであったし、学校経営の主な収入源も生徒からの学費であった。したがって、都市自治体は校長に俸給を払い必要な設備を時々供給する程度でしかなかった[38]。

　施療院に関しても同じような状況で、キングス・リンにある3つの施療院——セント・ジェームズ施療院（1609年設立）、セント・メリー・マグダーレン施療院（1611年設立）、フラミンガム病院（1714年）——はすべて個人によって建てられ、都市自治体はその管理を委託されていたのである。各施設には委託金を配分し管理するために、市参事会員が無給の管財人として送られ、都市自治体から俸給を与えられていた院長が経営の責任を担い、少額ではあったが設備の維持や備品の購入などは都市自治体の予算から捻出された。一方、1687年に設置されたセント・ジェームズ・ワークハウスは、1699年以降、キングス・リンの救貧社が救貧税を使って経営していたが、都市自治体はそれを側面支援するだけであった。都市自治体は不定期に燃料や食料などの生活必需品を与え、設備の修理を行うこともあったが、あくまでも補助的な役割であった。

　しかし、出費を伴う活動は可能な限り控え、限られた地代・賦課金収入の範囲内で活動を行ってきた都市自治体は、18世紀半ばに一つの転機を迎える。経済成長や人口増加が速まると、それに伴ってさまざまな都市問題の出現と新しい生活環境や便益に対する要求の高まりが見られ、その結果、都市自治体もそれらに対応するために大規模な事業を手がけざるをえなくなった。1760～1780年代はそれまでにない数の改良事業が都市自治体によって行われた。主なものとして、アセンブリ・ルームとゲーム・ルームの増築を含む市庁舎改築事業、サウス・バンク、港湾や市場の改修、劇場の改修、パーフリート水路の浚渫、留置所の改修があげられる。たとえば1767年のアセンブリ・ルームとゲーム・ルームの増築を含む市庁舎改築には1,300ポンド、1784年の留置所の改修工事には500ポンドの都市自治体の予算が投入されている[39]。

　こうした状況には地代・使用料の収入のみから成る財政資金では到底足りず、

新しい収入源を必要とした。そのため、大規模な事業計画がもちあがると、年金証券や自治体債権の引き受け募集を行って臨時収入を確保しようと試みた。新聞には、市書記の名前で年金証券や自治体債権の引き受け手を募集する広告が何度も出された。しかしながら、こうした広告の効果があったかは疑問である。というのも、証券・債権引受人の詳細な分析は後述するが、年金証券は別として、資金集めの主たる手段であった自治体債権の引き受け手は結局のところ、市議会議員であったからだ[40]。

　一方、改良事業の規模が大きくなるだけでなく、必要とする事業の数も増加し、すべての事柄を市議会の場で議論し計画をたてる従来のシステムでは身動きがとれなくなってきた。この対応策として18世紀の半ば以降、しばしば利用されるようになってきたのが委員会システムである[41]。都市化にまつわる諸問題に効率よく対応するため、市議会議員の一部を構成員とし、市議会の下部組織として多くの各種委員会が形成されるようになった。上記の1760年代から80年代に集中した大規模事業でも「市庁舎修理のための委員会（1766年）」や「パーフリート橋建設のための委員会（1773年）」などが組織された。もちろん委員会での調査結果の報告や事業の最終決定は市議会で承認されなくてはならなかった。しかし、委員会の独立性と重要性は時代が進むにつれて高まり、大きな権限が委託され、具体的な活動の司令塔として実質的な役割を担うようになっていった[42]。

　このことを示す良い例として、市議会の開催数の変化があげられる。市議会の開催数は、1760年代は年間平均20回ほどであったが、70年代以降は半減する[43]。18世紀中はほぼその頻度を保っていたが、19世紀に入るとさらに減少傾向が見られ、1760年代と1820年代とを比較すると4分の1まで落ち込んだ。しかしこの市議会の開催数の減少は、都市自治体の衰退を裏づけるものではなく、むしろ政策の進め方に関する具体的話し合いの場が、市議会下の委員会に移り、それまでほど市議会を開く必要がなくなってきたからだと考えられる。現に、各委員会が開いていた個別会合数を、市議会の開催数と合わせて考えると、18世紀半ばと19世紀初期では、ほとんど開催数に差は見られない[44]。常時、70〜

80％という高い比率の市議会議員が市議会に出席していたことと合わせて考えると、キングス・リンでは都市自治体が機能不全に陥っていたのではなく、委員会が台頭してきて、18世紀前半とは異なるシステムで機能するようになったといえる。

　18世紀末までは、都市自治体は以上のような方法で、社会の変化や改良の必要性に対応していた。委員会が携わった事業には、都市自治体の伝統的な活動範囲を超えるものもあった。しかしながら、市庁舎の改築や河川・港湾設備の改良事業に見られるように、市民たるフリーメンの利益、とりわけ彼らの商業活動を最優先させたものが多く、その意味では都市自治体の伝統的な枠組みの中での対応にとどまっていた。委員会の構成や資金の提供者を考えれば、それは当然であったといえる。

3　都市自治体の革新

　19世紀に入り、長い18世紀も末期に近づくと、社会の変化は加速し、都市行政はさらに対応を迫られた。土地とフリーメンの管理という伝統的活動を市議会が担う一方で、市議会の下に以前にも増して多くの委員会を設置したり、新しい方法をとり入れながら、変化に対応すべく行政機構を組み替えていった。その中で注目すべき変化として、次の4点があげられる。第一に、都市自治体が、伝統的な業務を越えた新しい事業や計画を行うようになったこと。第二に、都市自治体の収入・支出源の徹底的な見直しをしたこと。第三に都市自治体がプロジェクトを単独で推進するだけではなく、他の組織と連携して進めるようになったこと。そして第四に、都市自治体の活動範囲が広がるとともに、都市行政の対象となる人々と参加する人々の基盤もまた広がったことである。以下、順にこれら4つの変化を見ていきたい。

　変化の第一点目として、都市自治体ではこの時期、伝統的な業務を越えた新しい事業や計画を遂行するために各種委員会が形成された。その中にはまず、オー・ブリンク Eau Brink 水路関連事業（1793〜1819年）、バクスター橋の撤

去と新築（1804年）、家畜市場の新設と（一般）市場の改良工事（1805～1809、1820、1828～1832年）の例のように、商業と海運業利益を意識した都市自治体の従来からの業務を発展させるものもあった[45]。商業や海運業は、多くのフリーメンが就く職業であり、その分野での改良事業はフリーメンの利益に直結するものであり、その意味では以前と変わりはない。しかしながら、この時期の改良事業はフリーメンの利益だけを考慮した経済的なものだけではなかった。それに加えて、墓地区画の拡大（1803年）のような住民一般の生活環境に直結する問題や、慈善学校の設置やグラマー・スクールの修理と移転（1815～1830年）、都市自治体が管理する図書館の整理とその図書の会員制図書館への移行（1815年）など、都市住民全体が利益を享受できる文化や教育に関する事業を検討するものも出てきた[46]。

都市自治体の事業範囲や規模が拡大するにつれ、一番の問題になったのは、いかにして資金を調達するかということであった。二点目の変化は、都市自治体がいかに収入を増やし、同時にいかに無駄な支出を省くか、その方法を考えるようになったことである。収入を増やすためには、既述のように、18世紀中は大事業が計画される度に、自治体債権や年金証券の発行というその場しのぎ的な措置で資金が調達されていた。これは一度にまとまった資金を獲得できるため、便利な方法ではあった。しかし利子支払い分が都市自治体の財政に大きくのしかかっており、都市自治体は別の方法を模索しなければならなかった。その目的で、1798年、都市自治体の収入と支出を考える委員会が組織された。そして、この委員会は1809年、火曜市広場と家畜市場に改めて使用料を課すことと、水道使用に関し適切な規制を行って使用料を徴収すること、そして中世から続く都市徴税請負料 fee farm rent と免役地代 quit rent の徴収方法の見直しをすることで、都市自治体の収入を増加させる提案をした。

この提案がもとになり、新たに3つの委員会が1812年に組織された。「土地委員会」、「家屋委員会」、「一般的目的のための委員会」である[47]。土地委員会は、都市自治体の所有するキングス・リン内外の土地を適切に貸し出し、さらに水道に関連する事柄に対応した。家屋委員会は、都市自治体所有の家屋や倉

庫、その他の建物の修理や貸しつけと橋の管理・修理をすることが目的であった。そして市場や諸施設の徴税を含む、その他の問題に対応したのは、一般的目的のための委員会である。これらの委員会は、上記のそれぞれの活動に関する一切の責任を負い、委員会の承認なしに土地や建物、施設の貸し出しや税の徴収を行わせないという規制をかけることで、都市自治体の収入の増加をはかったのである。しかし、未収額が多少減ったとはいえ、大幅な収入増は期待できなかった。一方、都市自治体の不必要な支出を抑えるために、1815年、財政委員会を作り、財政の全般的な監視を行った[48]。この時期のキングス・リンの都市自治体がナポレオン戦争の余波を受けて財政的苦境に立たされていたことも、財政委員会の組織に影響したことは間違いない。これ以降、小さな修繕は別として、改良工事はできるだけ避け、財政委員会は都市自治体の支出を伴う活動を抑制し支出を切りつめるようになった。

　こうした活動資金の制約下で、都市自治体は、市民から出されるますます多くの各種インフラへの要求に新しい方法で応えることになった。都市自治体は、大きな支出を伴う事業に関しては、単独で施行するのを抑制する一方で、他の組織と協力体制をとって対応するようになっていったのである。主となる協力相手は、1803年に組織された法定委員会の道路舗装委員会やヴォランタリ・アソシエーションであった。これらの行政を担う新しい組織についての詳細な議論は第4章と第5章で述べるが、こうした組織との連携を取りはじめたことが都市自治体の第三点目の変化である。協力の仕方はそれぞれの事例によって異なるが、この都市に典型的だったのは、大半の不動産を所有する都市自治体が敷地や建物を提供し、資金集めや施設の新築、そしてその後の経営については法定委員会やヴォランタリ・アソシエーションにその大部分を任せる形であった。前述の1805年に着手された土曜市広場の移動・改修工事もその例である。新しい土曜市広場の場所の確保は都市自治体の役割であったが、直接的な工事費用は舗装委員会が負担した。そして、移動以前に長期契約を交わし土曜市広場の出店営業権を与えていた人々に対する15年分の補償金900ポンドの支払いは都市自治体が責任をもった[49]。別の事例では、都市自治体が工事費用の一部

を負担し、舗装委員会に工事を一任することもあった。パーフリート橋からレスラー・ストリートやスリー・クラウン・ストリートにかけての舗装のために400ポンド、埋葬地のそばの道路修理のために250ポンドを都市自治体は舗装委員会に対して支払い、工事を依頼した[50]。

　一方、都市自治体は新劇場建設（1813年）や家畜市場の移転（1828年）、マーケット・ハウス建設（1830年）にも関与していたが、その建設の主体となったのはいずれもアソシエーションであった[51]。都市自治体は、全体の計画には大きく関わったものの、費用に関しては、せいぜい建築工事の際に発行された証券を引き受ける形で、一部負担をしただけであった。また、「公共施設」である慈善学校に関しても、都市自治体は年間たった1シリングという破格の地代で土地と建物を提供して経営を支援したが、修理や移転、その後の学校経営にかかる費用はアソシエーションによって集められた寄付金に大きく依存していた[52]。図書館についても同様であった[53]。都市自治体は、1815年、年間1シリングで会員制図書館として利用する建物を提供すると同時に、それまで都市自治体が管理していた教会図書館の本の一部をキングス・リンの会員制図書館に無償で渡し、管理を任せた[54]。しかし、図書館の管理・運営は、アソシエーションの会費で賄われたのである。したがって、慈善学校と図書館の事例では、都市自治体の直接的な財政的負担はほとんどなかったといってよい。こうして、都市自治体は活動範囲を広げつつ、都市自治体の費用負担を抑制することに成功した。実質的な行政的活動の主体に少しずつ変化が見られたことは興味深い。

　第四の変化は都市行政の対象となる人々と参加する人々の基盤の広がりである。これは最も重要な変化と考えられるが、その変化を示す典型的な例は公開集会である。公開集会は都市の公的な利益に関わる問題を議論する場であり、当時の全般的政治問題や、地元社会の改善を話し合うために組織されたが[55]、キングス・リンでがいつ頃から開催されるようになったのかは不明である。議事録は1802年から残されているが、それ以前にすでに公開集会はあったようである[56]。キングス・リンでは、公開集会は都市自治体の一翼を担う公式な行政組織であり、組織の上では市議会の下におかれた。開催には市長の許可を必要

とし、集会の開催には市議会議員を数名含まなければならなかったし、また市長が議長になることもある。しかし、それにもかかわらず、フリーメンにも非フリーメンにも公開されており、参加者は誰でも発言や質問の許可を与えられた点が重要であった[57]。

　伝統的に都市自治体が活動の対象としていたのは市民たるフリーメンであり、その意味では、都市自治体にとって都市社会とは都市特権をもったフリーメンのコミュニティにほかならなかった。しかし18世紀末にもなると、扱う問題の中には市議会議員だけでは対応しかねるような複雑で専門性を問われるものや、非フリーメンを含む外部の関係者の協力を必要とするものが多く含まれるようになった。また、一つの都市内だけの問題ではなく、もっと広域にわたる「地域」の問題にまで発展するものもあったし、議員の選出権をもつ地方都市の一つとして、国家の政策に対して意見を述べる機会も増えていった。議会への陳情という形で、都市の政治的・経済的立場を訴え、地域の利益追求のために地域特定法 local act を通す請願をすることも増えた。このような状況下において、各種委員会は市議会議員を中心とし、外部の関係者や専門家の参加をも認めた公開集会を開くようになったのである。公開集会はナショナルとローカル両方の政治方針を市民に伝え、同時にキングス・リンの利益を外部に向かって発信する場としての重要性をもつことになったともいえる。キングス・リンでは1802～1831年の間、約70回の公開集会が議事録に記録されているが、それに加え、議事録には収録されていない集会も新聞で確認できる[58]。キングス・リンの公開集会の議事録には、①「居住者全般のための公開集会」、②「商人・船舶保有者・商工業者もしくはその他の職業に就く者のための公開集会」、③「貧困者のための公開集会」、という3種類に分かれて記録されているので、以下、その分類に沿って説明していくことにする。

　「居住者全般のための公開集会」は、イギリスやキングス・リンがおかれている現況を住民に周知し、そして住民全般の利益を考慮した上で何らかの結論を出し、場合によってキングス・リンの立場を国政に反映すべくアピールすることを目的としている。ナポレオン戦争の頃には、戦争に関連する集会が何度

か行われた。廻船業者や船舶保有者、水夫など海運業に携わる者も多数存在するキングス・リンでは、戦時には水兵や船舶の提供依頼をしばしば受けており、他都市と比較しても、戦争勃発による影響は大きかった。数度の戦況報告に加え、たとえば民兵徴集強化への協力と寄付金募集（1803年）、ネルソン提督碑建設のための寄付金募集（1814年）、ワーテルローの戦いにおける犠牲者救援金募集（1815年）などが議論された[59]。

公衆衛生も重要な都市問題であり、1831年にはコレラ対策と都市衛生に関する公開集会が開かれた[60]。これは、全国で蔓延するコレラの脅威を住民に知らしめ、その対応を考えようとしたもので、医者や薬剤師、薬屋等の医療関係者がフリーメン、非フリーメンを問わず、多数出席した。この集会で衛生委員会が結成され、その下に市参事会員やジェントルマン、医者、聖職者、救貧官guardiance、貧民監督官から構成される区の衛生委員会がおかれ、診療所を設置する必要性について真剣に議論された。

さらに、キングス・リンを超えた広い「地域」に関わることが議論されたものとして、ウーズ川河口の三角州に新しい橋をかける計画についての集会（1825年）をあげられる。「この橋の建設によって、ノーフォークとサフォークが、リンカーン州、ヨークシャー、イングランド北部地域、そしてイングランドのあらゆる地域と直接的なコミュニケーションをとれることで、商工業・農業に利益をもたらすことを保証する」ものであり、キングス・リン全体の利益になるので協力すべきであると公開集会は結論づけている[61]。

一方、国政に対するキングス・リンの立場を表明する目的で、住民全般のための公開集会が行われることもあった。所得税反対（1802年）、穀物法改正反対（1814年）、財産税反対（1815～1816年）、債務法の廃止要求（1823年）、石炭税反対（1830年）、選挙法改正支持（1831年）がその例である[62]。普段は地主と都市の利益の共存を望み、努めて良い関係を作ろうとしているキングス・リンであるが、上記の公開集会ではキングス・リンが大きく依存する商工業利益と、地主の主たる収入である地代や農業利益との間に明確な線引きをし、農業利益を保護し現行の商工業慣行を阻害するような法案に対して反対の立場を

表明するものもあった。公開集会ではそれぞれの内容について議論され、その大半において議会へ陳情書が提出されている[63]。

次に二つ目の、「商人・船舶保有者・商工業者もしくはその他の職業に就く者のための公開集会」を見てみよう。これらは、ある共通の利益にもとづく職業の人々が集まる集会であり、商人や船舶保有者が中心とはいえ、その他の職業の人々も見られる。この時期、商工業者の最大の関心事は、キングス・リン経済の生命線ともいえる新しい水運であった。ケム川とストート川の連結点建設反対（1810～1812年）、ストラッドフォード連結点建設反対（1811年）、ラーク川を航行可能にする計画反対（1817年）、1794年に開設したオー・ブリンク分流によるキングス・リン港湾悪化を改善する事業の請願（1823年）のための公開集会が開かれているが、中でもウーズ川の支流に連結点を作るプロジェクトに関しては、かなり敏感に反応していた[64]。ウーズ川の最も河口に近い場所に港をもつキングス・リンは、上流に運びきれない大きな荷物の積み替え港として機能していたが、結節点を作ることで上流地域の水運の便が良くなると積み替え作業が不必要になり、河口のキングス・リンは不利益を被ることに不安を抱いたのである。水運関連以外では、地元経済を活性化するために、税関役人の怠慢の改善（1813年）、失業をなくすために最低賃金で可能な限り多くの人を雇う政策（1814年）、浮漂灯設置（1827年）を求める集会も見られた[65]。

こうした集会に加え、商人・船舶保有者・商工業者らは、都市住民全体からとは別に、自らの立場から国会への請願を決定する公開集会も開催した。たとえばトン税廃止（1802年）、自由港の開設（1802年）、外港のインド貿易参入の認可（1813年）、海運業規制強化反対（1822年）、航海法改正反対（1827～1828年）への請願集会などがあげられる[66]。その他、靴屋は近年出回るようになった安価で質の悪い靴の販売を阻止する集会（1803年）[67]、外国との競争に直面した皮革業関係者は、皮革業内の職種細分の撤廃を求める集会（1816年）、銀行家たちは州銀行券法改正反対の請願集会（1818年）、麦芽製造業者は商人や醸造業者と組んで麦芽税反対の集会（1819年）をそれぞれ組織した[68]。こうして商工業者たちは自分たちの職業や仕事環境を維持するために、これらの組織

を通じて、それぞれ国政への意思表明を行ったのである。

　三つ目の「貧困者救済のための公開集会」は新しい慈善のパターンを可能にした。それまでの都市自治体の救貧政策や慈善活動の対象は、施療院やワークハウスなどの施設や、ごく一部の市民とその家族に限られていたのに対し、公開集会では区ごとに責任者を置き、都市の住民全体に一様に慈善が行き渡るように計画されたことが特徴である。たとえば貧困者への生活費や、石炭と毛布を配布する計画はそれぞれ1802年と1809年にもちあがり、公開集会にかけられ、いずれもそのための寄付金を募ると同時に、各区の責任者が一定額の資金や一定数の石炭・毛布を分配する決定がなされている[69]。

　この時期の慈善関係の催しとして最大のものは、1814年に対仏戦争の終結と平和条約の締結を祝して開催された公開晩餐会であった。元々、ジューズ・レーン区の住民の中でもちあがった計画であったが、他の区も賛同し加わることで、町全体の催しになり、最終的には総勢6,451人が「セント・マーガレット教区の最貧層の住民」のための晩餐会に招待を受けることになった[70]。セント・マーガレット教区の人口は1811年に8,041人であったことを考えると、数の上ではその8割の住人を招待したことになり、もちろんその大半が非フリーメンである。これだけの大規模な催しを企画する場としては、公開集会が最も適当であった。フリーメン、非フリーメンを問わず、聖職者、商人、専門職など町の名士のほとんどが、何度も公開集会に参加していた。集会の総意で、市長、市議会議員、聖職者、教区委員、貧民監督官、救貧官、その他から構成される準備委員会が立ち上げられ、招待者、会場設定、メニュー、晩餐会後の花火大会や音楽会、スポーツ大会などの構想が練られた（付表7）。この催しは高く評価され、大成功に終わっている[71]。もう一つの重要な貧困者対策の公開集会には、訪問協会と呼ばれる慈善的アソシエーションの設立が提起されたもの（1826年）があげられる。この協会については次章で詳しくふれるが、幹事も含め、基本的に女性だけで形成された非常に珍しい例である。

　市長の許可を得て開催され、市議会議員を中心に進んだ公開集会ではあるが、そこでの決定事項がそのまま、市議会の決定になるわけではなく、それは市議

会の場で改めて検討された。陳情書に関しては、作成された文書を市議会が確認した上で、キングス・リンを代表する市長の名前で正式に議会に提出されたし、各種寄付金の募集も同様に市議会で議論した上で、市書記の名前で募集が行われた。しかし中には、公開集会の決定を市議会は承認するが、実際にその後の活動を行うのはアソシエーションであった事例もいくつも見られる。公開晩餐会と訪問協会に関する公開集会がその好例である。公開晩餐会は火曜市広場の場所の確保は都市自治体が行ったが、資金集めを含む実際の活動を行ったのは準備委員会たるアソシエーションであったし、病人や生活困窮者を訪問したのも、その資金を調達したのも訪問協会の会員であった。

　これまで見てきた公開集会の例が示すのは、都市自治体の目が、従来のフリーメンだけでなく、その他多数の人々を含む住民に向くようになってきたことである。たとえば1816年の財産税反対陳情のための集会では、「財産税が製造業・商業利益を損ない、土地・金融資産所有者を保護するが、それだけではなく、キングス・リンのすべての階層の人々［圏点は筆者］が財産税導入により苦境に立たされる」、としている[72]。伝統的に都市自治体の手厚い保護を受けてきた商工業従事者の利益だけでなく、すべての階層の人々のことを考えていると主張している。慈善の対象になる人々も、一部のフリーメンから都市全体の人々に拡大されていった。フリーメンの利益が最優先されていた18世紀前半までと比較して、明らかに変化が見られる。このように、都市自治体が、形だけにしても、すべての居住者に目を向けはじめた変化は重要である。しかし、変化への弾力性が低い伝統的行政機関である都市自治体の活動には限界があり、次章以降で議論する新しい行政機関に対応を委託せざるをえない部分は多く存在したのである。

4　活動資金の担い手たち

　都市自治体は通常、地代収入と賦課金・使用料から活動資金を得て、通常業務を行っていた。しかし、地代収入も賦課金収入も18世紀の後半に増加したも

のの、大規模な施設の新築や改良などの事業が計画されると資金は全く足りなかった。事業を遂行するためには臨時収入としての借入金に頼り、一時的な収入拡大をはかったが、この目的で利用されたのが、年金証券と自治体債権の発行である。

　年金証券引受人の募集は市議会の責任下でなされるが、市書記の名前で地方紙と全国紙両方の新聞に広告が出された。たとえば1767年の市議会では、全国紙の『デイリー・アドヴァタイザー』と『イブニング・ポスト』に、年率8％以下の利子つきで1,000ポンドの年金証券の引き受けを募集する広告を出すことが決定された[73]。当時の国債の年利が平均5％以下であったことを考えると、8％という利子は非常に高い。しかし、利子率は発行主の信用度や資金調達収集の緊急度によって上下するもので、ロンドンや中央政府と比較して、信用度の低いキングス・リンの都市自治体がまとまった額の資金を緊急に集めることが必要であったとすれば、この高い利子率はやむをえなかった[74]。この広告が出された時も、市庁舎の増改築が進行中で、そのための資金が必要だったのだ。このとき、年金証券を購入した者はT.メリーフィールドというロンドン在住の45歳のジェントルマンだった。市議会議事録を見る限り、都市自治体と何か特別な関係があったようには見えないが、詳細は不明である。

　市議会議事録によると、1745～1841年間に、のべ46人の年金証券引受人が存在するが、大口の年金証券（500ポンド以上）購入者の中にはキングス・リン周辺の農村地主も含む（表3-2）。とはいえ、後述の自治体債権とはまったく異なる様相を示し、普段、リンの行政や社会的活動に積極的に関与している者はほとんどいない。一方、30人近くの女性が引受人になっているが、その多くが小口の年金証券（100～400ポンド）を購入している。一般に、年金証券の引き受けに際しては、キングス・リンの行政に貢献する意思をもって証券を購入した者は少ない。むしろ、年利の高さを考え、単なる投資先として考える傾向にあり、とくに女性は老後の定期収入として年金証券に魅力を感じていた。

　年金証券以上に柔軟な資金調達方法は、都市当局による自治体債権の発行であった。自治体債権は、年金証券よりも募集徴収目的が明確に示されているこ

表3-2 都市自治体発行の年金証券引受人
（c. 1750～ c. 1830年）

年	氏名	引受額（£）
1746	Smith, Nathaniel	1,200
1764	Plaston, Elizabeth, Mrs.	200
1765	Symonds, Jane, Mrs.	500
1765	Tullie, Joseph, Esq.	1,800
1765	Coperthway, Anne, Mrs.	200
1767	Merryfield, Thomas	900
1774	May, Elizabeth	100
1774	Hepburn, Isabell	300
1775	Taylor, Mary, Mrs.	100
1786	Sparrow, William	400
1789	Aminger, Jane	200
1789	Lyon, Samuel	n. a.
1789	Taylor, Ann	n. a.
1789	Ridley, William	200
1790	Green, John	n. a.
1791 & 1792	More, William	650*
1791 & 1809	Kircheval, Robert, Esq.	1,000**
1793	Leake, Mary	200
1795	Dixon, Francis	625
c. 1800	Hamilton, Miss	n. a.
1809	Holmes, M., Miss	600
1810	Bangs, Josue	200
1811	Elsden, Mrs.	400
1819	Brooks, Hannah, Mrs.	822
1819	Wilkinson, Ann Mary	300
1819	Patrience	700
1819	Tindale, Margaret	900
1819	Camp, Joseph	300
1821	Watson, Miss	330
1821	Jenkinson, Mrs.	300
1822	Hadson, Alderson, Esq.	900
1822	Walker, Esther	400
1822	Johnson, Sarah	350
1823	Rowney, Margaret	200
1823	Dexter, William	200
1824	Groom, Rose & Alice	200
1825	Cocksedge, S., Esq.	200
1826	Martine, Mary	800
1828	Candlerv, Catharine	500
1829	Burcham, Charles	500
1830	Bell, Edward, Esq.	3,000
c. 1830	Stockham, Mary	n. a.
c. 1830	Bierley, Ann	n. a.
c. 1830	Demman, Hannah	n. a.
c. 1830	Rumball, Susan	n. a.
c. 1830	Beries, P.	n. a.

出典：KLA, KL/C7/13-15; KL/C39/131-208; KL/C40/1-5.
注：*は1791年と1792年、**は1791年と1809年の引き受け合計額。

と、および年利が4％から5％となっていることが特徴である。図3-1が示すように、証券の発行は明確に特定の時期に集中している。たとえば、1765年前後は市庁舎増改築のために5人が総額2,780ポンド、1780年前後はサウス・バンク修理のために11人が6,040ポンド、1805年前後は舗装委員会事業支援のために5人が3,000ポンドを引き受けている。上記の1767年の年金証券の募集は自治体債権の募集と同時期に行われており、片方だけでは改良事業資金が足りなかったことがわかる[75]。加えて、1790年代前半には10人から15,130ポンド以上の資金が集められたが、オー・ブリンク分流を作ることに反対するキングス・リンは、自分たちの利益を守るためにそれらの資金を訴訟費用とした。

自治体債権は、年金証券とは異なり、その引受人には市参事会員が圧倒的に多い。表3-3の市議会議員のうち、H. リーを除いてすべてが市参事会員で、時には市長を務めた有力者である。彼らの引き受け額は非常に大きく、また一度だけではなく、複数回にわたり債権を引き受け

図 3-1　都市自治体債権引き受け額（c. 1750〜c. 1820年）

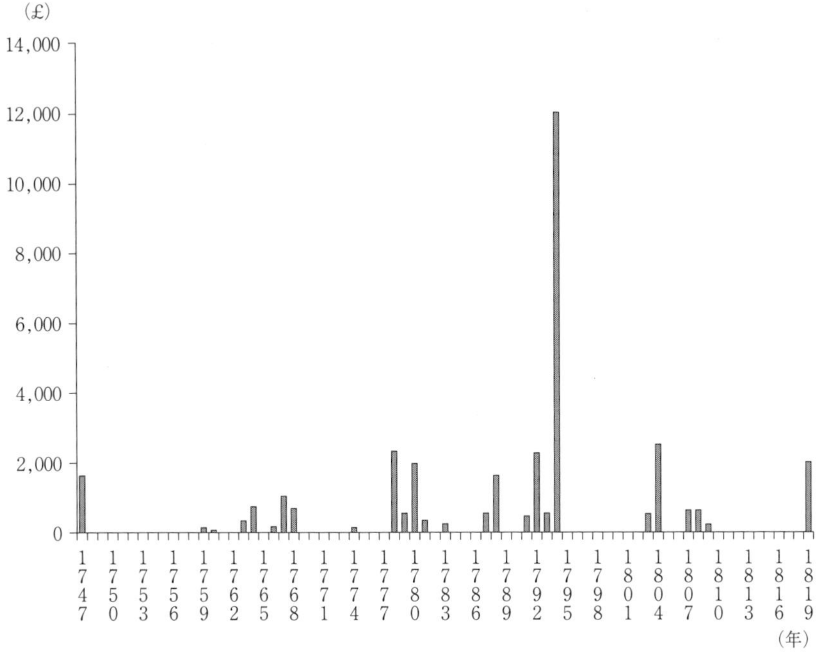

出典：KLA, KL/C7/13-15; KL/C39/131-208; KL/C40/1-5.

た者もいた。T. & W. バッグは、自治体債権を引き受けるだけでなく、巨額の資金を都市自治体に貸しつけていたが、2つを合わせて総額でどのくらい都市自治体に財政的貢献をしていたかは不明である[76]。少なくとも引き受け金および貸しつけ金が、1797年時点では6,500ポンド、1825年には6,000ポンドに達しており、都市自治体から一部返却を受ける以前にはさらに多額になっていたことは確実である[77]。また、E. エヴェラードは20年間以上にわたり2,000ポンドの債権を引き受けていた。R. ウィンコップも1794年に複数の債権を引き受け、単年度の合計額が1,800ポンドに達していた。こうした引き受けは必ずしも任意のものではなく、都市自治体の逼迫した財政事情を受けて、半強制的な部分があったようだ。原則的に、自治体債権は毎年必ず利子が支払われるべきものであったが、上記の人々の中には、長期にわたり利子さえ支払われずに元金だ

表3-3　都市自治体債権引受人（c. 1750〜 c. 1820年）

年	氏　名	引き受け額 (£)	市議会関係者
n. a. 1	Everard, Rebecca, Mrs.	400	●
	Glasscock, Mrs.	200	
	St. James Workhouse	200	
1747	n. a.	1,605	
1759	Hogg, George	105	○
1560	Chennery, Mary, Mrs.	50	
1763	Sommersby, Thomas	300	○
1764	Backler, John	500*	
	Patrick,(Mrs. Francis)	200	
1766	Langley, William	150	○
1767	Goodwin, Robert, Rev. of Wells	1,000	
1768	Hogg, George	630	○
1774	May, Elizabeth & Ann	100	
1778	Mayhew, Anthony	300	
	Langley, William	500	○
	Alderson, Thomas	500	○
	Bagge, Thomas	1,000	○
	Langley, William	500	○
1779	Browne, Samuel	800	
1780	Lyon, Samuel of Lincoln	1,000	
	Cook, John of Norwich	100	
	Walter, Daniel	840	
1781	Dillingham, John	300	
1783	Woodrow, Sarah	200	
1787	Wisbech Turnpike Trust	500	
1788	Freeman, Robert	1,100	○
	Goodwin, Robert, Rev. of Wells	500	
1791	Case, James	430	○
1792	Case, James	500	○
	Swatman, William	650*	○
	Reves, Richard	500	
	Alderson, Thomas	600	○
1793	Case, James	500	○
1794	Everard, Edward	2,000*	○
	Bagge, William & Thomas	7,650+α*	○
	Allen, Maxey	500	○
	Whincop, Robert	1,800+α*	○
1803	Mayhew, Miss	500	
1804	Bagge, Henry Lee	500	○
	Birkbeck, John	500	
	Emerson, Mary	500	
	Dixon, Thomas	1,000	
1807	Scale, Mary, Mrs.	600	
1808	Ransome, Rebecca, Mrs.	400	
	Channtulanis, John	215	
1809	Cary, Mrs.	200	●
1819	Hamond, Mrs.	1,000	●
	Gurney, Messrs	1,000	
n. a. 2	Devson, Miss	1,200	
	Hulton, P., Miss	1,000	●
	Everard and Blencowe, Messrs	1,084	○

出典：KLA, KL/C7/13-15; KL/C39/131-208; KL/C40/1-5.
注：市議会議員、●：市議会議員の親族、n. a. 1：年度不明（1750年以前）、n. a. 2：年度不明（1800年以降）、*：複数債権の合計

け返金された者もいる。この者たちの場合、明らかに投資目的ではなく、行政参加者としての自覚または責任感から債権を引き受けていたと考えられる。

また、市参事会員以外の引受人にも市議会関係者が多い。ウェルズ＝ネクスト＝ザ＝シーの牧師R.グッドウィン、リンカーンの地主S.リオン、ノリッジのJ.クックのように、キングス・リン近郊に住む市議会議員の一族や関係者の名前も並ぶ。またセント・ジェイムズ・ワークハウスやウィスビッチ有料道路信託団体なども含まれる。これらの団体は、直接、キングス・リンの都市自治体の組織下にあったわけではないが、市議会議員たちが委員として関

与しており、密接な関係があった。当時は、こうした団体が相互に資金援助をすることも多く、実際、キングス・リンの都市自治体自身もまた、上記の有料道路信託団体に別の機会に資金援助をしている。しかし、舗装委員会が成立してその活動が軌道に乗り出すと、大きな資金を必要とする改良事業は都市自治体の手を離れ舗装委員会が担当するようになるが、この頃を境にして債権の引受数が減少する。これは前節でふれたように、都市自治体が資金を伴う活動を回避するようになったことが主要因と考えられる。

先にも見たが、自治体が扱う資金には慈善に関するものもあった。慈善活動はその大半を外部からの寄付に頼っていた。人々は近世を通して、慈善活動資金を都市自治体に委託してきたが、その数は18世紀以降、とりわけ18世紀半ば以降に増加した。その大半は現金が委託されたものであったが、そのほか、不動産や、18世紀半ば以降は金融証券で預けられる場合もあった。いずれも元本には手をつけられることはなく、利子や地代収入が委託者の要望に沿って使われた。

寄付額や土地の評価額は数ポンドから数千ポンドまで幅があったが、1834年時点で確認できる主な慈善基金は全部で48件ある（表3-4）。そのうち、1700年から1833年の間に寄付をした者は31人いるが、その詳細を見てみることにしよう。まず、11人が市参事会員であるが、B. ホリー、R. スパロウ、J. キッド、R. オーボーン、J. グッドウィン、J. ボードマン、G. ホッグ、P. ケース、S. ブラウン、E. エヴェラード親子といった、市参事会員の中でも突出した影響力をもっていた者たちの名がある。これらの多くは有力な大商人、または法律家であったが、慈善基金リストにはエスクワイアと表記されている。これら市参事公員とそれ以外の地主を含めた「エスクワイア」が慈善基金提供者の中心である[78]。加えて、P. ワード、B. スミス、T. オールドミドウという3人のジェントルマンと、T. サーリン、J. ホーン、W. ペイガン、W. エヴェラードの4人聖職者の名前があがる。そして、これらに加え、寡婦と未婚女性が9人いるが、たとえば、R. エヴェラードは市参事会員のエヴェラード家出身のJ. エヴェラード牧師の寡婦であるし、E. マーシャルもエヴェラード家と関わりが深く、

表 3 - 4　慈善基金（1581～1833年）

基金名	出身地	職　業	寄付年	寄付額 (£)	寄付形態
John Lonyson's Charity	London	goldsmith	1581	200	現金
John (& Eliz) Titley's Charity	Lynn	esquire & his widow	1585	130	現金
Elizabeth Titley's Chariaty	Lynn	widow	1595	n. a.	土地
Thomas Grave's Charity	Lynn	n. a.	1598	200	現金
Thomas Sandyll's Charity	Lynn	esquire, alderman	1613	100	現金
Matthew Clarke's Charity	Lynn	alderman	1623	10	現金
John Pierson's Charity	Lynn	carpenter	1623	n. a.	建物
Jane Gurlyn's Charity	Lynn	spinster	1635	20	現金
Joan Maye's Charity	n. a.	n. a.	1650	30	現金
John Crane's Charity	Cambridge	esquire	1651	n. a.	土地
Sir Thomas White's Charity	Bath	Knight	1666	100	現金
J. Stoger's Charity	n. a.	n. a.	1670	45	現金
Giles Bridgeman's Charity	Lynn	esquire, alderman	1690	100	現金
Benjamin Holly's Charity	Lynn	alderman	1704	100	現金
Thomas Thurlin's Charity	Lynn	scholar (Cambridge Univ.)	1708	200	現金
Robert Sparrow's Charity	Lynn	esquire, alderman	1714	200	現金
John Kidd's Charity	Lynn	esquire, alderman	1718	36	現金
Margery Brock's Charity	n. a.	n. a.	1721	20	現金
Peter Ward's Charity	n. a.	gentleman	1721	100	現金
Robert Awborne's Charity	Lynn	merchant, alderman	1726	600	現金
John Goodwin's Charity	Lynn	esquire, alderman	1728	104	現金
John Horne's Charity	Lynn	school master	1731	650	土地
James Boardman's Charity	Lynn	esquire, alderman	1740	100	現金
Sarah Dexter's Charity	Lynn	widow	1753	150	現金
Rebecca Everard's Charity	Lynn	widow	1753	50	現金
George Hogg's Charity	Lynn	esquire, alderman	1760	105	現金
Martha Kett's Charity	Lynn	widow	1764	300	現金
William Pagon's Charity	Norwich	schoolmaster	1769	n. a.	n. a.
Rev William Everard's Charity	Lynn	Rev.	1777	100	証券
John Stapleton's Charity	n. a.	cork cutter	1780	36	現金
Mary Leake's Charity	Lynn	widow	1781	200	現金
Philip Case's Charity	Lynn	attorney, alderman	1784	200	現金
Samuel Browne's Charity	Lynn	merchant, alderman	1784	100	現金
Ann Carlton's Charity	Lynn	widow	1790	300 330	コンソール公債
Catherine Barwell's Charity	Lynn	spinster	1792	300	現金
Elizabeth Marshall's Charity	Lynn	widow	1797	200	現金
Elizabeth Batman's Charity	Lynn	spinster	1802	500	現金
Thomas Cooke's Charity	Pentonville	esquire	1810	2,300 2,000 700	コンソール公債
Edward Everard's Charity	Lynn	esquire, alderman	1816	100	現金
Edward Everard's (jur.) Charity	Lynn	esquire, alderman	1822	200	現金
Francis Boyce's Charity	n. a.	n. a.	1824	60	現金
Henry Birkbeck's Charity	Lynn	esquire, banker	1825 1826	400 100	証券
Benjamin Smith's Charity	Lynn	gentleman	1829	1,000	現金
Thomas Oldmeadow's Charity	North Runcton	gentleman	1833	300	証券

出典：KLA, KL/C7/16.

市参事会員のS. エヴェラードとE. エヴェラードの2人は彼女の遺言執行人である。1人あたりの寄付金額を見ると、この中で群を抜いて額が大きいのはT. コーク（5,000ポンド）とB. スミス（1,000ポンド）であり、それぞれ、キングス・リンの施療院に対する寄付になっている。その他、上位からJ. ホーン（650ポンド）、R. オーボーン（600ポンド）、H. バークベック（500ポンド）、そしてT. オールドミドウ（300ポンド）が続く。女性の中にもこれらに匹敵するほどの高額の寄付を行う者も見られ、A. カールトン（630ポンド）、E. バットマン（500ポンド）、M. ケット（300ポンド）、C. バーウェル（300ポンド）は4人とも300ポンドを超えている。

　自治体債権・年金証券と慈善寄付金は、都市自治体の二大臨時収入ともいえるものであった。前者のほうが人数も金額も多かったが、後者も都市自治体の活動には欠くことができない資金であった。とりわけ18世紀後半には、定期収入だけでは活動も制約されてしまい、最低限の都市自治体の維持とフリーメンの管理しかできない状況に陥った都市自治体にとっては、こうした臨時収入が不可欠であったのだ。

　改革の時代、都市自治体はその財産を市議会議員が私物化したり、既得権の上にあぐらをかいて適切な行政を行わないといった批判をしばしば受けるが、キングス・リンの都市自治体にはこうした批判はあたらないといってよい。むしろ、経済活動や社交の活性化が18世紀の都市の安定や発展にとって重要であることを認識し、より充実した経済・社交の場の創造への対応を怠らなかった点が強調されるべきであろう。

　はじめは、地代や港湾施設使用料からあがる古くからの資金源の範囲内で、市議会を中心とする慣習的なやり方で対応がとられていたものの、対応に迅速さや専門性が求められ、追加資金も必要とされると、運営の面でも資金源でも新しい方法が不可欠になった。そうした中で出てきた運営面での工夫が、各種委員会にイニシアティブをとらせた対応や公開集会であったし、資金源獲得のための債権の発行や借入金の積極的な利用であった。従来の都市自治体の活動

を超えた、新しい道路や施設の建設や貧困・衛生対策などは新しい運営組織で検討されることになったのである。

インフラの整備やアメニティの改善など通常の支出を超えた事業が計画されると、そうした臨時支出は自治体債権の発行によって調達されたが、舗装委員会ができるまでの引受人は通常、市議会議員であり、その中でも伝統的なエリートたちという集団であった。事業の遂行にあたっては、その中での同意が取られていたためか、市議会内部での対立が原因で事業が頓挫するようなことはなかった[79]。しかし、限られたエリートたちだけでは、多くの事業に十分な資金は集まらず、高い利子を伴う年金証券や債権、借入金による活動には限界があった。19世紀に入ってからの都市自治体は、資金を必要とする活動を自粛するようになり、現状維持もしくは必要不可欠なものを提供することに重点がおかれた。新しいインフラの建設やますます増え続ける貧しい非フリーメンの生活保障など、社会からの要求には応じられなかったのである。

しかしだからといって、都市自治を放棄したわけではなかった。第4章と第5章で詳細を見ることになるが、都市自治体は中心的自治組織としての役割はそのまま維持しつつ、他機関との協力体制を作り上げていくことで、活動資金不足の問題を解消したのだ。新しいインフラの建設やますます増え続ける貧しい非フリーメンの生活保障など、社会からの要求に応じるためには、都市自治体の運営の仕方の見直しだけでは十分でなく、それを担う新しい行政組織を必要としたのである。

結局のところ、都市自治体は変化に対応してはいたものの、最も重要であったのは中世以来の役割であり、フリーメンやそれに伴う徒弟の管理と、所有する土地や建物、施設の管理、フリーメンとその関係者への信託された慈善資金や福祉特権の配分であったといってもよい。しかしながら、その役割は決して過小評価されるべきではない。フリーメンや不動産といった中世の時代から都市自治体を介して引き継いできたヒトやモノは、長い18世紀における変化をスムーズに行かせるためにも不可欠な要素であった。フリーメン制度は、前章で見てきた、キングス・リンの経済を下支えする水夫を中心とする貧困者たちの

セーフティ・ネットとしても機能した。また、次章以降で議論するように、都市自治体が守り続けてきた不動産は、新しい自治組織が活動する時に基盤として提供できるものであった。

注
1) Webbs, *Manor and Borough.*
2) Sweet, *English Town.* 古い時代でも、個別の事例研究では、都市自治体が機能していたことを示す者もいる。Jackson, G., *Hull in the Eighteenth Century: A Study in Economic and Social History*（London, 1972）.
3) B. キース＝ルーカスも1835年に都市自治体調査委員会がまとめた報告書から、キングス・リンの都市自治体が19世紀でも効率的な機能を果たしていたと考えている。Keith-Lucas, B., *The Unreformed Local Government System*（London, 1980）, p. 18; *Reports from Commissioners*（1835）, p. 2477.
4) 市書記と法律顧問の役割の詳細は、Keith-Lucas, *Unreformed Local Government System,* pp. 23-25.
5) Innes, J., *Inferior Politics: Social Problems and Social Policies in Eighteenth-Century Britain*（Oxford, 2009）.
6) Keith-Lucas, *Unreformed Local Government System,* p. 20.
7) 市長は18世紀には100ポンドの給与をもらっていたが、市長主催の晩餐会等の費用は自分で負担しなければならず、金銭的負担は大きかった。
8) KLA, KL/C7/14-15; KL/C39/144.
9) *A Report of the Proceedings of His Majesty's Commissioners, for Enquiring into the Existing State of the Municipal Corporations of England and Wales at King's Lynn*（1834）, p. 59.
10) この著述は、市議会議員に何度も自薦したもののその度に市議会に却下されたA. カーターが、議会の調査委員会に対し「こんなたいそうな資格を並べ立てれば市議会議員の適任者が見つからないのも当然」と不平を述べたのに対し、市書記が答えたものである。*Ibid.,* p. 59.
11) *Ibid.,* p. 8.
12) *Ibid.,* p. 7.
13) *BNP,* 1811/3/27.
14) *CFL.*
15) 詳しくは第1章1節を見よ。

16) キングス・リン市内には個人の地主の土地も存在したが、中心部からはずれた場所がほとんどであった。ウェスト・リンとサウス・リンはキングス・リンに近接する地域であり、サウス・リンは10番目の区としてキングス・リンに組み込まれる時期もあった。スネッティシャムとセント・メリーはいずれも牧草地区で、18世紀に主に農場として囲い込まれた。
17) KLA, KL/C7/14, 1769/12/21.
18) *Ibid.*, 1770/6/4.
19) 貸し出しは原則、フリーメンの間では平等であったはずだが、借家人の名前を見ると、他都市同様にキングス・リンでも実際は市議会関係者に優先的に分配されていたことがわかる。KLA, KL/C39.
20) 課金される商品の違いにより、beaconage, stakage, anchorage, ballastage, bulk-break, lastage という6種類の賦課金があった。KLA, KL/C44/64. 表3-1の賦課金の額は、これらをすべて合わせたものである。
21) 市場使用料は2月の歳市の際、火曜市広場に設置する売り台に対して課されたものである。その大部分をキングス・リン在住の非フリーメンが負担していた。たとえば1765年はのべ98人の内、キングス・リンの非フリーメンは70人、ロンドン在住の非フリーメンは9人、キングス・リンのフリーメンは5人である。1771年はのべ91人中、リン在住の非フリーメン70人、ロンドン在住の非フリーメン11人、フリーメン2人である。KLA, KL/C39/145, 151.
22) 波止場使用料は非フリーメンの港湾に停泊する船舶に対して課された。
23) 通行料はウーズ川を通行する船舶（主に穀物と石炭の積載量）に対して課された。F. ウッドはキングス・リンの通行料の史料を利用し、18世紀後半から19世紀前半にかけての河川交通経済を分析した。Wood, 'Inland Transport and Distribution'.
24) 水道使用料は、個人で水道管を引くことができた富裕者に対して課したものである。町の中には、数カ所、住民が誰でも飲用できる無料の公共水道はあった。
25) 波止場使用料と通行料収入が増加したのは、徴収を強化したことによる。都市自治体には以前からこれらの使用料の徴収人がいて一定の金額を手当として渡していたが、1750年代以降は、徴収金額に対し一定の割合額をを与えることにした。徴収するだけ手当が増えることから、徹底した徴収がなされるようになった。
26) 1753年には港湾荷担ぎ人責任者 head porter 全員の適正調査を行い、それにもとづいて認可証を再交付したり、また11条から成る港湾荷担ぎ人の規則集も作った。KLA, KL/C7/13, 1753/7/5, 1753/9/14.
27) NRO, MC 352/1. 当時、船主は自分のミス以外の原因で事故にあった場合、保険金を受け取るために公証人に届ける義務があった。天候による事故に次いで多か

った原因は、港湾労働者の職務怠慢であった。
28) KLA, KL/C9/25-26. この史料には徒弟の出身地、年齢、親の名前、職業、身元引受人、徒弟先親方の名前、職業、徒弟に入った年月日、支度金額など詳細に記録されている。
29) KLA, KL/C39/130-209.
30) たとえば、1810年にはワークハウスの収容人数約200人の管理や世話をする施設長の募集を市書記の名前で公募している。*BNP*, 1810/4/25.
31) 議事録には詳細な決定過程までは記録されていないが、対象になっていたのは高齢のフリーメンまたはその寡婦で、市議会議員との繋がりをもつ者が多かった。
32) たとえばレスターの都市自治体には土地売却に関して大きな批判が寄せられている。Chinnery, G. A., ed., *Records of the Borough of Leicester Being a Series of Extracts from the Archives of the Corporation of Leicester, vol. 5: Hall Books and Papers 1689-1835* (Leicester, 1965); Greaves, G. C., *The Corporation of Leicester 1689-1836* (London, 1939);鶴見卓三「解体直前におけるイギリスの旧都市自治体——レスター市の場合」『千葉大学人文研究』1号（1972年）。
33) 饗宴は無給で働く役職者たちをねぎらう意味もあったと考えられ、ある程度は必要な経費であった。
34) 1795～1803年の対フランス戦争の時期、市議会の決定で儀式や饗宴費はゼロになっている。第7章294-295ページを参照のこと。
35) キングス・リンの都市自治体における18世紀前半の財政規模は2,000～2,500ポンド、後半は、大きな事業がない年は3,000～4,500ポンドであり、年によっては5,000ポンドを大きく超えることもあった。全国178の自治都市における平均支出額が、1840年ですら5,400ポンドでしかなかったことを考えると、キングス・リンの都市自治体の予算規模は決して小さくない。Corfield, *Impact of English Towns*, p. 156.
36) たとえば、1833年には慈善資金として都市自治体の資金から支払われたのは450ポンドであり、その他、慈善目的の貸しつけ金として1,000ポンドを超える金額が無利子で貸し出されていた。*An Account of the Charities Belonging to the Borough of King's Lynn, Being an Authentic Copy of the Report of the Commissioners for Enquiring Concerning Public Charities* (King's Lynn, 1843).
37) 本章4節139-141ページを参照。たとえば、1714年に委託されたR. スパロー基金は貧しい子どもの徒弟修業のために使われたし、1651年以来のJ. クレーン基金は貧しいが有能な子どもをケンブリッジ大学に送るためのものであった。*Account of the Charities* (1843), pp. 60-73.

38) ライティング・スクール校長の選出に都市自治体は関わっているが、会計簿上に俸給として現れるのはグラマー・スクール校長の分のみである。
39) KLA, KL/C39/146; KL/C39/164; Richards, *King's Lynn*, p. 12.
40) 本章 4 節138ページの表 3 - 3 を参照。
41) 市議会議員から特別な要求があると、問題ごとに立ち上げられたこの種の委員会は決して新しい形ではなく、以前から存在していた。しかしこの委員会が実質的な主導権を握ってプロジェクトを進めていくのは18世紀後半以降のことである。
42) 1793年になると市議会議事録とは別の独立した委員会議事録を作るようになり、市議会議事録には委員会での決定が簡単に示されるのみになった。KLA, KL/TC2/1/1.
43) KLA, KL/C7/13-16. 半減したとはいえ、たとえば1750年代のベリ・セント・エドマンズでは市議会開催数は年間 7 ～ 8 回であったことと比較すれば、キングス・リンでは70年代以降も議会が十分開催されていたといえる。青木康「一七五〇年代ベリ・セント・エドマンズ市の下院議員選挙——ベリの都市自治体をめぐる補論」『史苑』72巻 1 号（2011年）。
44) 1793年以前の委員会の活動は、市議会の議事録の内容からしか推察できず、正確な委員会開催数は不明であるが、市議会議事録に記録されている委員会報告数と大差ないと考えられる。
45) KLA, KL/TC2/1/1.
46) *Ibid*.
47) KLA, KL/TC2/1/1, 1812/12/12.
48) *Ibid*., 1815/12/4.
49) KLA, KL/C7/15, 1805/3/20. 出店営業権は、該当者全員を合わせると年間60ポンドになる。
50) *Ibid*., 1804/12/21, 1805/3/20.
51) 本書第 5 章第 4 節を参照。
52) KLA, KL/TC2/1/1, 1815/8/12, 1816/7/1, 1817/7/19. 本書第 5 章207-208ページを参照。
53) *Ibid*., 1815/9/18.
54) 詳細は本書第 8 章322-323ページを参照。
55) Keith-Lucas, *Unreformed Local Government System*, pp. 20-21.
56) KLA, KL/TC2/2/1.
57) 実際には、非フリーメンの参加者は少数でしかなかったが、その者たちがそれぞれの公開集会において不可欠な存在であったことは重要な点である。

58) たとえば、S. アレン牧師への 4 枚組のプレートの寄贈に関し、寄付金募集を話し合うための公開集会が1825年12月に行われているが、公開集会議事録には収録されていない。*BNP*, 1825/12/14. また、家畜市場の賃借人を中心とする市場の移転と新設についての公開集会も議事録には見当たらない。*BNP*, 1826/11/22.
59) KLA, KL/TC2/2/1, 1803/8/8, 1814/9/19, 1815/8/10.
60) *Ibid*., 1831/11/2, 1831/11/5, 1831/11/16.
61) *Ibid*., 1825/10/6.
62) *Ibid*., 1802/4/5, 1814/3/30, 1815/6/20, 1816/8/10, 1823/1/23, 1830/11/15, 1831/10/1, 1831/10/19.
63) キングス・リンの国政へ意思表明する集会の中には、直接キングス・リンの産業を保護することに関わる内容のこうした集会のほかに、動物虐待禁止法賛成（1821年）のようなものもある。
64) KLA, KL/TC2/2/1, 1810/11/22, 1811/2/2, 1817/6/7, 1823/6/5ほか。
65) *Ibid*., 1813/2/1, 1814/10/27, 1827/6/19.
66) *Ibid*., 1802/12/6, 1802/12/13, 1813/2/1, 1822/5/15, 1827/1/19.
67) *BNP*, 1803/2/2.
68) KLA, KL/TC2/2/1, 1816/6/7, 1818/5（日にちは判読不可）, 1819/6/15.
69) *Ibid*., 1802/5/26, 1809/11/9.
70) *Ibid*., 1814/7/13.
71) *NM*, 1814/7/23, 1814/7/30.
72) KLA, KL/TC2/2/1, 1816/12/6.
73) KLA, KL/C7/14, 1767/8/5, 1767/12/21.
74) 18世紀末に引き受けられた小額の年金証券の年利率は 5 ％以下となっている。
75) KLA, KL/C7/14, 1768/2/15.
76) 債権の引き受けに際しては市議会議事録に記録が残るが、貸しつけ金の中には非公式に受け渡しされているものもあり、すべての記録は残されず、正確な貸しつけ金額は把握しにくい。中には、貸しつけの記録がないにもかかわらず、後の議事録で借金返済の記述が現れることもある。
77) KLA, KL/C39/206.
78) 同一人物が時と場合に応じ、商人や専門職という職業名を書くことと、エスクワイアと書くことがある。これについては本書第 4 章175-177ページを見よ。
79) Longmore, J., 'Liverpool Corporation as Landowners and Dock Builders, 1709-1835', in Chalklin, C. W. & Wordies, J. R., eds., *Town and Countryside: The English Landowner in the National Economy, 1660-1860* (London, 1989); Power, M.

J., 'Councillors and Commerce in Liverpool, 1650-1750', *Urban History*, 24-3 (1997) ; *do.*, 'Politics and Progress in Liverpool, 1660-1740', *Northern History*, 35-1 (1999).

第4章　法定委員会——舗装委員会の事例——

　前章で議論したように、18世紀末以降、キングス・リンの都市自治体では、組織の変革を進めた。しかし、委員会も公開集会のいずれも、形式的には市議会の下部組織であり、都市自治体という古くからの自治組織内部の変革にすぎず、それらへの参加者はいぜん、制限されたものであった。

　都市自治体が、公共領域の拡大に付随して出てくる社会のさまざまな要請に対応しようと努力していたことは確かであるが、それにも限界があった。その中で、都市の公共空間で新たに力を発揮した組織は法定委員会である。地域特定法下で認可され、特定の目的遂行のために組織された法定委員会では、原則、フリーメンに参加が制限されている都市自治体とは異なり、財産をもつ地方税納税者であればその構成員になることが可能であった。また、地方税の徴収や証券の発行を通して独立した資金源を確保することが認められており、18世紀半ば以降、資金難にあえぐ都市が大規模な改良事業を進める際に、積極的に採用することになったのである。

　キングス・リンの法定委員会の中で、都市の改良において最も大きな影響力をもったのは舗装委員会であった。1796年に都市自治体下に組織された委員会によって、舗装委員会の設立を下院議会に申請するための準備が進められ、紆余曲折の末、1803年にようやく認可された。舗装委員会の設置により、それまで都市自治体の資金不足によりなかなか進められなかった大規模な改良事業に着手できるようになったのである。

　本章ではまず舗装委員会もその一つである法定委員会について、主にウェッブの研究に依拠しながら、一般的な特徴を要約・整理する。次いで、キングス・リンの舗装委員会の活動内容を詳細に追っていくことによって、大規模な

改良事業が都市の快適度や利便性、審美性といったものをどう、向上させたのかを明らかにする。また、改良事業を先導しながら直接的にそれらの事業に関わった舗装委員会の構成員と、巨額の事業資金を負担することで間接的に都市改良に関わっていた人々にも注目する。そして最後に、キングス・リンの自治システム全体における舗装委員会の位置づけと、他の組織との関係について議論することとする。

1 法定委員会

法定委員会 statutory authorities という表現は、地域特定法で成立が認可され、課税と借金を課す権利が付与され、時には都市の自治機能の一部を果たす組織を定義するものとして、ウェッブ夫妻が用いたものである[1]。主に18世紀後半以降に組織された都市の改良事業を担当する委員会を指すものであるが、その歴史はさらにそれ以前にさかのぼる。ウェッブの分類によれば、法定委員会は大きく4つ——下水委員会 Court of Sewers、救貧社 Incorporated Guardians of the Poor、有料道路信託団体 Turnpike Trusts、改良委員会 Improvement Commissioners——に分けられる[2]。キングス・リンにもこれら4種類の法定委員会が存在した。

下水委員会は中世に起源をもつが、王室委員会 King's Commission の機関として正式に発足したのは1532年のことであり、以降、20世紀にいたるまで下水委員会は定期的に会合を開く自治機関であった[3]。下水や排水に関する改良工事を行う権限とそれに関する立法権をもち、地域性を反映した活動を行っていたが、19世紀半ばでも委員会の数は全国で100を超えない程度であり、全般的には活発に活動していたとはいえない[4]。しかし、キングス・リンのように土地の排水が重要課題であった沼沢地や湿地では、例外的に下水委員会が重要な役割をもっていた[5]。19世紀前半、ノーフォークの下水委員会の定期総会は1年を通じて何回もキングス・リンで開催され、陪審員 juror や役員の出席が促されていたし、時には臨時の特別委員会も開かれた[6]。たとえば上げ潮によっ

てウェスト・リンやマーシュランドのいくつもの教区で堤防が決壊しけが人が続出したことを受け、対応策が議論されることもあれば、緊急の排水溝のつまりを取り除く作業の指示や新たな排水溝の設置の指示を出すこともあった[7]。こうした通常のものに加え、下水委員会にはベッドフォード・レベル会社 Corporation of the Bedford Level として知られる組織も含まれた。これは洪水被害に悩むフェンランドで灌漑事業を行うために地域特定法下で1663年に組織されたもので、フェン地域307,000エーカーの排水の維持・改善を担った。そしてフェンランドの中心部95,000エーカーをカバーする地域から送られた代表者から構成される、例外的に大きな委員会をもっていた[8]。フェンランドの主要都市であるキングス・リンは、17世紀から19世紀を通して、都市自治体の市議会議員数名を都市の代表としてベッドフォード・レベル会社に送り、時にはキングス・リンが委員会開催の場となることもあった[9]。

　救貧社は、都市における救貧業務をより効率的に行うために、地域特定法の下に、教区に代わるものとして組織された[10]。17世紀後半になると、貧民監督官と教区委員を中心とした従来の救貧活動体制におけるさまざまな点での限界が見えはじめた。たとえば、住民の義務として輪番制で回ってくる教区の役職者には、何かを強制するような大きな権限が与えられていなかった。また、土地や建物を売買保有できる法人組織ではない教区会は、ワークハウスや施療院などの施設や土地を新規に取得することは難しかった。加えて、教区という小さな単位で活動をすることには効率性の悪さも伴った。こうした点を解決したのが救貧社である。救貧社は住民に救貧税を課すことに加え、働くことができる健全な身体をもつ貧困者をワークハウスに収容し労働させることを主目的としたが、費用がかかるワークハウスを効率的に建築、維持するためにも、複数の教区がまとまって救貧社を構成したのである。1647年にロンドン・シティで組織されて以来、全国の都市部、農村部に広がり、1830年代までにその数は約125に達した。中でも注目すべきものは1696年に地方都市最初の救貧社が作られたブリストルのもので、これをモデルとして1712年までに13の都市が続いたが、その一つが1700年にできたキングス・リン救貧社であった[11]。

キングス・リン救貧社の独特な点は、複数の教区を集めたわけではなく、セント・マーガレット教区単独で構成されていることである。この都市の全域をカバーしているセント・マーガレット教区は、都市の教区としては例外的に大きく、複数の教区を合同する必要性はなかった[12]。むしろ、法人化のもつメリットやワークハウスの組織的な管理体制を獲得するほうが重要であった。法人化によって、すでに救貧税で運営されていたセント・ジェームズ・ワークハウスは救貧社の財産となり、その施設を中心とした救貧体制がしかれるようになった。しかし、キングス・リンのすべての救貧事業が教区から救貧社の手に移ったわけではなかった。ウェッブも主張するように、救貧社は、それ以外の形態の法定委員会と違い、実際には既存教区に公認の自治権を与えたようなものであり、教区との境界線はあいまいで、繋がりも深い[13]。18世紀のセント・マーガレット教区会の主たる活動は、教会の管理・維持であり、それらの修繕等に必要な資金を教会税 church rate の形で徴収している。しかし、各世帯の居住場所の査定を行い、それにもとづき毎年、救貧税率を決定するのも教区会であり、救貧社と教区会の線引きが明確なものだったとはいいがたい[14]。

有料道路信託団体は、4種類の法定委員会の中でも最も数が多く、1835年までの間にその数は全国で1,100に達していた[15]。教区に道路の管理義務を課す中世以来のシステムが機能しなくなってきた17世紀後半、教区会や治安判事に特定の道路の通行料を課す権利を例外的に認める地域特定法がいくつか通ったが、18世紀初期には治安判事に限定されない一般の人々が作る団体にもこうした権利が付与され、有料道路信託団体が設立された[16]。有料道路信託団体には道路や通行料徴収所を作るためにその資材と労働力を調達することができたし、また、証券を発行することによって資金を集めることも可能であった。しかし、後述する改良委員会とは異なり、地方税を課すことは認められておらず、事業がうまく遂行されない場合も多かった。また、団体の存続期間が通常、21年間と限定されており、期限が来ると団体は解散しなければならず、特権をもち続けるためには再度、地域特定法を獲得する必要があった[17]。キングス・リンの都市自治体は18世紀半ば以来、ウィスビッチ有料道路の有力信託者であり、市

議会議員を委員会に送っていたし、事業のために必要な資金を都市自治体の資金から支出していた[18]。また、19世紀にはキングス・リンの南門や東門付近の道路も有料道路として管理されていた。これらに関連する資料は残されていないので詳細は不明であるが、1814年に通行料徴収権が競売にかけられた際、新聞に広告を掲載した信託者を代表する事務局、J. ローレンスは、キングス・リンの市長経験者であり、現役の市参事会員であったことからも、市議会との繋がりがうかがわれる[19]。しかし通行料徴収権の競売が示すように、実際に通行料を徴収し管理を行っていたのは市議会とは別の個人であった。

しかしながら、法定委員会という形態が最も有効に機能し、多くの人々の生活に直接的に影響を与える変化をもたらしたのは改良委員会であった[20]。改良委員会には多様な形態があり、活動内容も方法もばらばらであったが、人々のニーズに応え都市の改良を行うために、道路の新設や舗装、運河や橋、港湾施設、照明施設のインフラの設置などを行い、それらを維持し、管理し、関連するサービスを提供した点は共通である。大半の委員会には、こうした道路や施設を設置する土地を強制的に買い上げる権利も付与されていた。また、そのために必要な活動資金は、委員会の権限で全世帯に課した地方税や証券等の発行を通して調達されることが特徴的であった。

中世以来、個人の家の前の道路の維持や照明は教区民それぞれの義務であったが、住民を強制する力はなかった。17～18世紀になると教区会は有給の担当者を雇い、都市主要部を中心に管理を強め、義務を果たさない住民に対し罰則を科す権限を与えられることもあったが、状況はあまり改善されなかった。こうした状況に悩む都市が積極的にとった方法が、改良委員会の設置であった[21]。改良委員会の起源は、1662年にロンドンで組織された委員会にさかのぼるが、それは通りや水路のゴミ等を取り除く役割を担った。地方都市もそれに続き、ブリストル（1701年）やベヴァリー（1727年）では港湾管理を担う委員会ができた[22]。しかし港湾管理に関連する権限は都市政府に与えられており、いずれも改良委員会の特徴を完全な形でもちあわせるものではなかった。したがって、舗装や照明、町中の見張りを目的として1736年にソールズベリーで認可された

委員会ははじめて都市政府から切り離されたものであり、その意味で地方都市における最初の改良委員会と考えられている。その後、18世紀半ば以降19世紀にかけて、商人や農村地主が多く集まる伝統的な自治都市が先行し、そして中小都市や新興の工業都市にも広がる形で、改良委員会は全国の地方都市で活発に組織された[23]。議会としても、都市自治体や教区会という既存の行政組織に新たな課税権を与えることを好まず、都市の改良委員会設立へのニーズと合わさり、急速に普及することになった[24]。人口11,000人以上の都市では、4つの例外を除いて、1830年までに改良委員会が組織されたことからも、この時期の都市における法定委員会の重要性がよくわかる[25]。

　本章では長い18世紀のキングス・リンで作られた改良委員会の中でも、最も重要な役割を担った舗装委員会について議論していく。

2　キングス・リンの舗装委員会の設立背景

　キングス・リンには18世紀半ば以降、いくつかの改良委員会が見られる。「死亡やけがで働けなくなった水夫の家族を保護する委員会（1747年）」や「ウーズ川分流を作る委員会（1751年）」が初期のものであり、その後、「水先案内人等の管理委員会（1773年）」、「港湾設備等の管理委員会（1790年）」が組織された。そして1795年には、元はキングス・リンの住民のみから構成されていた「ウーズ川分流を作る委員会」が、後背地も含むウーズ川流域の広域的組織として、新たに議会に承認された。これらを見ると、キングス・リンで18世紀中に形成された法定委員会のほとんどは、港湾都市という性格を反映し、河川や港湾施設、そして港湾労働者に関係するものであったことがわかる。いずれの事業も元々は市議会で議論され、手当てされていたものであったが、より効率的に機能するために独立した法定委員会が設けられることになった。この時期の改良委員会は、いずれも貿易・取引に深く関わる事柄を扱っていたこともあり、委員の大半が商人または廻船業者で、都市生活や都市住人の全体に関わる組織ではなかったことが特徴としてあげられる。

しかし1803年に成立した舗装委員会は、それ以前の改良委員会のように一部の住民の利益だけに奉仕するのではなく、道路建設・舗装、照明、清掃、警備等を中心により広い都市住民の利益を考慮する組織であった。舗装委員会は、他の法定委員会と同様に、18世紀後半に市議会の下に組織された委員会が発展する形で成立した。第3章で議論したように、この時期の都市自治体は大きな改良事業をするために十分な資金をもっていないにもかかわらず、住民の都市改良へのニーズは高まっていた。こうした中、市議会において、舗装委員会を設立する計画がもちあがったのである。まず1790年に市長と7人の市議会議員を中心に、市議会以外からのメンバーも募り、全部で36人の富裕者から構成される「舗装委員会 paving commission を組織するための舗装準備委員会 paving committee［準備委員会と表記］」ができた[26]。翌年には準備委員会による調査をもとに、道路の舗装、照明、清掃、そして警備にかかる年間支出の大まかな見積もりと、費用捻出のために地方税をいくらに設定するかを含む、下院に提出するための原案が作成された[27]。

　同時に近隣農村地主たち21人を委員とする「地主委員会」との話し合いもはじまった。都市の改良事業ではあるが、下院で法定委員会の設立の認可を受けるにも、事業資金の提供を受けるにも、周辺の有力農村地主たちの理解を得られずに計画を進めることは難しく、事前の調整を行わなければならなかったのである。地主委員会との交渉のためには、古参の市参事会員を中心とする7人から成る委員会が別途設けられた[28]。しかし、地主らは早急で雑駁な準備委員会の原案に賛成しなかった[29]。第一に交渉を行うメンバーの少なさを指摘した。7人という数は地主委員会の構成員数と比較しても極端に少なく、また、この人選が都市の一部の特権エリートたちに偏った利益をもたらし、公平性を欠くものであると指摘したのである。舗装委員会というものは都市自治体やフリーメンを中心とする従来のコミュニティを超えた範囲の住民に関わる問題を扱うものであり、それらの利益を反映する代表者が交渉の場につく必要があると主張した。第二に、見積もり額が正確に出されておらず、提示された通行税は高すぎる点をあげた。こうして都市側（商工業者）と周辺農村側（地主）との折

り合いはうまくつかず、この原案は強引に下院に提出されたものの、再考を要すということで差し戻されることになった[30]。

　舗装委員会の新設に向けて再び動きはじめたのは1795年である。市長の名で、キングス・リンの住民と「近隣の貴族、地主、専門職、農家、その他の人々が集結して」都市改良を行うための法案獲得に動くことが表明され、ロンドンの専門家に工事費の再見積もりが依頼された[31]。その後1802年まで、近隣農村地主も交えながら何度も会合がもたれ、通行税が再考された。この間の調整過程については記録がなく、詳細は不明であるが、1802年には市参事会員を中心とする21人から成る新たな準備委員会が発足した[32]。都市と近隣農村の固い協力体制の下で、万全の準備と調整をして再提出された舗装委員会の申請は、1803年に地域特定法として承認された。すでに発案から10年以上経過していたことになる。1806年には、委員会設立当初に計画された事業が財政的困難を極めたため、新たな課税許可を承認する修正法が認められた。

3　構成員

　一般に、改良委員会の構成員の選出方法は、大きく3つある[33]。第一に、委員会認可時に付与される地域特定法に名前がある者が、原則、終身にわたって委員を務め、死亡時のみ互選で新任を選出する方法である。第二は、構成員を「民主的に」選挙する方法であるが、所有財産額をもとに与えられる選挙権と被選挙権のハードルは高く、実態は財産所有者内での選挙といってもよい。そして第三の方法は、特定の職務に就く者を自動的に選出するやり方であり、その典型例は都市自治体の役職者を委員として任命するものであった。これら3つのうち、最も一般的だったのは全体の約3分の2の委員会が採っていた第一の方法であったが、3つのいずれの方法でも、財産をもつ主要な住民たちが委員になっていた[34]。法定委員会がそれまでの行政機関と異なる重要な点の一つは、フリーメンに限定されることのないその構成員にあった。とりわけ改良委員会は都市全体に関わるプロジェクトに関与することが多く、都市自治体の行

政機能に近い、時には都市自治体の活動領域と接触するような権限をもつことも少なくなかった。そのため改良委員会は、バーミンガムの例のように、新興勢力が市議会の構成員に代表される伝統的勢力に対抗する場と理解されることもある[35]。レスターでも新興勢力が中心となって進めていた改良委員会を作る計画は、最大の地主であった伝統的勢力の都市自治体が新しい課税に強く反対を唱え、地域特定法の申請は1822年に棄却された[36]。しかし実態はそう簡単に説明できるものではなかった。リヴァプールでは地域特定法の申請をめぐって大きな対立が見られたが、それは改良委員会を推進する自治体と、中世以来の道路保全の責任を負ってきた教区会との間で生じたものであり、伝統的勢力同士の対立と考えられる[37]。ブリストルでは新たな課税に反対する住民を押し切って舗装のための委員会設立のための議会法を通したのは都市自治体であった[38]。また、都市自治体などの既存の行政組織の関係者が独占する改良委員会は全体から見ると少なかったし、逆に決して新興勢力が独占できるものではなかった。むしろ、伝統的・新興勢力にかかわらず、財産をもつ者たちが協力しあう体制は珍しくなかったのだ[39]。

　キングス・リンの舗装委員会は上記の第一の方法で委員の選出をしていた。通常40人から構成される舗装委員は、基本的に無期限の任期をもち、何らかの理由で欠員が生じた場合にのみ新しい者がその代わりに任命されることになっていた[40]。1803年から1810年の間には、数名交代が見られたので、のべ43人が委員に就任している。また、設立過程で一時期周辺地主からの反対は受けたが、設立をめぐって、または設立後の委員会の運営をめぐって、都市内部での大きな対立は見られなかった。この要因の一つはバランスのとれた構成員によるものと考えられる。舗装委員会の発足当時（1803～1810年）の委員について、同時期の市議会議員と比較しながら、以下で検討してみることにする（表4-1）。

　舗装委員は、市議会議員よりも人数も多く、幅広い社会層から選出されていた点が特徴的である。都市内部に焦点を当てた改良事業を行うこともあり、近隣の地主たちが委員になることは基本的にはなく、実際に都市で生活している居住者によって運営されていた。これらの委員には商人や都市地主のようなエ

表 4-1　専任舗装委員、専任市議会議員、兼任舗装委員 (1803～1810年)

市議会議員と舗装委員の兼任者

氏名	職業	市議会	市民権
Allen, Maxey	merchant/distiller	CA	F
Allen, Thomas	gentleman	C	F
Bagge, Thomas Philip	merchant	CA	F
Bagge, William, jur.	esquire	C	F
Blencowe, John Prescott	merchant	C	F
Edwards, George	merchant	CA	F
Edwards, John	gentleman	C	F
Elsden, Charles	merchant	C	F
Everard, Edward	merchant	A	F
Everard, Scarlet	merchant	CA	F
Green, Robert	merchant	C	F
Hadley, Samuel, jur.	merchant	C	F
Hogg, George, jur.	gentleman	CA	F
Lawrence, Joseph	gentleman	CA	F
Self, Lionel, jur.	merchant	A	F
Stockdale, John Bailey	merchant	C	F
Swatman, William	merchant	C	F
Toosey, James Bramall	merchant	C	F
Whincop, Robert	attorney	C	F

専任市議会議員

氏名	職業	市議会	市民権
Bagge, Thomas	merchant	A	F
Bagge, William	merchant	A	F
Bagge, William Wilson	banker	C	F
Bell, Henry	esquire	A	F
Bonner, Gamble Yates	merchant	C	F
Bowker, Alexander	merchant	A	F
Cary, John	merchant	C	F
Case, William	gentleman	A	F
Dixon, Johnson	merchant	C	F
Elsden, Edmund	esquire	C	F
Elsden, Edward Rolfe	merchant	A	F
Everard, Edward, jur.	merchant	C	F
Freeman, Robert	merchant	A	F
Hemington, John	gentleman	CA	F
Hogg, Fountaine	merchant	A	F
Hogg, William	merchant	C	F
Lane, Frederic	solicitor	C	F
Taylor, Joseph	merchant	C	F
Wardell, John	grocer	A	F

専任舗装委員

氏名	職業	市民権
Allen, Stephen	clerk/Rev.	F
Audley, Thomas	merchant	F
Bailey, George	upholster	NF
Bailey, Thomas	tallowchandler/grocer	F
Baker, Samuel	merchant	F
Birkbeck, John	banker	NF
Blackburne, Thomas	merchnat	F
Brame, Thomas	merchant	F
Cooper, Thomas	upholster	F
Dixon, John	grocer	F
Gales, Thomas	druggist	NF
Goodwin, Harvey	attorney	NF
Hankinson, Robert	clerk/Rev.	NF
Hankinson, Thomas	cork cutter	NF
Hawkins, George	attorney	NF
Hedley, Isaguey	bookseller	NF
Hogg, George *	merchant	F
Lake, William	mariner	F
Lane, Samuel	esquire	F
Lee, Johnson	attorney	NF
Newham, Samuel	surveyor/builder	NF
Newman, Charles	silversmith	NF
Oxley, Thomas	merchant	F
Peek, George	grocer	NF

出典：KLA, KL/C7/15-16; KL/PC4/1-2; KL/PC2/1-4; CFL.

注：1) F：フリーメン、NF：非フリーメン、A：市参事員、C：市会員、CA：期間中に市会員から市参事員に昇格した者。
2) 職業表記はフリーメン登録簿をもとにしている。
3) George Hogg (*) はかつて市会員であったが、意見の相違から1778年に役職を辞任している。

リートもいるが、市議会議員のように余暇の有無、レスペクタビリティ、住民からの信用度など細かい条件が重視されないせいか、食料雑貨商、家具屋、薬屋をはじめとする商工業者も含まれる。また、非フリーメンも一定数、見られた。その数は12人と全体の3割を切っていたことは確かだが、それでも、市議会や都市自治体関連の組織には非フリーメンが入り込めなかったことを考えると、この数字は注目に値する。これらの非フリーメンには、新興の商工業者や弁護士、聖職者が多かった。非フリーメンの中には、舗装委員会以前には、フリーメンでなかったという理由で公的な行政活動には関与することはなかったが、1790代に組織された公開集会には参加していた者もいた。また、ビジネスの成功や社会的・文化的活動を通して、すでに社会的地位を確立していた者がほとんどであった。たとえば弁護士のH. グッドウィンは、下層から上層にいたるキングス・リンの誰もが彼の数々の慈善行為を認めており、誰よりも慈善アソシエーションでの活動を通して人々の尊敬を集めていたといわれていたが、公的な行政の場に出たのは舗装委員会がはじめてであった[41]。銀行家でクエーカーのJ. バークベックは、都市自治体やその他の組織の活動資金の管理を銀行として引き受けることも多かったが、バークベック本人が行政の場で活動するのは舗装委員会だけであった。こうした職業や社会的地位の多様性にもかかわらず、舗装委員に共通なのは、皆、富裕者であったことだろう。1796年の救貧税記録にもとづく富裕度分析では、委員の4分の3がクラスⅠ〜Ⅲに分類されている。残りの者たちも、1803〜1810年の史料を確認すれば、おそらく大半がそのクラスにおさまると思われる。舗装委員は財産基準に沿って選ばれていたのである。

　市議会と舗装委員会の構成員を比較すると、表4－1が示すように、大きな重複が見られ、都市自治体と舗装委員会が対立関係にはなかったことが明らかである。1803年から1810年の間に市議会議員か舗装委員のいずれかを経験した者は62人いる。このうち19人は市議会、24人は舗装委員会のみに直接関わっているが、残りの19人は両方の構成員である。19人の市議会議員との兼任者を詳しく見ると、市参事会員になったばかりか、または市会員が多く、年齢は比較

的若く、行政経験もさほど長くないフリーメンであることがわかる。しかし、バッグ、ホッグ、エヴェラードをはじめとする伝統的なエリート一族が多く含まれることからも、この者たちが新興勢力であることを意味するわけではない。この兼任者たちが都市自治体と舗装委員会の役割分担をうまく調整し、両者の協力体制を作り上げる重要な役割を担っていたと考えられる[42]。とはいえ、これら兼任者は全舗装委員のうちの44.2％でしかなく、残りの過半数を超える舗装委員会に専任している人々を無視するわけにはいかなかった。法定委員会が財産所有者たちの合意のもとに設立・運営されるものだというP. ラングフォードの印象は、少なくともキングス・リンには該当した[43]。

4　事業内容

　都市自治体は生活環境の整備に対する住民のニーズに応えようとしたものの、19世紀初頭のキングス・リンではさまざまな不都合が生じていた。1803年の舗装委員会の設立を認可した地域特定法の序文には、「キングス・リンでは通りの大小にかかわらず舗装がなされておらず、清掃や照明、警備も適切に行われていない。通りにはさまざまな妨害物がおかれ、迷惑行為や不法侵入にもさらされている。そもそも、通りの多くが狭く不便である」と当時の様子が述べられている[44]。道路の維持・整備には、運輸・交通、取引、治安、公衆衛生、景観など、都市生活の多様な問題が絡んでいた。限られた財政資金しかもたず、また問題が起こるたびに個別に処理するだけで、決して総合的事業として取り組むことはなかった都市自治体が単独でこの問題の解決をすることは、もはや不可能であった。

　舗装委員会がめざしたものは、ヴィクトリア時代末以降に活発になった都市計画には及ばないものの、それまでのものと比べて格段に規模の大きい都市改良事業であった。さまざまな不都合を改善し「住民とこの町を訪れるすべての人々に利益、便益、そして安全がもたらされる」ために、1803年法では以下の３項目が目的としてあげられている[45]。第一に、すべての公道の舗装・清掃を

し、照明をつけ、夜間警備を行い、不法侵入や妨害などあらゆる迷惑行為を取り除くと同時に、将来再発しないような設備をおくこと。とりわけ、最も人の出入りが多い南門（図4-1のt）と主要道のセント・ジェームズ・ストリート（図4-1の㉘）の間に、それらを結ぶ新しく便利な道路を新設することが意図されている。第二に、貧困者を労働力としてこの公共事業で雇用することに期待を寄せている[46]。そして第三に、十分な広さをもたず、また取引に不適当な場所にあった土曜市広場と家畜市場を移動させることであった。舗装委員会が1803年から1830年に実際に行った活動を、インフラの建設・整備、公害（騒音・異臭・迷惑行為）対策と清掃、照明・防犯の3つに分けて分析してみる。

インフラの建設・整備

　インフラの建設・整備では、新道路の建築が中心的な事業であった。舗装委員会を組織した一番の目的であったといってもよい。新しく道路を作るには多大な労力と資金を要するが、最大の問題はいかに道路建築用の土地を確保するかである。一般に、近世イギリス地方都市では複数の地主の土地が入り混じり、一斉開発は進めづらい場合が多かった[47]。しかしキングス・リンはこの点で条件に恵まれた。この都市の最大の地主は都市自治体自身で、しかも町の中心部のほぼ全域を所有していたが、これが舗装委員会の事業を全面的に支持したのである。また、中心からはずれたところには少数ながら個人の地主がいたが、そのほとんどが市議会議員で舗装委員会の活動にも協力的であったため、舗装委員会は大きな障害もなく、新しい道路建設に取り組むことができたのである。

　新道路建設の中でも最大の事業は、キングス・リンで最も重要な門である南門からまっすぐに伸び、町の中心部に入る広い通り、ロンドン・ロードの建設であった（図4-1の㊹）。その名前が示唆するように、都市中心部と首都を結ぶことを意識した道路である。従来、南門から入った人々はウーズ川寄りの通りから町の中心部に入るルートをとったが、その道は狭く不便で、18世紀の社会・経済発展を通して増加した交通量や取引の需要に応えられるものではなく、新たな道路建設が計画されたのである。ロンドン・ロードの建設予定地は果樹

図 4-1　キングス・リンの通り、広場、建物

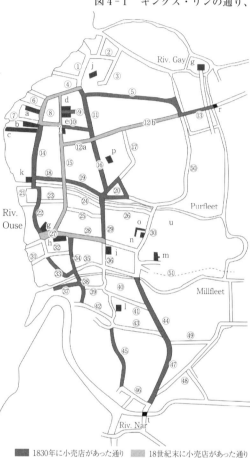

①St. Ann's St.（North End St.）
②North St.（Dog St.）
③Pilot St.
④St. Nicholas St.（Black Goose St. またはWood Pack St.）
⑤Austin St.（Hopman's Ln.）
⑥Water Ln.（Pudding Ln.）
⑦Common Staith
⑧Tuesday Market Place
⑨Market Ln.（Duke's Head Ln.）
⑩Jews Ln.（Butcher Ln.）
⑪Chapel St.（Black Horse St.）
⑫Norfolk St.（a: Grass Market, b: Damgate St.）
⑬Littleport St.
⑭King St.（Chequer St.）
⑮High St.
⑯Broad St.
⑰Paradise St.（Spinner Ln.）
⑱Purfleet St.
⑲New Conduit St.
⑳Baxter's Plain
㉑King Staith
㉒Queen St.（Three Crown St.）
㉓Baker Ln.
㉔Sedgeford Ln.
㉕Union Ln.（Mad Ln.）
㉖South Clough Ln.
㉗Saturday Market Place
㉘St. James St.（Three Pigeon St.）
㉙Tower St.（Black Boy St.）
㉚St. James Rd.
㉛St. Margaret Ln.
㉜Priory Ln.
㉝Nelson St.（Lath St.）
㉞Church St.（Red Cow St.）
㉟Stonegate St.（Mill Ln.）
㊱Tower Ln.（Codling Ln.）
㊲Boal St.
㊳Bridge St.
㊴Crooked Ln.
㊵Coronation Sq.
㊶Providence Row
㊷All Saint St.
㊸Valinger's Rd.（未建設）
㊹London Rd.（未建設）
㊺Friar's St
㊻Southgate St.
㊼Buckingham Terrace
㊽Guanock Terrace
㊾Windsor Rd.
㊿Back Rd.（Blackfriar's Rd.）
51Bird Cage Walk

■ 1830年に小売店があった通り　■ 18世紀末に小売店があった通り

a）Market House
b）Globe Inn
c）St. George's Hall（old theatre）
d）Maid's Head Inn
e）Duke's Head Inn
f）Coffee House（Freemason's Tavern）
g）Town Hall/Assembly Room
h）St. Margaret Church
i）New Theatre
j）St. Nicholas Chapel
k）Custom House
l）All Saint Church
m）St. James Workhouse
n）Lancastrian School
o）St. James Almshouse
p）Framingham Hospital
q）Kettlemill（water work）
r）East Gate
s）Lady Bridge
t）South Gate
u）New Burial Ground

＊括弧内は18世紀末までの旧称

出典：KLA, KL/PC2/2; NRO, BL42/1; *Plan of Lynn 1830*をもとに作成。

園や牧草地であり、既存の建物はほとんどなかったものの、私有地が散在していた。土地の利用許可や保証をめぐり地主との交渉が行われたが、その交渉はおおむね円滑に進んだ。必要な部分の土地を買い上げたり、別の土地と交換したり、中には地主から寄付を受ける事例もあった。舗装委員会の準備段階から積極的に関与してきた M. B. フォークスの土地はわずか200ポンドで買い上げられたし[48]、キングス・リン市内数カ所に土地を保有していた E. エヴェラードは、それらを安価で譲ったり、時には不動産の寄付も行っていた[49]。一方、舗装委員会の活動にはとくに関わることがなかった J. マーシャルや T. ミドルトンのような地主も、舗装委員会への土地の提供や交換の申し出を快く受け入れた。この者たちは18～19世紀を通して行政に関わった形跡もなかったが、そのような人からの理解や協力を得ることで、新道路建設は強く後押しされた[50]。もちろん、道路建設用地の確保がすべてうまく進んだわけではない。たとえば、グレイ修道院の跡地はハミルトン氏なる人物に長期契約でリースされていたが、借地権をめぐって問題が起きた[51]。しかし、いずれも最終的には話し合いがついた。また、道路建設を請け負ったのは、ノリッジ出身で、ロンドンのサザク地区で舗装業を営む W. ポップジョイであった。彼は工事を請け負うと同時に、自ら800ポンドという高額の舗装委員会証券を引き受けたのである[52]。1803年に舗装委員会が議会で承認されるとすぐに新道路建設に着手したが、完成までには10年にわたる年月がかかった。将来の交通量の増加にも十分対応できるよう、頑丈な土台を作り従来とは異なる高品質の舗装を行い、フェンスの設置が完了したのは1814年のことであった。

　一方で委員会は、既存の通りや遊歩道、そして公共の施設や設備の大がかりな改良事業も行った。新しい道路建設を主たる目的とし、そのための予算を確保していた舗装委員会にとってはこれらの事業は付加的なものであったが、無視するわけにはいかなかった。大規模な修理がなされたのは、ダムゲート・ストリートやハイ・ストリート、ブロード・ストリート、セント・ジェームズ・ストリート（図4-1の⑫b、⑮、⑯、㉘）等の主要な通りであったが、その他にも複数箇所で工事が行われた。新道路建設の際と異なり、これらの通りの

大半が町の中心に集まっているため、既存の建物の存在が一番の問題になる。都市自治体と土地・建物の借受人の間には、リース契約に盛られた内容や補償をめぐり、いくつもの対立が起こった。

　改良のために使える予算の制約も厳しかった。道路の状態は測量士や舗装委員からの報告だけでなく、住民からの陳情にももとづいて調査され、重要かつ緊急と思われるところから修理がはじまる。しかし資金不足のため、舗装の質を落とさざるをえない事例や、中には修理の必要性や正当性が認められながらも、放置されたり計画が縮小された事例も多い。実際、一つの通りを完全に修理するには1,000ポンドを超えるほどの大事業になってしまうが、この額は課税収入を基本とする通常の平均的な年間収入に相当する。妥協手段としてしばしばとられたのが、希望者が工事費を準備し、舗装委員会が一部補助する方法であった。たとえばパーフリート橋周辺の通りを拡張・修理するための見積もり額900ポンドのうち、700ポンドを周辺の住民が、そして残りの200ポンドを舗装委員会が負担している[53]。また、ノース・エンド区のブラック・グース・ストリート（図4-1の④）も地域の有志から集めた1,000ポンドを準備金とし、それに舗装委員会の資金補助を加え、工事の実現にこぎつけた[54]。この方法は資金不足に悩む舗装委員会にとってだけでなく、直接の受益者である住民にとっても有利な方法であったし、不公平感も少なかった。ここには、当時の都市改良事業のもっていた公共的性格と私的性格、公的負担と受益者負担の組み合わせが見られる。18世紀にも、個人と都市自治体が共同で道路を舗装した事例はあった。都市自治体は1770年にコモン・ステイス・ヤード（図4-1の⑦）周辺の道路の改良工事を行ったが、その資金の一部は隣接地に居住する市議会議員のG. ホッグから提供されたものであった[55]。このときは、都市自治体が負担した金額が大きかったことや、この改良事業によってホッグ以外に恩恵を受ける者が少ないことから、後に市議会議員の私利追求であるという批判があがったが、批判の背景にはこのような方法で工事が行われることが当時としては珍しかったことがあげられる。その当時の改良事業は都市自治体の資金により進められ、改良される場所は数少ない公共空間に限られ、資金不足が見込ま

れると基本的に手をつけられることはなかった。しかし、舗装委員会の事業においては、むしろ積極的に、ニーズをもつ人々によって自発的に調達された資金を使って改良事業を進めた。有志から集められた私的資金と舗装委員会の公的資金とを組み合わせることによって、より多くの改良事業を遂行することが可能となったのである。

大規模な事業には制約も多かったが、通常収入の中で遂行できる小規模な舗装や改修工事に関しては、舗装委員からの報告を受けると、委員会で協議の上、比較的柔軟に対応していた。また、遊歩道の整備や拡張も1810年代を通して見られる。一般道路の建設・修理が経済発展に見合ったインフラを提供することであったとするならば、遊歩道の設置の目的は、より洗練された社会生活のための場、すなわち憩いや社交の場の提供であった。公園や広場を都市空間に求めるのは当時の全国的な傾向になりつつあり、その有無は都市の名声や威信に関わる問題でもあった。キングス・リンでも18世紀後半には憩いの場を求める声が強まり、18世紀末には都市自治体によって遊歩道（図４－１の(51)）が建設されていたが、舗装委員会は、初期の新道路建設や既存の通りの大規模改修が一段落すると、さらに遊歩道を整備・拡張していった。1830年に大きな改修事業計画がもちあがったバード・ケージ・ウォークは、元は都市自治体によって設置されたものであったが、資金不足を抱える都市自治体は「どんな種類の苦情や依頼がきても断固として工事を請け負わない」ことを市議会の総意で決定した[56)]。しかし、同時に舗装委員会が改修工事をやることに関しては何も口出しをしないということを確認し、舗装委員会に伝えられた。この結果、工事の規模の程度は不明だが、舗装委員会が改修を請け負うことになった。

都市環境問題への対応

人口増加や都市化に伴い、都市環境は急速に悪化していった。それまで慣習的に通りに放置されていたゴミやモノは、都市に流入する人口や交通量が増えるにつれ、経済活動や日常生活の大きな妨げとなっていった。不十分な公共の排水設備からは悪臭がただよい、しばしば汚水が流れ出し、ゴミ処理施設の改

良を求める声も次第に強くなった。環境の悪化に加え、住民の公共観や公衆衛生観が変化し強まり、それにつれてキングス・リンでは、舗装委員会に寄せられる公害の改善要求は、それまでと比較にならないほど多くなってきた。その結果、公害や衛生問題への対処が都市行政の中心的課題の一つと考えられるようになり、高い請負料で衛生管理や道路・公共物の管理を清掃人に委託した。キングス・リンの清掃人は年間300ポンドの請負料を受け取り、通りにある有害・障害物や迷惑行為や異臭に、舗装委員会と連携しながら対応した。

舗装委員会は多くの都市環境に関する苦情の対応に追われた。たとえば、J. クロウソンとT. ガネルは歩道に荷車を放置したことで舗装委員会から警告を受け[57]、J. ドゥディは、歩道に放置していたカートを2週間以内に動かすようにという警告を無視したため、5シリングの罰金の支払いを命じられた[58]。煙突掃除人のT. ホールは集めてきた灰をゴミ処理場にもっていかずに通りに放置し[59]、T. モリスは家畜のトタン小屋を住宅地の中に作った[60]。生活汚物の放置も大きな公害となる。J. ラックとJ. フランクリン、寡婦のM. ベインズ、W. ロビンソンはこの件で住民からの苦情を受け、舗装委員会から警告された[61]。W. ハバード一家の大家であるS. ミリングトンも、貸家のトイレの臭いに関する隣人からの苦情により、即座に対応するよう委員会からの命令を受けた[62]。

舗装委員会には、公共施設から生ずる公害に対する苦情ももち込まれた。雨が降るとあふれ悪臭を発する排水設備については、18世紀には都市自治体が施設の増設を行うことで対応していたが、19世紀になっても改善はあまり見られず、舗装委員会でもその場しのぎの修理や増設を行っていた。しかしそれ以上に、公共ゴミ置き場については重大な問題になりつつあった[63]。従来のゴミ置き場は町の比較的中心に位置していたが、人口の増加とともに、生活ゴミの量は処理できる分をはるかに上回るようになった。さらに、19世紀初頭からはじまった新しい道路建設は大量の瓦礫を生み出した。そのため、舗装委員会はゴミ置き場の移設を余儀なくされたが、新しく設置されたゴミ置き場は町の中心からはずれた場所に位置した。ゴミの運搬人とはその手間と費用をめぐり大き

な議論になったし、ゴミ置き場までもっていかず道路に放置する住民も増えたのである[64]。また、人や動物の排泄物は公共の置き場に個人が捨てに行かなければならなかったが、生活ゴミ同様に徹底されているとはいいがたかったし、排泄物置き場から都市の外に運び出す請負業者もいい加減な処理を行っていた[65]。キングス・リンから手押し車で運び出された排泄物が、海岸線沿いのある場所にただそのまま、山と積まれている状況が1767年に観察されている[66]。しかし18世紀末になると排泄物を農業肥料として利用する方法が発見され、それらの商品としての価値が出てきた。舗装委員会もそれらを売却することで排泄物の処理問題を解決し、さらに収入も見込んだが、収入としては微々たるものであった[67]。

　このように舗装委員会は都市環境への対応はとったものの限度があり、1830年頃を境に、特定の役割を果たす専門委員会が組織されるようになる。たとえば、上下水道に特化した委員会は、1829年、地域特定法下に新しく組織された[68]。しかし、都市衛生に関しては1872年の公衆衛生法によって都市衛生局ができるまで、引き続き舗装委員会が対応していた[69]。

照明・防犯

　照明の設置と防犯対策は、舗装委員会の活動としては、比較的遅い時期からはじまったものである。19世紀初頭のイギリス都市では、照明はオイルランプを用い、年間契約を結んだ照明業者に毎日の点灯・消灯を請け負わせる形をとっていた[70]。インフラ設備の中で照明設備の導入は最も遅れていて、どの町でも街灯の数は不足気味であったといわれる。キングス・リンでも、18世紀には街灯は設置されてはいるが、普及はなかなか進まなかった。有用性は認識されていながらも、都市自治体はそれ以上に重大な諸問題に追われ、街灯については後回しにされる傾向があった。舗装委員会でも初期のプロジェクトの中では全く重点がおかれておらず、それどころか資金不足のため点灯する街灯の数を減らす案が出されることさえあった[71]。しかし、照明に対する市民からの要求は次第に大きくなり、道路建設や舗装が一区切りついたところで、ようやく議

論されるようになってきた。住民からの要求を受けた市参事会員で舗装委員の W. スワットマンは、1816年に、町のあらゆる場所で街灯の数が不足しており、街灯の増設を考えるべきである、との意見書を舗装委員会に提出している[72]。これを受けて、舗装委員会は現存の351個の街灯を420個にまで増設する決定をした[73]。同様の街灯増設の要求はその後も見られた。

　1820年代になると、街灯の設置に関して転機を迎える。ガス灯の導入が焦点となりはじめたのである。ガス灯がキングス・リンにはじめて提案されたのは1815年であり、ロンドンのウィートクロフトによりなされた。しかしその時の舗装委員会の反応は、自らがガス灯を導入し管理することには非常に消極的であり、「まずはリンで寄付を募り、それを元手にガス会社を設立すること……同時に、もしその会社がガス灯を設置し、その管理も行うならば認可する……舗装委員会からの資金援助はしない……」という決議を行った[74]。したがって、その後もオイルランプの使用が続いた。しかし夜間に街灯が点灯しないなど、照明に関する不平は増え続けた。委員会は業者に罰金を科して事態に対応しようとしたが、改善はほとんど見られなかった[75]。

　オイルランプを利用し続ける一方で、ガス灯導入の水面下での検討は続けられていた。ロンドンのガス業者のゴストリングから新しい提案が舗装委員会の議題にあがり、再度公式に検討がはじまったのは1823年12月のことである[76]。9つの主要な通りと4つの市場広場を設置場所とし、古い206のオイルランプをはずし、52のガス灯を導入する提案がなされた[77]。翌年2月の委員会では、すでにこのロンドンの会社によってガス灯が導入されていたイプスウィッチのW. キュビットからの詳細な報告がなされたが、ポイントは以下の4点であった[78]。第一に、ガス灯の導入は、これからの社会を見据えた望ましい選択肢であること。第二に、ガス灯を舗装委員会が自前で設置するのではなく、レンタルすることにより、年間の出費を450ポンド程度に抑えられること。第三に、地域特定法下に新しいガス会社を作り、その会社が額面20ポンド程度の株を発行し、資金調達することを勧める。そして第四に、ガス会社設立前に10,000ポンド程度の資金調達が終わっている必要があるという点であった。実際にガス

灯を導入した都市の報告は説得力があり、また、年間の支出見積もり額が450ポンドと、舗装委員会の過去7年間のオイルランプ関連費用の平均年間支出を下回るものであったことから、この業者との契約を積極的に考えることになった。

　ガス会社の株主の募集に関しては、この時点で、キングス・リンの商工業者を中心として51人が名乗りをあげていた。そして、翌年4月には居住者のための公開集会でガス灯の導入について話し合われた[79]。集会では「ガス灯は、明るさをとっても、経済性をとっても、従来の普通のランプやロウソクよりもずっとすばらしく、通り、店、イン、その他の建物を照らしてくれることが確実」とされ、ガス灯を維持・管理していくためにも、会社の設立は「最も適した方法」であり「利子もそこそこで、安全な資本の投資先になるだろう」という見通しがもたれた。さらに、株の購入方法や総会での株主の投票数、株式販売についての広告の仕方などもまとまった。その結果、ガス灯導入事業を承認することになったのである。この公開集会の結果を受け、舗装委員会ではさらに細かい調整を行った。最終的には、はじめの提案を大きく上回る150個のガス灯を導入することとし、3年間以内に設置すること条件に、ウィートクロフトとの21年契約を結んだのは1824年7月のことであった[80]。

　1820年代前半に行われたガス灯の導入の背景には犯罪対策があった。キングス・リンの経済活動の拡大は取引関係者や旅行者などの訪問客、そして雇用を求める人々の流入を生み、また昼夜を問わず市門を開放するようになったことも加わり、犯罪の増加を引き起こした。消費社会化の進展に伴う常設小売店の増加は、商品が常時建物内に存在することを意味したし、また人々がより多くの高価なモノを保有するようになると、それを狙った犯罪も増えた。犯罪の放置は、取引関係者の足を遠のかせ、経済活動の停滞を引き起こす可能性があるだけではない。キングス・リンでは舞踏会や演奏会などさまざまな社交の催しが開催されていたが、犯罪の頻発はこれらを目当てに来る旅行客を躊躇させる要因にもなりかねなかった。防犯は都市にとって不可欠な問題であった。しかし、1835年以前のイギリス地方都市では警察制度はまだほとんど整備されてお

らず、無給の治安官を使った中世以来の自警制度しか存在しなかった[81]。キングス・リンでは18世紀から無給の治安官をおいていたが、ほとんど機能はしておらず、1803年に舗装委員会が6人の夜警をそれぞれ年間25ポンドの給料を払って雇うことを決定した。夜警には給料のほかに冬場のコートや特別手当も支給されるとあって、就任希望者は少なくなかった。しかし高齢者が多いことや仕事の厳しさから怠ける者も後をたたず、委員会は後任者をしばしば任命しなければならなかった。たとえば1812年11月30日の委員会では、死亡したR. ホールの代わりにJ. ローレンスが、職務怠慢で罷免されたS. フランシスの後継にG. クウィニーが正式に任命され、さらに、病気療養中のW. アンドリューズの代役に、当面の間P. ドブソンが就くことが承認された。この警備員体制がどの程度犯罪防止に役立っていたか不明だが、夜間の見回りの強化や照明の設置を通じて、犯罪を未然に防ぐことが、舗装委員会の活動の一つの柱であったことは間違いない[82]。舗装委員会による夜警制度は、少なくとも、1836年に新しい警察制度の検討がはじまって委員会が組織されるまで続いた[83]。

　以上3点から1830年以前の舗装委員会の活動を分析してきた。委員会設立の最大の目的であった新しい幹線道路建設は1810年代半ばまで続いたが、その後、舗装委員会の活動は縮小し、比較的小規模な修理や、犯罪防止や照明等の問題に対応していった。1830年代になると、舗装委員会はまた新たなプロジェクトを抱え積極的な資金徴収をはじめたが、その一方で、より専門的に都市が抱える問題に対応する複数の法定委員会が成立することになる。

5　活動資金の提供者たち

　舗装委員会にとって核となる収入の一つは、地域特定法で承認された課税収入である[84]。しかし、新道路の建設などの大きな事業を遂行する場合は、課税収入だけでは不足しており、年金証券、寄付金、そして委員会証券の3通りの方法で資金を調達した。一方、人々は、資金提供を通じて、舗装委員会の活動に間接的に参加していたのである。

第4章 法定委員会 171

表4-2 舗装委員会発行の年金証券引受人（1806～1865年）

年	氏 名	居住地	地位・職業	引き受け額 (£)	利子 (£)
1806	Guyton, John	Lynn	borough esquire of the Navy	1,000	100
1808	Becket, Jane	Lynn	borough widow	100	10
	Kemp, Ann Jackson	Docking	county spinster	400	34
1825	Colding, George	Lynn	borough meter	200	16
1831	Gotterson, Samuel	Harply	county farmer	400	44
				1,000	70
				1,000	70
	Sexton, Thomas	Lakenham, City of Norwich	yeoman	200	23
				200	25½
	Firth, Betty	City of Norwich	spinster	300	40
1832	Gotterson, Samuel	Harply	county farmer	900	75
				1,500	180
	Dering, John Thurlow	Denver	n. a.	300	27
	Elsden, Henry	Congham	county esquire	5,000	250
1834	Wilson, Joseph Frazer	Denver	county esquire	600	50
	Collett, Mary Ann	Ashull	county spinster	500	34
	Iveson, Arthur	Lynn	gentleman	600	35
1846	Sepping, Thomas	Syderstone, Norfolk	county gentleman	3,999	400
1865	Tuck, James	South Lynn	borough gentleman	510	55

出典：KLA, KL/PC/4/4.

　年金証券の発行は第一の方法であり、とりわけ1830年以降の舗装委員会の事業では最大の資金確保手段であった。しかし、委員会発足時から数年の間に関していえば、1806年に1件と1808年に2件が引き受けられたのみであり、この時期の年金証券の発行は、活動資金集めの補足的手段として使われた（表4-2）[85]。1806年に舗装法の修正法案が通り、資金調達方法が拡大し、ノーフォークやサフォークの新聞に、不足する7,900ポンドを提供してくれる人を募集する広告が掲載された[86]。これを受けて、キングス・リンのエスクワイア、J.ガイトンは1806年に1,000ポンドの証券を年100ポンドの利子で、1808年にはキングス・リンの寡婦のJ.ベケットが100ポンドの証券を年10ポンドの利子で、そして同年、ノーフォークのドッキングに住む未婚婦人A.J.ケンプは400ポンドの証券を年34ポンドの利子で引き受けたが、年金証券の年利を計算すると

8.5%～10％と驚くほど高い。これら3人の引受人は、舗装委員会の事業内容に関心が高いというよりも、むしろ好条件の投資先として年金証券を引き受けていたと考えるのが適当であろう。舗装委員会としては、利子を高く払わなければならないものの、早急に高額の資金を集めるにはこの方法が適していた。

　寄付金は第二の資金調達法であり、舗装委員会設立時の1803年に、3件の寄付が見られた。これらは、キングス・リン選出の下院議員のH. ウォルポール卿とM. B. フォークスそして舗装委員会の会計を担当していたガーニー＝バークベック＝テイラー銀行であり、前者2人は500ポンド、後者は200ポンドの寄付を行った[87]。しかしながら、舗装委員会の初期のプロジェクトの中心的資金源は、額面100ポンド、年利子5％の証券であった。証券発行の第一のピークは舗装法が出された翌年の1804年、第二のピークは改正法が出された直後の1806年から1807年、そして第三のピークは1810年であったが、1830年前後の4件を除き、すべてが1803年から1810年の間に集中している。これは、1803年の委員会設立当初に主要な改良事業が計画され見積もりが出されたものの、事業が進むにつれて資金不足に陥り、1806年と1810年に追加で証券引受の募集が行われたことを示唆する。そして初期の改良事業は1810年代までにほぼ終了し、それ以後は道路税等からあがる収入の枠内で活動が行われたのである。

　1803年から1810年の期間における舗装委員会証券の引受人（1団体を含め86人）は、表4-3が示すように、全員がノーフォーク、それもほとんどがキングス・リンの住人であり、また4人の農村地主もキングス・リンから30キロ以内の近隣に居住していた。注目すべきは、同時期の市議会議員の約70％が引受人だったことである。39人の市議会議員（専任市議会議員20人と舗装委員との兼任者19人）のうち、専任市議会議員が9人と兼任者18人、合わせて27人が舗装委員会証券を引き受けており、これは証券引受人全体の31.8％を占める。「市長と市民の代表」として証券を引き受けたキングス・リンの都市自治体と市議会議員の親族も含めて考えると比率はさらに上がるだろうし、舗装委員会の事業が市議会議員からも強力な指示を受けていることが示唆される。また、フリーメンの引受人は46人いる一方で、非フリーメンは6人の女性と都市自治体

第4章 法定委員会

表4-3 舗装委員会証券引受人（1803〜1810年）

氏　名	職業・地位①	職業・地位②	委員	市民権	引き受け額 (£)
Hogg, George	b. esquire	merchant	P	F	1,000
Goodwin, Harvey	gentleman	〈attorney〉	P	NF	900
Bagge, Thomas	b. esquire	merchant	H	F	各800
Bagge, Thomas Philip	b. esquire	merchant	HP	F	
Edwards, Edward, Rev.	clerk	clerk	Corp	F	
Popjoy, William	paviour			NF	
Everard, Edward, jur.	b. esquire	merchant	HP	F	700
Everard, Scarlet	b. esquire	merchant	HP	F	各600
Hamond, Anthony	c. esquire			NF	
Birkbeck, John	banker	〈banker〉	P	NF	各500
Blencowe, John Prescott	b. esquire	merchant	HP	F	
Everard, Edward	c. esquire	merchant	H	F	
Gales, Thomas	druggist	〈chemist〉	P	NF	
Whincop, Robert	gentleman	attorney	HP	F	
Birkbeck, Henry	banker	〈banker〉		NF	各400
Dixon, Thomas	surgeon			NF	
Freeman, Robert	b. esquire	merchant	H	F	
Gurney, John	banker	〈banker〉		NF	
Lenny, Issac	surveyor			NF	
Allen, Thomas	b. esquire	gentleman	HP	F	各300
Baker, Samuel	b. esquire	merchant	P	F	
Bowker, Alexander	b. esquire	merchant	H	F	
Elsden, Edmund Rolfe	b. esquire	merchant	H	F	
Hankinson, Robert, Rev.	clerk	〈clergy〉	P	NF	
Newham, Samuel	surveyor & builder		P	NF	
Allen, Maxey	b. esquire	merchant	HP	F	各200
Bagge, William	b. esquire	merchant	HP	F	
Bell, Henry	b. esquire	esquire	H	F	
Brame, Thomas	gentleman	merchant	P	F	
Cary, John	b. esquire	merchant	H	F	
Case, William	gentleman	gentleman	H	F	
Crawforth, Hugh	surgeon	surgeon/appothecary		F	
Dixon, John	grocer	grocer	P	F	
Hankinson, John	b. esquire			NF	
Hankinson, Thomas	gentleman	〈attorney〉	P	NF	
Lane, Samuel	b. esquire	esquire	P	F	
Mayor & Burgess of Lynn (Corporation)				—	
Self, Lionel, jur.	b. esquire	merchant	HP	F	
Wilson, William	banker			NF	
Alderson, Isabella	widow			—	各100
Audley, Thomas	b. esquire	merchant	P	F	
Bailey, George	gentleman	〈upholster〉	P	NF	
Blackburne, Thomas	merchant	merchant	P	F	
Bonner, Thomas	merchant	merchant		F	
Carr, Richard	mariner			NF	

Codling, George	meter			NF	
Cooper, Thomas	linen draper	upholster	P	F	
Coulcher, Martin, Rev.	clerk			NF	
Dillingham, James	merchant	merchant		F	
Edwards, George	b. esquire	merchant	HP	F	
Edwards, John	b. esquire	gentleman	HP	F	
Elsden, Charles	merchant	merchant	HP	F	
English, Dorothy	widow			—	
Gosker, Thomas	plumber	plumber		F	
Gury, Thomas	merchant			NF	
Hadley, Samuel	merchant	merchant	HP	F	
Hardyman, William	clerk	〈clergy〉		NF	
Hart, Mary	spinster			—	
Haycock, Giles	n. a.			NF	
Hemington, John	b. esquire	〈attorney〉	H	F	
Hogg, George, jur.	b. esquire	merchant	HP	F	
Jordan, William	grazier	grazier		F	
Lake, Sarah	spinster		(P)	—	
Lawrence, Joseph	gentleman	〈attorney〉	HP	F	
Manser, Martin	gentleman	mariner		F	各100
Marriott, Joseph	victualler	〈victualler〉		NF	
Marshall, John	doctor of physics	〈surgeon〉		NF	
Mayhew, Mary	spinster			—	
Molineux, Crisp	bricklayer			NF	
Mugridge, Thomas	merchant			NF	
Oxley, Thomas	merchant	merchant	P	F	
Peek, George & Christopher	grocer	grocer	P	F	
Redfearne, Richard	doctor of physics	〈surgeon〉		NF	
Rishton, Martin Folkes	b. esquire			NF	
Robertson, Walter	b. esquire	wine merchant		F	
Rolf, Edmund	c. esquire			NF	
Rolf, Edmund jur.	c. esquire			NF	
Smetham, John, jur.	gentleman	〈attorney〉		NF	
Stockdale, John	merchant	merchant	HP	F	
Swatman, William	merchant	merchant	HP	F	
Toosey, James Bramall	b. esquire	gentleman	HP	F	
Tuck, William	gentleman	chamberlain	Corp	F	
Upwood, Thomas	surgeon	〈surgeon〉		NF	
Walson, Mark	shipbuilder			NF	
Whincop, Catharine	spinster		(H)	—	

資料：KLA, KL/PC2/1-4; KL/PC/4/1-2; *CFL*.

注： 1) 職業①は舗装委員会証券リスト上での職業、職業②はフリーメン登録簿、または人名録〈 〉での職業。
　　 2) c. esquire：農村地主、b. esquire：キングス・リン在住のエスクワイア。
　　 3) HP：市議会議員と舗装委員の兼任者、H：市議会議員、(H)：市議会議員の家族、P：舗装委員、(P)：舗装委員の家族、Corp：都市自治体の役職者。
　　 4) F：フリーメン、NF：非フリーメン、—：女性または団体。

表4-4　舗装委員会証券引受人の職業・地位別人数と引き受け総額（1803〜1810年）

職業／地位	証券引受人リストに基づく分類（表4-3の職業・地位①）				フリーメン登録簿・人名録に基づく分類（表4-3の職業・地位②）			
	人数	%	引き受け総額（£）	%	人数	%	引き受け総額（£）	%
エスクワイア	30	35.3	9,500	45.9	7	8.2	1,500	7.2
専門職・ジェントルマン	19	22.4	4,700	22.7	19	22.4	4,800	23.2
商人・銀行家	14	16.5	2,500	12.1	34	40.0	10,100	48.8
女性	6	7.1	600	2.9	6	7.1	600	2.9
小売業者	5	5.9	1,000	4.8	6	7.1	1,100	5.3
手工業者	4	4.7	400	1.9	4	4.7	400	1.9
測量士・舗装業者	3	3.5	1,500	7.2	3	3.5	1,500	7.2
水夫・計量人	2	2.4	200	1.0	3	3.5	300	1.4
公的な役職	1	1.2	200	1.0	1	1.2	100	0.5
そのほか・不明	1	1.2	100	0.5	2	2.4	300	1.4
合　　計	85	100.0	20,700	100.0	85	100.0	20,700	100.0

資料：表4-3から作成。
注：フリーメン登録簿と人名録に記載がない者の職業は、証券引受人リストの職業を代用。

を含めて39人（45.9％）もおり、舗装委員会の事業がフリーメンに限定された排他的な性格のものではなかったことも明らかである[88]）。

　次に証券引受人の職業構成に注目してみよう。当時の人の職業記載に関してはさまざまな問題があるが、歴史家にとって最大の問題点の一つは、職業や地位の表記の仕方が一貫していないことである。同一人物が、ある記録では商人であるが、別の記録ではエスクワイアになっている例は数知れない。また専門職、とくに法に携わる者は、法律家や弁護士といった職業名ではなく、ジェントルマンと称することを好んだが、リタイアした商人や大手小売業者もまたこの呼称を使うことがあった。このズレを分析に利用すると、次のように興味深い点が明らかになる。

　舗装委員会証券引受人の職業・地位は、主に2種類の史料から特定できる。一つは証券引受人リストで、もう一つはフリーメン登録簿と人名録である。前者のものは表4-3の職業①欄に、後者のものは同、職業②欄に示されている。まず、証券引受人リストにもとづく職業構成を見てみよう。総額20,700ポンドのうち、エスクワイアが30人（35.3％）で9,500ポンド（45.9％）を引き受け

ており、数の上でも総額でも目立って多い。次いで多いのは、専門職・ジェントルマンの19人（22.4％）、総額4,700ポンド（22.7％）と、商人・銀行家の14人（16.5％）、総額2,500ポンド（12.1％）である。これら3つのグループを合わせると、全体の引き受け人数の74.1％、総引き受け額の80.7％を占めることになる。その他には、女性（2人の寡婦と4人の未婚婦人）や、また、人数は3人（3.5％）と少ないが総額では1,500ポンド（7.2％）に達する比較的大口の引受人として、舗装委員会の事業に直接関係がある舗装業者や土地測量士があげられる。

　しかし、フリーメン登録簿と人名録にもとづき職業・地位分類を行うと、舗装委員会証券引受人リストによるものとはかなり異なった見通しが得られる[89]。最も大きく異なるのはエスクワイアと商人・銀行家の人数である。証券引受人リストでは30人いたエスクワイアが、フリーメン登録簿と人名録ではたった7人（8.2％）しかおらず、引き受け総額も1,500ポンド（7.2％）でしかない。一方、専門職・ジェントルマンは19人（22.4％）、商人・銀行家の人数は34人（40.0％）に達し、引き受け総額は10,100ポンド（48.8％）である。すわなち、証券引受人リストのエスクワイアの大半と専門職・ジェントルマンの一部が、実は商人・銀行家であったのである。こうした違いは、第3章で議論した自治体債権の引受人にも見られたが、この差は、一体どこから出てくるのだろうか。

　これは職業・地位の自己申請システムから生じるものである。職業ギルドとの密接な繋がりをもつ都市自治体が管理するフリーメン登録簿には、徒弟以外の方法でフリーメン宣誓をする者であっても、商工業に従事していればその職業名を記載するのが通例であった。人名録もまた、商工人名録といわれることが多いように、職業を記載することを主目的とする。一方、公的事業推進のために証券を引き受けるという行為は、社会への奉仕・貢献であり、非常に名声を高めるものであった。このような「ジェントルマン的」ふるまいを訴えたいがために、職業ではなく、地位を記載したのであろう[90]。当時の人々が証券を引き受ける動機の一端が見えて興味深い。しかし、ここではこれ以上、証券引受人の職業を正確に特定する必要はないだろう。フリーメン登録簿と人名録、

証券引受人リストのいずれを利用しても、エスクワイア、商人、専門職・ジェントルマンの3つの職業・地位の人々が最も有力であったことは変わらない。フリーメン・非フリーメン、または市議会議員・舗装委員・それ以外という分類にかかわらず、この大きなグループが舗装委員会の事業を支えていたことが重要である。

表4-5 舗装委員会証券の引き受け額別リスト（1803〜1810年）

引き受け額（£）	人数	%	総額（£）	%
100	46	54.1	4,600	22.2
200	14	16.5	2,800	13.5
300	6	7.1	1,800	8.7
400	5	5.9	2,000	9.7
500	5	5.9	2,500	12.1
600	2	2.4	1,200	5.8
700	1	1.2	700	3.4
800	4	4.7	3,200	15.5
900	1	1.2	900	4.3
1,000	1	1.2	1,000	4.8
合計	85	100.0	20,700	100.0

資料：表4-3から作成。

次に1人あたりの引き受け総額を見てみよう。表4-3と表4-5より、最小100ポンド（1口）から最大1,000ポンド（10口）までの幅があることがわかる。最大の引受人は1,000ポンドを負担した商人のG.ホッグで、それに900ポンドを負担した弁護士のH.グッドウィンが続く。また、500ポンド以上の大口引受人は、上記の2人を合わせて14人いる。キングス・リンの三大商家、バッグ、エヴェラード、ホッグ家の引き受け総額は圧倒的であったが、それにもかかわらず、H.グッドウィンやT.ゲイルズのような新興勢力の出現や、A.ハモンドのような農村地主の貢献、そして舗装業務を実際に担当するW.ポップジョイが大口引受人になっていたことは注目に値する。しかし都市自治体債権と比較すると高額の証券を引き受ける者は比較的少なく、小額証券を引き受ける傾向が強かった。46人（54.1％）が100ポンドずつ、そして14人（16.5％）が200ポンドずつ引き受け、合わせて全体の35.7％に相当する7,400ポンドを集めたことになる。一方、300〜400ポンドの証券を引き受けたのは比較的新興の商人や専門職であり、11人（12.9％）で3,800ポンド（18.4％）であった。舗装委員会証券の年利子がより信頼度の高い国債とかわらないにもかかわらず、多くの人々が証券を引き受けたことを考えると、その主な目的は投資というよりも

表4-6　リン・ガス会社の株主（1824年）

氏名	市議会関係者	職業
Ashbey, John C.		tailor/draper
Baly, William		grocer/tallowchandler
Bayes, William J.		surgeon
Bayes, James		chemist
Billing, Thomas		tailor
Binge, John		wine/spirit merchant/inn keeper
Binge, Joseph		chemist
Birkbeck, Henry		banker
Blencowe, John Prescott	○	merchant
Bullock, Brame		wine merchant/grocer
Burch, James		tailor/draper
Coulton, James		attorney
Creak, Robert		draper
Creak, William jur.		attorney/gentleman
Elsden, Edmund	●	merchant
Everard, Scarlet		merchant
Fisher, William		spirit merchant
Fysh, William W.		tailor/draper
Green, Robert	○	merchant
Gurney, Daniel		esquire/banker
Hillyard, Samuel		n. a.
Hillyard, William F.		corn merchant/miller
Hopking, H.		n. a.
Hunt, George		tea dealer
Hunter, William		tailor/draper
Keed, James		leather seller/glover
King, Joseph		chemist
King, William		builder
Kirby, Thomas		grocer
Kittle, William		teacher
Lake, William		hatter
Landford, William.		chemist
Lane, Frederic	●	attorney/gentleman
Mayshew, George		cloth dealer
Mugridge, Edward		cork cutter
Newham, William		joiner/architect/surveyor
Phipps, Samuel		draper
Plowright, Thomas		tailor/draper
Pond, James		silversmith/umbrella manufacturer
Robinson, William		n. a.
Ruddiman, John		n. a.
Ryley, Thomas		draper
Saddleton, James P.		silversmith/watch maker
Self, Lionel	○	corn merchant
Sheppard, John		tailor/draper
Starling, Joseph		hatter
Swatman, William	○	merchant
Torr, Thomas		n. a.
Wethered, William		tailor/draper
Whittingham, William G.		bookseller/printer
Willet, Charles		ironmonger

出典：KLA, KL/PC/2/10; *Pigot's Directory Norfolk, 1830*; CFL.
注：○：市参事会員、●：市会員。

むしろ、地域社会の成員としての責任感や要求に裏打ちされた、積極的な地方行政への参加であったと考えられる[91]。証券引受人の追加募集があるたびに、人々はそうした要求に応じたことからも、彼らの動機は明らかである。

大規模な活動資金の確保のために、舗装委員会は上記3つの方法を利用したが、それに加え、前述の1824年のガス灯の導入事業では、株主を募って舗装委員会とは独立した会社を設立することで、大型のインフラの供給を実現する方法をとった。この会社の設立のために、舗装委員会は直接的な支出は行っておらず、株主たちが舗装委員会の活動を支援する間接的参加者であった。1824年3月時点のガス会社の株主は51人いたが、舗装委員会証

券の引受人よりも社会階層が広がっていることが確認される（表4-6)[92]。市議会議員を務めるほどのエリートは6人（市参事会員が4人と市会員が2人）しかいないが、5人を除いた46人は1830年の人名録に掲載されていることからも、株主は明らかに中間層の上層の商工業者が中心である。職業から分析すると、11人いる服地商・仕立屋を筆頭に、食料雑貨商や薬屋、帽子屋、銀細工師などの比較的富裕な商工業に、半数以上の者が従事している。一方、商人には10人が分類されてはいるが、その中には酒類販売者やパン屋、食料雑貨商と大差ない富裕度の者も含まれるし、法律家や外科医、教師などの専門職もいるが5人だけである。また、フリーメンも11人と少ないのも一つの特徴であった。

　ガス会社株主と舗装委員会証券引受人の間の差は、舗装委員会証券は額面100ポンドであるのに対して、ガス会社の株が20ポンドの単位で購入できたことから生じたものであろう。各々が所有した株の総額は不明であるが、総会での投票権は、1株（20ポンド）で1票、5株（100ポンド）で2票、10株（200ポンド）で3票、15株（300ポンド）で4票、20株（40ポンド）以上で5票と定められていることからすると、1株分を投資した者も少なくなかったと思われる[93]。中間層の商工業者たちにとっては、公共事業活動に手軽に参加でき、かつ議決権ももてるとあって望ましい投資先であったに違いない。

　都市自治体債権と舗装委員会証券の引受人、そしてガス会社株主と比較すると、どれもが地方行政への参加意思をもった人々であり、その点で年金証券の引受人とは差別化される存在であった点は共通である。しかし自治体債権の引受人が比較的少数のフリーメン、それもほとんどが市議会議員であり、しかも各々が高額の債権を引き受けていたのに対し、舗装委員会証券は、舗装委員や市議会議員などに限定されることなく、広い社会層の人々が都市自治体債よりも小額の証券を引き受けていた。また、ガス会社は、さらに広い社会層の人々に手頃な金額で株式を割り当てていたが、これらのことから、公共の行政の場の広がりと資金の提供を通して作られる位階構造が見てとれる。

6　舗装委員会と都市コミュニティ

　舗装委員会は、この時期のキングス・リンの行政組織全体の中で、どんな役割をもっていたのであろうか。伝統的な行政機関である都市自治体の活動の対象は、誰よりもまず市民特権をもつフリーメンの利益であった。しかし18世紀になると、フリーメンと拮抗するか、もしくはそれ以上の経済力や社会的影響力をもつ非フリーメンも多くなり、その発言を無視できなくなってきた。その結果、非フリーメンの要求や意見を反映できる行政組織も必要となってきたが、その最大の組織がキングス・リンでは舗装委員会であったと考えられる。

　したがって、舗装委員会の改良事業は都市自治体の土地や建物に限られず、またフリーメンの要求や利益のみを優先して進められたわけではなかった。道路の修繕・建設も、キングス・リンのフリーメンだけでなく、一般住民、さらにはキングス・リンを訪れる小売業者や旅行者などの外来者の利便性をも視野に入れて行われた。また、非フリーメンからの要求は、インフラの建設や整備だけでなく、騒音や悪臭の除去にも及んだ。舗装委員会は、騒音や悪臭を訴える者と訴えられる者の間に入り仲介や規制を行ったが、非フリーメンとフリーメン、あるいはフリーメン同士、非フリーメン同士の係争にも対応することになった。行政当局が対処しなければならない問題は、フリーメンと非フリーメン、ときには都市の住民と非住民の境界さえ越える広がりをもつようになったのである。これらのことは、舗装委員会が、市民特権をもつフリーメンだけのコミュニティには決して含まれることのなかった人々のニーズに応えつつ、またフリーメンを排除することなく、社会全体の必要に応じて活動していったことを意味する。

　新しい人々の要求に応えると同時に、舗装委員会は、新しいタイプの要求にも対応していた。それまでの都市自治体の活動が限られた財政資金の中で現状を維持するか、もしくは必要不可欠なものを提供することであったとするならば、舗装委員会は、より良い生活、より快適な生活を追求する都市住民の新し

い要求にも応えるものであった。たとえば18世紀半ば以降、交通量や来訪者の増加、荷馬車の大型化などによって交通渋滞や道路の悪化がはなはだしくなり、従来の狭い通りでの商業活動が滞るという不満がしばしば発せられるようになった。しかし都市自治体はこの問題に対して、改良の必要性を認めながらも、商業活動を行う最低限の設備は整っているとして、時々舗装を改善する程度の消極的な対応しか取ることがなかった。これに対して、舗装委員会は、この状況を大局的に捉え積極的に改善に取り組んだ。良質の材料を用いて広い道路を建設し、その他の主要道も一斉に舗装し、照明を設置し夜間の移動をしやすくしたのである。

　新しいタイプの要求は、経済的なものだけではなかったことも強調しなければならない。住民は都市生活における快適性の向上を願ったのであり、それは同時に、彼らが自分たちの都市に対して抱く愛着や誇り、あるいはアイデンティティの感覚とも密接に関連していた。住民の要求を受け、キングス・リンがもつ地域の社交の中心地としての機能を自覚していた舗装委員会は、それに関わる施設や設備にも力を注いだ。ハイ・ストリートに作られた歩道はウィンドウ・ショッピングとおしゃべりのための格好の社交の場であり、舗装委員会が大きく拡張・整備した緑地を縦に貫く遊歩道は住民の憩いの場になった。この遊歩道の設置当初の評判はわからないが、少なくとも1827年には地方紙『ノリッジ・マーキュリ』は、「コミュニティのあらゆるクラスの人［圏点は筆者］が、町にこのような歩道があることに対し、興味と誇りをもっている。住民の健康と楽しみの両方にとって、遊歩道は大きな役割を果たしている」と高く評価している[94]。単なる実用的な用途だけではなく、幅広い住民の誇りにも対応できるという都市の改良事業のあり方をはっきりと示すものであった。

　便利さの追求も、快適性やアイデンティティとの関連で議論できる。住民からの要求というよりも、むしろ、舗装委員会のイニシアティブで進められたと思われるが、1809年からはじまった通りの命名事業がその良い例である。キングス・リンのすべての通りは、それまでは慣習的な名前か、または住民に馴染み深いパブやインの名で呼ばれることが多く、正式な名称はほとんど存在しな

かった。しかし、「町の各場所が共通の名前で呼ばれ、各場所が名前で知られるようになると便利である[圏点は筆者]」として、すべての通りが一斉に命名されることになった[95]。同時に、通り名を普及させ、かつ美しく表示するために「黒い油性インクで、4インチ角のローマ字体の大文字を用いて白い板に通り名を書き、交差点ごとにはっきり目立つように設置する」ことを決定した[96]。これは利便性と同時に概観の統一性の追求である。都市景観に統一をもたせようとの暗黙の了解は、とくに都市エリート間にはそれ以前からあったかもしれないが、公的な統制がとられ、そのための予算をあてることはそれまでにはなかった。

　通りの名前の選択にあたり、できるだけ一般的で公共的な名前を用いようとしたことも興味深い。慣習的に呼ばれていたものがそのまま使われた例もあるが、あまりにも庶民的なものは却下された。たとえば犬通り（ドッグ・ストリート）や瘋癲横町（マッド・レーン）は、それぞれノース・ストリートとユニオン・レーン（図4-1の②、㉕）に変更されている。また、特定の現存の人物やプライベートな建物や職業、あるいは近くのパブやインの名前をつけて呼ばれていた通りは、そのほとんどが教会や市場、ワークハウス、波止場などの公共物、または王室のメンバーや歴史上で偉業をとげた者の名前をつけられることになった。たとえば、肉屋横町（ブッチャー・レーン）は当該区の名をとってジューズ・レーン（図4-1の⑩）、パブがあったスリー・クラウン・ストリートやレッド・カウ・ストリートはクイーン・ストリートとチャーチ・ストリート（図4-1の㉒、㉞）になった。

　通りの改名に関しては、懐疑的な意見も少なくなかった。W. リチャーズは、「チェッカー・ストリートと長い間親しまれていた通りがキング・ストリートにされ、グラス・マーケットとダムゲート・ストリートという2つの別々の通りとして、おそらく500年くらいの間、考えられていたものを合体して、ノーフォーク・ストリートという一つの通りになった……本当に子どもっぽいし、ばかばかしいことだ」と古くからの慣習を無視した強引な命名に異を唱えている[97]。しかし、この命名事業には、舗装委員会や行政当局が、都市の通り、さ

らには都市そのものをどのようなものとして捉えはじめたかが示唆されている。それは都市の公共空間の広がりに対応するためのものであった。都市はもはや単なる私的な近隣関係の無秩序な寄せ集めではなく、一つのまとまりをもった空間、あらゆる住民が共存する場となった。また同時に、王室や国民的な英雄にちなんだ名前が採用されることに表れているように、新しい通りの名は都市の境界を超える世界を意識したものでもあった。命名事業は、新しい広がりをもちはじめたコミュニティと都市アイデンティティを地理的に表現する試みの一つであったといえる。

キングス・リンに複数存在する法定委員会の中でも、都市全体にわたる大規模な都市改良事業を担ったものが舗装委員会であった。都市自治体と舗装委員会は決して対立関係にはなく、むしろ、舗装委員会は、都市自治体を補完するものであった。このことは、舗装委員会を設立するための準備委員会が市議会によって組織されたことや、委員には多くの市議会議員が含まれていることからも明らかである。しかしその一方で、非フリーメンを含む新興勢力も委員に含まれ、対等に参加していた。

舗装委員会の活動には、委員としてではなく、資金提供を通して参加する者も多かった。改良事業の執行には、どれもが多額の資金を必要としており、資金集めは重要な課題であった。舗装委員会証券やガス会社の株を引き受けることでこれに応えたのは、キングス・リンの有力者や近隣の農村地主だけでなく、多様な職業に就く、より広い社会層の人々であった。

都市自治体の活動が、フリーメンの利益に目を向けざるをえなかったのに対し、法定委員会の事業は都市の住人や訪問者など広範な人々を対象としていた。舗装委員会の事業は、新しい道路の建設や既存の通りの改良、街灯の設置だけでなく、騒音や衛生問題、犯罪への対策など、都市問題全般に対応していた。これらは経済的にも社会的にも、都市の快適性や利便性を高め、同時に都市のアイデンティティとも密接に関連するものであった。

しかし、このように都市の改良に大きな力を発揮した舗装委員会ではあるが、

すべての都市問題に有効であったわけではない。インフラの設置や整備を通した都市改良という目的からはずれた内容には、関与しようがなかった。公的な自治組織である都市自治体や法定委員会の活動領域から除外された問題は、次章で議論するアソシエーションの手に委ねられることになった。

注

1) Webbs, *Statutory Authorities*.; Sweet, *English Town*, p. 44.
2) Webbs, *Statutory Authorities*, pp. 1-2.
3) *Ibid.*, pp. 17-19.
4) 下水委員会の全般的特徴や事例に関しては *Ibid.*, pp. 13-106.
5) 沼沢地やロンドンでは、例外的に下水委員会が長く、重要性をもち続けた。*Ibid.*, p. 39.
6) 新聞にはノーフォークの下水委員会開催の通知がキングス・リンの市書記の名前で掲載される。ノーフォークの州都ノリッジでなくキングス・リンで開催されるのは、低湿地に位置するキングス・リン周辺のフェンランドでの下水委員会の重要性を示唆する。*BNP*, 1817/1/18, 1820/3/8ほか。
7) *BNP*, 1820/3/8, 1821/10/17.
8) Webbs, *Statutory Authorities*, pp. 27-32.
9) たとえば1809年のベッドフォード・レベル会社の委員会はキングス・リンのクラウン・インで開催された。*BNP*, 1809/10/18.
10) Webbs, *Statutory Authorities*, pp. 107-151.
11) *Ibid.*, p. 115. その後、ブリストル式で生じた問題点を修正したやり方で、1780年までにさらに8都市が救貧社を認可されている。*Ibid.*, p. 116. エクセターの事例については、坂下史「地域社会のダイナミズム」近藤和彦編『長い18世紀のイギリス——その政治社会』(山川出版社、2002年)。
12) NRO, C/GP 13/1. サウス・リンはオール・セント教区として申請を行い、1824年にサウス・リン救貧社が地域特定法で認可された。
13) Webbs, *Statutory Authorities*, pp. 107-108.
14) NRO, PD 39/76-78.
15) Webbs, *Statutory Authorities*, p. 152.
16) *Ibid.*, pp. 152-159.
17) *Ibid.*, pp. 152-234.
18) ウィスビッチとモードリン橋間の有料道路新設のために1,000ポンド出資する決

定を1764年に市議会は行った。さらに1779年には同じ有料道路信託団体に1,200ポンドの追加出資を行った。KLA, KL/C7/14, 1764/5/31, 1779/6/4.
19) *BNP*, 1814/3/23.
20) Webbs, *Statutory Authorities*, pp. 235-349; Langford, P., *Public Life and the Propertied Englishman 1689-1798* (Oxford, 1991), pp. 207-287.
21) Webbs, *Statutory Authorities*, pp. 298-334.
22) *Ibid.*, pp. 241-242.
23) 導入過程は各都市さまざまであるが、いずれの都市でも課税をめぐって反対意見は出される中、それらをどう抑えていくかが委員会導入のカギになった。Webbs, *Statutory Authorities*, pp. 298-344. ラングフォードは、地主や商人のような富裕者が多いところでは改良委員会が積極的に導入されたが、あまり裕福でない人々が多い都市ではより重い地方税負担に不満をもった人々の反対があって導入が遅れたと考える。Langford, *Public Life*, pp. 249-250.
24) Langford, *Public Life*, pp. 222-223.
25) Innes & Rogers, 'Politics and Government', p. 536.
26) KLA, KL/PC1/1, 1790/8/23. 7人の市議会議員は、市参事会員のJ. テイラーを除き、全員が市会員であった。36人の委員はその大半が、1796年の救貧税記録をもとにした富裕度分析では、クラスⅠ〜Ⅲに名前があがる者である。とりわけクラスⅠの人々はほぼ全員が委員に名を連ねていた。
27) *Ibid.*, 1790/9/8, 1790/9/13, 1791/1/10.
28) *Ibid.*, 1791/3/16.
29) *Ibid.*, 1791/3/18.
30) *Ibid.*, 1791/5/13.
31) *Ibid.*, 1795/5/1. 近隣のジェントルマンたちも集会を開き、市長の呼びかけに応じた。*Ibid.*, 1795/7/7.
32) *Ibid.*, 1802/4/2.
33) Webbs, *Statutory Authorities*, pp. 243-245.
34) *Ibid.*; Langford, *Public Life*, p. 228.
35) Keith-Lucas, *Unreformed Local Government System*; Falkus, M., 'Lighting in the Dark Ages of English Economic History: Town Streets before the Industrial Revolution', in Coleman, D. C. & John, A. H., eds., *Trade, Government and Economy in Pre-Industrial England: Essays Presented to F. J. Fisher* (London, 1976).
36) Webbs, *Statutory Authorities*, pp. 302-303.
37) この対立の結果、リヴァプールでは舗装事業が進まず、1818年には、イギリス

で最悪の舗装の都市というレッテルを貼られることになった。*Ibid.*, pp. 304-306.
38) *Ibid.*, pp. 306-309.
39) Langford, *Public Life*, p. 228.
40) *The Act of Parliament, 43 Geo. 3. for Paving, & c. the Borough of King's Lynn* (1803).
41) H. グッドウィンが1819年に亡くなったときは、町中の人々が喪に服し、店も終日閉め、葬送行列に参列した。国教、非国教教会両方で追悼の説教がなされ、彼の記念像を作った教会もあったが、こうした一連の対応は慈善精神に満ちたグッドウィンへの追悼を表するものであった。*NYLC*, 1819/5/1.
42) 　後述するように、舗装委員ではなかった市参事会員を中心とする20人のベテラン市議会議員も、実は舗装委員会の活動に対して資金確保の面で大きな貢献をしていた。
43) Langford, *Public Life*, p. 228.
44) *The Act of Parliament for Paving* (1803).
45) *Ibid.*
46) 1701年に認可された救貧委員会でも市場や公共道路に照明を設置する事業を通して貧困者の雇用機会拡大を試みたが、うまくいかなかった。
47) リヴァプールのように市内の地所が少数大地主の手にある場合には、例外的に、比較的大きな改良工事を進めることが可能であった。Longmore, 'Liverpool Corporation'.
48) KLA, KL/PC 2/1, 1804/11/5.
49) *Ibid.*, 1803/11/22, 1804/1/19.
50) J. マーシャルはキングス・リン内の新しい住宅地開発や別の道路建設に際しても、地所の提供をした。
51) KLA, KL/PC 2/1, 1803/7/22.
52) W. ポップジョイは、舗装委員会証券引受人の中では三番目に高額の証券を引き受けている。
53) KLA, KL/PC 2/1, 1806/1/3.
54) KLA, KL/PC 2/2, 1806/7/28.
55) KLA, KL/C 7/14, 1770/2/14.
56) KLA, KL/C 7/16, 1830/8/29.
57) KLA, KL/PC 2/2, 1811/5/6.
58) *Ibid.*, 1810/10/4.
59) KLA, KL/PC 2/1, 1804/1/19.

第4章　法定委員会　187

60) *Ibid.*, 1803/10/14.
61) KLA, KL/PC 2/2, 1808/4/25, 1808/6/20.
62) *Ibid.*, 1811/7/15.
63) *Ibid.*, 1809/12/11.
64) KLA, KL/PC 3/4-7.
65) 高い請負料でゴミ処理や清掃を契約しても、期待した仕事がなされずトラブルになるケースは全国で見られた。Ellis, *Georgian Town*, pp. 92-93.
66) Webbs, *Statutory Authorities*, p. 333.
67) KLA, KL/PC 3/3.
68) KLA, KL/TC 2/4.
69) KLA, KL/TC 2/8.
70) 17世紀から18世紀にかけてのイギリスの都市における照明の一般的傾向については、Falkus, 'Lighting in the Dark Ages'.
71) KLA, KL/PC 2/2, 1810/11/26.
72) KLA, KL/PC 2/3, 1816/5/20.
73) *Ibid.*, 1817/10/6.
74) *Ibid.*, 1815/10/13.
75) *Ibid.*, 1819/12/16, 1820/11/27ほか。
76) KLA, KL/PC 2/4, 1823/12/29.
77) ガス灯の設置予定場所は、セント・ジェームズ・ストリート、クイーン・ストリート、キング・ストリート、ハイ・ストリート、チャーチ・ストリート、ネルソン・ストリート、タワー・ストリート、ブロード・ストリート、ノーフォーク・ストリートの一部（旧グラス・マーケット）の9つの通りと、火曜市広場、土曜市広場、セント・マーガレット広場、プレインの4つの広場で、すべて市の中心部に位置するにぎやかな通りである。KLA, KL/PC 2/10, 1824/2/9.
78) *Ibid.*, 1824/2/9; KL/PC 2/4, 1824/2/9. イプスウィッチのほかに、レディングもこのロンドンのガス会社からすでにガス灯の導入を行っていた。
79) KLA, KL/PC 2/10, 1824/4/2.
80) KLA, KL/PC 2/4, 1824/7/12. 契約で定められた3年間では設置しおわらず、多くのトラブルが起こり、ガス会社はかなりの罰金を払うことになったが、1827年以降、徐々にガス灯に切り替わっていった。
81) 近代的警察の制度は、首都ロンドンでは1829年、バラでは1835年、州では1839年から創設が見られるようになった。林田敏子「イギリス警察と「近代」――ボビー神話の形成と崩壊」、林田敏子・大日方純夫編『警察（近代ヨーロッパの研究

⑬)』（ミネルヴァ書房、2012年）, pp. 39-42.
82）　KLA, KL/PC2/2, 1812/11/30.
83）　KLA, KL/TC2/5.
84）　具体的な課税対象物は、*Act of Parliament for Paving*（1803）を参照のこと。
85）　KLA, KL/PC4/4. 年金証券の発行は、1830年以降の舗装委員会の事業では、最大の資金確保手段であった。1831年から34年の3年間に13件、総額11,500ポンドの年金証券が集中して発行された。
86）　*BNP*, 1806/5/7.
87）　ガーニー＝バークベック＝テイラー銀行は、ノリッジ出身のバートレット・ガーニーと、キングス・リン在住の義弟ジョン・バークベック、そしてガーニー家の旧友で商人のジョセフ・テイラーのパートナーシップで1782年に開設され、19世紀初期にはキングス・リンで最大の銀行に成長していた。ガーニー家とテイラー家はともにクエーカー教徒であり、長期にわたる親交があった。
88）　女性6人のうち、I. アルダーソン、C. ウィンコップ、S. レイクの3人の亡夫や父親はフリーメンで、市議会もしくは舗装委員会関係者である。
89）　フリーメンの中で、職業・地位が証券引受人リストとフリーメン登録簿とで異なるものは、引受人リストでバラ・エスクワイア borough esquire と申告している者がほとんどである。
90）　証券引受人リストに「エスクワイア」と記載した者は、商売は行っていたものの、実際にキングス・リンかその周辺にいくらかの土地をもっていた「地主」であったことは確かである。しかし、「ジェントルマン」と記載した者は、おそらく実業での成功者ではあったが、土地所有者ではなかったと思われる。
91）　舗装委員会証券の年利は、1830年まで5％であったが、その後4％に下げられた。
92）　KLA, KL/PC2/4, 1824/3/12; KL/PC2/10.
93）　KLA, KL/PC2/4, 1824/3/12.
94）　*NM*, 1827/4/14.
95）　KLA, KL/PC2/1, 1809/3/10.
96）　その他、ストリートやレーンの別は、はじめの一文字は4インチで、そのあとはすべて3インチ角で統一して示すこともつけ加えられている。KLA, KL/PC2/1, 1809/3/10.
97）　Richards, *History of Lynn*, pp. 1085-1086.

第5章　公的領域とアソシエーション

　公共領域の拡大は、都市自治体の運営の仕方の変革を促し、次いで新たな公的組織の法定委員会を設立させることになった。しかし18世紀後半以降のキングス・リンにはそれとは別の形で自治を担う組織が出現することになる。それは、アソシエーションであった。18世紀に急成長したアソシエーションは多様な目的と形態をもち、都市の自治活動の一端を担うものもあれば、社交の場として文化的・社会的機能を重視するものもあったが、両者の性格は異なっていた。本章で議論するのは前者である。

　アソシエーションは、特許状や公的な法手続きにもとづくものでない。私人が任意で集まった組織であり、都市自治体や法定委員会のような公的な機関とは異なる。にもかかわらず、都市の自治活動の重要な一端を担うものも多く、都市の公的な領域と私人の領域が重なる新しい型の社会的な組織であったといえる。

　アソシエーションの最大の利点は、必要があれば目的に応じて誰でも自由に組織でき、要らなくなれば解散できるフットワークの軽さにある。キングス・リンの舗装委員会が計画から8年を経て設置を許可されたのとは対照的であるし、また、その性格のゆえに短命に終わるものも少なくない。公的な資金源をもたないアソシエーションは、その活動資金は会員の会費か、または寄付に依存する以外になかった。したがって富裕な会員やパトロンを確保することが、各アソシエーションの重要な関心事になる。大きな資金を必要とする活動を行う場合には、より広い階層からよりたくさんの会員を募らなければならず、中には100人を超えるものも見られた。しかし、巨額の資金を必要とする公共施設の整備には基本的には不向きであり、そういう使途には時間と手間がかかっ

ても法定委員会の設置が検討されることが多かった[1]。

　公的領域に関わるアソシエーションでは、その会員資格は広く公開されていた。多数の会員を集めることで、社会的活動の範囲が広がるからである。とりわけ救貧や教育関連のアソシエーションでこの傾向が強かった。しかし、アソシエーションの内部では会費民主主義ともいえるものが支配しており、会費負担額に応じた発言権や決定権が与えられたが、こうしたものが組織内の位階構造を決定した。

　アソシエーションは私的な組織だけに、正式な記録が作成されることは稀で、活動内容がある程度わかる記録が残るものはほんの一部でしかない[2]。しかし、一般に、自治活動を担うアソシエーションは、文化・社会的アソシエーションに比べ規模が大きく、比較的きちんとした経営がなされており、年次報告などが公開されることも多い。また、後述するように、公的な自治組織と協力しあう機会もあり、都市自治体や法定委員会の記録からアソシエーションの活動を追うことができる場合もある。本章ではそのような記録からキングス・リンの公的領域を担うアソシエーションを分析するが、その活動内容によって、①救貧・慈善、②相互扶助、③学校・教育・教化、④公共施設の建設、⑤その他に分け、具体的な活動や構成員を中心に検討していく。また、個々のアソシエーションの事例にあわせ、都市行政の中で、公的な性格をもつ私人の集まりであるアソシエーションが、公的な行政組織、すなわち伝統的行政府の都市自治体や新しく行政機能を与えられた法定委員会とどのような関係にあったか、どのように共存関係を維持していったかを議論していく。

1　救貧・慈善

　救貧・慈善・共済は、アソシエーションが大きな役割を果たしていた分野の一つである[3]。貧困者は救貧法によってある程度は守られていたとはいえ、公的な救貧を受けるための条件は厳しく、請求をしても救貧法の措置を受けられない人々は少なくなかった。また公的な救貧を受けていても最低限の生活すら

できない者も多かった。1814年にキングス・リンの都市自治体が主催した晩餐会に招待された「貧困者」は6,000人を超えていたことを考えると、困窮した生活を強いられていた人々が多かったことは間違いない。都市自治体は、委託された資金を管理するとともに、貧困者や弱者への配分を行っていたが、その対象は基本的には住民の一部でしかないフリーメンとその関係者であったし、またそのフリーメンへの対応も十分とはいえなかった。こうした公的救済の隙間を埋めたのがアソシエーションであった。

　この種のアソシエーションは大きく2つに分けられる。まず救済や慈善を目的とした活動を行うもので、会員の会費や寄付で救済資金は賄われた。もう一つは人々の自立をめざした共済活動を促すものであり、会員が定期的に積み立てた会費を何かあった時に分配する相互扶助型のものである。18世紀後半、中間層以上の人々に救貧負担がますます多くかかることに対する不満が増大する中、この種の共済組合の数は増加していった。もっとも、慈善・救貧・共済関係のアソシエーションは、現実には、はっきりと2つに分けられるものではなく両方の性格をもちあわせるものも少なくないが、以下では便宜的に慈善と相互扶助のアソシエーションを分け、本節では前者を扱うことにする。

　まず慈善施設から見ていこう。18世紀のキングス・リンには、セント・ジェームズ、ヴァレンジャー、フラミンガム、セント・メリー・マグダーレン4つの施療院があり、その起源をたどると中世のギルドにまで行きつくものもある。これらの施設の管理には、一部、都市自治体の予算が使われていたが、いずれも都市自治体が直接所有する施設ではなかった[4]。それぞれには、フリーメン関係者を中心に、20〜30人程度の高齢者や女性が収容されていた。これらに加えて、1829年にメソディスト信徒のB. スミスが新設した慈善院があった。この新しい慈善院はメソディストのネットワークの中で経営されていたが、従来の施療院に入れなかったメソディストやその他の非国教徒たちにも広く開かれた。この慈善院にも都市自治体からの資金補助が見られた。

　キングス・リンに、貧困者のための養老・介護でなく、医療行為が行われる施設がアソシエーションを通して提供されたのは19世紀になってからである[5]。

リン診療所 Lynn Dispensary ができる以前は、キングス・リンには貧民が医療行為を受けられる病院はなく、病人の治療のために救貧法で雇われていた医者たちは大きな不満をもっていた。貧困者が無料で治療を受けられる公共の診療所を作るために、医者と薬剤師を中心としたアソシエーションが組織され、具体的計画が進みはじめたのは1812年のことである[6]。そして、翌年1813年には人々の寄付金によってリン診療所が設立された。大がかりな治療はできず、規模も小さかったとはいえ、庶民にとっては福音であった。しかし診療所の経営を支えるアソシエーションの会員は、医者や薬剤師のほか、限られた富裕者層しかいなかった。彼らの会費や寄付金だけで医者を雇い、貧困者に十分な治療を施すことは難しく、1820年代は常時、資金繰りは厳しかった[7]。1828年の『ノリッジ・マーキュリ』は「……リン診療所は……かなり困窮した状況である。多額の債務が蓄積され、知り合いのつてをたどるか会費を値上げする以外に資金を調達する方法はなく、存続が危ぶまれている……」と伝えた[8]。こうした報道を受け、ようやく人々は「分け隔てない慈善的な医療行為の重要性を認識」しはじめ、リン診療所のためにいくつもの資金調達の試みがなされることになった[9]。年会費の値上げや年次総会時に寄付を募ることはもちろんのこと、時には資金調達を目的とした舞踏会や展示販売会を行い、その収益を診療所に回したが、そこではとりわけ女性が大きな活躍をした[10]。一例をあげると、多くの訪問者でにぎわった1828年の展示販売会の準備では、ホッグ市長夫人、ブレンコウ夫人、クレスウェル夫人、ウィンコップ夫人の4人が主導して販売物の確認を行い、展示販売会の慈善的目的を説明した[11]。彼女たちの夫は、市議会議員もいれば、公的な役職には就いておらず行政の場には出ていない者もいたが、この催しでは、そうした垣根を超えて、重要な役割を協力して果たしていたことがわかる[12]。また、当日の舞踏会にも多数の着飾った女性が参加し、余興のアラビアンナイトの雰囲気作りに一役買った[13]。集められた資金のおかげで診療所の慈善的経営はしばらく維持でき、貧困者たちは従来どおり治療を受け続けた。

　しかし、こうした資金調達にも限度があり、1830年以降、診療所はそれまで

の純粋な慈善的性格から、「貧困者により一層効果的な利益をもたらす」ために、共済・自助的な性格に変化していく[14]。診療所は施設利用者に対しては例外なく、貧困者に対しても、1人あたり週1ペニーの会費を課したのである。これを転機に診療所は300人の新しい会員を獲得したものの、異論は多々あり、1834年から1年間に、施設利用者は1,280人しかいなかった[15]。会員数はその後、ほとんど変動なく、寄付も思うほど集まらず、リン診療所は経営的に存続の瀬戸際にあった。

　財政の不安定さからリン診療所の改革が迫られていた頃、任意寄付制病院であるウェスト・ノーフォーク・アンド・リン病院［リン病院と表記］を新しく設立する計画がもちあがる。病院の設立は、全国ではウェストミンスター病院を皮切りに18世紀前半からはじまっており、後半には全国規模の展開が見られるようになった[16]。イースト・アングリアでもノリッジで1771年に設立されているが、キングス・リンでは1830年まで具体的な計画が出ることはなかった。この都市で任意寄付制病院が本格的に検討されたのは、イングランド全土にコレラが広がり、1830年、キングス・リンにも枢密院からその脅威を知らせる500枚のビラが届けられたことがきっかけである[17]。適切な薬を使って治療ができる病院の設置が火急の検討事項となり、新たな保健委員会が組織された。議長のF. クレスウェルをはじめとし、医学関係者や聖職者を含む12人を構成員としていたが、この中にはリン診療所の設置・経営でも重要な役割を果たしてきた者も多く見られる[18]。1833年、専門家も交えた議論の結果、保健委員会はリン病院の設立を決定し、これを受け、リン病院設立のためのアソシエーションが結成された。W. H. ヒュー卿、国会議員のW. M. B. フォークス男爵、そしてA. ハモンドといった地元の名士たる貴族・地主が責任者になったほか、聖職者、医者、商人も委員に推薦された[19]。この者たちを中心に1834年、自助的性格をもつ施設としてリン病院は設立された。しかしこの計画に関し、都市自治体は全く関与しなかったわけではない。都市自治体は65ポンドという値段で、病院の敷地を提供している[20]。リン病院は開設後、多くの出資者に支えられ、順調に経営された。リン診療所はしばらく併存していたが、次第にリン病

院がとって代わり、キングス・リンとその周辺の人々の健康を守る施設になっていった[21]。詳細な資料が残されておらず、会費の徴収や運営の仕方は不明であるが、バーミンガム総合病院の事例でも見られるように、多数の貴族・地主層、そして中間階層の人々の参加が病院の経営を支えていたのである[22]。

次に、施設を伴わない慈善組織を見ていこう。このタイプの慈善組織は大小さまざま存在した。慈善事業は昔から教会や修道院が行ってきたことであり、18世紀にも各宗派の協会が積極的に、貧困者や子どもの生活支援を行っていたが、ここでは史料が残されているいくつかの代表的なアソシエーションに絞って説明をしていくことにする。

1791年、キングス・リンでは、「スープ慈善協会［スープ協会と表記］」と「出産支援のための慈善団体 Lying in Charity：子どもにベッドリネンを提供する協会［ベッドリネン協会と表記］」ができた。前者は貧困者、とくに子どもに安い値段でスープや食料を提供する活動を女性たちが中心になって行っていた。また、市長をはじめとする多くのジェントルマンが普段の活動にも定期的に参加し、大きな貢献をしていた。活動の一例として、1800年、ロイヤル・アングルシー連隊の士官たちとの晩餐会がジェントルマンを招待して開催されたが、その際に別の場所では貧困者たちにスープがふるまわれた。300ガロンという大量のスープが用意され、2パイントの量のスープが原価の半分の価格の1ペンスで貧困者に届けられた[23]。一方、ベッドリネン協会は、W. リチャーズが「記憶に残る慈善活動の一つ」と言っているもので[24]、貧困家庭の出産した女性に子ども用のベッドリネンを貸し出す活動を46年間続け、この間、総勢6,677人が恩恵を受けたとされている[25]。寡婦の E. ギボンの遺志にもとづき、キード夫人やニューナム夫人など数人の名士夫人が集まり、慈善活動をはじめたものである[26]。資金規模は、1811年には37ポンド6シリングとそれなりの大きさであったが、女性が慈善組織の運営から活動まですべてを担い、長期存続したことは注目すべき点である。

1804年に組織された「リン慈善協会 Lynn Benevolent Society」は、慈善対象を限定することなく、より広いニーズに合わせた慈善を施すことを目的とし

た。困窮する住民が誰であっても慈善の対象とする点がそれまでの慈善団体とは異なったのである。しかし創設後しばらくの間は富裕者からの支援もあまりなく、会費も集まらず運営は行き詰っていた。この種の慈善機関が人々の間で認知され盛んになるのはキングス・リンでは1820年代以降のことであったことを考えると、リン慈善協会の設立は少し時期尚早だったのかもしれない。1820年代後半以降になると、リン慈善協会の会員数は急増し、活動は急速に活発化する。『ノリッジ・マーキュリ』は、1831年、「リン慈善協会の名簿に、最近、多くの新しい会員が名を連ねているのは喜ばしいことである。縁故や宗派に関係なく、寛大に貧しい人々に施しを与える機関は、分別のある慈善精神にのっとった価値ある支援だと我々は考える」という記事を載せた[27]。リン慈善協会の年次報告によると、1832年、総額41ポンド8シリング6ペンスが357人の貧困者や困窮者に与えられ、1,200人の会員が彼らを訪問し見舞った[28]。翌1833年には、同様に、総額42ポンド16シリング6ペンスが、1,300人の会員の訪問を通して、350人の貧困者と困窮者に渡された[29]。

　1809年、メソディストは救貧法の中では救済の対象にならない貧困者に目を向け、「よそ者支援協会 Strangers' Friend Association」を組織した。救済対象はメソディストに限らず、従来の救貧を受けられなかったあらゆる貧困者に慈善を施し、多くの人々の支持を受けた。活動資金には、活動に賛同する会員からの会費に加え、年次集会やその他、年に数回、説教会を行った際に集まった参加費や寄付金があてられた[30]。よそ者支援協会のもう一つの特徴は、協会から任を受けた会員が貧困者を訪問し、簡単な礼拝と布教活動を行うとともに、施しを与える形式であったが、この方法は後に、いくつもの慈善機関の参考にされた[31]。

　1826年には複数の慈善組織が設立された。一つ目は、正式名称は不明であるが、難破やその他の事故で苦難な生活を強いられているフリーメンを救済し、自立した生活ができるよう援助することが目的のアソシエーションである[32]。中心メンバーには国会議員のM. B. フォークスや商人のW. エア、食料雑貨商のJ. アンドリューズがいた。活動費は会員から徴収される年会費と寄付から

得られたが、年会費は一律ではなく、たとえばフォークスは10ポンド、エアやアンドリューズは5ポンドと異なる。二つ目は、困窮する製造業者を救済するものである[33]。キングス・リンでは、都市の性格上、水夫や波止場で働く者たちに対する救済は比較的考慮されていたが、それ以外の職業の者は注意を払われないことも多かった。そのような人々を対象にしたところがこの団体が独自性を発揮したところである。活動資金も一般のアソシエーションのような年会費制とは異なり、会員は指定の銀行口座に寄付金という形で支払いを行っていた。それに加え、中心人物の一人である聖職者のS. アレンが、セント・マーガレット教会やセント・ニコラス教会で説教をし、寄付を募ったこともあり、寄付金の合計は、初年度に268ポンドに達している。

1826年にはさらにもう一つ、重要なアソシエーションが設立された。「病気や貧困で苦しむ自宅療養する人々を見舞う協会 Society for Visiting and Relieving the Sick Poor at Their Own Houses」、通称「訪問協会 Visiting Society」である。訪問協会はいくつかのユニークな特徴をもつ。まず、その名のとおり、会員が困窮者の家を1軒ずつ直接訪問し、困窮状況を把握した上で、食べ物や燃料、そのほか必需品を物品供給した。直接訪問することで、本人の申請にもとづく従来の救貧給付体制では見逃されやすい虚偽の申告を防げ、真の困窮者を見つけ出すことが可能であったところが大きなメリットであった。また、訪問協会もできるだけ公的な救貧や他の組織からの支援を受けられない人たちを救済の対象にしており、都市自治体を通して慈善委託金が分配されている施療院やワークハウスなど、訪問協会以外の組織からの救済を受けている人々は、あえて訪問協会の救済対象からはずしていた[34]。「貧困者だけでなく、病気で臥せっている、または病気から生じる状況」で困窮している者を探し、「女性の貧困者や、礼儀正しく勤勉な倹約家を励まし、義務を怠るような不道徳家、そして健全な体をもつ怠惰な貧困者の救済を阻止」するために、手間がかかり人手も必要である訪問の形式をとったのである[35]。

さらに訪問協会では、救済資金の負担を平等に多くの住民に課すことが考慮されていた。当時、少数の人々が多大な救貧税を払い、増大する貧困者救済の

負担を課せられており、そのことに対する不満は高まっていた。訪問協会設立のための公開集会では以下のような決定がなされた。

> ……この組織を支援するのに必要な資金は、皆の寄付から調達するものとし、すでに貧困者のために（救貧税を）払っている者への負担を増やすものでなはく、平等に負担するものとする。また救済志願者の窮状を十分に調査し、他の組織から以前に受けた救済状況を考慮する……36)。

　広範囲の人々に救貧負担を平等に与えるというこの協会の目的がどこまで達せられたかは不明であるが、1826年の訪問協会決起集会の終了後には、年会費に加え、多額の寄付金を含む300ポンドが出席者から集まり、1828年には年会費55ポンドが活動資金として集まった37)。

　訪問協会の三つ目の特徴は、女性のイニシアティブの強さである。すでにスープ協会やベッドリネン協会でも女性の活動が見られたが、訪問協会はその経験をもとに、さらに規模の大きい活動を、女性が提案し、女性の手で進めようとした。実際、会員の大半は女性であり、市長夫人を会長とし、委員のほとんどが女性で構成されていた。例外は、協会の管財人の E. エルスデンと F. クレスウェル、監査役の J. P. ブレンコウと E. エドワーズ牧師の 4 人のみであり、彼らは1826年の会設立のための会議で「公的な人物 official characters」として選出されたのであった38)。もっとも、女性を中心とした会の運営は長くは続かず、『ノリッジ・マーキュリ』は、1831年、G. ホッグが会長に、その他、E. エドワーズ牧師、T. ハンキンソン牧師、ウェイト医師、E. エルスデン、F. クレスウェルが委員として選出されたことを伝えており、当初の方針が大幅に変更されたことを示唆する。しかし、市長の E. バッグの妻、プリーザンスは、1837年、「女性訪問協会の集会に行った［圏点は筆者］」と日記に記しているように、その後も地位のある女性たちが積極的に訪問協会の活動に関わっていったことは確かである39)。

2 相互扶助

　相互扶助を目的とするアソシエーションは、共済組合、財布クラブ、友愛協会、ボックス・クラブなど色々な名前で呼ばれる。これらは会員の病気や高齢、虚弱に備え共済金を積み立てる組織であり、18世紀の第4四半期に全国で急成長した[40]。ますます大きくなる救貧負担に悲鳴をあげていた中間層は、労働者層の自立や自助を求め、この動きを支持したし、集団的利益を求める低い社会層の人々は、会費を比較的低額に抑えた共済組織をセーフティ・ネットの一つとして捉えるようになった。したがって、この種のアソシエーションの多くは、中上層の人々が積極的に創設・管理し、会員は熟練職人や労働者などが大部分を占めるものであり、実際、半数近くの労働者がいずれかの相互扶助組織に入っていたといわれる[41]。しかし、中には中間層を対象としたものも、少数ではあったが存在した[42]。

　相互扶助のアソシエーションは必ずしも都市政府や都市エリートたちに歓迎されるものではなかった。労働者の自立を促すことで彼らの勢力が強まり、社会的バランスが崩れて秩序が乱れることを恐れたのである。こうした声に押され、中央政府は1801年に全国の友愛協会の実態を調査すると同時に、その普及の抑制を試みている。しかしキングス・リンでは、都市のリーダーや中間層は積極的に普及に努めており、その数も多い。中央政府の友愛協会抑止策に対しても反対の意を示し、1801年、『リン・ウィスビッチ・パケット』は「友愛協会の資金調達を邪魔することは、いかなる場合でも完全に根拠がない」というウィルバーフォースの考えに同意を表明している[43]。1810年代には、W. リチャーズが、この種の協会を、礼儀正しさや洗練性を身につけモラルの改善を行える場であるという認識を示した[44]。1830年代にいたってもその認識は変わらず、『ノリッジ・マーキュリ』もまた、友愛協会を高く評価し、会員になることを強く勧めている[45]。キングス・リンでは会員から集められた会費を、通常、商人または銀行家が管理していたが、そうすることで労働者による騒動を回避

できると考えていたのであろう[46]。

　キングス・リンの共済組合の歴史は、公的には、1793年にできた「難破した水夫の扶助組合 Society for the Benefit of Shipwrecked Seamen」からはじまったとされる。1832年に全国の友愛協会の数を調査した下院の委員会に対して、市書記は「1793年以来今にいたるまで、一つだけしかキングス・リンにはない」と答えている[47]。しかし公的な共済のシステムは、少なくとも1748年の議会法までさかのぼる。「仕事をしている最中に、けがをして働けなくなったり、それが原因で死亡した水夫の寡婦や子どもを扶助する法」という法の下に、信託団体が組織された[48]。この団体は、キングス・リン港に登録されている船主や水夫に、毎月6ペンスずつの積立金を課し、万が一の事態に備えるものであった。この信託団体は都市自治体とは別組織ではあったが本部は市庁舎におかれ、委員には市長と複数の市参事会員のほかに、有力な商人や船主も含まれていた。

　しかし、この信託団体を除いて考えても、1800年の段階で私的な共済関連のアソシエーションはいくつも存在した[49]。1812年、W. リチャーズもまた、「リンには多様な慈善機関があるが、一般の慈善機関とは異なるもの、とりわけ共済組合または財布クラブと呼ばれるものが際立っており、その数は20にいたる［圏点は筆者、原書はイタリック］」と言っている[50]。こうした組合は規則集をもっており、年次集会での決議事項などは印刷をして回覧されていた。さらに後の時代になると、この種の組合の数は増加し、1843年、E. マニングの貯蓄銀行には、少なくとも38の共済組合が資金を預けていた[51]。しかし、アソシエーションの多くが小規模で史料が残されていない場合が多く、追跡は不可能である。ここでは比較的規模の大きなアソシエーションのみを、時系列に追っていくことにする。

　上述の難破した水夫の扶助組合では、会員は月に16ペンスという少額の会費を支払い、その代わり、船の事故の際は10ポンドの見舞金をもらえる仕組みになっていた[52]。組合資金を補充するような寄付を行うパトロンがいたことは明らかであるが、この扶助組合の活動やその他の詳細情報はほとんど残されていない。1820年に水夫の寡婦と孤児を対象とする新たな大規模な協会が組織さ

れることになっても難破した水夫の扶助組合は活動を続けた。1833年、多くの会員が1人10ポンドの給付を要求しても、組合資金として100ポンド残る程度の資金があった[53]。

　1795年には水夫以外の人々を対象とした「寡婦を扶助するためのリン限定共済組合 Lynn Select Provident Society for the Benefit of Widows（以後、リン限定共済組合と表記）」が設立され、会員が死亡した際に、残された妻に対して生涯、給付金を与える活動が開始された。比較的富裕な中間層を対象とした定員100名の大規模な組合である。15名の世話役（トラスト）と会計役によって運営され、1830年代になっても活発な活動が見られた。会員資格は25条から成る規約に厳しく定められている[54]。まず、入会できるのは水夫以外の職業に就く50歳以下の健康な男性であり、長期にわたり寡婦に給付金を出すことを避けるため、10歳以上年下の女性と再婚した場合は、会員資格を喪失する条件も付け加えられた。入会金や年会費は高額であった。入会金は、40歳以下は1ギニーで、40～50歳は2ギニー、年会費は全員3ギニー、さらに年次総会と懇親会に2シリング6ペンスがかかる。また、支払いが遅れるとその期日に応じて罰金が科せられるし、しかも寡婦が受け取れることになっている年間12ポンドの給付金は、6年間以上会員になっていないと受給の資格がないなど、簡単には給付を受けることができない。しかしこうした入会条件の厳しさにもかかわらず、100名の定員はいつでも埋まっており、会員の死亡により空きが出ると抽選会が年次総会で行われるほど人気があった。富裕なパトロン会員からの多額の寄付金も見込まれ、リン限定共済組合は常時、潤沢な資金をもっていたこと、そしてパトロン会員が世話役として会を管理し、安定した活動をしていたことが人気の要因であった。

　しかしリン限定共済組合は1830年代頃までには設立当初の性格に変化が見られ、職人や上層の労働者を会員とし、真に共済・自助精神を追求するようになっていった。運営方針の変化が起こった時期は正確にはわからないが、19世紀に入るとリン限定共済組合は、フェイクナム共済組合 Fakenham Provident Society の支部組織となり、運営メンバーは市議会や法定委員会で活躍するよ

うな、いわゆる都市エリートではなくなってきた。1827年の年次総会議長は弁護士 J. プラットン、1832年は競売人の R. クルーソ、1833年は外科医のチャドウィックであり、非フリーメンの彼らは中間層の典型だと考えられる[55]。しかし経営方針が変わっても財政状況は良好さを保ち、満足できるサービスを提供し続けた[56]。

　リン限定共済組合と並ぶ大規模な共済組合は、1820年に設立した「水夫の寡婦と孤児のための協会 Society for the Widows and Orphans of the Seamen」である。多数の水夫とその家族が生活するキングス・リンには、彼らを支援する慈善や共済も存在していたが、いまだ不十分であった。こうした中、1820年にセルフ、バッグ、ホッグ、エヴェラード、グリーン、ブレンコウといった有力な商業・海運関係者が中心となって新しい機関を設置した。彼らは全員市参事会員であったことから考えても、かなり公的な性格をもつ権威のある共済団体であったといってよい。これらの市参事会員らを含む21人の委員のほかに、会計役には当時のキングス・リンで最大の銀行であるガーニー＝バークベック＝クレスウェル銀行が就き、加えて F. レーンを名誉弁護士として迎え、協会の運営は行われた[57]。

　入会資格はキングス・リン港に帰属する38歳以下の男性水夫で、とくに定員は設けられていない[58]。入会金2シリングのほかは、月会費2シリングと年次総会での懇親会費として2シリング6ペンスが課せられ、毎月、決まった日時にデュークス・ヘッド・インに設けられた箱に支払いをすることになっている。中層以上の水夫を対象とするこの協会では入会金はかなり抑えられ、月々の支払いも無理のない範囲で持続できるよう考慮されていた。それにもかかわらず、入会後2年がたてば会員の死亡時に給付を受けられる権利が発生し、協会に400ポンド以上の資金があればという限定はあるものの、寡婦は年間10ポンド、妻がおらず子どもだけの場合は、子どもが14歳になるまでは年間5ポンドの給付を与えられていた。これは初期のリン限定共済組合と大差ない給付条件である。こうした好待遇が得られるのは、既述の有力なパトロンたちがこの協会を支えていたからである。1823年、『バリー・アンド・ノリッジ・ポスト』と『ノ

リッジ・ヤーマス・アンド・リン・クーリエ』はともに、この機関の経営がうまくいっており、蓄積された資金は357ポンド18シリング3ポンドに達し、加えてT. P. バッグとE. エヴェラードの両会員からそれぞれ20ポンド寄付を受けたと報告している[59]。しかし両紙とも、水夫の寡婦と孤児のための協会がキングス・リンの中心的な慈善共済機関であることを認めてはいるものの、この協会の支援者のほとんどが商業と海運関係の職業に就く者であり、救済対象が水夫関係であることについては疑問視している。

　もし特定の業種に就く人たちだけに（資金繰りを）依存しなくてはならないとするならば、こうした機関は永遠には続かないことは明らかである。この町のあらゆる階層の人々から支持者が出てきて、その利益が施しを必要とするあらゆる家族のために使われることを、我々は心から望んでいる[60]。

　水夫の寡婦と孤児のための協会はその後も順調に活動を続け、1833年には445ポンドの資金が蓄積されている[61]。
　1826年、「水夫親方と商工業者のための友愛組合 Master Mariners and Tradesmen's Friendly Association」は、議会法の「友愛協会の奨励給付のための法」にもとづき設立された。会員の病気やけが、葬式費用の補助を目的として新設されたアソシエーションで、21名の委員を中心に活動が行われている[62]。定員は60名で、水夫に会員を限定することもなく、35歳以下の男性に入会資格があった。入会金は1ポンド、月会費は1シリング6ペンスのほかに、2年ごとに会員更新費として10シリングかかる。支払いはいずれの場合もスリー・クラウンズ・パブの箱に、期日までにもっていくきまりになっていた。会費に加え、年次集会や月ごとの集会費はそれぞれ6ペンス、年次集会後の会食に2シリング、その他の細かい出費もあるが、概してリーズナブルなものであり、比較的幅の広い社会層の人々が入会できる金額設定であった。
　2年以上在籍した会員は短期の少額手当（週単位）と給付（年単位）を受け

る権利をもつが、その額は、この友愛組合にどのくらい資金があるか、その時何人の会員に給付を与えているかによって変わってくる。たとえば病気やけがのために1週間単位で仕事を休まなくてはならない場合、資金が400ポンド以上あれば週12シリング、300～400ポンドの際は週10シリング、150～300ポンドしかないときは週に8シリングの少額手当てを受けられるが、150ポンド以下の場合は支給はなかった[63]。比較的規模が小さく、有力なパトロンも見当たらず、組合の資金が決して安定していなかったこの組合で、どの程度手当てが出たかはわからない。しかし、会員同士の交流は前述の大規模な共済アソシエーションよりも活発で、より私的なクラブに近いものであったと思われる。会員規約には、クラブの開催時間内にクラブハウスに入ってきて、飲酒、ゲーム、喧嘩、口論を行った場合は1シリングの罰金、もしくは除名という内容が含まれているし、下品で不敬な言葉を使った場合も6ペンスの罰金が科されることからも、会員間の交流に力を入れていたことがうかがわれる。また、毎月の集会では多くの会員が顔を合わせるし、また会員の葬儀の際には全会員が1ペンスずつお悔みを出すことも義務づけられていた。

　1827年、「自由市民の連合協会 United Association of Free Burgesses」が組織された。そのルーツは1808年にできた「独立自由市民協会 Independent Free Burgesses Society」にさかのぼり、元々は非フリーメンであるために行政に参加できなかった住民が、政治的影響力の増大を目指して結成したものである[64]。自由市民の連合協会は、設立当初から会員の病気や死亡に直面し、徴収した会費の中から見舞金を出し、共済団体の性格を帯びていた[65]。この協会が活動資金に恵まれていたのは、キングス・リン選出の国会議員、M. B. フォークスの支援を受けていたことにある[66]。フォークスにとっては票田の確保という自己利益の追求もあったであろうが、活動資金の不足から活動停止を余儀なくされる慈善団体が多い中、この自由市民の連合協会は強力なパトロンを獲得できた数少ない団体の一つであった。

　オドフェロー協会も共済組合の一つと考えてよいだろう。ランカシャー南東部ではじまったといわれるこの組織は、友愛協会同様に会員の病気や葬式の際

に給付金を出すことを活動の基本としていた自助団体であり、会の運営にあたっては秘密じみた儀式を採用する特徴があった[67]。キングス・リンにオドフェロー・ロッジができたのは1830年のことである。町の中心部からは少しはずれた場所にあったユニオン・インを活動の拠点とし、独特の儀式を行いながら定期的に集会を開いていた[68]。キングス・リンのオドフェローの記録は少なく、会員情報を示す詳細は不明である。しかし、新興工業地帯のオドフェロー・ロッジでは過半数以上を占めるのは親方職人を含む職人グループや労働者であることからすると、キングス・リンでもその構成は中間層かそれ以下で、フリーメーソンよりも下層の人々から成ると考えられる[69]。オドフェロー達が懇親の一環で演劇鑑賞を行うと、毎回、キングス・リンで最大級の収容人数をもつ劇場が会員で満杯になるほど大勢の参加者がおり、オドフェロー・ロッジには相当数の会員がいたことが示唆される[70]。

　オドフェロー同様に多数の会員を集めたのは、1834年に設立された「病人やけが人のための自立促進機関 Self Supporting Institution for the Benefit of Sick and Hurt」であり、1年間で2,100人もの会員を集め急速に成長した[71]。この組織の方針は、1830年代のリン診療所と類似しており、健康時に、毎月または毎週一定額の会費を払い続けることで、病気になった時に医者に対応してもらうものであった。会員の大半は貧しい労働者たちであったが、一方で裕福な人々も一種の名誉会員として会に関与し、また多くの内科医や外科医が会の運営に携わり労働者の会員を監督しており、比較的豊富な活動資金をもっていた。

　以上では、会員数も多く、資金も豊富で組織化されているものを見てきたが、最後にそれらとは対極にある団体もつけ加えるべきであろう。本節では史料の残存状況により、大規模な協会に限定して見ざるをえなかったが、実際には、共済組合の大多数は小規模なものであった。それらは資金繰りも不安定で短命のものが多かったが、こうした小さな自助団体が当時の社会の中で、とりわけ下層の人々の中で果たしていた役割は決して小さくない。この種の友愛協会の中で唯一、記録が残っているのが、「水夫友愛協会 Sailors' Friendly Society」

である[72]。設立年度は不明であるが、1833年には33人の水夫の会員が会費を納めていた。その資金を管理していたのが、市議会議員で、自らの事業でも多くの水夫を雇用していたウィリアム・バッグとトマス・バッグである。彼らは、自身の所有するパブに頻繁に通う水夫に会員になるように話をもちかけ、パブに来るたびに貯金箱に月会費を入れさせていた[73]。水夫友愛協会はキングス・リンの小規模な友愛協会の一例ではあるが、友愛協会の典型であったと考えられる。パブは昔からのクラブ的要素をもちあわせ人々が集うところであったことに加え、人々が経済的にも相互依存しあう場でもあったため、友愛協会をおくのに適した場であった。職人や労働者など社会階層が低い者を対象としていた友愛協会はパブ経営者によって推進されていることも多く、パブ内に貯金箱がおかれた事例も頻繁に見られる[74]。キングス・リンの友愛協会の会員の大多数を占める下層の人々は、水夫友愛協会の類の組織に入り、生活を守られていたのであろう。

3　学校・教育・教化

　秩序の保たれた都市社会を作るためには、若者にモラルやマナー、社会的行動規範、有用な知識などを教える必要がある。本書第8章で論じるように、18世紀にはファッショナブルな社交のための礼儀や素養を身につける学校が中間層以上を対象に次々に設立されたが、本節で扱う学校は目的も生徒の対象もそれらとは異なるものであった。

　公的な性格をもつ学校としてあげられるのは、1534年に創設されたグラマー・スクールと1630年にできたライティング・スクールである。両方とも都市自治体が遺贈を受けた財産をもとに、建設、管理をするものであり、校長は都市自治体によって任命され、給料もそこから支払われていた[75]。ライティング・スクールに関しては18世紀を通して安定した評判があり、フリーメンの息子が通っていたが、それ以外の詳細はわからず、市議会議事録にも18世紀半ばに校長の交代があったこと以外の記録はなく、その実体を把握できない[76]。

他方で、寄宿学校であるグラマー・スクールには比較的詳細な史料が残されている。設立当初は定員が6名という少人数のセミナーのようなものであり、フリーメンの息子が無料で古典に特化した教育を受けられる機関であった。17世紀に入り、E. ベルが約40年間、J. ホーンが50年間以上、校長として管理した結果、高い名声をもつ学校になり、都市の有力者の子息たちが通うようになった[77]。しかしホーンが辞めた1730年以降、古典に特化した教育は人気がなくなり、寄付金も集まらず衰退の途をたどる。1760年に校長に就任した D. ロイズは改革を迫られ、実学をカリキュラムに意識して入れるなど、懸命に立て直しをはかった。『ノリッジ・マーキュリ』に掲載された生徒募集の広告では、キングス・リンのグラマー・スクールが「農業、店舗、会計所、海軍で身をたてようとする若者」に最適であることが強調されている[78]。ロイズの努力によってある程度人気を回復し生徒を集められるようになったが、その中には後に活躍をする T. バッグや C. クルーソをはじめとし、近隣の農村地主の息子も含まれた[79]。さらに19世紀になると、授業料は格段に高くなった。たとえばキッズが1818年に出した広告によれば、寄宿生の入学金が5ギニー、授業料と寄宿費を合わせて年間55ギニー、通学生は入学金が半ギニー、授業料が年間6ギニーと破格の費用がかかっていたが、これは同時期の著名な私塾の学費の2倍以上である。本書第8章で議論するように、カリキュラムの点でももはや、礼儀や素養、教養の獲得を目的とする私塾と全く差がなくなっていた[80]。グラマー・スクールでも伝統的な科目や実学に加え、フランス語やダンス、音楽、絵画などの授業が追加料金を払うことで選択可能であった[81]。それでも都市自治体は、グラマー・スクールの校長への給料や住居の提供を続け、必要に応じて助手も雇用し、時には経営方針にも口を出した。また、フリーメンの息子は優先的に入学できるという特権は1830年代にもまだ残っており、昔ながらの「公的な」性格をもつ施設として、私塾との違いがあった[82]。

　しかしながら、都市自治体が管理するこれら2つの学校で、奨学金により無料で学べるフリーメンの生徒がいたとしても数は限られていたし、高度な教育は大半の人々のニーズからはかけ離れたものであった。加えて、18世紀末にな

ると、怠惰で秩序を守れない少年らが通りで騒ぎを起こし、時には個人の家や所有物の破壊行為に出ることもあり、こうした子どもたちの教育・教化の場を設置する気運が高まってきた[83]。これに対応したのがアソシエーションであった。市民の有志は、助教を利用することでたくさんの学生を少ない教員で効率的に教育するベル＝ランカスター方式の教育法を導入した慈善学校設立に、宗教協会は日曜学校設立に動いたのである[84]。

　ベル＝ランカスター方式を取り入れた慈善学校はキングス・リンでは男女1校ずつ創設され、庶民の教育機会を拡大し道徳や行儀作法を教える上で大きな貢献を果たした。女子慈善学校は、男子学校よりも早い1792年に賛同者が集う会議で開校が決定された[85]。このはじめての女子慈善学校は、設立当初の定員は30人で、読み方、裁縫、糸紡ぎを教えていたが、希望者が多かったことを受け、1805年には50人が収容できる場所に移転している[86]。社会環境を改良させようと積極的活動を行っていた女性のグループによってはじめられたこの学校には強力なパトロンはいなかった。したがって後述の男子学校が運営資金に比較的余裕があったのとは異なり、設立当初から厳しい財政難に悩まされた。会費として集まった年間運営資金は1812年にはたった49ポンド7シリングしかなかったが、学校経営者のH. ホウェル嬢をはじめとし、慈善精神を発揮して無給で働く人の努力によりなんとか経営を継続していた[87]。

　ランカスター式男子自由学校［男子自由学校と表記］は、ジョセフ・ランカスター自身の直接的な指導と援助を得て1808年に作られた。それ以前にも慈善学校設立の話はもちあがったが、30～40人の学生に1人の教師を手配するのは不可能だという理由で却下されてきた[88]。しかし「改良され、経済的な」ランカスター方式を導入し、助教を利用することで教員不足の問題点は解決され、1808年の開校にこぎつけたのである[89]。男子自由学校もまた、賛同者が集まり会費を出し合う形で開設され、校長を含む教員の給料や学校経営に関わる費用にそれがあてられた。また、会費の管理は会員の中から選出された、主に国教会系の聖職者15人の委員に任された[90]。一方、都市自治体は学校の運営に干渉することはなかったが、学校の建物を無償または格安で提供することを通して

男子自由学校を支援した[91]。一例をあげると、1815年の教室の移転計画では、委員のS. アレン、E. エドワーズ、T. B. グリーブスという3人の聖職者と銀行家のバークベックが都市自治体と交渉し、新しい大きな建物を年間1シリングという格安な家賃で確保した[92]。会員の会費や寄付金で運営されている男子自由学校では、生徒はいずれも年間8シリングの学費で教育を受けることができた。コースは2年間で、その修了時には読み、書き、計算ができるようになることが目的とされていた。富裕者から中間層にいたる多様な人々が会員であったため、資金も豊富に集まり、学校経営は概ね成功であった。1812年には会費の徴収額が111ポンド6シリングに達していた[93]。また、学生数も順調にのばし、同年の年次総会では、200人の定員のところ、300人くらいが学校に通うこともあったと報告されている[94]。そのため定員を大幅に上回る学生をどう収容するかということが、いつでも、委員会の大きな議題となっていた。

　宗教関係者たちも、独自に新しい学校の設立や経営に取り組んでいた。キングス・リンではこの時期、国教だけでなく非国教も含め各派が多くの宗教団体を作っており、ウェズリー協会やバプティスト協会といった団体は、信徒同士の社交の場を作ったり慈善活動を行ったりしていた。年次集会では前年度の活動報告がなされ次年度の計画がたてられるほか、地元の牧師やロンドン、時には外国から招聘した著名な牧師たちの説教会が開催され、参加者からの寄付を募る場として機能した。

　宗教団体が最も力を入れていた活動は布教と教育であり、キングス・リンには「宗教の知識を普及させるいくつもの機関」があった[95]。1813年にはノーフォーク聖書協会の支部をキングス・リンに作る目的の集会が催され、ほどなくして支部が組織された[96]。1823年には教会伝道協会（ノーフォークとノリッジ支部）の援助を受け、リン・ウェスト・ノーフォーク支部が設立された[97]。

　宗教協会は日曜学校の設置にも力を注いだ。そこには、はじめは中間層、後に労働者の男女の子どもたちが通い、いずれの学校とも多くの学生を収容していた。キングス・リンで最初の日曜学校を開設したのはメソディストである。W. リチャーズの記憶によれば1780年代には存在しており、生徒数も200人近く

いた[98]。しかし、キングス・リンの日曜学校の基盤を作ったのは、インディペンデント牧師のJ. アレンであった。あらゆる宗派の子どもを受け入れたこの学校は多くの人に支持され、国教徒からも非国教徒からも寄付金が寄せられた[99]。1810年頃には、249人の学生がいて、内、女子が143人であった。バプティストも1810年代までに開校した[100]。はじめは男子生徒だけ60人程度の規模であったが、徐々に大きくなっていった。原始メソディストも1828年には自身の日曜学校をもつようになっていた[101]。1830年頃には、インディペンデントの日曜学校には200人、バプティスト日曜学校には300人の生徒が通っていた。原始メソディスト日曜学校は遅れて開校したが、開校以来学生数を増やし、1850年には500人に達していた[102]。こうした個々の日曜学校は宗派に関係なく「リン日曜学校協会」の傘下にまとめられており、国王誕生日や大きな記念の催しがある特別な日には、各宗派の日曜学校を超えたレベルでの催しを行った。たとえば1811年の国王誕生日には、リン日曜学校協会は祝賀パレードを組織し、その行進には180人の生徒たちが参加した。パレードの後は、インディペンデントの牧師、J. アレンが説教をし、その後、ケーキと紅茶がふるまわれた[103]。こうしたリン日曜学校協会による催しへの参加者数は、日曜学校の生徒が増えるにつれ、ますます拡大した。だからといって、宗派の異なる国教・非国教徒が同じ理念の下で各日曜学校を経営していたとはいえないが、少なくとも年に1度は記念日の行事を催行する中で、協同して活動する機会がもうけられていた[104]。

　本節の最後に、節酒団体についてふれておくことにする。節酒運動がイギリスの都市で盛んになったのは1830年代のことであった。アメリカで生まれた節酒運動は急速に普及し、アイルランドに1829年、ロンドンに1830年に到着すると、瞬く間にイギリス中に広がっていった。リン節酒協会は、ロンドン節酒協会の地方支部として1834年に組織され、市参事会員のW. エヴェラードが代表に選出された[105]。設立当初のメンバーは52人であったが、リン節酒協会は短期間のうちに大きな支持を受け、1年間のうちに183人に急増し、キングス・リンや周辺農村の有力者は例外なく、この協会の会員となった。キングス・リ

ンでは長い間、労働者の飲酒による不始末に悩まされてきた。港湾都市のこの町には多数の港湾荷担ぎ人や水先案内人がいたが、彼らは酔っぱらってさまざまな問題を引き起こした。1765年、頻発するアルコールに関連するトラブルへの対応策として、市議会は満場一致でいかなる水先案内人に対しても、ビールを取り扱う認可を与えない決定をしたが[106]、その後も状況はほとんど変わらなかった。そのような状況の中で節酒協会は、労働者の飲酒問題の改善を期待させるものであった。キングス・リンのコミュニティ・リーダーたちは、節酒協会を有益と考え、強く支持したのである。1845年の人名録ではリン節酒協会について「多くの会員がおり、キングス・リンとその周辺地域の労働者の多くのモラルを改善するのに影響を与えてきた」と説明している[107]。

4 公共施設の建設

　ここまで議論してきた生活扶助、共済、医療、教育などに関わるアソシエーションでは、どの団体も会員から徴収される会費が活動の範囲を決めていた。1人あたりの会費負担を減らし、できるだけ広い社会層から多数の会員を集め、必要に応じてパトロンが不足する資金を寄付金で補うことで、活動資金が調達されたわけである。しかし、道路や建物の新設や大がかりな整備を行う大規模の事業に必要な費用は、これまで議論してきたような方法で集められる額ではない。従来、都市自治体が行ってきたインフラの整備は、都市自治体の資金不足や能力不足により、むしろ法定委員会によって進められることが多くなってきたことは既述した。しかし法定委員会の改良事業の中では計画しにくい事業もあった。アソシエーションは、そういったものを引き受けたのである。本来、アソシエーションの活動は、もっぱら会員の会費や寄付に依存しなくてはならないため、大きな出費を伴う公共施設の建設には向いていない。しかしキングス・リンでは劇場（1813年）とマーケット・ホール（1830年）の新築、そして家畜市場の移転と新設はアソシエーションが行った。巨額の費用を伴う事業をアソシエーションがどのようにして進めていったのか、まず、新劇場建設を事

例に見てみよう。

　キングス・リンにはセント・ジョージ・ホールと呼ばれる劇場があった。元は中世にセント・ジョージ・ギルドの集会所として建てられたものであったが、その後、何度か使途を変え、17世紀には劇場として利用されていた[108]。しかし観客収容力も低く、編成の大きい公演は不可能な上に、老朽化と利便性への不満が高まってきた[109]。各都市が競ってアセンブリ・ホールや劇場を新築・改築していく動きに取り残されたくないという気持ちもあった。しかし、1760年代には借金をしながらも自らの予算でアセンブリ・ルームとゲーム・ルームの増築を行った都市自治体であったが、それとは比較にならないほど費用がかかる劇場の新築の予算を組むことは難しかった[110]。

　一方、個人のグループが公共の建物を作ることには、建築資金の調達の仕方や資金額、その後の建物の使い方などに関して、いくつもの制約があった。こうした状況で新劇場建設のために選択された方法は、実質的な部分、すなわちおおよその建築計画と見積もりを出し、建築に必要とされる資金を集め、さらに建築された建物の維持と運営に関しては個人のグループが責任をもち、都市自治体はそれを後方支援する形であった。劇場建設にあたり都市自治体は債権を発行したが、その利子は18世紀にキングス・リンで発行された通常の債権よりもずっと低く、わずか1％であった。つまりこの債権は、通常の債権のように利子を期待して引き受けられるのではなく、新しい劇場を望む人々が自らの資金を提供したものであり、都市自治体という信頼のあるブランドのおかげでより多くの者が安心して投資できたのである。都市自治体としても、都市の価値を高める劇場の建築は、資金繰りが解決されるのなら反対する理由はなく、むしろこうした公共色の強い施設の建築を都市自治体の名前で進めることは好ましいことであった[111]。

　有志グループは、まず、工事の見積もり額を把握した上で、その額にもとづき債権の引き受け手も見つけなければならなかった。当初、41人から個人出資の形でのべ3,975ポンドを集めることになった。しかしそれでは建築費概算に届かなかったことと、出資そのものをやめる人も出たため、さらにその内14人

表5-1　新劇場への出資者（1813年）

氏名	市議会関係者	近隣農村地主	出資額（£）
Mayor and Burgesses	○		1,000
Elsden, Edmund, Esq.	○		300
Earl of Orford		●	各200
Lord Walpole		●	
Folkes, Martin Brown, Bart.		●	
Bacon, Henry, Esq.		●	各125
Bagge, Thomas Philip, Esq.	○		
Bagge, William, Esq.	○		
Bell, Henry, Esq.	○		
Blencowe, John Prescott, Esq.	○		
Everard, Edward, Esq.	○		
Everard, Edward, jur., Esq.	○		
Everard, Scarlet, Esq.	○		
Self, Lionel, Esq.	○		
Swatman, William, Esq.	○		
Toosey, James Bramall, Esq.	○		
Lee Warner, William Wilson, Esq.	△		
Astley, Jacob Henry, Bart.		●	各100
Coke, Thomas William, Esq.		●	
Bowker, Alexander, Esq.	○		
Bowker, James, Mr.	△		
Fountain, Andrew, Esq.		●	
Green, Robert, Esq.	○		
Guy, Thomas, Mr.			
Hadley, Samuel, Mr.	○		
Henley, Henry Hoste, Esq.		●	
Hogg, George, Esq.	○		
Hulton, Henry, Esq.		●	
Marster, Thomas, Mr.			
Rolfe, Edmund, jur., Esq.		●	
Sayer, George Frederick, Esq.		●	
Styleman, Henry, Esq.		●	
Wilkin, William, Mr.			
Goodwin, Charles, Mr.			各50
Lawrence, Joseph, Esq.	○		
Lane, Frederick, Mr.	○		
Smetham, John, Mr.			
Upwood, Thomas, Mr.			25
合　計			5,225

出典：KLA, KL/C8/41.
注：○：市議会関係者（市参事会員、市会員のいずれか）、
　　△：翌年・翌々年に市会員に就任した者、●：農村地主。

が追加で計350ポンド分の債権を引き受け、結果的に計37人で建築費見積もりをカバーする総額4,325ポンドを集めることに成功した（表5-1）[112]。1人あたりの負担額は、オーフォード伯、フォークス卿、ウォルポール卿の3人がそれぞれ200ポンドであったが、それ以外は大体100～125ポンドで、突出した額を引き受けた者もおらず、ほぼ均等額の出資の確約を得た。出資者の顔ぶれからは、市議会議員が中心となって進めている計画であることが示唆される。37人の内、市議会議員は17人で、それに翌年と翌々年に市会員に選出される2人を合わせると、過半数を超える出資者が市議会関係者であったことがわかる。しかしそれ以上に特徴的なのは、近隣地主の多さである。都市の自治行政には関心が薄く、都市自治体や舗装委員会の活動にはそれまで全く関与してこなかった近隣地主たちが積極的にこの事業に関与しているのである。一方、市議会議員と農村地主以

外で出資を引き受けた者は 5 人と、少数派であり、その内 3 人は法律家であった。これらからわかるのは、都市の中では社会的地位も富裕度も最も高い人々と、普段はキングス・リンとは社交目的でのみ関わっている農村地主たちが、都市の劇場という公共の文化施設を新築する魅力ある計画を強い協力関係の下で実行していったということである。彼らはまた、新劇場の建築場所の候補地も見つけ出していた。こうして、ある程度具体化された計画と建築資金調達の見込みをもって、出資者グループである新劇場協会の代表が公開集会を要請したのである。

1813 年 3 月 12 日に「新劇場建築のための出資者の（公開）集会」が開かれ、市長の J. ヘミングトン、市参事会員の H. ベル、L. セルフ、G. ホッグ、市会員の J. B. トゥーゼイといった 5 人の市議会議員に加え、A. ファウンテイン、E. ハルトン、H. ベーコン、D. F. セイヤー、T. マースター、T. ガイ、J. ボウカー、総勢 11 人が参加する中、劇場の新築が決定された[113]。この日の公開集会では以下の点が確認された。まず、集まった出資金は都市自治体の要求時に渡すこととし、完成した劇場の貸し出しやその他の管理については当面、市長の指示の下におくこととなった。すなわち、新劇場はキングス・リンが所有する公共の施設として扱われることになったのである。二点目は、都市自治体は出資者に年率 1 ％の利子を支払うとともに、償還の申し出があった場合は直ちに対応することを求めた。三点目は、建築費は有志側で出すが、劇場の内装や備品、家具等の費用は都市自治体が負担することであった。後述するように都市自治体は 1,000 ポンドの債権を自ら引き受けたが、その分がこの費用に充てられたと考えてよいであろう。四点目は、都市自治体はこの公開集会の決議を受け、即、市議会に本件をはかるとともに、老朽化し利便性の悪い現在の劇場に代わる新劇場を、少しの遅れもないよう建設することを要求した。そして最後に、新劇場の建築候補地がタワー・ストリートであり、スミス夫人に貸し出されている既存の宅地であることを確認した。

公開集会での決議に従って、市議会で審議が行われ劇場建築が承認されると、都市自治体は新劇場委員会 New Theatre Commission を設置した[114]。この委

員会は、出資者グループとの交渉窓口となると同時に、集められた資金を管理し、工事の受注の責任をもつ組織であった。4月には市長の名前で工事の請負人の募集広告を地域の新聞に出した[115]。

> 建築家と建築業者へ。キングス・リンの市長と市民は、グレイ・フライヤース・ミドウに新しい劇場を建てる決定をしたが、そのデザインと見積もりを募集する。劇場には、ボックス席とピット席、そしてギャラリー席を作るが、一晩の公演で100ギニーの売上げを見込み、座席の価格は以下のように設定する。すなわち、ボックス席下方は4シリング、上方は3シリング、ピット席は2シリング、そしてギャラリー席は1シリングである。デザインと見積もりが採用された場合は、20ギニーの賞金を与える。デザインは市長のヘミングトン宛に5月4日までに送付のこと。

9人の入札者の中から選ばれたのはW. ニューナムで、5月に契約を結び、劇場は1816年に完成した。しかし、建築費は当初の見積もりを上回る6,339ポンド6シリングに達したため、1813年当初に準備された出資者37人と都市自治体から集めた5,225ポンドでは足りなくなった。新劇場委員会ではこの差額への対応の仕方を議論したが、最終的には超過分の支払いを了承し、追加資金を集めることになった[116]。不足した1,114ポンド6シリングがその後、どのように処理されたのかは不明であるが、少なくとも1840年までは存続した新劇場委員会が、債権の発行とは別の手段で支払ったと思われる[117]。また、新劇場委員会には、劇場の管理・運営に関する責任もあった。しかし、座席ごとのチケット価格は会議で決定したが、劇場そのものは、劇場経営の豊富な経験をもつコヴェント・ガーデン劇団やノリッジ劇団の代表者に年間契約で貸し出し、管理を委託した[118]。

この劇場の事例では、私的なアソシエーションが公共施設建設の大まかな計画をたて資金集めはしたが、大規模な工事や施設の管理の経験のないアソシエーションはその部分を都市自治体に依存した。一方、都市自治体は、アソシ

エーションの資金募集のための後方支援は行ったが、基本的には都市自治体自身の資金は支出しなかった。しかし、所有地を提供したり、それまでのインフラ設置の経験を活かして実際の工事の請負契約やその後の業者との交渉を行ったりしたわけだが、お互いの長所を活かしたアソシエーションと都市自治体の役割分担がうまく機能していることがわかる。大型の公共財へのニーズが高まる中で、公共精神をもちあわせる人々からの資金提供を受け、資金不足に苦しむ都市自治体がそのイニシアティブを失うことなく公的施設を建築するやり方は、この時代に特徴的な方法であった[119]。

　キングス・リンでは1830年に、同様の方法で土曜市広場にマーケット・ハウスを新築することになった。商品の取引所として利用されると同時に、劇場や演奏会場としても、また文化的・教育的な催しにも、そして宗教の集会にも使える多目的ホールへのニーズの高まりを受けたものであった。1階には肉屋の屋台が続くが、2階にはゆったりとしたエレガントな装飾を施した演奏会用の部屋が設計された[120]。この施設はW. バッグやG. ホッグ、S. エヴェラードを中心とする有志によって計画されたものであるが、建築費の捻出や建築に関しては、劇場のときと同様に、私的なアソシエーションが責任をもって出資者を募って建築費を集めるやり方が採られた。都市自治体は債権の発行を行い、500ポンドをこの事業に出資するが、その代わり、建築後のマーケット・ハウスは都市自治体の財産とすることで合意に達した[121]。総建築費には4,304ポンド8シリング5ペンスかかったので、都市自治体の負担分を差し引いた3,804ポンド8シリング5ペンスを出資者から集めたことになる[122]。劇場建築のときとの違いは、債権の年率が4％と少し高くなっている点である。純粋に社交施設として利用される劇場に比べ、ビジネスに利用されるマーケット・ハウスの債権を引き受ける範囲が限定されたことが要因と思われるが、それでも通常の自治体債権の利子が5％以上であったことを考えれば高いとはいえない。

　もう一つの例として最後にあげられるのは、アソシエーションのイニシアティブが上記の2例よりも強く発揮された新家畜市場である。従来の家畜市場については、その臭いや騒音、使い勝手の悪さから、18世紀から色々な不満が寄

せられていた。都市自治体や舗装委員会はそのたびに小規模な改良や一部移転を行っていたが、その場しのぎの対応にも限界が生じた。その結果、1826年2月には、キングス・リンの主要な卸売・小売商たちのほとんどを含む家畜市場の利用者200人が、手狭になった現行の市場の使いづらさや不都合さを指摘し、移転と大型市場設置の陳情を行ったのである[123]。穀物市場にほど近く、広くてアクセスもよく、市場使用料も現行より下げられる場所が候補としてあげられたが、都市自治体はその陳情に応え、ブロード・ストリートの裏に位置するパラダイス区の一区画を提供することにした[124]。同年6月には市長を議長とした公開集会が開かれ、住民側代表は都市自治体と交渉することになった。都市自治体の家畜市場移転について検討する委員会がそこで提案したのは、都市自治体は土地を家畜市場用に提供するが、資金負担はせず、住民グループが集めた出資金で市場の移転と施設建築等を行い、都市自治体との間で施設の賃貸借契約を結んだ上で、市場の運営を住民グループに任せる、というものであった[125]。賃借人から構成されるアソシエーションの新家畜市場賃借人組合（「賃借人組合」と表記）は、都市自治体の提示する、7年契約で賃借料年間90ポンドという条件を受け入れた[126]。そして、新家畜市場のための出資者を募るために、賃借人組合は運営委員会を新たに設けた。近隣地域の農村地主からの出資を促す意図もあり、委員にはキングス・リンと近隣地域から、それぞれ10名ずつが選出され、フォークス卿はその一人であった[127]。

　1826年11月、新家畜市場は未完成のままオープンすることになったが、予定していた出資金はその時点で360ポンドも不足しており緊急に調達しなければならない状態であった[128]。賃借人組合は資金調達戦略として市場施設使用料を低く設定し、より多くの人々を呼び込もうとしていたが、そのためにも十分な出資金が必要であり、とりわけ農村地主たちに出資を求めた[129]。新しい大型家畜市場は、以前よりも広範囲に居住するより多くの家畜業者たちに利用されたが、使用料が抑えられていることにより、全体としての使用料収入は支出を埋め合わせには不十分であった。翌年4月の収入・支出報告では、施設の設置や工事にかかる費用や広告宣伝費等の運営費用を合わせて1,566ポンドに達

していたが、受け取った出資金は881ポンドでしかなく、未回収の出資金165ポンドとわずかな施設使用料収入とを加えても、約465ポンドが赤字であった[130]。貸借人組合は未収の出資金の回収と、引き続きさらなる出資の募集を行った。しかし1827年の新市場開設1年後の賃借人組合の年次集会では、状況が好転し使用料収入が大幅に増え、経営は黒字になったことが報告された[131]。リンカーン州との通行の改善を狙った建築中の橋が開通したら、さらに取引量が増える見込みもあった。賃借人組合は、家畜市場の移転に関して予想もしなかった地域からの反対もかなりあったが、この計画を支持したキングス・リンと隣接地域のジェントルマンたちの決断の正しさが証明されたと出資者たちに感謝の意を述べている。

　このように家畜市場開設事業は、都市自治体が敷地の貸与という形で協力したが、劇場建設以上にアソシエーション主導で計画が進められたものであった。劇場やマーケット・ハウス建築よりも少ない資金で事業が達成できたことから都市自治体が債権を発行する必要はなかったし、事業遂行のための経験もそれほど必要とされなかったため、都市自治体の介入の程度は少なかった。しかしながら、公的な性格をもつ施設の建設に関連して都市自治体とアソシエーションとの協力関係が見られることは特別でなかったことを、上記の3つの例は示す。

5　その他のアソシエーション

　最後に、上記でふれてこなかった公的領域に関わるアソシエーションをいくつかあげてみるが、まず防犯と防衛関係のアソシエーションから見てみたい。
　この当時のキングス・リンは、わずかな人数の治安官に任されているだけで、防犯体制は不十分なものであった。都市全般の防犯を目的とする組織はなかったが、特定の人々の利益を犯罪から守るアソシエーションは出現した。1778年に設立された「馬泥棒を逮捕・起訴する協会」がそれにあたる。このアソシエーションは、キングス・リン在住者を中心とするものというよりは、むしろ

隣接地域のフリーブリッジやマーシュランド地区全域のジェントルマンと馬の所有者の組織であったと考えられる。1778年の時点では、全部で63名の会員のうち8名がキングス・リンの在住者であった[132]。このアソシエーションは徐々に活動範囲を広げ、1792年には「重大犯罪者を起訴する協会」としてより広い防犯に関与するようになり、それに伴いリン在住の会員も15名に増えた[133]。15シリング6ペンスの入会金に加え、年間20シリングの年会費がかかった[134]。しかしこれらの団体がどの程度機能していたかは不明である。クラークは、全国にあった類似の団体がせいぜい犯罪の検挙や起訴にある程度、助力したくらいのもので、大した機能は果たしていなかったと考える[135]。キングス・リンでも会員数が限定されていたことからしても、少なくとも中世以来の治安官制度を上回る成果は見られなかったと思われる。

18世紀末のフランスとの戦争の時期に集中して組織された義勇軍も、防衛という観点から組織されたアソシエーションの一つとして考えられる[136]。キングス・リンの海運力には以前から定評があり、フランスとの戦争の時期には船舶や水兵の提供を要求されることも少なくなかった[137]。またフランス人捕虜がキングス・リンに送られることも時々あった。1802年、T. バッグはA. ハモンドに「今日、ここ（キングス・リン）に3,000人近くのフランス人捕虜が来るだろう。彼らが明日までに出て行ってくれることを、私は切に願っている」と伝えている[138]。否応なくフランスとの戦争に巻き込まれていた18世紀末のキングス・リンでは、義勇軍を編成する動きが高まった。義勇軍は、それ自体は国家を守る防衛機能を行使する組織ではあるが、地域の名望家にとってそのトップに就くことは社会的地位をあげることにも繋がったため、多くの有力者たちが直接的に義勇軍に関与していた。一方、一般庶民は、若い男性は歩兵になるために、そして女性は兵士たちが着るフランネル製の下着を作るなどの後方支援のために、義勇軍への奉仕を志願した[139]。

最大の義勇軍は、1794年に市参事会員のE. エヴェラードの命のもとに結成された「リン・ロイヤル義勇軍」である。大佐E. エヴェラード、中佐C. エルスデンとJ. ウォーデル、大尉R. マーシャル、中尉T. P. バッグとS. エヴェ

ラード、少尉 W. スワットマン、G. ベイリー、そして J. スミスと、キングス・リンの名だたる名望家たちの名前があがる[140]。これに加え、結成年度は不明であるが、キングス・リンには少なくとも 2 つの義勇軍があった。「フリーブリッジ・リン義勇農騎兵隊 Freebridge Lynn Yeomanry Caralry」はリン・ロイヤル義勇軍よりも構成人数は少なかったが、これもまた、戦争年間に組織されたものである。キングス・リンを含む広域から、名前のとおりヨーマンの子弟を中心として志願兵を募ったが、少佐は J. テイラー、大尉は J. ロイドというキングス・リンの名望家が就任している[141]。もう一つの義勇軍は、「オール・セント・サウス・リン義勇兵団 All Saint South Lynn Company of Volunteer Infantry」で、J. ミドルトンが中佐であった。これは、ノーフォークのタウンシェンド卿から資金援助を受けて組織されたものであり、組織後もたびたび、タウンシェンド卿は食料その他を要求に応じて供給していた。この時期、イングランドでは資金力のある個人がパトロンになり義勇軍を組織し、個人の利益を反映する活動を行うものもあったようだが、ミドルトンはこの義勇兵団が「公的な機関 public institution」であることに固執し、純粋に国家の危機に立ち向かう使命を果たすべく牽引すると宣言している[142]。

このほかにも色々な機能をもつアソシエーションがある。リン=ハンスタントン救命ボート協会は、ノーフォークの海岸で難破にあった水夫の救助活動をするノリッジを中心としたアソシエーションの支部である。ヤーマス地区とキングス・リン=ハンスタントン地区は重点的に警備を行う必要があり、それぞれに支部をおいたものである[143]。また、複数の有志で製粉用の風車を建築する目的で作られたリン会員制ミル協会では、J. テイラーや J. ヘミングトンといった市参事会員が中心になって活動を行っていた[144]。

特定の職業に就く者たちが集まる団体も見られる。「皮鞣工や製革工、靴屋、馬具工など皮革業関連の職業に就く者が集まる協会」はそのような団体の一例で、これはその名前のとおり、皮革業という共通の利益をもつ複数の職業集団が集まってできた、新しい形の組織であった。こうした協会は、陳情書の作成や公開集会の開催を企画し、自分たちの窮状を訴えることもあったし、年次集

会等の後には商工業者である会員が集まって晩餐会を開くこともあった。上記の皮革業の協会は、第3章で紹介したように、外国との競争に直面し皮革業内の職種細分の撤廃を求める公開集会（1816年）を組織している。この種の団体は、古くに存在していたギルドの代替組織として機能しているようにも見える。キングス・リンにはギルドの記録が残されていないが、徒弟制度が18世紀になっても残っていたことからすると、熟練養成などの経済機能をもった同職組合的な組織があった可能性は高い。しかし単独の職業の範囲を超える利益を守るためにはより幅広い人々が集まる必要が生じ、そこで出現したのがこうした新しいアソシエーションであったと考えられる。

18世紀半ば以降、アソシエーションは新たに広がった公的領域に関わる「私的な」組織になった。アソシエーションの活動は、都市自治体や法定委員会のような制度として確立している公的な機関が機能しにくい分野が中心であり、中でも、貧困層に対する慈善や共済、教育に関する活動は目立っていた。キングス・リンの行政の隙間を埋めるような働きをしていたアソシエーションは、公的な行政組織と大きく対立することはなかった。時には、都市自治体とアソシエーションの提携で成しとげた新劇場建築などの公共施設の建設に見られるように、積極的に協力しあうこともあった。

公的領域に関わるアソシエーションは、より多くの活動資金を募集するためにも、また訪問協会などでは実際に活動する人員を確保するためにも、できるだけ多数の会員を集める必要があり、広範な人々が参加しやすいような会費の設定の仕方をしていた。会員一口あたりの会費を抑えることで、中間層やその下の層の人々まで、自治活動を通して公共圏に関わりをもちたい者たちに広く門戸を開放していた。出自や居住地、職業、社会的地位に一切かかわらず、わずかな会費を払うことだけで入会が許可され、年次総会にもすべての会員が参加できるこれらのアソシエーションは、ある意味、平等な場であった。

一方で、運営に関しては会費民主主義が基本方針である場合が多かった。とりわけ病院や学校などの資産をもつアソシエーションでその方針をとる傾向が

強く、複数口の会員権を購入した少数の者が発言権を強め、執行委員として会の運営を牛耳ることもあった。この種のアソシエーションでは位階が強く認識され、会費や寄付の額にもとづくはっきりとした序列があったのである。行政機能を伴うアソシエーションは、第8章で議論する文化的アソシエーションと異なり、広範な社会層から数多くの会員を集めているだけに、垂直的な人間関係、上下関係を生み出す傾向があった。こうした位階構造は、個々のアソシエーションの中だけに限定されるわけではなかった。複数のアソシエーションに所属する人々を核とし、ネットワークは都市全体に広がっていった。流動化する都市社会の中で、自治を担うアソシエーションは位階構造の再構築に寄与する側面があったのである。

注
1) 他都市では、アソシエーションの形態をとりながら活動を開始したが、資金調達を考慮し、のちに法定委員会に切り替わるものもあった。Innes & Rogers, 'Politics and Government', p. 536.
2) キングス・リンでは、あらゆるタイプのアソシエーションを合わせ、少なくとも100を超える団体が18世紀末以降に作られたことが確認できるが、実際の数がもっと多かったことは確実である（付表8）。なお、この時期の地方都市のアソシエーションについては、岩間俊彦『イギリス・ミドルクラスの世界——ハリファクス、1780-1850』（ミネルヴァ書房、2008年）。
3) 18世紀〜19世紀にかけて急増したアソシエーションは、慈善に関連した活動を行うものが多く、病院や診療所、学校などを開設したり、貧困者を訪問し、物資を与えたりしていた。Morris, R. J., 'Voluntary Societies and British Urban Elites, 1780-1850: An Analysis', *Historical Journal*, 26-1 (1983); do., 'Clubs, Societies and Association', in Thompson, F. M. L., ed., *The Cambridge Social History of Britain 1750-1950, vol. 3: Social Agencies and Institutions* (Cambridge, 1990); Gorsky, M., 'Mutual Aid and Civil Society: Friendly Societies in Nineteenth-Century Bristol', *Urban History*, 25-3 (1998), p. 305; 金澤周作『チャリティとイギリス近代』（京都大学学術出版会、2008年）。
4) 施設運営のために都市自治体へ委託された資金を管理するため、市議会議員が各施設の管財人として送られていた。

5) 1810年で11,000人を超える人口規模の都市としては、医療機関の設立は遅かったと考えられる。
6) *NM*, 1812/2/8; *BNP*, 1812/2/12.
7) 診療所の医者の給料は年額80ポンドであり、加えて診療所内に居住部屋が確保された。*BNP*, 1818/10/21, 1824/11/3.
8) *NM*, 1828/1/12.
9) 遺言で治療所に遺産を託した者もいる。E. エヴェラードは1819年に100ポンドを、W. バッグは1834年に200ポンド残した。NRO, BL X/40; BL Va /5.
10) 1828年の「診療所を救うための舞踏会」では50ポンド、同年の展示販売会では200ポンド、1831年の展示会では306ポンドが集まり、診療所に寄付された。*NM*, 1828/2/23, 1828/3/8, 1831/3/5.
11) *NM*, 1828/3/1.
12) ホッグとブレンコウは市参事会員、ウィンコップは市会員であった。クレスウェルはこの時点では市会員ではないが、都市自治体法施行直後の1835年の市政選挙で市会員に選出された。
13) *NM*, 1828/3/8.
14) *NM*, 1834/1/11.
15) *NM*, 1834/1/11, 1835/4/25.
16) Langford, P., *A Polite and Commercial People: England 1727-1783*（Oxford, 1989）；長谷川貴彦『イギリス福祉国家の歴史的源流——近世・近代転換期の中間団体』（東京大学出版会、2014年）。
17) KLA, KL/TC2/2/1, 1831/11/2, 1831/11/5.
18) 保健委員会の構成員はF. クレスウェル、E. エドワーズ牧師、J. B. ストックデール、E. B. マニング、L. W. ジャーヴィス、T. E. ハンキンソン、W. エヴェラード、J. プラッテン、W. クリーク、J. P. サドルトン、ツウィーデール医師とウェイト医師である。KLA, KL/TC2/2/1, 1831/11/16. このほか、教区民の健康状態を管理する区レベルの委員会も新たに組織された。
19) 3人の責任者のほかに、フィッツロイ大佐、牧師のエドワーズ、ブレフ、ロドリック、ハンキンソン、ハルトン、商人・銀行家のW. エヴェラード、F. ケッペル、クレスウェル、D. ガーニー、医者のツウィーデールとウェイトも理事に推薦された。*NM*, 1833/11/9.
20) KLA, KL/C7/16, 1834/8/29.
21) NRO, MC2032/3. リン病院のその後の経営の詳細は不明であるが、1985年に閉鎖されるまで存続した。

第 5 章　公的領域とアソシエーション　223

22)　バーミンガム総合病院では、貴族・地主は人的結合の拡大、中産階級は社会的上昇の機会を獲得することを目的に、多数の参加が見られた。長谷川『イギリス福祉国家』pp. 93-100.
23)　*LWP*, 1800/1/21. 貧困者でなくとも、希望者はスープ 2 パイントを 3 ペンスで購入できた。
24)　Richards, *History of Lynn*, pp. 1137-1138.
25)　Hillen, H. J., *History of the Borough of King's Lynn* (Norwich, 1907), p. 557.
26)　Richards, *History of Lynn*, pp. 1137-1138.
27)　*NM*, 1831/12/31.
28)　*NM*, 1833/1/19.
29)　*NM*, 1834/3/8.
30)　*NYLC*, 1822/6/1.
31)　訪問することで効果的に慈善を施せると考え、前述のリン慈善協会は1830年頃から、後述の訪問協会は設立時から、メソディスト協会のやり方を真似た。
32)　*BNP*, 1826/2/15.
33)　*BNP*, 1826/5/24.
34)　Richards, *History of Lynn*, pp. 1137-1138.
35)　KLA, KL/TC2/2/1, 1826/12/18.
36)　*Ibid*.
37)　*NM*, 1826/12/23, 1829/2/21.
38)　KLA, KL/TC2/2/1, 1826/12/18; *NM*, 1826/12/23.
39)　ただし、プリーザンス・バッグがどういう役割で集会に参加したかはわからない。NRO, BL/VIa(XII), 1837/1/12.
40)　1803年には全国で9,672の共済のアソシエーションと704,000人の会員が確認されており、1815年には全人口の約 8 ％が友愛組合に加入していた。Gorsky, 'Mutual Aid and Civil Society', pp. 310-311; Clark, *British Clubs and Societies*, p. 351; Cordery, S., *British Friendly Societies, 1750-1914* (Basingstoke, 2003), pp. 14-29.
41)　ロンドンでは労働者の40％、オルダムでは50％が会員になっていた。Clark, *British Clubs and Societies*, p. 351. しかし、こうした下層向けの共済アソシエーションであっても、貧困者は除外されていた。*Ibid*., pp. 130-131.
42)　*Ibid*., pp. 354-356.
43)　*LWP*, 1801/2/3.
44)　Richards, *History of Lynn*, p. 1137.
45)　*NM*, 1832/8/11, 1833/8/18, 1834/2/15.

46) リンの富裕層や積極的に寄付を行うパトロンたちが、個人宅に集まって会議をしている姿がよく見かけられる。Richards, *History of Lynn*, p. 1135.
47) *House of Commons PP: Return of the Number of Friendly Societies* (1832), p. 19.
48) KLA, KL/TS/1; True's Yard, Trustees of Muster Rolls 1749-1814.
49) *LWP*, 1800/9/16.
50) Richards, *History of Lynn*, p. 1135.
51) *White's Directory Norfolk*, 1845, p. 535.
52) *NM*, 1834/2/15.
53) *NM*, 1834/2/15.
54) KLA, KL/C22/266/21.
55) *BNP*, 1827/5/2; *NM*, 1832/8/11, 1833/8/18.
56) *BNP*, 1827/5/2.
57) KLA, KL/C22/266/21.
58) 例外として、フリーメンの場合は、キングス・リン港に所属していなくても会員になれる。また、リン限定共済組合と同様に、妻の年齢が会員本人と10歳以上離れている場合は入会が認められず、妻が死亡し再婚した場合は追加の会費を払った上で会員資格が認められるなど、細かい規定もある。
59) *BNP*, 1827/5/2; *NYLC*, 1823/1/25.
60) *Ibid*.
61) *NM*, 1833/10/26.
62) KLA, KL/C22/266/21.
63) *Ibid*. 病気やけがで給付を求める人が集中すると規定の給付額に達しない場合もあったが、葬式費用は、協会の資金状況に関わりなく、一定の額が支払われる。
64) 本書第8章334ページを参照。
65) *NM*, 1832/1/14.
66) M. B. フォークスは定期的に寄付を行っていた。たとえば1832年と1833年の年次総会では10ポンドずつ寄付している。*NM*, 1832/5/12, 1833/6/22.
67) Gosden, P. H. J. H., *Self-Help: Voluntary Associations in the 19th Century* (London, 1973); *do.*, *Friendly Societies in England, 1815-1875* (Manchester, 1961); D'Cruze, S. & Turnbull, J., 'Fellowship and Family: Oddfellows' Lodges in Preston and Lancaster, c. 1830-c. 1890', *Urban History*, 22-1 (1995), p. 26.
68) *NM*, 1831/7/9.
69) D'Cruze & Turnbull, 'Fellowship and Family', pp. 28-32.

70) *NM*, 1833/3/23.
71) *Ibid.*, 1834/2/15, 1835/1/24.
72) NRO, BL 15, Part 1.
73) Richards, *King's Lynn*, p. 103.
74) Gorsky, 'Mutual Aid and Civil Society', pp. 311-312; Clark, *British Clubs and Societies*, p. 351.
75) Avis, A., *Supplement to a Reminiscence of King Edward VII Grammar School* (King's Lynn, 1993).
76) KLA, KL/C7/14, 1764/9/29.
77) Richards, *History of Lynn*, pp. 1139-1140.
78) ロイズ就任前の1756年の広告に、すでに受講できる科目として、伝統的な科目（英文法、ギリシャ語、ラテン語、フランス語、歴史、作文）に加え、数学（航海術、測量術、代数、簿記を含む）、地理学・天文学、物理学（力学法、機械原理、ニュートン哲学を含む）、自然科学（太陽系、潮の満ち引きの一般的理論、そのほかの主な自然現象を含む）があげられている。*NM*, 1756/1/10, 1756/1/17, 1756/6/19.
79) 非フリーメンの子どもも学費を払えば教育を受けることができた。たとえばヒーチャムのE. ロルフは農村地主でフリーメンではなかったが、1776年に息子をキングス・リンのグラマー・スクールに送り、寄宿費用と学費を支払っていた。NRO, GUN 130. ロルフ家についてはBerry, V., *The Rolfe Papers: The Chronicle of a Norfolk Family 1559-1908* (Brentwood, 1979).
80) グラマー・スクールの教師については、第8章の336-337ページを参照。
81) *BNP*, 1818/9/23. 19世紀前半には聖職者のコウルチャー、キッド、ブランスビーが校長を務めたが、校長によって学費等は異なった。*BNP*, 1819/1/13, 1826/7/5.
82) 市議会の決定を受け、グラマー・スクールの校長は、ラテン語とギリシャ語を勉強したいすべてのフリーメンの入学を認めることに同意した。KLA, KL/C7/16, 1832/8/29.
83) Richards, *History of Lynn*, p. 1145.
84) 多くの学生を教育する必要が生じる中、1人の教員と複数の助教学生で行う効果的な教育方法として、非国教会系のJ. ランカスターとイギリス国教会系のA. ベルがそれぞれ考案した教育方式で、モニトリアル・システムと呼ばれるものである。ベル＝ランカスター方式について簡潔に説明しているものとして、松塚俊三『歴史のなかの教師——近代イギリスの国家と民衆文化』（山川出版、2001年）、pp. 123-128, 160-170. 長い18世紀の庶民教育については、中野忠「慈善と実用——18世紀イギリスの庶民教育」浅野啓子・佐久間弘展編『教育の社会史——ヨーロッ

パの中・近世』(知泉書館、2006年), pp. 223-234.
85) KLA, KL/C7/15, 1792/4/13.
86) Richards, *History of Lynn*, p. 1144.
87) *Ibid.*, pp. 1144-1145.
88) *Ibid.*, p. 1145.
89) *NM*, 1808/3/12.
90) Richards, *History of Lynn*, pp. 1145-1146.
91) *Ibid.*, p. 1146.
92) KLA, KL/TC2/1/1, 1815/8/12.
93) Richards, *History of Lynn*, p. 1146.
94) *NM*, 1812/2/15.
95) *NM*, 1831/2/19.
96) *BNP*, 1813/10/6.
97) *BNP*, 1823/7/9.
98) Richards, *History of Lynn*, p. 1147.
99) *Ibid.*, p. 1146.
100) *Ibid.*, p. 1146-1147.
101) *Ibid.*
102) Richards, *King's Lynn*, p. 100.
103) *NM*, 1811/6/8.
104) バーミンガムでは国教会の聖職者が中心となり、宗派を超える理念の下で非国教会と協同して日曜学校運動が進行したが、その後、宗派間の差異が強く強調され、各宗派が自派の日曜学校をもつようになった。長谷川『イギリス福祉国家』pp. 130-138.
105) *NM*, 1834/3/1.
106) KLA, KL/C7/14, 1765/6/12.
107) *White's Directory Norfolk, 1845*.
108) セント・ジョージ・ホールについては、Burley, *Playhouses and Players*, pp. 121-123.
109) KLA, KL/TC2/2/1, 1813/3/12.
110) 地元の建築業者のT. キングとW. タックが工事を請け負ったアセンブリ・ルームとゲーム・ルームの増築費は、合わせて約1,300ポンドであった。KLA, KL/C39/192; Richards, *King's Lynn*, p. 12.
111) 新劇場について、市会の議事録には「公共の劇場[圏点は筆者]」との記載がある。

KLA, KL/C7/1, 1813/3/15.
112) KLA, KL/C8/41, 1813/1/25. このほかに、都市自治体も1,000ポンドの債権を引き受けることになっていた。
113) KLA, KL/TC2/2/1, 1813/3/12.
114) 通常「委員会commission」というと、法定委員会のような地域特定法で認可された団体であるが、新劇場委員会は決して法定委員会ではなく、市会直轄の委員会との中間的性格をもつ。
115) *BNP*, 1813/4/21.
116) KLA, KL/C8/41, 1816/11/25.
117) *Ibid.*; Burley, *Playhouses and Players*, p. 124. H. J. ハイレンもまた、劇場建築費について述べているが、5,225ポンドかかったと記したのみで、1,114ポンド6シリングの赤字についてはふれていない。Hillen, *History of Borough of King's Lynn*, p. 825.
118) KLA, KL/TC2/2/1, 1813/3/12; KL/C8/41.
119) コルチェスターの劇場建築も資金繰りはアソシエーションが主導し、都市自治体がこの事業を後援している。D'Cruze, S., *A Pleasing Prospect: Social Change and Urban Culture in Eighteenth-Century Colchester* (Hatfield, 2008), pp. 107-109. 同様のアソシエーションと都市自治体との協力事業の例として、ニューカッスルのアセンブリ・ルーム建築 (1776年) があげられる。ここでは、アソシエーションが作った法人格のない会社が株式を発行し、そこで集められた資金が都市自治体に渡された。ここでもアソシエーションの役割は、主に資金調達であり、実際の建築にも、その後のアセンブリ・ルームの管理にも関わっていない。Berry, H., 'Creating Polite Space: The Organisation and Social Function of the Newcastle Assembly Rooms', in Berry & Gregory, *Creating and Consuming Culture*.
120) Hillen, *History of Borough of King's Lynn*, p. 565.
121) KLA, KL/C7/16, 1832/1/2.
122) *Ibid.*, 1832/8/29. 建築費用以外にもアソシエーションの人々には多額の出費をしていた。たとえば、都市自治体との交渉をする以前に、マーケット・ハウスの建築予定現場にあった既存の建物の処理に関連する費用500ポンドを、建築資金の出資とは別に出している。*Ibid.*, 1829/7/23.
123) *BNP*, 1826/2/8.
124) *BNP*, 1826/5/29.
125) *BNP*, 1826/6/7.
126) それまでの家畜市場では、売り台等使用料からの収入が年間約90ポンドだった

ため、都市自治体はそれを新市場の賃貸料として提示した。*BNP*, 1826/6/7.
127) *BNP*, 1826/6/7.
128) *BNP*, 1826/11/1, 1826/11/15.
129) *BNP*, 1826/11/22.
130) *BNP*, 1827/4/11.
131) *BNP*, 1827/11/14.
132) *NC*, 1778/10/24. キングス・リン在住の会員は M. アレン、J. A. バッグ、F. コー、J. キャリー、J. エドワード、R. ハミルトン、J. ウィリアムズ、T. ワッツ。
133) この15名は以下のとおりである。M. アレン、M. ケース、S. ベイカー、R. シェルトン、W. ウォーデル、J. アレン、J. スミス、E. ホール、C. マットランド、J. ウォーデル、W. ベイカー、G. ヘイコック、T. ゴスカー、J. ヘミングトン、J. フィッシュ。*LWP*, 1800/4/1.
134) Hillen, *History of Borough of King's Lynn*, p. 565.
135) Clark, *British Clubs and Societies*, pp. 434-444.
136) フランスとの戦争期における義勇軍については、Cookson, J. E., 'The English Volunteer Movement of the French Wars, 1793-1814: Some Context', *Historical Journal*, 32-4 (1989), pp. 867-891.
137) この時期のキングス・リンの状況については、Anderson, G. H., 'Lynn during the Napoleonic Wars', reprinted from *Lynn News and Advertiser* (1919).
138) NRO, HMN, 4/93, 1802/4/14.
139) Ketton-Cremer, R. W., *A Norfolk Gallery* (London, 1948), p. 167.
140) NRO, BL VIIIb.
141) *Ibid*.
142) ミドルトンはタウンシェンド卿に、書面でこのことに関して依頼と要求をしている。タウンシェンド卿も返信の中で、その点は考慮すべき事項であるという認識を示した。NRO, BL IVb/4.
143) *BNP*, 1823/12/24.
144) *BNP*, 1801/9/16.

結び

　1835年の都市自治体調査委員会の報告書によれば、キングス・リンは自治都市としておおむね問題なく機能している、と総括されている[1]。腐敗や堕落、衰退、無機能ぶりといった欠点を指摘される都市自治体が多い中、キングス・リンは一定の肯定的評価を受けたのである。しかし、この評価は、都市自治体のみの成果というわけではない。都市自治体は、社会の変化に対する適応力、弾力性、効率性といった要素を備えた法定委員会やアソシエーションと相互補完しながら、都市自治を担っていた。このことが上記の評価に繋がったのであろう。

　キングス・リンでは、他都市で見られるような、新旧の行政組織同士の激しい対立はなかったが、その理由は大きくいえば2つある。第一に、3つの組織の間に一種の役割分担があり、主として活動する領域が重なっていなかったことである。都市自治体は、長期にわたり存続してきたフリーメン・コミュニティの核であり、自治の中心としての役割を果たし続け、保有する建物や施設の管理・維持とフリーメンの生活の保障を中心とする活動を行った。大きな資金を必要とするインフラ関係の事業を積極的に舗装委員会やアソシエーションに任せるようになったのは、都市自治体がフリーメンと不動産の管理という伝統的な役割に専心するための工夫とも考えられる。法定委員会の核として機能した舗装委員会は、独自の財源をもち、この時期の都市が抱える最も重要な問題に直接的かつ体系的に対応していった。都市全体の利益を考慮しながら、インフラ整備だけでなく、治安や公害などのより包括的な都市問題にも関与するような総合的な事業を行ったのである。しかし、その活動や権限は都市行政のすべてに及んだわけでなく、都市自治体との住み分けがなされていた。

　私的な組織であるアソシエーションも、都市自治の中で新しい役割を担った。とりわけ公的な機関では手薄になりがちな、貧しい住民に対する慈善や相互扶助、学校の設立や教育分野で存在意義を発揮した。また、資金の制約もあり、通常参入しにくいといわれるインフラ関係の事業にも、都市自治体と連携しな

がら大きく関わっていた。19世紀のインフラ事業は舗装委員会が行うことが多かったが、そこでの改良事業では計画しにくい事業を担当したのである。しかし、クラークが主張するように、アソシエーションは公的な権限をもってはおらず、体系的な都市自治を担っていたわけではない[2]。アソシエーションの役割は都市自治において重要ではあるものの、あくまでも公的な行政機関の補佐的な存在を超えることはなかった。都市自治体と新しい行政の担う組織が、活動領域をずらし、かつ補完しあうことにより、キングス・リンの全体の自治がうまく機能し、社会の安定を導いたのである。

第二に、組織としての役割分担がある一方で、それぞれの組織では、中心となって活動する構成員が重なっていたことがあげられる。都市自治体で最も力をもっていた市議会議員の中には舗装委員を兼ねる者もいたし、市議会議員で舗装委員会証券を引き受けていたものはさらに多い。アソシエーションはその数も種類も多いため、各組織の中核では多様なバックグラウンドをもった人が活躍していたが、彼らが都市自治体や舗装委員会との直接的な繋がりももっていた。こうして、公的な領域と私的な領域両方のさまざまなレベルで、都市自治を担う人々の大きなネットワークが形成されていったが、このことが多様な自治組織の共存を可能にしたのである。

結局のところ、少なくとも1835年まではフリーメンを構成員とする都市自治体と、とりわけそれを仕切っていた市議会が、形の上ではキングス・リンの行政システムの中心にあった。この点だけから見れば、長い18世紀のキングス・リンは王室特許状で獲得した権利に依拠するだけで存続したかのように見える。しかし詳細を検討すると、社会の変化に対応する形で自治体内部でも新しい運営の仕方を工夫していたし、それとは別に新しい行政を担う組織も出現して、相互協力をしながら自治を行っていたことがわかる。こうして、新旧両方の自治組織が都市化の進むキングス・リンの基盤を作り上げていった。第三部ではそこを舞台に繰り広げられる社交の世界に注目していく。

注
1) *Report from Commissioners* (1835), p. 2477.
2) Clark, *British Clubs and Societies*, pp. 430-469, esp. p. 469.

第三部　都市を消費する——ポライトな社交関係の構築——

序

　長い18世紀イギリスの都市は大きな変化の時を迎え、ロンドンだけでなく地方都市でも人口の規模や密度が次第に増大し、新しい職種が出現する一方で、既存の職業の内部でも分化が進んだ。商工業が発達し、交通インフラが整備されるにつれ、人やモノの移動性は高まり、資金や情報の流通も格段に増加した。こうした人、モノ、情報などの移動といった流動的要素は、それまでの地方都市の比較的安定した位階構造を動揺させるきっかけとなった。雇用機会、消費財、専門職のサービス、レジャーを求めて多くの人々が引き寄せられ、都市はますます多くの不特定多数の見知らぬ人たちが行き交う場所となった。流動性や匿名性の高まった都市空間において、地縁や血縁、生まれといった基準は、それまでのような絶対的な影響力を失った。都市の安定のためには、新しい基準にもとづく位階構造が必要となったのである。

　有産者の社会に移行しつつある都市における新しい基準の一つは富である。都市の内部では、経済的機会の拡大は成功者と失敗者を生み、ますます富の基準は強まっていった。第二部で議論したように、公的な社会に参加し積極的に都市自治に関わることも、またもう一つの基準である。都市自治体や法定委員会、アソシエーションで重要な役職に就いたり、会費や寄付、債権・証券の引き受けなどを通して自治活動の資金負担をすることで都市指導者の義務を果たすことも、個人の社会的地位を高めるものであった。しかし、この時期、より重要性を高めた要素は、上品さ gentility や社会的に相応の地位 respectability にも深く繋がる礼儀正しさ politeness であった。元々は生まれや育ちに付随するものであると考えられていたこうした人間の資質は、18世紀になると、むしろ個人の努力や人々との交わりを通して獲得するものと捉えられるようになっ

ており、とりわけこれらを獲得できるパブリックな社交の場の重要性がより高まってきた。

社会的交渉、人と人を結びつける絆といった一般的な意味でいうなら、社交はいつの時代にも、都市にも農村にも存在する、日常生活を構成する基本的要素の一つである。しかしそれぞれの社会の特性に応じて、個人的なものから組織的・制度的なものまで、強制的なものから任意のものまで、そして政治的・宗教的な目的をもつものから単なる趣味や娯楽のためのものまで、それはさまざまな形や機能をもつ。社交はまた、既存の秩序や社会集団の結合を強化する役割を果たすこともあれば、それらの再編を促す力として作用することもありうる。18世紀の都市にも多様な形の社会的交渉が展開されたが、その機能の意義は、位階構造を保持することよりもむしろ、それを状況に応じて調整し、再構築することにあった。そうした社交のあり方を規定するキーワードは、礼儀正しさであったのだ[1]。こうした社交の世界への参加資格が、位階構造や階層順位を再編するための重要なヤードスティックになったのである。

ポライトな社交関係を築くには、社会的地位に相応するもち物や身なりが必要とされる。自宅には、知人や友人の訪問に備え、趣味の良さを際立たせる家具や備品を置き、社交の場に参加するためには流行の衣服や装飾品に気を配る必要があった。こうしてより多くの人々が、社交のために新しい消費財を求めるようになるにしたがって、都市の商業空間にも変化が生じた。常設小売店舗が大きく普及することになり、ある程度の規模の都市であれば、流行の新しい消費財を売るファッショナブルな店が集まる通りが形成されるようになった。これらの店は、商品を購入する場というだけでなく、流行の情報を与え、店主と顧客、または顧客同士の親睦を深める機能ももち、都市の新しい一つの社交の場にもなっていく。とはいえ、都市の社交の表舞台は、アセンブリや演劇、音楽会、展示会をはじめとする新しい商業的な催しの場であった。住民も訪問者も、富裕層からそうでない者まで、大勢が集まる公共の場で行われる催しは、位階の再構築には最適の場所であった。そして、もう一つ、重要な社交の場はアソシエーションであった。人々は上品な社交に必要な教養や知識、情報、マ

ナー、そして人的コネクションや信用の多くを、アソシエーションを通して獲得したのである。同じアソシエーションであっても、第5章で議論をした自治機能の一端を担うものとは、その性格も構成員も異なっていた。

　第三部では、キングス・リンの都市化の表舞台を、消費・買い物空間（第6章）、公共の催し（第7章）、教養や知識の獲得の場としてのアソシエーション（第8章）から見ていくことにする。

注
1）　Klein, L. E., 'Politeness for Plebes: Consumption and Social Identity in Early Eighteenth-Century England', in Birmingham, A. & Brewer, J. eds., *The Consumption of Culture 1600-1800: Image, Object, Text* (London, 1995), pp. 362-381; Langford, P., 'The Uses of Eighteenth-Century Politeness', *Transactions of the Royal Historical Society*, 12 (2002), pp. 311-331; French, H. R., "Ingenious & Learned Gentlemen': Social Perceptions and Self-Fashioning among Parish Elites in Essex, 1680-1740', *Social History*, 25-1 (2000).

第6章　消費文化とその空間

　　　市長主催の舞踏会用に。銀細工師兼宝石商のS. サイモンズがキング
　　ス・リンの紳士淑女にご案内申し上げます。サイモンズは、水曜日の馬
　　車便でロンドンからの荷物を受け取り、木曜日に販売いたします。ダイ
　　ヤモンドつきのピンとネックレス、トパーズのイヤリング、ネックレス、
　　ブレスレット、ロケット、ピン、留め金など、たくさんの種類があり、
　　しかもすべて最新流行のものですから、来たる舞踏会に最適です[1]。

　1801年、銀細工師兼宝石商S. サイモンズは、キングス・リンの社交のメイ
ンステージともいえる市長就任記念祝賀会への参加者に向けた広告を出した。
ロンドンの最新流行の衣服や装飾品を手に入れられるとあって、多くの人々の
興味をひいたことは間違いない。サイモンズの店舗はキングス・リンの中でも
小売店舗が集中する地域の一角で、市場広場に近接するダムゲート・ストリー
トにあった[2]。18世紀イギリスの地方都市では、消費文化の広がりを背景に、
ファッショナブルな空間の創造をめざし、建物の新改築や社交の場の充実を積
極的にはかる動きが見られた。人々はますます洗練された身なりやふるまいを
求めるようになったが、社会的地位を顕示するためにも、こうしたものは当時
の都市社会では必要不可欠であった。人々は流行に沿った衣装や装飾品を競っ
て購入し、社交に備えたのであった。サイモンズの広告は、イースト・アング
リアの港湾都市キングス・リンもまた、18世紀後半頃よりそうした消費社会へ
の変化を経験することになったことを示唆している。
　しかし18世紀の消費社会化には、新しい「消費文化」の誕生だけでなく、も
う一つの側面があった。それまで自給されたり、物々交換や野外で定期的に開
かれる市での交換を通じて手に入れられていた消費財が、ますます広く市場を

通じて日常的に調達されるようになったことである。そのための社会装置が常設の小売店舗であった。いわゆる「勤勉革命」にも繋がるこの消費社会化の過程は、小売店舗の広がりと並行して進んだ[3]。

本章では、都市ルネサンスに見られる都市社会の変化の実態を、消費や所有物、そして買い物空間としての小売店舗に焦点を当てて検討してみる。

1　消費と所有物

18世紀イギリスでは消費の拡大が見られ、商品の種類も多様なものになっていったことは、多くの研究者が認めるところである。消費の拡大の傾向は、まずは食料品に見られた。17世紀までは一部の富裕層しか購入できなかったタバコや砂糖、カフェイン飲料などの植民地からの輸入食料品は、18世紀には一般大衆にも普及していた[4]。さらに、かつては奢侈的な消費の対象になった新しい耐久消費財も、上層やエリート層の独占物ではなくなった。

18世紀の消費研究の先陣を切ったのは、18世紀後半を近代的消費の幕開けと見なしたマケンドリックであった[5]。彼は、新しい商業や産業の発展を背景に、まず貴族や地主など一部の上流層に新しい消費行動が広がり、それがやがて社会的上昇志向の強い、低い階層の人々の間に模倣を通じて「滴下」していったと解釈した。ラングフォードやボーゼイも、中間層の台頭が、エミュレーションの過程を通じて都市の消費社会化に貢献したことを指摘している[6]。

こうした社会的模倣と社会的移動の議論は、当時書かれた大衆の消費に対する批判を主たる判断材料として引き出された。しかし遺産目録など消費者の実証的分析が進み、遺言書や私書に書き残されている個人にとっての所有物の意味あいを追究する研究者が増えるにしたがい、これに対する批判が高まった[7]。人々は、社会階層の上の者たちの消費パターンをそのままの形で受け入れるだけではなく、自分たちの価値観に合わせて取捨選択し、生活に適合させていったという議論がその一つである。都市の中間層の消費は、決して貴族や地主の安っぽい二番煎じではなく、むしろ独自の行動を通じて貴族的な世界とは異な

る消費文化を形成し、その中で自己の立ち位置を高めるためのものであった。また、18世紀には感性の洗練やロマンティシズムの台頭などの心理的側面に注目し、そうした自己の内面を目に見える形で表現をするために消費がなされたと指摘する見解もある[8]。もっとも、いずれの研究者も、社会的模倣そのものを完全に否定しているわけではない。そうした目的があったことは認めながらも、それだけでは消費の拡大や人々の消費行動を説明しきれないと主張しているのであり、当時の人々のより複雑な消費行動が明らかになってきている。

本節では、先行研究をもとに、バッグ家の関係者が18世紀末から19世紀半ばに残している遺産目録や遺言書を利用しながら、キングス・リンのエリートの所有物について議論していく。まずは、バッグ家に関わりのある3人、フィリップ・ケース（1712～1792年）、ウィリアム・バッグ（1779～1836年）、エドワード・バッグ（1812～1845年）の遺産目録を見てみよう（付表9）。

フィリップ・ケースは、18世紀後半におけるキングス・リンで最も影響力をもっていた人物であり、社会的地位も高く、最富裕者の1人である[9]。第一部で見た富の分布は、彼の死後の1796年のものであるため名前は載っていないが、1位のT. バッグや2位のE. エヴェラードをしのぐ資産と社会的地位をもっていたことは明らかであり、確実にクラスⅠに分類される存在であった。1792年に亡くなると、彼の不動産と動産の多くの部分が義理の息子のT. バッグに残された[10]。

弁護士としての営業を亡くなる直前まで行っていたケースであるが、キングス・リン内に大小2つの家と、ノーフォークのストラッドセットに邸宅をもち、生活スタイルは都市ジェントリそのものであった。彼の遺産目録は、これら3つの不動産に関連するものである[11]。まず、ストラッドセット・ホールには、3つの寝室、大広間、客間、ティールーム、台所、食料品室、4つの屋根裏部屋、そして庭があった。各寝室には、羽毛の寝具とベッド、マホガニー製とクルミ材のいくつもの家具が置かれている。最高級の家具セットがあったのは客間であり、そこの戸棚の中には来客用に準備された皿やグラスが陳列されていた。生活の中心をキングス・リンにおいていたため、ストラッドセット・ホー

ルでの滞在は限られていたが、それでも受け皿つきカップ1ダース半、普通の皿36枚をはじめとし、まとまった数の来客にも対応できる品が揃えられていた。ストラッドセット・ホールの総財産価額は55ポンド11シリング6ペンスである。

　キングス・リンにある小さいほうの家は、どのような目的で利用されていたのかはっきりしないが、来賓にも十分対応できる広さと設備が備わっていた。3つの客間、3つの寝室、化粧室、ギャラリーと台所、洗濯室、苗木畑、そして庭から成るこの家には、ケースの死後の1795年に売りに出された時、最小限の家具や備品しか残されていなかった。しかしそれでもマホガニー製の張り出し棚や食器戸棚などを含むこの建物にある所有物の価額合計は23ポンド10シリング6ペンスに達している。

　最も贅沢な家具が備えつけられていたのは、ネルソン・ストリートにある家で、ここが彼の主たる住居であった[12]。80歳で亡くなる間際まで、市参事会員や市長職に就くだけでなく弁護士の仕事をし続けたケースの顧客には、ウォルポールやタウンシェンドをはじめとした多くの名士がおり、彼らもまたこの事務所兼自宅に足を運んでいた[13]。上記2つの建物と比較してもこの家にある家具や装飾品の種類と数は格段に多いが、顧客をもてなすために贅沢なモノがそろっているのは当然ともいえる。建物の中心には、4つの大きな寝室（主寝室、緑の部屋、青の部屋、赤の部屋）、2つの客間、大広間、化粧室、使用人用の5つの小部屋、苗木畑、台所、食料品室、洗濯室があり、それらに加え、事務所、新しい小さな建物、馬小屋、馬車置き場が見られたが、どれも流行に沿ったものであった。すべての寝室には四本支柱つきのベッドと部屋のテーマとなっている色でコーディネートされた壁紙やカーテン、絨毯、そして机や椅子、箪笥、絵画その他の内装が整えられていたが、このように部屋をある系統の色で調和させ色の名前を部屋につけるのは、17世紀末以来の流行である。客間と大広間にはマホガニー製の家具が置かれ、分厚い絨毯が敷かれ、壁には数枚の絵画がかかっていた。台所や食料品室の備品は80品目以上にのぼり、それに加え25客の磁器と40点の飾り用の食器も見られた。飾り用食器の中には、漆塗りの水差しやナイフトレー、パン用の籠、中国製の壺などが含まれている。これ

らすべてを合わせた価額は527ポンド9シリングであったが、18世紀末のキングス・リンでは最大級であったことは間違いない。

　次にケース家と親族関係にあるバッグ家のウィリアムとエドワードの遺産目録を比較しながら見てみよう。ウィリアムは、P. ケースの長女とT. バッグの間に生まれた次男である。市参事会員や市長としてキングス・リンの地方行政に深く関与する一方で、長男のT. P. バッグとともに、先代の設立したトマス&ウィリアム・バッグ商会を経営する富裕な人物であった。元々はキングス・リンに隣接するゲイウッドに居住していたが、P. ケースが所有していたイスリントン・ホールを生前に譲渡されると、そちらに本拠を移した。イスリントン・ホールは、2つの寝室（「チンツの部屋」と「緑の部屋」）、客間、食堂、大広間、化粧室に加え、2つの使用人部屋、2つの屋根裏部屋、食料品室、台所、家政婦の仕事部屋、複数の馬小屋や車庫、庭から構成される[14]。どの部屋にもウィリアムの趣向を反映したえりすぐりの家具や内装が多数・多種類揃えられている。四本支柱つきのベッドや羽毛マットなどは、使用人の部屋も含め、すべての寝室で見られるし、マホガニー製の家具もいたるところに置いてある。絨毯については、スコットランド製やベルギー製というように生産国の名をわざわざ加え、国産との差異が示された。また約130点もの台所用品や食卓用食器が銀食器やナイフとフォーク、リネン製品とともに遺産目録に列挙されている。その他、132冊の本や、偉人の肖像画を含む版画・絵画といった重要な新しい消費財もあった[15]。

　主寝室として使われていたチンツの部屋を例にとって見てみよう。部屋の名前の通り、この寝室にはインド製綿布のチンツのカーテンが下げられた豪華な四本支柱つきベッドが中心にある。また、安楽椅子にもチンツのクッションが置かれている。机、椅子、飾り棚、箪笥、絵つきの洗面台、トイレなどのほとんどの家具はすべてマホガニー製である。新しい消費財の指標として使われる鏡は、この部屋には2種類置かれており、片方の姿見は金箔入りの縁、もう片方の小さい鏡はマホガニー製の縁がついている。その他、青銅製の茶器・盆のセット、アンティークの中国製のカップと皿、ワインケースなども備わってい

る。

　こうした資産の評価額は、家具等が183ポンド19シリング６ペンス、本と版画で26ポンド、リネンや皿で29ポンド13シリング、ワインが41ポンド２シリングと計算され、全部で280ポンド14シリング８ペンスであった。しかしウィリアムはこのほかに、家畜や馬車をはじめとし、そこでの作業用具など総額3,068ポンド２シリングに達する農場や馬車置き場関連の動産があった。当時、馬車を所有することは一番の贅沢とも見なされていた。高価な馬車だけでなく馬やそれらを収容する広い場所も必要とされ、中間層には高価すぎて手が届かないものであった。消費文化が中間層にも浸透していき、それまで上層の人々しか所有できなかったような商品が、質の差はあれ、一般化していく中、貴族や地主たちが中間層との差異を見せつけたのが、広大なカントリー・ハウスと並び、馬車であったのだ[16]。上層の人々は自分たちのアイデンティティや社会的地位を、馬車を通して表現したが、ウィリアムもまた、そのような人々の一人であったのだろう。建物の外に置かれていた馬車等と比較すれば室内の動産はわずかな部分であり、彼が新しい消費文化の一端を享受する一方で、農村に拠点をおく農村地主としての生活を送っていたことが明らかである。

　ウィリアムには実子がおらず、イスリントン・ホールはT. P. バッグの三男、エドワードが1836年に相続することになり、ホールにおいてあったすべての家具も一緒に譲渡されている[17]。しかし部屋の使い方や内装にはエドワードの独自色が見られる[18]。20歳代前半で市議会のメンバーになり、結婚し、その翌年にイスリントン・ホールを相続し、20歳代後半で市長まで経験したエドワードは、ホールを相続してから亡くなるまでの10年間、新しい家具や備品を購入し続けて社交に備えたと思われる。その結果、1845年のイスリントン・ホールの資産価額が相続時の２倍以上にまで増えている。また、イスリントン・ホールの部屋そのものの作りは、ウィリアムの時代と大きく変わっていないはずであるが、遺産目録上には新しい部屋の名前も記載されている。とりわけ、エドワードの独自色が出されている部分は寝室である。ウィリアムの時代には寝室には「ナンツの部屋」と「緑の部屋」しかなかったが、エドワードは「緑の部

屋」「青い部屋」「赤い部屋」「ピンクの部屋」と呼び方を変え、来賓用の寝室を増やした[19]。設置されている大きな家具はウィリアム時代と同じと思われるものも多いが、それぞれの部屋のテーマとなっている色を、赤い縁取りのカーテンや青いクッションなど、新しい内装や備品で表現している。L. ウェザリルが指摘したように、他人に顕示するために使われる大広間や客間、居間、食堂、来客用寝室などは、所有者の趣向を表現していることがこの例からわかる[20]。エドワードはキングス・リンのネルソン・ストリートにも自宅があるが、それは以前、P. ケースが居住していたところである。イスリントン・ホールよりコンパクトな作りをしているものの、社交生活の広がりを反映するように、来客を意識した部屋も十分な数があり、高級な家具等を備え、晩餐会やパーティーに来る大勢の人々に対応できるようになっていた。

ここで例としてあげた3人はかなり近い親族関係にあり、所有物が代々受け継がれていく一方で、時代が進むにつれ、家具や調度品の数や種類は増加していく傾向が見てとれる。ウェザリルが17世紀から18世紀の人々の所有物を調査した際に耐久消費財の指標としたのは、姿見、カーテン、絵画、時計、本、陶器、磁器、銀製品、真鍮製品、ナイフとフォーク、温かい飲み物用の容器、料理用鍋、ソース鍋であるが、ここでとりあげた3人は当然のことながら、これらほぼすべてを所有している[21]。ただし、伝統的な真鍮製品はかなり少なく、ウィリアムの遺産目録に1点記載されているだけだが、これは所有していなかったということではなく、あえて記載する必要はないと判断された可能性が高い。また、3人の遺産目録からは、所有者の目的に応じた部屋の使い方も示されている。元はキングス・リンに生活基盤をおいていたバッグ家が、19世紀が進むにつれ、カントリー・ハウスでの生活にも重点をおくようになる中で、設備を充実させ、消費主義がさらに浸透していったことも見てとれる。

しかしこれら3人はいずれもその時代におけるキングス・リンで最も有力なエリートであり、この例から一般的な中間層やそれ以下の人々の状態を推測することはできない。残念なことに、本研究の対象時期におけるキングス・リンには、中間層の遺産目録がほとんど残っていないため、これらの階層の実態に

ついて詳細はわからない。しかし数少ない手がかりの一つとして、新聞に掲載された競売広告がある。まず1800年に行われたH. キングの競売品目録を見てみよう。

　……マホガニー製で彫刻と網形模様のついた四本支柱つきベッド、深紅のモスリン織布、マンチェスター織、チェック地のベッドカバーと敷布、良質のアヒルの羽毛製寝具・枕・マットレス、綿の掛け布団、毛布、マホガニー製椅子、クルミ材の椅子、姿見、方形と円形のつやのある金細工のついた額縁、机、本棚、マホガニー製の引き出しつきの戸棚、化粧台、ベッドサイドの小型机、方形で角が石で細工してあるスタンド、ペルシャ製・ヴェネチア製・スコットランド製絨毯、車輪計 wheel barometer、マホガニー製無地の盆、食卓机、茶卓、トランプ台、グラス、磁器、本、台所用品……[22]。

　これらを所有していたキングは、市参事会員で商人のB. ナットホールの下で徒弟修業をした後、ワイン商になった。都市自治体や法定委員会で委員として活躍することはなかったが、1796年の救貧税記録では、彼の家は21ポンドと査定されており、第一部の資産分析の分類ではクラスⅢの下位に含まれる比較的富裕な中間層である。遺産目録とは異なり新聞に掲載された競売広告なので、台所用品やリネンなど細かい備品は省かれているだろうが、流行の高価な商品が並んでいることがわかる。先で見たバッグ家には量では見劣りするが、種類の点では大差ない。

　二つ目の事例としてあげるのは薬屋を経営するJ. ワトソンである。破産により1803年に家財と商品が競売にかけられた彼の自宅には、皿やリネン、磁器のほかに、マホガニー製の四本支柱つきベッドやアヒルの羽毛製寝具、引き出しつき戸棚、マホガニー製の机と椅子、姿見、台所用家具を含む上品な家庭用家具があった。ワトソンの家と店舗は1796年の救貧税記録では合わせて９ポンド５シリング（クラスⅤ）と査定されており、上記のキングよりもさらに富裕

第6章 消費文化とその空間 245

度は低く、中間層の下位にいたと考えられるが、それでもここにあげられた程度の洗練された品を含む所有物があったのである。

　もう一つの事例は服地店舗を経営するR. ロドウェルである。上記2人と同様に破産をし、1814年に彼の所有物が競売にかけられた。

　　……R. ロドウェル氏の財産、すなわち家におかれていたモダンな家具、格調高い磁器、カットグラス、陶磁器の競売を行う。アヒルの羽毛製寝具4組、長枕、枕。マホガニー製の支柱と天蓋つきベッドとチンツ地のシーツ、窓カーテン、麦わらのマットレス、毛布、綿製ベッドカバー、ベッド周りの絨毯、マホガニー製の引き出しつき戸棚、手洗い台、ビデ、手製の彩色した室内用椅子、見事なマホガニー製で角が丸く加工されている食卓と真鍮の釘つきのマホガニー製の椅子。髪の毛で中詰めされた格調高いソファー、チンツ地のカバーつきのクッション、枕。ブリュッセル製とキダミンスター製の新しい絨毯、1ヤード幅の暖炉用のラグ、囲い、火かき棒、立派な金縁つき磁器の紅茶カップセット、ディナーセット、紅茶沸かし、めっきのコーヒー沸かし、めっきの蝋燭たて、トースト入れ、カットグラスのデカンタ、広口コップ、皿、めっき台つきカットグラスの酒用デカンタ、銅製の魚鍋、ソースパン、湯沸かし用ヤカン、そのほか台所の必需品……[23]。

　ロドウェルは1796年の救貧税記録には現れないため正確には資産状況を推察できないが、キングと大差ない流行品に囲まれた生活をしていたことからも、比較的富裕な中間層であると考えられる。3つの競売品目録には数や品質に差があるとはいえ、いずれも共通の種類の所有物を見つけられる。こうしたモノを所有することは、このランクの人々にとって特別なことではなかったのだ。もっとも、都市社会の浮き沈みは激しく、彼らの優雅な生活も破産によって幕を閉じられることがあった[24]。

　以上で見てきた遺産目録や競売品目録に現れる所有物は、家具や高級食器類

がほとんどであり、私的な社交生活を充実させるものである。これらはいわば自宅を飾るものであり、知人や友人を自宅に招待してもてなすための空間を作り上げるのに必要な装置であった。これらを所有でき、またその必要性があったのはエリート層に限られていただろう。しかし、消費の対象は、上記のような奢侈的耐久消費財だけでなかった。社交空間の広がりとともに、流行を追った衣類や装飾品、身の回り品の果たす役割は大きくなっていた。本章の冒頭に引用したサイモンズの広告にあげられた商品は各種のパーティーに出席する「紳士・淑女」向けに販売される人気のある商品であった。しかしながら、その品質や価格を別とすれば、中間層以下の人々にも所有できるものであり、消費文化の広がりを確認できる重要な品目である。通常、こうしたものは資産価値を認められず、少なくとも中上層の人々の遺産目録には記載されない。また女性が所有する傾向の強い装飾品は、それが立派な宝石であっても小間物であっても、男性世帯主の遺産目録に現れることはほとんどないが、遺言書の中では確認できることがある。遺言書には不動産や現金の配分が書かれているのが一般的であるが、中には動産の配分にふれていることがあり、遺産目録を補完できるものもある。以下、いくつかの遺言書の事例を検討してみよう。

　前述のウィリアムは亡くなる直前の1834年に遺言書を作ったが、そこではトマス・フィリップの次男リチャードに、キングス・リンの家とそこにある「馬車と馬車置き場、家にあるすべての家具、皿、リネン、グラス、磁器、本、プリント、版画、絵画、天体観測機器、鉱石、宝石、そのほか」を遺贈するとしている[25]。ウィリアムがあげている天体観測機器は、第8章でもふれるように、所有者の科学や哲学、道徳心、知的好奇心という幅広い要素を示す恰好のものであると当時考えられていたが、18世紀後半以降に富裕な中間層以上の人々が購入に走った最新流行の商品を、例にもれずもっていたことを示す[26]。1844年に作られた前述のエドワードの遺言書には「……個人（エドワード）所有のワインや世帯内の色々なもの、妻の衣服、時計、指輪等小間物、宝石、そのほかの装飾品、私の衣服、リネンのシャツ、馬車、馬車用の馬、馬車装備……」を妻に残すとある[27]。ウィリアムに関してはリンの家に関する遺産目録が存在し

ないためはっきりしたことは
いえないが、少なくともエド
ワードの遺言書には遺産目録
には載っていないものが多く
含まれる。

遺言書を作ったのは世帯主
の男性ばかりでない。消費文
化を考える際に注目すべきは、
女性の遺言書、女性への遺贈

表6-1　プリーザンス・バッグの宝石

1808年	高級ネックレス
	高級ロケット
	トパーズのネックレスとイヤリング
	パールのネックレス、髪飾り、3つのブローチ
	パールのイヤリング
	パールのブレスレット（高級留め金つき）
	相続用の高級ブローチ
	トパーズのネックレスとイヤリング
1809年	高級ロケット
1811年	高級ウェストベルト

出典：NRO, BL VIId.

である。そこには男性の家父長としての役割よりも、個人の選択や趣味がより
細やかに反映されていると思われるからである。トマス・フィリップの妻グ
レースが1833年に作った遺言書には「……私のピアノ、私の衣服、腕時計、指
輪、装身具小物、そのほか装飾品などの私物……」を未婚の娘に、ほかにも1
ギニーほどの価値がある指輪を、義理の兄弟や息子たちにそれぞれ残すと記載
されている。エドワードの妻ジェーンは、J. D. ハルトンと再婚し、「……私の
ピアノやハルモニウム、私の本、リネン、小さな装身具、腕時計、宝石、絵画、
版画……皿……」を姪のF. H. ハルトンに渡すという遺言書を作成した[28]。

遺言書とは別に、T. バッグが1807年に亡くなった後に妻のプリーザンスが
受け取った宝石のリストが残されている（表6-1）。また、グレースが亡くな
った際に所有していた1834年の宝石のリストには、ダイヤモンドのネックレス、
イヤリング、ベルト留め金、ブローチ、ロケット、髪飾り、フープリング7点
があげられている[29]。これらからわかることは、遺言目録に出てくる家具やイ
ンテリア装飾品、掛け時計、銀製の食器やその他食卓用食器、磁器、リネン、本、
印刷物、絵画などの家族で所有するものと並び、楽器や、衣類、腕時計、装飾
小物、宝石などの個人使用の装飾品もまた、とりわけ女性にとって意味のある
所有物であったことである[30]。一般に、楽器や宝石、装飾小物は女性の所有物
にあげられる傾向が強く、所有物にも性差があったこと、そして、女性の所有
物は、別の女性に遺贈されることが多かったことがこれらの遺言書から読みと

れる。

　消費社会化が及んだのは限られたエリート階層だけではなかった。しかし下層の人々の消費行動については、遺産目録や遺言書が残されていないために、実証的に検証することは不可能である。ここではこの階層の消費行動に関する最近の研究にふれておくことにしよう。所得の低い庶民は日常品以外のものを購入する資力はなく、都市ルネサンスの議論ではほとんど無視されていることも多い。しかしその一方で、下層の人々の所有物を正確に知ることは難しいが、断片的に残されている史料からは、下層もまた新しい消費財を購入していたとする研究者も少なくない[31]。遺産目録に現れるような奢侈品や半奢侈品、高級な耐久品には手が出ないとしても、労働者や使用人まで含まれる一般庶民もまた、日常的に着る衣服や仕事着とは別に、非日常づかいの衣服や装飾品を小売店舗で購入していたことを指摘する研究者もいる。たとえばJ. スタイルズは、購入できる量や多様性、品質や価格などに限りはあったものの、庶民が日用品の範囲を超えて、新しい消費財、とりわけ綿のガウンやズボンなどの衣服や装飾品を購入していたことを強調している[32]。もっとも、庶民は新品で購入することは少なく、活況だった中古品市場を大いに利用していたとも考えられている[33]。

　こうした消費財を庶民が購入する動機は、中間層以上の人々のものとは同じではなかった[34]。それは資産保有の一つの形態であり、たとえば衣服や装飾品は庶民の間で一種の通貨として流通しており、家計が厳しくなるとそれらを質に入れ一時的に窮地をしのぐこともしばしば見られた。したがって、非日常づかいの商品の購入はライフサイクルに沿って見られ、男女ともに家を出て仕事に就いた後、結婚するまでの間に最も積極的にこの種の商品を購入していた。雇われ先での衣食住が保障されている女性使用人には、稼いだ賃金の大半、中には借金をしてまで衣服や装飾品にお金を注ぎ込んだ者すらいたのである。一方、子育てをしている間は新規の上等な商品を買う余裕は庶民にはなく、結婚前に購入したものを自分や家族が使い、時には質に入れ生活費を捻出したのであった。

第 6 章　消費文化とその空間　249

　しかし庶民が新しい消費財を活発に購入するようになったのには、それ以外にも理由はある。庶民もまた、礼儀正しさが浸透した公の社交の場にはハレの衣装をつけて出席しなくてはならないという意識をもっていた。教会の日曜礼拝に行く時も、ますます増える都市の社交の催しに参加する際にも、上等な衣服と装飾品は彼らにとって必要不可欠なものであった[35]。キングス・リンでは、社交の催しは主に中上層を対象にするものであったが、時には労働者も同じ場に参加することもあった。次章で詳しくふれることになるが、一般の人々とは異なる労働者向けの価格が設定されることもあったし、身ぎれいな服装で催しに参加する労働者の姿も見られる。下層の消費に関しては、残された史料の少なさからこれ以上言及はできないが、キングス・リンでも彼らの間に新しい消費のパターンと消費の拡大があったことは十分推測される。そのことを、一般の人々が消費財を手に入れる場である小売店舗の広がり、という視点から検討していくことにしよう。

2　市から小売店舗へ

　長い18世紀に消費にさまざまな変化が見られる一方で、商品の供給する小売空間にも大きな変化が現れたが、とりわけ常設小売店舗の発展にはめざましいものがある。人口の増加や交通の発達を背景に国内流通が活発になり、輸入量が増え比較的入手しやすい価格の輸入品も普及する一方で、消費者の可処分所得も増加したことが伝統的な小売業のあり方を変えたのである[36]。小売店舗の発展は、単に新しい消費の場ができたというだけにはおさまらなかった。小売店舗の雰囲気やそこでの買い物の仕方は、小売店舗に新たな社交の場という機能を担わせることになった。本節では都市社会の変化の実態を、こうした小売店舗に焦点を当てて検討してみることにする。
　18世紀の小売店舗は、長い間、研究者の間で、その役割の重要性を認識されることはなかった。イギリスの小売業については、1850年を近代的小売業の転機とするJ. B. ジェフェリーズによる解釈が長い間支持され続けてきたからで

ある[37]。デパートの出現以前の小売業は、歳市や週市、そして行商人を中心とする伝統的な形態であったと信じられてきた。小売店舗はそうした伝統的な小売の場を補完するものでしかなく、とくに注目に値するものではなかった。確かに18世紀初期までは、消費者の購買能力や顧客の数が十分でなく、小売業を営む者が常設小売店舗を構えるのは稀で、伝統的な小売り形態が持続していた。

しかし、最近の研究はそれとは異なる長い18世紀の小売の状況を明らかにしてきた[38]。まず、歳市や週市など中世以来の露店の市は、生鮮食料品など一部の商品の取引の場としての機能は保ったものの、基本的には衰退の途をたどったし、行商人もまたさまざまな制約の下でその活動を縮小していたことが確認された[39]。これには商品の流通の拡大に伝統的小売形態がついていけなくなったこと、またそれに対応するために、都市自治体や改良委員会による事業の一環で、市場広場や家畜市場の改良や移転が相次いだことも一因としてあった[40]。また、消費者の購買力の成長を背景に拡大した常設小売店舗の重要性についての認識も高まった。その中でもとりわけ、流行の新しい商品を扱う小売店舗の出現は、都市ルネサンスの社交空間の一角を担うような現象であった[41]。これらの店では、定価販売や、現金販売、得意客に限定しない販売、そして商品広告や店舗広告、陳列の仕方の工夫を通した販売促進など、ジェフェリーズらが19世紀半ば以降の近代的小売業の特徴としてあげたさまざまな要素をすでに導入していたのである。もちろん、すべての小売店舗がこのような流行を追ったものであったわけではなく、多くはジェネラル・ショップやチャンドラー・ショップと呼ばれる万屋的な店であった、それでも専門特化した流行品や奢侈品、高級品を扱う専門店の数も多くなったことはこの時代の大きな特徴である。

それでは次に、イースト・アングリアの社交の中心地であるキングス・リンでの消費のための空間がどのような変化をとげたのか、追っていくことにしよう。

歳市・週市

キングス・リンの交換の場の中心は、中世以来18世紀にいたるまで、火曜市

広場と土曜市広場であり、前者では週市と歳市、後者では週市が開催されていた。一般に、週市は小売商や一般庶民のための市で、地元産の生鮮食料品を中心に、家畜のえさ、種子、植物なども少量から取引されるのに対し、歳市は主に卸商のためのもので、原材料など年間生産物が一挙に大規模に取引される場と理解される[42]。キングス・リンでも、原則、こうした住み分けができていたが、歳市でも生鮮食料品は取引されていたし、一般消費者は週市に限られることなく歳市でも購買は行っており、その境は曖昧なものであった。二月市 February Mart とも呼ばれるキングス・リンの歳市は、中世には国内でも有数の市であり、近世になっても少なくともイースト・アングリアでは最大規模を誇るものである。キングス・リン在住者やノリッジ、スワッハム、ピーターバラといった近隣のみならず、遠隔地の地方都市やロンドンからも商工業者が訪問し、食料や衣料等の生活必需品から奢侈品にいたるまで幅広い商品が取り扱われていた[43]。一方、キングス・リンの2つの週市のうち、火曜市はウェスト・ノーフォークで最大のものであった。生鮮食料品に特化していた土曜市とは異なり、地元と後背地の商工業者を中心にさまざまな商品がもち込まれ、それを目当てに多くの訪問客でにぎわった。キングス・リンから30キロほど離れたスワッハム郊外のウェスト・エーカーに住む農村地主 A. ハモンドも毎週火曜市に通っていた1人である[44]。最寄りの市場町のスワッハムでも週市は開催されていたにもかかわらず、あえてキングス・リンまで来ていたのは、スワッハムでは入手できないものがキングス・リンで売られていたからだと判断できる。

いずれの週市も、長い18世紀を通して大きな変化は見られず繁栄し続けた一方で、歳市は国内の一般的傾向を追うように、18世紀に入ると徐々にその経済的重要性を低下させはじめた[45]。商人たちは公開市場としての歳市の場で取引を避け、インやタヴァーンに商品見本をもち込んで商談を行うようになった。また、通りを堂々と占拠する行商人が増加したこともあり、歳市での取引量が明らかに減少したのである[46]。1750年、取引量の減少を理由に、都市自治体は歳市の会期12日間を6日に減らす決定をした[47]。それを裏づけるように、市場

税収入は1730年代から40年代に少しずつ減っており、1750年頃を境に半分かそれ以下になった（前掲表3－1）[48]。加えて、住民が快適性や審美性を求めたため、18世紀後半に肉屋の売り台や家畜市場が、歳市が開催されていた火曜市広場から移転したことも、歳市の経済的機能を一層低下させる一因になった。その結果、イースト・アングリアでは、キングス・リンに代わってケンブリッジ州のストウブリッジ歳市が台頭していくことになる。

　しかし歳市そのものが消滅したわけではなかった。1750年以降、キングス・リンの歳市はその性格を変化させ、1800年頃までには娯楽色の強い歳市に転じて、繁栄し続けたのである。1795年の『ノーフォーク・ジャーナル』は、以前はノーフォークの上流層の中に広く知れ渡るほどの評判をもち、イングランドの中でも質量ともにすばらしい商取引が行われていたリンの歳市が、娯楽中心の歳市に変化したことを記録している[49]。18世紀半ば以降、キングス・リンでは二月市の時期は、社交シーズンとして確立していった。次章で詳細に検討するような、都市自治体主催のアセンブリや音楽会、演劇などの大きな催しが連日、開かれたのである。

常設小売店舗

　歳市が経済的機能を減少させる一方で、新しい消費の場として定着したのは常設小売店舗であった。キングス・リンでは小売店舗そのものは17世紀末にはすでに出現しており、18世紀にはじめて誕生したものではなかったが、18世紀半ば以降、その数も種類も大きく増加したといわれる。キングス・リンにはどのくらいの数の、どのようなタイプの小売店舗が存在したのだろうか。

　18世紀半ばの店舗の数を知るための史料として、間接税記録がある。1759年の記録には、キングス・リン管区の小売店舗の総数はすでにその時点で2,755件も記録されている[50]。もちろん、キングス・リン管区にはノーフォーク州の西側半分が含まれるため、この数字はキングス・リン市内にある小売店舗の数とは異なる。とはいえ、この管区にはほかに大きな都市はなく農村地帯であることを考えると、このうちの少なからぬ数の小売店舗がキングス・リンにあっ

たはずで、18世紀半ばの段階ですでに相当数の小売店舗が存在したことがわかる。しかしながら、これらの店がどのようなタイプであったかを追求するのは難しい。この中には零細経営で店舗とは呼びにくいようなものも多く含まれていたと思われるが、ファッショナブルな店舗が出現していた可能性も否定できない。

　小売店舗の内容について、ある程度の詳細がわかるようになるのは18世紀末のことである。まず、1786年にピット首相は新しく店舗税を賦課したが、その記録はこの時代の小売店舗の状況を示す一つの史料となりうる。しかし、店舗税そのものが長くは続かなかっただけでなく、課税のされ方は都市ごとに大きく異なり、ロンドンや大都市の小売店舗は課税の対象になりやすかったが、地方都市では見逃されることも多かった。また、課税対象は比較的規模の大きい店舗に限られており、すべての店舗を対象とする徹底した税とは程遠いものであった[51]。キングス・リンの店舗税記録からは、区ごとの徴収額がわかる。それによると1786年には、キングス・リンの店舗税課税額は52ポンド4シリング13ペンスであった[52]。一方、同史料には、1785年のノリッジでは349ポンド7シリング3¾ペンスが513件の店舗から徴収されたと記録されている[53]。単純に比較・計算すると、キングス・リンでは課税対象となる一定規模以上の小売店舗は75件程度ということになる。しかし、以下で議論する同時期に発行された人名録と比較すると、この数字が確実なものではないことが浮き彫りになる。

　一般的に、当時の小売業を知る最も有用な史料とされるのは人名録である。しかし、人名録はさまざまな情報を含むものの、史料としての問題を抱える[54]。まず、18世紀のものは概して、その掲載者を決める基準がはっきりしない。掲載者の決定は編集者に一任されているが、編集者が事前情報にもとづき独断で選出する場合もあれば、逆に商工業者のほうが掲載を依頼する場合もあり、中には掲載料を払った者もいる。初期の人名録は掲載数が少ないだけに、基本的には主要な商工業者が含まれているとはいえ、編集者の恣意や情報の多寡が掲載を左右した可能性は高い。

　一方、19世紀の人名録には18世紀の何倍もの数が掲載されることも珍しくな

表 6-2 ロンドン、ブリストル、ノリッジ、マンチェスター、ハル、

都市	ロンドン		ブリストル		ノリッジ	
年	1783年	1822〜3年	1783年	1822〜3年	1784年	1822〜3年
衣料	35.3	27.4	32.7	29.0	31.6	30.9
消費財	29.9	32.2	35.1	32.3	34.7	31.0
うち飲食料品	*24.4*	*25.5*	*24.1*	*27.6*	*31.5*	*24.0*
生活雑貨	*5.5*	*6.7*	*11.0*	*4.7*	*3.2*	*7.0*
家具・備品	7.5	10.0	6.9	10.1	12.5	14.3
金物	11.5	9.8	12.7	11.6	10.5	5.2
奢侈的新業種	15.8	20.5	12.4	17.3	10.6	18.8
合計（％）	100.0	100.0	100.0	100.0	100.0	100.0
店舗数（件）	2,892	11,474	290	1,111	247	468
推定人口（年）	890,000 (c. 1780)	1,247,000 (1821)	55,000 (1775)	87,779 (1821)	38,500 (1775)	50,288 (1821)

出典：人口統計は J. West, *Town Records* (Chichester, 1983), pp. 310-333. ロンドンの人口は *CUHB*, pp. 650-651. キ 1793; *Pigot's Directory Norfork, 1830*. その他の都市は Muis, *Shops and Shopkeeping*, pp. 68-69; Bennett, *Shops*,

く、編集者の恣意の影響は相対的に小さいと考えられる。しかしながら、掲載数が増加する19世紀の人名録であっても、すべての小売店舗が掲載されるわけではない。サザンプトンを事例に小売業の実態を分析したC. ファウラーは、人名録には、ある程度の成功をおさめている小売業者であっても、少なくともその15％から30％の名前が見当たらないといっている[55]。ましてや、日常必需品を扱う小さな店舗は人名録には決して現れない。さらに、こうした営業者掲載数の大幅な増加が見られた19世紀の人名録は、18世紀のものと比較して、人名録そのもののあり方や性格が変化し、掲載基準も異なるものになったと考えるのが適当であろう。したがって、19世紀の人名録を単純に18世紀のものと比較することは難しいことになる。

　人名録を小売店舗分析に利用する際の最大の問題点は、小売業を営む者が店舗形態をとっているのか、それとも市やその他の方法で販売をしていたのか、人名録の表記だけでは正確な営業形態がわからないことである。とりわけ職人に関してはその分類が難しい。職人は伝統的には注文生産を行っていたが、18世紀になると作業場の横に店舗を敷設して販売する者が増えてきた。とはいえ、

キングス・リンの小売店舗——職種ごとの比率と小売店舗数

マンチェスター		ハル		キングス・リン	
1783年	1822〜23	1791	1810〜11	c. 1790	1830
44.8	30.0	36.7	38.3	44.8	30.8
35.3	33.5	47.2	45.7	24.4	43.3
28.9	*26.9*	n. a.	n. a.	*22.7*	*33.5*
6.4	*6.6*	n. a.	n. a.	*1.7*	*9.8*
4.4	8.1	5.7	7.8	8.7	6.7
9.6	10.8	5.0	3.6	9.3	11.3
5.8	17.8	5.4	4.6	12.8	7.9
100.0	100.0	100.0	100.0	100.0	100.0
156	951	403	669	172	328
30,000	129,035	22,161	24,299	9,000	13,370
(1775)	(1821)	(1801)	(1811)	(1789)	(1831)

ングス・リンの統計は *Bailey's British Directory, 1784; Univeral British Directory, Shambles, and the Street Market*, p. 36.

店舗をもつ傾向のある職業に就く職人であっても、そのすべてが店舗主であったとは限らない。しかし、こうした人名録のもつ制約は、先行研究の事例との比較やその他に残されている史料を補助的に利用することで、ある程度は回避することができると思われる。

　H-C. & L. H. ミュイはロンドン、ブリストル、ノリッジ、マンチェスターを、A. ベネットはハルの小売店舗数を分析したが、これらの数を推定する際の根拠としたのはいずれも人名録であった（表6-2）[56]。ミュイとベネットは、人名録が都市外部の商工業者や訪問客が利用することを目的に作成されたことを考慮して、人名録掲載者の中で、衣料、消費財（飲食料品・生活雑貨）、家具・備品、金物商品を扱ったり、奢侈的新業種を展開している者は店舗形態をとって営業をしていると見なした。この中には、18世紀後半になり作業場での商品の製作に加え、店舗を構えて販売をするようになった多くの職人も含まれている[57]。また、前述のファウラーが推定した1770年から1815年のサザンプトンの小売店舗数のべ320件もまた、ミュイらのやり方にもとづいて推算されている[58]。すなわち、この方法は、小売店舗形態での営業者を完全な形で特定する

ことはできないかもしれないが、おおよその状況は把握できると判断されているのである。

キングス・リンでもこの基準にもとづいて、ベイリー人名録（1784年）、ユニヴァーサル人名録（1793年）、ピゴット人名録（1830年）の3つの人名録を用いて小売店舗を特定してみることにする[59]。18世紀末には、ベイリー人名録とユニヴァーサル人名録から数えると172件（人名録全掲載数381件の45.1％）、1830年にはピゴット人名録からは328件（全掲載数660件の49.7％）の店舗を数えられる[60]。上記の他の都市と比べると、18世紀末はマンチェスターより若干多め、1830年はサザンプトンとほぼ同数の店舗が存在したことになる。

以上のように、キングス・リンの消費の場の中心は、長い18世紀の間に、火曜市広場と土曜市広場で開催される歳市と週市から、常設小売店舗に徐々に移っていった。次節では、2つの時期、すなわち18世紀末の172件と1830年の328件を対象にその小売店舗の種類と地理的分布の変化を分析していくことにする。

3　小売店舗とその地理的分布

キングス・リンの都市ルネサンスは、すでに議論してきたように、18世紀半ばからはじまり、18世紀末から加速していった。本節でとりあげる18世紀末と1830年という2つの時期は、人名録が発行された年ということで選択したが、都市ルネサンス後半の最も変化が激しい時期の小売業を見る上で好都合である。

本節では、ミュイとベネットの分析結果と比較しながら、キングス・リンの小売店舗はどの程度広がっていたか、その中に都市ルネサンスと関わりの深い流行品や新商品を扱うものはどれくらいあったか、小売店舗は地理的にどのように分布していたのか、それらは18世紀末からの半世紀ほどの間にどのように変化したか、といったことを検討課題に見ていきたい。

第6章 消費文化とその空間 257

表6-3 18世紀末と1830年のキングス・リンの小売店舗

分類		18世紀末			1830年		
		小売店の種類	件数	%	小売店の種類	件数	%
衣料		服地商・仕立屋	16		服地商・仕立屋	12	
		服地商（リネン）	11		服地商	11	
		仕立屋	4		仕立屋	11	
		服地商（ウール）	3		衣服商	3	
		婦人帽子屋	9		婦人帽子屋	10	
		小間物商	4		靴下屋	7	
		帽子屋	3		麦わら帽子屋	6	
		ステー製造工	3		帽子屋	3	
		靴下屋	2		靴屋	31	
		靴屋	13		製革工	3	
		手袋工・漂白工	3		手袋工	2	
		製革・皮革裁断工	3		パッテン工	2	
		皮革商	1				
		羊毛商	1				
		皮鞣工	1				
		小　計	77	44.8	小　計	101	30.8
消費財	飲食料品	食料雑貨屋	21		パン屋	38	
		パン屋・菓子屋	8		肉屋	27	
		粉屋	3		食料雑貨商	17	
		肉屋	2		菓子屋	7	
		チーズ商	2		粉屋	5	
		茶商	2		チーズ商	4	
		果物商	1		茶商	4	
					果物商	4	
					魚屋	4	
		小　計	39	22.7	小　計	110	33.5
	生活雑貨	薬屋	3		万屋	16	
					薬屋	11	
					ブラシ屋	3	
					石炭商	2	
		小　計	3	1.7	小　計	32	9.8
家具・備品		家具屋	11		家具屋・家具仲買業者	16	
		陶磁器・ガラス商	3		彫版工	2	
		彫版工	1		彫刻師	2	
					陶磁器商	2	
		小　計	15	8.7	小　計	22	6.7
金物		金物商	7		鍛冶屋	12	
		真鍮細工師	3		金物商	7	
		鍛冶屋	2		機械製造工	4	
		刃物師	1		真鍮鋳物師	3	
		鉄砲工	1		真鍮細工師	3	
		機械製造工	1		ブリキ工	3	
		ブリキ工	1		玩具商	2	
					鉄砲工	2	
					蹄鉄工	1	
		小　計	16	9.3	小　計	37	11.3

奢侈的新業種	銀細工師	6		銀細工師	6	
	香水商	6		書籍商	6	
	時計製造工	5		美容師	5	
	書籍商・印刷屋・文具商	4		タバコパイプ製造工	2	
	鬘製造工	1		時計製造工	2	
				質屋	2	
				園芸店	1	
				傘製造業者	1	
				眼鏡商	1	
	小　　計	22	12.8	小　　計	26	7.9
合　　計		172	100		328	100.0

出典：*Bailey's Directory*, 1784; *Universal Directory*, 1793; *Pigot's Directory Norfolk*, 1830.

3-1　小売店舗の種類

18世紀末の小売店舗

　まず、1784年と1793年人名録に掲載されている18世紀末の小売店舗の状況を衣料、一般消費財（飲食料品、生活雑貨）、家具・備品、金物、奢侈的新業種の5つに分類してみたのが表6-2と表6-3である。衣料関係の店舗は扱う商品によって衣服、装飾品、皮革関連の3つに分類できるが、店舗総数は77件（44.8％）と人名録掲載店舗の中で最も多い。ミュイの分析によると、18世紀後半の地方都市では衣料関係の店舗の比率は概して高いが、経済の多様化と都市化が進むにつれその比率は減少する[61]。常設小売店舗で最も早い段階で販売されるようになったのが衣料関係であり、その後、その他の種類のモノを売る店が出現するにつれ、衣料関係店の比率が徐々に下がってくると考えられる。人名録掲載数がキングス・リンとほぼ同じのマンチェスターでは、衣料関係の比率はちょうどキングス・リンと同じ44.8％であるが、ロンドンはもとよりブリストルやノリッジといった地方大都市では30～35％前後とその比率は低い（表6-2）。キングス・リンの衣服関連の店には一般服地店のほかに、リネンや羊毛製品といった品種別に専門特化した小売店舗も現れており、営業の特化が見てとれる。社交の場には衣服だけでなく装飾品もまた重要であり、帽子や靴下、コルセットをはじめとするさまざまな小物や新しい商品を扱う店舗も数

件ずつあった。それらに加え、靴や手袋、皮革を販売する店舗も存在したが、靴を扱う店舗の中には既製靴を安価で提供するウェアハウス形態をとるものも3件あった。

　衣料関係の次に多いのは、飲食料品や生活雑貨を扱う一般消費財関連の店舗である（42件、24.4％）。その過半数を占めるのは一般食料雑貨店（21件）であったが、そのほかにも新しい商品を扱う店舗が見られた。チーズ店や果物店、茶葉店といった特化した商品を扱う専門店は5件存在する。食料雑貨商やパン屋の中には、従来の商品に加え、チーズや輸入果物、菓子やビスケットなど、新しい商品も一緒に扱う者もいた。一方、表6-3で生活雑貨店として分類されているのは薬屋3件である。当時の薬屋は、簡単な薬の扱いはあったが、むしろ洗剤や歯磨き粉などの生活雑貨が主たる商品であり、中には眼鏡をおいていた店もあった[62]。しかし消費財全般を扱う店の比率は、ロンドンは29.9％、ブリストル、ノリッジ、マンチェスターは35％前後、ハルにいたっては47.2％と高い比率を示すのに比較して、キングス・リンではかなり低くなっている（表6-2）。その理由の一つは、キングス・リンでは週市が比較的遅い時期まで機能していたためとも考えられる。毎週火曜と土曜に市が開催されていたが、とくに火曜市は周辺地域から多くの人々が足を運ぶことで有名であり、19世紀になってもまだ多くの集客があった[63]。

　国内外の商品を仕入れて販売する小売業者だけではなく、手工業の職人たちも作業場の横に店舗を構えて中間層の人々のニーズに応えていた。当時の中間層以上の人々の遺産目録を検討した研究によると、各部屋に設置されたさまざまな家具や備品が形状や材質の説明つきで掲載されている場合も多く、人々が多様な消費財を所有していたことがわかる。18世紀の中間層の人々は、社会的顕示や自宅の快適さの追求を目的に、家具や備品、金物を積極的に揃えていたのである[64]。キングス・リンでは同時期の他都市と比較しても家具・備品関連の店舗は15件（8.7％）と多い。とりわけ多数存在する家具店に関していえば、数の上でも他の地方都市を上回る。

　都市ルネサンスの時代の特徴を最も顕著に示す商品やサービスは奢侈的新業

種であるが、それらは店舗形態で提供されていた。キングス・リンには銀細工、時計、香水、鬘、書籍・文房具・印刷などの奢侈品や高級品を扱う店舗が見られたが、それが全職種に占める比率は12.8％と高い。この比率は、ロンドン（15.8％）よりは低いが、マンチェスター（5.8％）やハル（5.4％）はもちろんのこと、地方大都市であるブリストル（12.4％）やノリッジ（10.6％）よりも高くなっている。こうした新しい種類の商品を入手できる店舗の多さは、キングス・リンがイースト・アングリア地方西部の経済・社交の中心を長いこと担ってきたことを反映している。

　都市ルネサンスが進行する中で、こうした小売店舗の状況はどのように変化したのだろうか。次に、ほぼ半世紀後の1830年のキングス・リンに目を転じることにする。

1830年代の小売店舗

　1830年ピゴット人名録の情報にもとづき328件の小売店舗を分類すると、18世紀末とは異なる傾向が見てとれる。以下では18世紀末と同様に、ミュイが行ったロンドン、ブリストル、ノリッジ、マンチェスターのピゴット人名録（1822～1824年）による小売店舗分析と比較しながら検討していく[65]。

　まず衣料関連店は101件（30.8％）であり、比率からすると18世紀末の44.8％と比較して激減している。前述のように、衣料関連店の比率は都市化が進行するにつれ、一般に低下するといわれる。18世紀末にはキングス・リンと同じ比率であったマンチェスターも1822～1823年には30％と、キングス・リンと同じように低下させている。他方、都市化が早くから進んでいたロンドンやブリストル、ノリッジは、この期間には比率の低下は見られず、30％前後とほぼ変化していない。キングス・リンでは服地店と、18世紀末の人名録では見られなかった仕立屋と衣服商 clothes dealer を合わせた衣類を扱う店舗は、衣料関係全体の約3分の1に達している。また、小物を扱う店舗では、靴下店や各種帽子店は見つかるが、18世紀末に何件も見られた小間物店は、少なくともその職業名では人名録に一切載っていない。一方、靴関係の店舗は18世紀末より

も増加し、その数は約2.4倍に達している。店舗経営者はほとんどが靴職人であるが、仕入れた既製靴を販売する者も複数名いる。これら既製の衣服や靴を販売する流通専門の店舗の出現は、消費文化の広がりを示す一つの証拠とみてよいだろう。

　キングス・リンにおける消費財関連の店舗は、18世紀末以降、数、比率ともに最も増加した分野であり、1830年には衣料関係の店舗をしのいでいる。18世紀末、一般消費財関連の店舗の比率は他都市より低かったが、1830年には43.3％（142件）に達し、他都市におけるその比率を大幅に上回っている。1830年の飲食料品店では、まず、パン屋と肉屋が多数存在するのが特徴的であり、18世紀末に最も多かった食料雑貨店の数を抜いている。18世紀末には肉屋は２件、パン屋は８件しか人名録に掲載されていなかったのが、1830年にはそれぞれ27件と38件と大きく増加している。1806年以降、舗装委員会による大がかりな改良事業が行われたが、市場広場の改良や、家畜屠殺場と家畜市場の移転もその事業内容に含まれており、小売店舗形態のパン屋や肉屋の増加はそうした動きとも関係があると思われる。逆に食料雑貨店は比率だけでなく数の上でも18世紀末より減少した。一部の店は飲食料品以外の雑貨も多く扱うようになり生活雑貨店として分類されている場合もあるだろうし、その一方で何か特定の飲食料商品に専門特化した店舗も少なくない。実際、伝統的な食料雑貨店の代わりに数を増やしたのは、パン屋や肉屋のほかに、チーズ、魚、果物、茶葉、菓子店である。もっとも、詳細な事例は後述するが、チーズ店で麦芽やベーコンを、菓子店で茶や果物を一緒に扱うように、複数の新しい食品を売る店舗も多い。また、生活雑貨を扱う店では薬屋が11件とその３分の１を占めているが、それ以上に多いのは万屋的な性格をもつ店舗経営者shopkeeperである。これは生活雑貨だけでなく飲食料品等も置いてあった店舗だと考えられるが、この種の店舗は18世紀末の人名録には掲載されておらず、一見19世紀に入って急成長したタイプの店のように見える。しかし実際には、先にふれた18世紀半ばに多数存在したと記録されている小売店舗の大半はこれに分類できると思われる。詳細が残されていないためこれ以上の議論はできないが、食料雑貨店や

専門店が奢侈的商品を扱っていたのに対し、万屋的小売店は過去には市で入手していたような日用品を中心とする品揃えで、販売・消費の場の変化に伴い、一般庶民も利用するような店舗であったと考えるのが適当であろう。

次に家具・備品関連の店舗は、キングス・リン全体で22件（6.7％）存在するが、18世紀末と比較して全体に占める比率は下がっている。その他の都市がそろって比率を大きく伸ばしているのとは対照的である。しかしこの時期の家具・備品の店舗で注目すべき点は、家具職人だけでなく、家具の仲買業者による経営が増えたことである。外国製の商品や流行の先端をいくロンドンで売られている家具への地方都市の人々のニーズはますます高まり、そうしたものを仕入れて販売していたと思われる。中には製造をやめてしまい、比較的価値の高い家具を競売で販売する者もでてきた。長年、家具を製造・販売してきた家具屋のJ. ペインは、1805年に商売の中心を家具の鑑定と競売に変更したが、1830年には彼のような型の家具屋も増えていたであろう[66]。

金物関連の店舗は18世紀末よりも数、比率ともに増加しているが（37件、11.3％）、これは主に、職人たちが店舗をもつ傾向が強まっているためと推定される。18世紀末には他都市と比較して金物関連の店舗の比率が低かったが、1830年になると、比率ではロンドンやマンチェスターを抜いた。また、もう一つの特徴は加工する金属が鉄、真鍮、ブリキといったように、それぞれの店で特化してきたことである。キングス・リンにおける金属製品への消費者需要が伸び、店舗数の増加や専門化をもたらしたと考えられる。

奢侈的な新業種の店舗に関しては、1830年の人名録は18世紀末とはかなり異なる状況を示している。18世紀末のキングス・リンでは他都市と比較してこの分野の店舗の多さが特徴であったが、その後、この分野の店舗数はあまり増えず、1830年には26件（7.9％）でしかなかった。多種多様な新しい奢侈品や高級品を扱う専門店が出現し、それらが全店舗の20％近くまで増えている他都市に対し、キングス・リンではむしろ18世紀末よりも比率が5％近く低下している。しかしながら、美容師をはじめとし、メガネ店や傘屋、質屋など新しい種類の商品やサービスを提供する店舗も数は少ないながらも出現している。

第 6 章　消費文化とその空間　263

小売店舗の多様な形態と事例

　ここまで、18世紀末と1830年の人名録に載っている小売店舗を、先行研究を参考に、衣料、一般消費財（飲食料品、生活雑貨）、家具・備品、金物、奢侈的新業種の5つに分類して検討してきた。しかし、とりわけ奢侈的な性格をもつ商品を扱う店舗では、職業名が示すよりもはるかに広い範囲の商品を扱っていたり、高品質で流行を追う度合いが高いものを店舗に置くなどしており、営業の実態を知るためには人名録の職業名をもとにした一律な分類には限界がある。以下では、主として当時の新聞広告に依拠して、奢侈的特徴をもつ商品を扱っていた店舗を、具体例をあげながら見ていきたい。

　まず、飲食料品店に分類される店舗に注目してみよう。食料雑貨商のジョン・アンドリューズは、1805年にグリフィンなる人物から小売店舗を引き継いだ。彼は食料雑貨商であると同時に、茶商としての営業も行っており、店内には高級食料品と茶葉が並べられていた[67]。また、当時最大の食料雑貨商として知られ、ハイ・ストリートで営業していたジョセフ・アンドリューズは、1830年の人名録には食料雑貨商・蝋燭商として掲載されている。彼の店舗には、収穫されたばかりの果物や、多種にわたる珍しい香辛料やドライフルーツ、米、チーズ、砂糖、塩、酢をはじめとする食料品、茶葉やコーヒー、ジュース、それらに加えて各種石鹸やタバコ、ランプの綿芯、モップ、箒、オイルといった日用雑貨品が豊富にとり揃えられていた[68]。一方、チェッカー・ストリートで営業する茶商のR. ラビーは、東インド会社が輸入した正規の高品質な茶葉の販売を行った[69]。しかし、茶葉以上に大きな紙面を割いて広告されているのは、砂糖各種や石鹸をはじめ、最高級品の香辛料、果物、ブルーチーズ、スターチといった雑貨や食料品であり、これらの商品は即金で販売されることを条件に、手頃な値段で提供されていた。さらに、ジャマイカ産のラムやコニャック、ウィスキー、オランダ産のジンといった高級輸入酒もラビーの店には豊富に置かれていた。1804年に、ラビーの店舗は茶商のJ. ウィンデットによって引き継がれたが、彼もまた、ロンドンの茶商から入手した最高級の茶葉を販売する傍らで、高級食料品も仕入れ、さらに最高品質の蒸留酒も揃えて、現金販売を行

った70)。同じく茶商でハイ・ストリートに店舗を構えるW. クラークは新聞広告を出したが、茶葉には一切ふれず、世界各地のレーズンを宣伝している71)。ここで例にあげた5人の店舗は、本節の分類によれば、前者2人は食料雑貨店、後者3人は茶葉店を経営していることになるが、商品を見ると大きな差はなく、いずれも輸入品を中心とする、奢侈的で流行を追うような飲食料を扱っていたことがわかる。

　ジャンルを超えた流行品や奢侈品、非日常づかいの商品が一緒になって販売される店舗もある。ハイ・ストリートにある菓子屋のC. フラワーの店内に置かれているものは、主たる商品である菓子や外国製ドライフルーツといった食料品だけでなく、金属関係の商品に分類される凝った玩具や装飾具も豊富にそろっていた72)。また、生活雑貨を中心とする幅広い商品を扱っている店舗の一つである薬屋もまた、ジャンルを超えた商品を置く店舗の例としてあげられる。ワトソンはノーフォーク・ストリートにあるウェアハウスで低価格の薬を販売する薬屋であるが、同時に、油商と香水商を兼ねており、奢侈的新業種に分類される商品やサービスも提供していた。それに加え、ロンドンで仕入れたマスタードやピクルス、香辛料、酢、スターチ、ブルーチーズといった食料品を、ロンドンと同じ価格で販売していた73)。

　衣料関連店は流行に大きく左右される奢侈的商品を扱っており、しばしば広告が出される。中でもロンドンの流行を強調した婦人衣料関係の店舗の広告は多く、時代が進むにつれ増加した74)。19世紀には、社交シーズンが近づくと、ハイ・ストリートやノーフォーク・ストリートといった主要な通りに店舗を構える婦人帽子製造販売業者がきまって数人、女性顧客向けの広告を新聞に掲載していた。いずれも、ロンドンから届いたばかりの流行の先端をいく婦人帽子、コルセット、既製ドレス、外套、パラソル、婦人用小物、時には毛皮が販売されることを知らせるものであり、キングス・リンの社交の表舞台を飾るのに必要な商品を提供した。これらの店舗を利用したのがどの程度の社会層の人々であったのかは不明であるが、明らかに顧客数は増加していた。このことを示す証拠となるのが、広告方法の変化である。19世紀初頭には、婦人帽子製造販売

業者たちは顧客に対し、社交シーズンが近づくとカードを送って商品の情報を伝える方法が一般的であったが、「定期的な送付を確実に行うよう最大限の努力を払ってきたが、難しくなってきたため」カードの送付を廃止し、商品情報の伝達を新聞広告に一本化する店主が出てきた。ファッショナブルな商品を求める者が得意客だけではなくなり、一般客も増えるにしたがい、新聞広告の方が効率的であると判断したのだろう[75]。

　服地店も、奢侈的商品を扱う店舗として真っ先にあげられるものである。しかし、どの店も一律に最新流行の商品で埋められているわけではなく、店舗による差異が際立っている。顧客対象が社会階層の高い人々である場合と中位の人々、そして一般庶民である場合とでは、おかれている商品の種類も価格も、店の雰囲気も異なるのである。R. ロドウェルの店舗では流行の先端をいく商品が販売されていた。前述したように、自身が富裕な中間層に分類されるロドウェルは、店舗でもまた多岐にわたるファッショナブルな商品を扱い、中上層の人々を相手にした商売をしていた。

　　……プリントキャリコ数百ヤードやモスリン、ギンガム、光沢布、リージェント・サーセネット、その他ドレスに適した布。平織りのサーセネット、サテン、喪章。日常づかいまたはファッショナブルな毛織物多種、カラマンコ、外套用の生地、ソールズベリー製のフランネル。インド製とイングランド製のモスリン各種。モスリン製のドレス。高級未晒しアイルランド製リネン。フランス製金巾、長毛ローン、綿製とリネン製のハッカバック、ひし形地紋の麻布、テーブルリネン、シーツ各種。綿プリントのシーツ地、カーテンやベッドカバー用の布、毛布、ベーズ、フランネルなど。スコットランド製とキダミンスター製の絨毯。綿製と糸製レース、リボン、房飾り、その他紳士用服飾小物。贅沢なシルク製ハンカチ、綿製ハンカチ。キャリコ、綾織りキャリコ、長い平織り綿布。女性・男性・子ども用の綿製、ウーステッド製、絹製靴下、手袋、靴。黒のボンバジーン、ラシャ、モスリン、その他喪服用の商品……[76]。

これは、1813年にロドウェルが店じまいする際の在庫品セールのリストであるが、それでも国内の名産地製や輸入品など、多種多様な商品があげられている。

　服地商の中には、ウェアハウスで販売している者もいた。ウェアハウスという小売形態は19世紀に、とりわけファッションの分野で見られるようになったが、その経営形態についてはあまりよく知られていない。しかし、以下の W. ヘイコック商会の広告はウェアハウスの経営の一端を明らかにするものである。

　　家計に節約を。キングス・リンのハイ・ストリートのウェアハウスで、服地・靴下・下着などの販売を行う W. ヘイコック商会は、既存の顧客の皆さまの日頃からの多大なるご愛顧を感謝します。これからも市場で製造できる最安値で最新流行の商品を提供できるよう励みますので、今後ともご愛顧賜りますよう、お願い申し上げます。まだウェアハウスを利用されておらず、ここでの購入がどのくらい家計の節約になるかご存じでない方々に、ヘイコック商会は在庫商品のほんの一部のリストをここにお見せいたしますが、すべて実際の価値を大幅に下回る価格で販売されております。これらは、多大なる資産を投げ打って製造せざるをえず、結果、困窮に陥った製造業者そのほかから購入したものです。女性のお客様の目に留まりに気に入っていただけたら光栄です。白キャリコ、１ヤード２ペンス；丈夫なキャリコ、１ヤード４ペンスから；フランネル、１ヤード7.5ペンスから；良質プリント生地、１ヤード６ペンスから；エル幅プリント生地500ヤード、１ヤード12ペンス。綿プリントのシーツ地、１ヤード９ペンス；綿プリント都市製シーツ地各種、１ヤード12ペンスから；１ヤード幅金巾風モスリン、１ヤード５ペンスから；1.5ヤード幅の金巾風モスリン、１ヤード10ペンスから；600着の刺繍つきモスリンドレス、５シリング；珍しい黒のボンバジーン、１ヤード２シリングから；綿のチェック、１ヤード４ペンス；女性用綿靴下、１足12ペンスから；綿の布団生地、１

ヤード11.5ペンスから；1,000個の女性用ナイトキャップ、各3ペンス。その他、豪華な模様入り、綾織り、格子縞、平織り薄手絹織物のサラセンなどファッショナブルな商品各種；色つきの羊毛と絹の綾織りボンバジーン、絹のショール、ハンカチ……キダミンスター製とヴェネチア製の絨毯；各種テーブルリネン、その他、広告に書ききれないほど色々揃えています。世帯向けに1点から卸売価格で販売。葬式用衣服の在庫もあります[77]。

ウェアハウスで扱われている商品は、破産者から格安で買い取ったものもあり、安く販売できるわけだが、顧客の対象は明らかに上層の人々ではない[78]。しかし前述のロドウェルの商品と比較して、輸入品や高級絹織物の商品がやや少ないものの、見劣りはしない[79]。中位の人々たちがこうした店を利用して流行品を手に入れていたことがわかる。

最後に奢侈的新業種を見てみよう。既述のように、奢侈的商品やサービスを提供する者は色々いたが、都市ルネサンスの時代に最も特徴的なものの一つは文具・書籍商・印刷屋であった。これらの職種を兼業する者は比較的多かったが、彼らは書籍や新聞等の印刷をし、文具や書籍を販売した。また、新薬の専売特許を与えられていた彼らは、ロンドン発信の怪しげな薬を売ったり、天体望遠鏡や羅針盤、実験道具など科学に関連する商品をも店舗で扱うことがあった[80]。それに加え、第7章でふれるように催しのチケットを販売したり、または第8章で議論するが、都市の知的空間を創造するリーダーとしてアソシエーションの活動を牽引していた。すなわち、文具商や書籍商の店舗は、洗練された都市ルネサンス的知的・文化空間へのゲートのような機能をもっていたといえる。

ファッショナブルな社交の場においては、髪型も重要である。美容師もまた、都市ルネサンスの浸透とともに出現した奢侈的新業種である。C. ハリスは紳士淑女の髪のカットやドレスの着付けを行い、髪用装飾品や香水各種を扱っていた[81]。彼の広告もまた、ロンドンの「最新の流行」にもとづくサービスを提

供できることをうたっている。

　園芸店もまた奢侈的新業種に分類されうる。第8章でふれるように、科学への興味を高めた中上層の人々は園芸協会に入会し、珍しい植物を競って栽培していたが、そうしたニーズに応えたのが園芸店であった。H. ファイフはキングス・リンのダッチ・ハウスと命名された建物で珍しい花や苗、種を取り扱っていたが、それらのほとんどはオランダからの輸入品であった。広告には、オランダヒアシンス各種、チューリップ、キンポウゲ、アネモネ、カタクリ、クロッカス、ヨウヤクユリ、マルタゴンリリー、アイリス、フサザキスイセン、オニユリ、キズイセン、スノードロップ、バイモなどの輸入の花の苗に加え、温室栽培の豆やカリフラワーなどのオランダの野菜の苗も見られた[82]。ファイフはまた、ニレノキやサンザシなど各種庭木や、ニンジンやレタス、ライムギ、移植が可能であることを保証したヨーロッパ各地産のカブなどの広告を出すこともあった。彼の商品広告はいずれも、主に貴族や地主向けであったが、中間層の人々にも手が出る商品もあっただろう。

　以上で見てきた奢侈的商品を扱う店舗の具体的事例は、長い18世紀後半におけるキングス・リンの小売空間の一面を明らかにするものである。このような最新の流行を追う店舗は、小売店舗全体から見るとわずかであったが、新しい小売り形態である常設店舗の多くが多少なりとも流行を意識していたと考えることは間違ってはいないだろう。

3-2　小売店舗の分布

　次にこうした小売店舗が、18世紀末と1830年にそれぞれ、キングス・リン市内のどこに立地していたのかを比較検討してみることにする。その分布は、どのような消費財にどのような階層の人々がアクセスできたかを、ある程度推測させるものである（図6-1、前掲図4-1）。

　住所記載のある1784年人名録に掲載されている小売店舗は、76件が9つの通りに分布しているが、圧倒的多数がハイ・ストリート［H Stと表記］に集中しており、その数は55件、比率は全体の72.4％に達する。さらにH Stの小売

第6章　消費文化とその空間　269

店舗で扱う商品に目を移すと、55件中29件（52.7％）が衣料関係、以下、飲食料品関係7件（12.7％）、家具・備品8件（14.5％）、金物4件（7.3％）、奢侈的新業種7件（7.3％）の店舗が続く。火曜市広場はキングス・リンで二番目に店舗の集中が見られる場所とはいえ、7件（9.2％）とH Stと比べてずっと少ない。次に小売店舗が多いダムゲイト・ストリートとグラス・マーケットは、19世紀初期に1本の通りとして扱われるようになりノーフォーク・ストリート［NF Stと表記］と改名されたが、両者合わせて8件（10.5％）である。これら上位4本の通りに立地する小売店舗を合わせると70件（92.1％）となり、18世紀末の小売店舗は限定された通りに高度に集中していることがわかる。

　1830年になると、都市ルネサンスが進行する中で、キングス・リンの小売店舗の状況は変化する。1830年人名録に掲載される小売店舗は全部で34の通りで見られ、火曜市広場と土曜市広場、そしてそれらを直線で結ぶキング・ストリート、クイーン・ストリート、H Stで囲まれる中心商業地区のみならず、町の北端から南端、東門まで、広い範囲で小売店舗が見られる。18世紀末と1830年の人名録とではその性格も掲載の基準も違うため、それぞれの人名録に載っている店舗の数を直接的に比較することはできない。しかしながら、9つの通りにしか小売店舗がなかった1784年人名録の時代と比べ、小売店舗の大幅な普及があったと考えて間違いはないであろう。

　ただし、より多くの店舗が見られるようになった1830年でも、すべての通りに均等に店舗が存在するわけではなく、H St（105件、32.0％）とNF St（65件、19.8％）への集中度が高い（表6－4）。この2つの通りにキングス・リンの半数以上の小売店舗が集中しており、2位のNF Stと3位の火曜市広場（12件、3.7％）の差は歴然としている。しかし18世紀末と比較すると、1830年におけるH Stへの小売店舗の集中の度合いはかなり弱まっていることがわかる。逆にNF Stでは大きな成長が見られる。ダムゲイト・ストリートとグラス・マーケットを比較のため一つに合わせて考えると、1784年にはH Stに次いで高い比率の10.5％の小売店舗が旧NF Stに存在していたことになるが、1830年にはその約2倍である19.8％の小売店舗がNF Stに集中するようになった。し

図6-1　1830年のキングス・リン

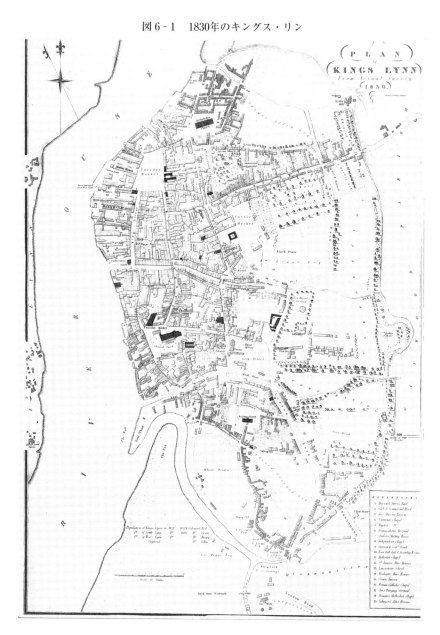

出典：*A Plan of King's Lynn from Actual Survey 1830*.

かし18世紀末には、単独の通りとしてはH St に次いで2位（9.2%）であった火曜市広場は、1830年には3位でありながらその数は全体の3.7%でしかなく、相対的重要性を低下させることになった。

　種類別に小売店舗の地理的分布に目を向けてみると、いずれの種類の店舗も、H St と NF St に立地する数が1位と2位を占めていることがわかる（表6-4）。衣料関係店は過半数がH St に、次に多いNF St には17.8%が集まっているが、それ以外の通りでは1～3件ずつしか見られない。逆に消費財関係の店舗は、飲食料品も生活雑貨のいずれも、NF St に最も多くの店舗が立地する。H St にも多数の消費財関係の店舗は存在するが、NF St の3分の2ほどでしかない。しかし消費財関連店の中でも飲食料品店は、NF St と H St に合わせて42.3%集中しているものの、それ以外の通りにも一定数の店舗が見られ、小売店舗の中では地理的に一番広く分散していることがわかる。家具・備品関係の店舗は最も立地が限定されており、NF St と H St 以外で見られるのはわずかな通りだけである。金物関連の店舗もまたH St と NF St に多くが立地するが、中心地区をはずれた通りにも比較的多くの店舗があるのが特徴である。作業場兼店舗の形態が多いことがその理由と考えられる。奢侈的新業種の店舗の過半数（56%）は H St に集中しており、それ以外の通りには存在しても1～2件である。

　以上の分析では、H St と NF St への店舗の集中を示すと同時に、立地する店舗の種類の違いも明らかにした。この2つの通りの性格の相違をさらに明らかにするために、どの程度の富裕度の人々が占有または居住者であるか、そして小売業者たちは何を販売していたのかをより詳しく分析してみることにする。以下では第1章と第2章でも利用した1836年の救貧税記録を利用してこの点を明らかにしていくが、ここでも地代をもとにした建物の査定額をその占有者の富裕度を示す目安として利用する。

表6-4　通り別小売店舗の件数と

通り・広場	地図番号	衣料		消費財				家具・備品	
				飲食料品		生活雑貨			
		店舗数	%	店舗数	%	店舗数	%	店舗数	%
High St.	⑮	54	53.5	19	17.1	4	12.1	6	24.0
Norfolk St.	⑫	18	17.8	28	25.2	6	18.2	8	32.0
Tuesday Market Place	⑧	2	2.0	6	5.4	1	3.0	1	4.0
Broad St.	⑯	1	1.0	3	2.7	1	3.0	2	8.0
Church St.	㉞	3	3.0	5	4.5			1	4.0
London Rd.	㊹	1	1.0	5	4.5	3	9.1		
Purfleet St.	⑱	3	3.0	2	1.8	2	6.1	1	4.0
Chapel St.	⑪	1	1.0	3	2.7	3	9.1		
Queen St.	㉒	3	3.0	4	3.6	1	3.0		
Saturday Market Place	㉗	1	1.0	5	4.5	1	3.0		
St James St.	㉘	3	3.0	3	2.7	1	3.0	1	4.0
King St.	⑭			3	2.7	2	6.1	2	8.0
Tower St.	㉙	2	2.0	3	2.7	2	6.1		
Bridge St.	㊳	1	1.0	4	3.6	1	3.0		
Jews Ln.	⑩	1	1.0	1	0.9			1	4.0
Coronation Sq.	㊵	1	1.0	1	0.9	1	3.0	2	8.0
Austin St.	⑤	1	1.0						
Friar's St.	㊺			3	2.7	1	3.0		
North St.	②			2	1.8				
Baxter Plain	⑳	1	1.0	1	0.9	1	3.0		
New Conduit St.	⑲	1	1.0	1	0.9				
Pilot St.	③			3	2.7				
St Nicholas St.	④	2	2.0						
Littleport St.	⑬								
Market Ln.	⑨	1	1.0	1	0.9				
Sedgeford Ln.	㉔			1	0.9				
St Ann's St.	①			1	0.9				
All Saint St.	㊷					1	3.0		
Boal St.	㊲			1	0.9				
Lady Bridge	(s)								
Nelson St.	㉝			1	0.9				
Providence Row	㊶			1	0.9				
Purfleet Ln.	番号なし								
Union Ln.	㉕					1	3.0		
合　　計		101	100.0	111	100.0	33	100.0	25	100.0

出典：*Pigot's Directory Norfolk, 1830.*
注：地図番号は図4-1に対応。

第6章　消費文化とその空間　273

比率（1830年）

金物		奢侈的新業種		合計	
店舗数	%	店舗数	%	店舗数	%
8	24.2	14	56.0	105	32.0
4	12.1	1	4.0	65	19.8
		2	8.0	12	3.7
2	6.1	1	4.0	10	3.0
		1	4.0	10	3.0
1	3.0			10	3.0
2	6.1			10	3.0
1	3.0	1	4.0	9	2.7
1	3.0			9	2.7
		2	8.0	9	2.7
1	3.0			9	2.7
		1	4.0	8	2.4
				7	2.1
				6	1.8
3	9.1			6	1.8
				5	1.5
3	9.1			4	1.2
				4	1.2
1	3.0	1	4.0	4	1.2
				3	0.9
		1	4.0	3	0.9
				3	0.9
1	3.0			3	0.9
2	6.1			2	0.6
				2	0.6
1	3.0			2	0.6
				1	0.3
				1	0.3
				1	0.3
1	3.0			1	0.3
				1	0.3
				1	0.3
1	3.0			1	0.3
				1	0.3
33	100.0	25	100.0	328	100.0

3-3　ハイ・ストリートとノーフォーク・ストリートの富裕度の比較分析（1830年）

　まずH Stから見ていく。1836年の救貧税記録によると、H Stには全部で213件の課税対象となる建物等があるが、1ポンド1シリングから700ポンドまで査定額には幅があり、その平均値は19ポンド10シリングとなっている（表6-5）。このH Stの平均査定額は救貧税記録に記載されている合計2,593件分の納税対象物件の平均査定額が8ポンド18シリングであることから考えると、かなり高額であることがわかる。H Stの居住者や営業者が、富裕層を多く含んでいたことは明白である。一方、1830年人名録には、小売店主105人を含む124人のH Stでの営業者が見られるが、その内、1836年救貧税記録で名前を見つけられるのは、小売店主63人（88％）を含む72人である。その72人の納税物件の査定額は、1ポンド8シリングから112ポンドの幅で、平均査定額が26ポンド6シリングである。

　H Stの人名録掲載者の85％を小売店主は占めるが、その中でも最も

表 6-5 ハイ・ストリートとノーフォーク・ストリートの

対象の場所	史料	掲載件数	最低査定額（£-s-d）
キングス・リン全体	1836年救貧税記録	2,593	0-7-0
ハイ・ストリート	1836年救貧税記録	213	1-1-0
	救貧税記録と人名録両方（全職業）	72	1-8-0
	救貧税記録と人名録両方（小売店）	63	1-8-0
ノーフォーク・ストリート	1836年救貧税記録	358	1-0-0
	救貧税記録と人名録両方（全職業）	70	2-9-0
	救貧税記録と人名録両方（小売店）	46	2-9-0

出典：NRO, MF X/344; *Pigot Directory Norfolk, 1830.*

数が多い衣料関係の店では、服地店・仕立屋を筆頭に、帽子店、婦人帽子店、麦わら帽子店、靴下店、靴屋と、ファッショナブルな社交の場で必要とされる商品を提供するものが見られる（表 6-6）。それに加え、チーズや茶葉、菓子など日常使いのものではない奢侈的食料に特化した専門店や、文具や本、印刷物を扱う店や銀細工店といった奢侈的新業種店も多く、H St がキングス・リンの都市ルネサンスの表舞台を作り上げていることがわかる。1830年の人名録は、H St の営業者に関してはその多くが地番情報を含んでいるため、それにもとづき当時の H St を再現することが可能である（付表10)[83]。注目すべきは H St の 1 番地から123番地まで、ほぼ1830年人名録掲載者で埋められる点である[84]。通りの片側に偶数、もう片側に奇数地番がふられていたか、または片側に 1 番地から順に、もう片方にはその最後の地番から順に地番がふられていたのかはわからないが、H St の表通りは人名録掲載者たちでほぼ占有されていたことになる。

それに対し、1836年救貧税記録における NF St の課税対象358件の査定額の幅は 1 ポンドから52ポンド10シリング、平均査定額が 7 ポンド 9 シリングと、H St とは大きな差がある（表 6-5）。さらに、NF St の建物等の平均査定額は、キングス・リン全体の納税者の平均よりも低くなっていることからも、NF St は庶民的な人々の集まる通りであったと考えられる。しかし1830年人名録の掲載者でかつ1836年救貧税記録で名前を確認できる70人は、課税対象の平均査定

建物等の査定額（1836年）

最高査定額（£-s-d）	平均査定額（£-s-d）
700- 0- 0	8 -18- 0
700- 0- 0	19 -10- 0
112- 0- 0	26 - 6- 0
112- 0- 0	26 - 9- 0
52 -10- 0	7 - 9- 0
42- 0- 0	16 - 6- 0
35- 0- 0	14 -12- 0

額が16ポンド6シリングである。これはNF St全体の平均をかなり上回る値であり、人名録掲載者は相対的に富裕な者が多いことはNF Stでも例外ではないことがわかる。しかし査定額の範囲は2ポンド9シリングから42ポンドの間におさまり、H Stの人名録掲載者と比べるとその幅は小さく、突出した富裕者がいないことを示唆する。

また救貧税記録と人名録の両方に記載されているNF Stの営業者のうち、小売店舗経営者は46件であり、その査定額の範囲は2ポンド9シリングから35ポンド、平均査定額は14ポンド12シリングとなっており、小売店主以外の職業の人を含むNF Stの全人名録掲載者の平均査定額より下回っている。その理由として、まず、NF Stでは人名録掲載者の約3分の2が小売店舗に関係しているが、残りの3分の1の中には大商人やイン経営者、そして法律家や医者が含まれており、彼らが全体の平均値を引き上げていることがあげられる（表6-6）。また、NF Stには、流行の商品を扱って華やかな経営をしているH Stの小売店舗経営者とは一線をひく、仕立屋や靴屋、パン屋や肉屋といった比較的伝統的で生活に根づいた商品を扱う小売店舗が多く、人名録には掲載されているが富裕度がさほど高くない人々が営業していると考えられる。

こうしたH StとNF Stの比較から見えてくるのは、いずれも小売店舗が集中する通りでありながら、片方は買い物という新しい娯楽を楽しむ特別な空間であり、もう片方は、奢侈的な店は存在するものの、庶民の日常生活圏という性格を残す空間であった。この時期、全国の都市で、一部の小売店舗が単なる商品の購入の場というだけでなく、ファッショナブルな雰囲気や店主や客同士のポライトな会話を楽しむ社交の場になったが、キングス・リンではH Stにそのような小売店舗が集中していたと考えられる[85]。この2つの通り以外は、人名録から判明する小売店舗の数が限られてしまうため比較検討は難しいが、

表6-6 ハイ・ストリートとノーフォーク・ストリートの住人の職業 (1830年)

職業部門			ハイ・ストリート			ノーフォーク・ストリート		
			職業	件数	%	職業	件数	%
小売店舗	衣料		仕立屋・服地商	12		仕立屋・服地商	5	
			服地商	11		帽子屋	1	
			衣服商	2		婦人帽子屋	1	
			靴下屋	6		靴屋	7	
			婦人帽子屋	6		製革工	2	
			麦わら帽子屋	4		手袋工	1	
			帽子屋	2		バッテン工	1	
			靴屋	9				
			手袋工	1				
			製革工	1				
			小 計	54	43.5	小 計	18	17.8
	消費財	飲食料	食料雑貨商	5		肉屋	8	
			肉屋	3		パン屋	7	
			茶商	3		食料雑貨商	4	
			パン屋	2		果物商	3	
			菓子屋	2		チーズ商	2	
			チーズ商	2		菓子屋	2	
			魚屋	2		粉屋	2	
			小 計	19	15.3	小 計	28	27.7
		生活雑貨	薬屋	4		薬屋	3	
						万屋	2	
						ブラシ製造工	1	
			小 計	4	3.2	小 計	6	5.9
	家具・備品		家具屋	4		家具屋	7	
			彫刻師	2		陶磁器・ガラス商	1	
			小 計	6	4.8	小 計	8	7.9
	金物		金物商	3		金物商	1	
			玩具商	2		鍛冶屋	1	
			真鍮細工師	2		ブリキ工	1	
			鉄砲工	1		鉄砲工	1	
			小 計	8	6.5	小 計	4	4.0
	奢侈的新業種		銀細工師	5		時計製造工	1	
			書籍商・文具商・印刷屋	5				
			美容師	2				
			時計製造工	1				
			眼鏡屋	1				
			小 計	14	11.3	小 計	1	1.0
	小売店舗の合計			105	84.7		65	64.4
その他	飲食業店			5	4.0		8	7.9
	商業サービス			1	0.8		3	3.0
	卸売商			5	4.0		4	4.0
	専門職			2	1.6		4	4.0
	ジェントルマン			0	0.0		1	1.0
	公的な役職			0	0.0		1	1.0
	職人			6	4.8		15	14.9
職業全体の合計				124	100.0		101	100.0

出典：*Pigot's Directory Norfolk, 1830.*

おそらく NF St と共通する日常的空間としての性格をさらに強くもちあわせていたと推察でき、限られた富裕な人々が集う H St の特殊性が浮かび上がってくる。しかしその一方で、H St という通りそのものには誰でも踏み入れることは可能であり、それだからこそ、選ばれた富裕な人々が自分たちの優位性を誇示する空間になるのである。

　本章では、消費の拡大と消費財の確保の場の発展について述べてきた。バッグ家の遺産目録と遺言書の二世代にわたる分析は、彼らが、当時、中上層の人々に注目されていたファッショナブルな商品をほぼすべて所有していたということだけでなく、時代が進むにつれ、所有物の数も増加していく傾向があったことを明らかにする。もちろんバッグ家は富裕なエリート一族であるため、所有するモノの数は一般的中間層よりけたはずれに多かったであろう。しかし所有物の種類に関していえば、競売品目録からうかがわれる中間層と比べても大きな違いはなく、当時の都市の人々の消費財の所有傾向と重なる部分は大きいと思われる。
　こうした消費の拡大には単に個人の可処分所得の増大や来訪者の増加による市場の拡大という経済的な側面だけでなく、文化的側面、上品な社交という新しいコミュニケーションの世界へ参入するための「文化資本」への需要の増大という側面もあった。したがって、ただ流行の商品を獲得するだけでそれを領有できるわけではなく、その顕示の仕方も重要であったのだ。またそのための消費財は、本章で扱った「モノ」だけではなかったが、それに関しては次章で議論することにする。
　消費の場では、18世紀には大きな変化が見られた。人々が日常生活を再生産するために利用してきた週市は衰退こそしなかったが、停滞は明らかであった。近世になってもイースト・アングリアで一、二を争うほど評判が高かった歳市では、商品の交換・取引といった経済的な機能は弱まり、その代わりに娯楽・社交性が高まった。その一方で、大きく成長したのは常設小売店舗であった。長い間経済・社交の中心地であったキングス・リンでは、18世紀半ばの時点で

小売店舗はすでにたくさん見られたが、1830年までの間に店舗数はさらに増加したばかりでなく、その地理的範囲も拡大し町中に広く分布するようになった。

　冒頭のサイモンズの広告にあがっている流行の衣服や装飾品や、珍しい食品やワインをはじめとする奢侈品や高級品など、都市ルネサンスを演出する優雅な社交の小道具は、新しい、ファッショナブルな小売店舗で販売された。また、これらの店舗は単なる奢侈的消費財の購入の場という役割を超え、ファッショナブルな雰囲気の中で着飾った男女が店主や客同士のポライトな会話を楽しむ社交の場ともなった。非日常的で、買い物という娯楽を楽しむ特別な空間は、都市ルネサンスの最前線であった。

　しかしながら、すべての小売店舗でこうした流行を追った奢侈品が売られていたわけではないし、都市のどこでもこの種の店舗が見られたわけでもない。むしろ小売店舗の中では少数派であり、特定のいくつかの通りに集中していた。とりわけハイ・ストリートへの高度な集中は顕著であり、二番目に多く小売店舗が立地するノーフォーク・ストリートと比較しても、差は歴然としていた。小売店舗の地理的分布から見れば、キングス・リンの都市ルネサンスはほんの一部の表舞台で進行したといわねばならない。大半の通りには、伝統的に市が担ってきた役割を代わりに果たし、生活や仕事に密着する必需品や食糧品提供する小売店舗が立地しており、人々は日常の買い物空間として利用していた。すなわち、小売店舗の拡大の背景には、非日常的な消費を楽しむ消費社会化という新しい現象に並び、縮小する伝統的な市の代わりとして機能する小売店舗があったのである。

　都市ルネサンスがもたらしたファッショナブルな小売店舗と日常の買い物のための小売店舗の併存は、エリートと一般住民の格差を顕示するものとなった。しかし、小売店舗の広がりを、エリートのものと一般庶民のものという対立する２つの方向での展開として捉えるのも一面的である。都市の小売空間は決して２つに分断されるものではなかった。本章で述べたように、下層の人々も、日用品の範囲を超えて上等な衣服や装飾品を購入していたことを指摘する研究者もいる。当時、相当量の中古の衣服や装飾品が流通していたといわれるが、

それらは新品の商品を売る傍らで取引されることもあった。中上流層とは同じではないとしても、それより下の一般庶民もそれぞれのレベルでファッションを楽しんでいたということだろう。彼らもまた消費文化や都市ルネサンスとは全く無縁ではなかった。キングス・リンの人名録に新たに加わった、とりわけ中心の通りからはずれた店舗の中には、こうした階層の人々の消費に対応するものも含まれていたと推定される。

　そして何よりも、いずれの場所においても、通りそのものへのアクセスは誰にでも開かれていたし、隣り合う通りはお互い排除しあうわけでもなかった。店の中には入らずとも、誰でもショー・ウィンドウを通して中の様子をうかがうことは可能であったし、そこから新しい暮らしへの空想を膨らますこともできた。その点からすれば、小売店舗はエミュレーションの機会を広げる場としても作用したのである。冒頭のサイモンズのような高級専門店から、一般庶民が足を運ぶ専門店、日用品を手に入れるために出かける万屋にいたる、こうしたキングス・リンの多様な小売店舗の出現は、当時のイギリス地方都市の平均的な姿であったと思われる。

　18世紀イギリス都市の消費文化において、モノの消費に並んで重要であったのは、社交の催しである。次章では、その点に焦点を絞って見ていくことにする。

注
1) *LWP*, 1801/9/22.
2) *Bailey's British Directory*, 1784.
3) De Vries, J., *The Industrious Revolution: Consumer Behavior and the Household Economy, 1650 to the Present* (New York/Cambridge, 2008).
4) Shammas, C., 'Changes in English and Anglo-American Consumption from 1550 to 1800', in *CWG*.
5) McKendrick, Brewer & Plumb, *Birth of Consumer Society*.
6) Borsay, *English Urban Renaissance*; Langford, *Polite and Commercial People*. 日本でも18世紀の消費や消費文化については早くから注目されていた。開拓的業績として、たとえば以下を参照せよ。川北稔『洒落者たちのイギリス史——騎士

の国から紳士の国へ』（平凡社、1986年）；草光俊雄「何か目新しいものを送られたし——ロンドン商人と英国北部の製造業者」『社會經濟史學』54巻3号（1988年）。
7） Weatherill, L., *Consumer Behaviour and Material Culture in Britain, 1660-1760* (London/New York, 1988); *do.*, 'The Meaning of Consumer Behaviour in Late Seventeenth- and Early Eighteenth-Century England', in *CWG*; Barry, J., 'Bourgeois Collectivism? Urban Association and the Middling Sort', in Barry, J. & Brooks, C., eds., *The Middling Sort of People: Culture, Society and Politics in England, 1550-1800* (London, 1994), 山本正監訳『イギリスのミドリング・ソート——中間層をとおしてみた近世社会』（昭和堂, 1998年）; Vickery, A., 'Women and the World of Goods: A Lancashire Consumer and Her Possessions' in *CWG*; *do.*, *The Gentleman's Daughter: Women's Lives in Georgian England* (New Haven, 1998); French, *Middle Sort of People*; 道重一郎「イギリス中産層の形成と消費文化」関口尚志・梅津順一・道重一郎編『中産層文化と近代——ダニエル・デフォーの世界から』（日本経済評論社、1999年）。
8） Campbell, C., 'Understanding Traditional and Modern Patterns of Consumption in Eighteenth-Century England: A Character-Action Approach', in *CWG*.
9） 本書第2章5節を参照。
10） NRO, BL VIIIb.
11） NRO, BL VIIc.
12） P. ケースだけでなく、多くのキングス・リンの法律家たちは、立派な家屋に居住していた。Bradfer-Lawrence, 'Merchants of Lynn', pp. 145-203; Robson, R., *The Attorney in Eighteenth-Century England* (London, 1959), p. 73.
13） Robson, *Attorney*, pp. 73-74; Barney, J. M., 'Building a Fortune: Philip Case, Attorney, 1712-1792', *Norfolk Archaeology*, 43-3 (2000), pp. 441-456.
14） NRO, BL Xd/13.
15） 書籍は一般に、ある程度の地位をもつ男性の重要な所有物の一つであり、所有する書籍のカタログを残す者もいた。
16） Stobart, J., 'Gentlemen and Shopkeepers: Supplying the Country House in Eighteenth-Century England', *Economic History Review*, 64-3 (2011), pp. 885-904. 新聞には中古の馬車や馬車関連商品の販売広告が掲載されることもあった。一例をあげると、ほぼ新品同然で立派な都市で作られたファッショナブルな馬車が、高品質で流行を追った関連品と合わせて売り出されていたが、価格は「底値の200ギニー」であり、都市の住人でも最富裕層でなければ手が出ないものであった。*BNP*, 1806/4/2. 奢侈品としての個人所有の馬車に対する愛着については、中野忠

「馬車と鹿肉——近世ロンドンにおける社交世界の展開」『早稲田社会科学総合研究』9巻2号（2008年）, pp. 11-18.
17) NRO, BL Xa/5.
18) NRO, BL Xc/23.
19) 元の寝室をいくつかに区切って利用しているのか、新しく寝室を作ったのかは、遺産目録からは不明である。
20) Weatherill, 'Meaning of Consumer Behaviour', pp. 211-217.
21) *Ibid.*; French, *Middle Sort of People*; Overton, M., Whittle, J., Dean, D. & Hann, A., eds., *Production and Consumption in English Households, 1600-1750* (London, 2004).
22) *LWP*, 1800/11/18.
23) *BNP*, 1814/7/27.
24) この時期、破産は頻繁に起こった。しかし破産したからといって、必ずしも貧しい生活を強いられるというわけではなく、その後、商売で再起し、元の生活レベルまで戻ることもしばしば見られた。第3章でふれたように、市参事会員が破産宣告を受ける場合もあったが、それでも辞任することなく、キングス・リンで生活し続けた例もある。
25) NRO, BL Xa/5.
26) 18世紀後半に天体観測器具やその他、科学器具を扱う店舗が都市部で増えていったことは各地の人名録を見ても明らかである。店舗もファッショナブルな店が集まる地区に位置していることが多かった。
27) NRO, BL Xa/5.
28) NRO, BL X/18.
29) NRO, BL VIId.
30) 楽器や宝石の所有権は、家族ではなく、個人女性にあることが多く、残す相手も女性である場合が多い。
31) Styels, J., 'Custom or Consumption? Plebeian Fashion in Eighteenth-Century England' in Berg, M. & Eger, E., eds., *Luxury in the Eighteenth Century: Debates, Desires and Delectable Goods* (Basingstoke, 2003); *do.*, *The Dress of the People: Everyday Fashion in Eighteenth-Century England* (New Haven/London, 2007); Berg, M., *Luxury and Pleasure in Eighteenth-Century Britain* (Oxford, 2007).
32) Styles, 'Custom or Consumption?'; *do.*, *Dress of the People*.
33) *Ibid.*; Stobart, J., 'In and Out of Fashion? Advertising Novel and Second-Hand Goods in Georgian England', in Blondé, B., Coquery, N., Stobart, J. & Damme, I. V.,

eds., *Fashioning Old and New: Changing Consumer Patterns in Western Europe 1650-1900* (Turnhout, 2009); Lemire, B., *The Business of Everyday Life: Gender, Practice and Social Politics in England, c. 1600-1900* (Manchester, 2005); do., 'Plebeian Commercial Circuits and Everyday Material Exchange in England, c. 1600-1900', in Blondé, B., Stabel, P., Stobart, J. & Damme, I. V., eds., *Buyers and Sellers: Retail Circuits and Practices in Medieval and Early Modern Europe* (Turnhout, 2006).

34) Styles, 'Custom or Consumption?'; *do., Dress of the People*.
35) Styles, 'Custom or Consumption?'. トムソンが主張する、労働者のもち続ける慣習の強い場には新しい物質文化が入ってこなかったという議論に一石を投じるものであった。
36) De Vries, *Industrious Revolution*.
37) Jefferys, J. B., *Retail Trading in Britain, 1850-1950* (Cambridge, 1954).
38) 長期の18世紀をカバーする時期における小売業についての初期の研究は、Alexander, D., *Retailing in England during the Industrial Revolution* (London, 1970); Mui, H-C. & L. H., *Shops and Shopkeeping in Eighteenth-Century England* (London, 1989). 最近では Fowler, C., 'Changes in Provincial Retail Practice during the Eighteenth Century, with Particular Reference to Central-Southern England', *Business History*, 40-3, pp. 37-54 (1998); Bennett, A., *Shops, Shambles and the Street Market: Retailing in Georgian Hull 1770 to 1810* (Wetherby, 2005). 最近の研究動向については、Alexander, N. & Akehurst, G., 'Introduction: The Emergence of Modern Retailing, 1750-1950', *Business History*, 40-3 (1988).
39) Fowler, 'Changes in Provincial Retail Practice'.
40) Benson, J. & Shaw, G., *The Evolution of Retail Systems, c.1800-1914* (Leicester, 1992), 前田重朗・薄井和夫・辰馬信男・木立真直訳『小売システムの歴史的発展──1800年〜1914年のイギリス、ドイツ、カナダにおける小売業のダイナミズム』（中央大学出版部、1996年）。
41) Stobart, J., Hann, A. & Morgan, V., *Spaces of Consumption: Leisure and Shopping in the English Town, c.1680-1830* (London/New York, 2007).
42) Fowler, 'Changes in Provincial Retail Practice', pp. 41-43.
43) KLA, KL/C39/145.
44) A. ハモンドは毎週キングス・リンの火曜市に欠かさず行き、商品の購入やビジネス、社交を行っていることを日記に記している。NRO, HMN, 4/37/1-68.
45) Fowler, 'Changes in Provincial Retail Practice', pp. 41-43.

46) Richards, *King's Lynn*. 行商人は各都市で原則的には、管理統制されており、活動するためには認可を受けなければならなかった。19世紀のキングス・リンでは、行商を申請した者たちは文具商のA. ピッグの店で免許証を受け取っていた。*BNP*, 1803/8/3. しかし認可を受けないまま活動をしている行商人も多く、正規の商工業者からの不満の声は大きかった。
47) KLA, KL/C7/13.
48) 小西恵美「18世紀におけるキングス・リン・コーポレーションの活動」『三田商学研究』39巻4号 (1999年), pp. 35-36の表1参照。
49) Richards, *King's Lynn*, pp. 52-53.
50) Muis, *Shops and Shopkeeping*, p. 295.
51) 店舗税の課税のされ方の不徹底さについては、Fowler, 'Changes in Provincial Retail Practice' (1998).
52) NA, E182/707.
53) *Ibid*.
54) 人名録の史料としての制約については、以下も参照のこと。Corfield, P. J. & Kelly, S., '"Giving Directions to the Town": The Early Town Directories', *Urban History Yearbook* (1984); Norton, J. E., *Guide to the National and Provincial Directories of England and Wales, Excluding London, Published before 1856* (London, 1950).
55) Fowler, 'Changes in Provincial Retail Practice', p. 39.
56) Muis, *Shops and Shopkeeping*, pp. 67-69; Bennett, *Shops, Shambles and the Street Market*, p. 36.
57) ミュイは店舗をもつ職人とそうでない者の間に厳格な境界線はないとしながら、人名録に掲載される職人の多くが店舗経営者であった考えている。Muis, *Shops and Shopkeeping*, p. 36.
58) Fowler, 'Changes in Provincial Retail Practice', p. 40.
59) *Bailey's British Directory, 1784*; *Universal British Directory, 1793*, *Pigot's Directory Norfolk, 1830*.
60) ベイリー人名録 (1784年) とユニバーサル人名録 (1793年) は発行年が近いにもかかわらず、掲載者には違いも少なくない。より多くのサンプルを得るために両方の人名録を合わせて検討したが、その際、両方の人名録に掲載されている者の重複はとり除いた。一方、ピゴット人名録には、複数の職業分類に重複して掲載される者がいるが、分析では重複をカウントしていない。
61) 1748年から70年の地方都市では店舗の44.5％が衣料関係であり、その中でも服

地店の比率は突出している。Muis, *Shops and Shopkeeping*, pp. 57-58, 62-63.
62) 都市には調剤薬剤師や医者など医学の専門知識をもった者たちもいる。彼らが扱う専門的な薬と薬屋の経営者の扱うものは性格が異なる。ここでいう薬屋はむしろ生活雑貨の販売に加え、簡単な既製の薬を扱う店舗をさす。専門的知識をもつ調剤薬剤師たちの中には薬屋を兼業し、医者の処方箋にもとづいた薬を提供する者もいた。*BNP*, 1814/8/10.
63) *NM*, 1809/7/1.
64) 18世紀の中間層の所有物に関する実証研究として、French, *Middle Sort of People*.
65) ミュイの使った各都市のピゴット人名録は1822〜1823年に、キングス・リンのピゴット人名録は1830年に発行された。発行時期には8年間の違いはあるが、同じ編集者による人名録であるため、サンプルのとり方は共通で比較検討しやすい。
66) *BNP*, 1805/7/31.
67) *BNP*, 1805/6/26.
68) *BNP*, 1809/8/1, 1810/12/19, 1812/8/26, 1813/2/17, 1827/5/30ほか。ジョセフ・アンドリューズは、第1章の資産分析の分類ではクラスⅡの富裕層に入る。
69) *BNP*, 1803/2/2.
70) *BNP*, 1804/7/25, 1805/2/13.
71) *BNP*, 1813/12/8.
72) *BNP*, 1825/7/20.
73) *BNP*, 1802/10/6. ワトソンはこの翌年、破産した。*BNP*, 1803/3/2. 本章244ページを見よ。
74) *BNP*, 1813/5/19, 1817/7/16ほか。
75) *BNP*, 1814/11/9.
76) *BNP*, 1813/11/10.
77) *BNP*, 1810/12/19.
78) 別の例でも、ハイ・ストリートのリネン服地のウェアハウスでは、破産して営業をやめた服地商の大量の商品を買い取り、大幅に値引きされた価格で販売されていた。*BNP*, 1818/6/10.
79) ウェアハウスでは型落ちの商品が売られることもあるというが、上記リストではその点は特定できない。
80) たとえばアンダーソン医師の「真のスコットランド製の薬」、ディセイ会社の「気のふれた者に真に効く万能薬」やベートマン医師の「肺病に効くドロップ」など。*BNP*, 1801/6/3, 1801/7/15, 1801/8/5ほか。

81) *BNP*, 1804/9/19.
82) *BNP*, 1819/10/20, 1820/9/27, 1824/10/13.
83) 救貧税記録には、人名録の番地情報をはるかに上回る213件のハイ・ストリートの建物についての情報が載っているが、これは建物の2階以上に位置する部屋や建物の裏庭や裏道に入ったところに立地する建物の占有者も含んでいるからである。人名録掲載者の128人は、基本的にハイ・ストリートの表通りに面している建物に住んでいたと考えられる。
84) 明らかに別人または別家族と思われるものが同じ地番で営業しているものも少数あるが、それは一つの建物を複数の家族で利用していたと考えるのが適当であろう。
85) Adbrugham, A., *Shopping in Style: London from the Restoration to Edwardian Elegance* (London, 1979)；道重一郎「消費空間としての十八世紀イギリス都市——消費空間、社交空間と小売商業」中野忠・道重一郎・唐澤達之編『十八世紀イギリスの都市空間を探る——「都市ルネサンス」論再考』(刀水書房、2012年)；Stobart, Hann & Morgan, *Spaces of Consumption*.

第7章　社交と催し

　18世紀の都市では、首都ロンドンの影響や、地方都市間のプライドをかけた競争を背景に、新しい社交の形が生まれるとともに、社交の機会や場も大きく広がり、多くの洗練された人々をひきつけようと都市は相互に競い合っていた。
　それ以前の多くの自治都市では、都市住民の社交や集会の場や機会を提供していたのは主に都市自治体自身であった。それらはしばしば儀式・儀礼あるいは祝祭の形をとり、共同体成員の一体化を図るために参加への強制力を伴うことも少なくなかった。しかし18世紀の都市では、エリートばかりでなくより広い住民層の間でも、都市に対して快適性や審美性、洗練性、娯楽性を備えた空間を求める動きが強まってきた。都市は単なる生活の場であるだけでなく、農村では得られない消費文化や社交生活を楽しめる場であることが必要とされるようになってきたのである。こうした都市的アメニティへの要求が高まる状況のもとで、社交の場の提供者として新しいエージェントが現れてきた。
　新しい社交の場への参加には、形式上は身分や地位、居住地による制限はなく、参加費や会費さえ払えば誰にでも等しく開放されていた。互いに顔見知りの住民だけに参加が限られていた伝統的社会での社交生活とは異なり、都市の新しい催しには、内外の商工業者から労働者、近隣や遠方に住む貴族や地主、訪問客にいたるまで、誰にでも参加資格があった。しかし、実際は参加者全員が平等に扱われたわけではなかった。
　本章では、新しい社交の催しの場の出現の仕方や、伝統的な催しの変化の仕方、新しい催しの特徴について、具体例をあげながら見ていくことにする。

1　催しのための空間

　長い18世紀のキングス・リンでは社交のための公共施設が着々と整い、それに付随して、そこでの催しも多様化していった。本書第二部ですでに説明したが、もう一度、簡単に整理しておくことにする。最も重要な会場としてあげられる市庁舎（図7-1の⑧、以下付番のみ表記）は、ファサード改修工事（1763年）や市庁舎内におけるアセンブリ・ルームとゲーム・ルームの増築（1765年）がなされた頃から活発に社交の催しに利用されるようになった[1]。都市自治体が全面的に取り組んだこの改良事業の結果、200人を超える人々にも対応できる収容力をもった会場を提供することが可能になった。アセンブリ・ルームに続いて重要な社交の場は劇場であった。セント・ジョージ・ホール（ⓒ）は、数々の有名劇団が上演に来る名声高いものであったものの、老朽化し、かつ手狭になっており、18世紀後半から1810年代までに都市自治体によって何度か改修が行われた。しかし新劇場への需要の高まりを受け、ヴォランタリ・アソシエーションの新劇場協会が組織され、この組織が都市自治体の中に作られた新劇場委員会と連携しながら、劇場の新築計画を進めた[2]。新劇場（ⓘ）が1813年にできると、リン最大の収容人数をもつ会場として、さまざまな催しに使われるようになった。また、1830年に火曜市広場に建築されたマーケット・ハウス（ⓐ）は、新しい施設に直接的な利益を求める商工業者の出資金をもとに、都市自治体の協力を得て作られた[3]。主たる目的は取引所としての機能であったが、社交場としての機能も大いに期待されていた。

　このような公共施設に加え、劇場やマーケット・ハウスほどの収容人数はなかったが、デュークス・ヘッド・イン（ⓔ）とメイズ・ヘッド・イン（ⓓ）、グローブ・イン（ⓑ）といった大規模な宿泊商業施設が頻繁に催しの会場として利用されていた[4]。前者2つは火曜市広場の中に、後者はその入り口に近接する地点にあり、歳市や週市の際にはとりわけ便利に使われていた。またハイ・ストリートと市場広場との交差点にあるコーヒーハウス（ⓕ）も18世紀末

第7章 社交と催し 289

図7-1 キングス・リンの社交空間

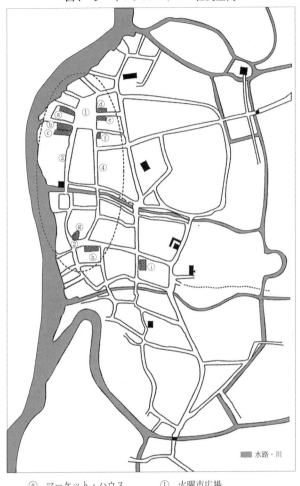

■ 水路・川

ⓐ マーケット・ハウス
ⓑ グローブ・イン
ⓒ セント・ジョージ・ホール
 （旧劇場）
ⓓ メイズ・ヘッド・イン
ⓔ デュークス・ヘッド・イン
ⓕ コーヒーハウス／フリー
 メーソンズ・タヴァーン
ⓖ 市庁舎／アセンブリ・ルーム
ⓗ セント・マーガレット教会
ⓘ 新劇場

① 火曜市広場
② 土曜市広場
③ キング・ストリート
④ ハイ・ストリート

＊黒く塗りつぶしたものは、
　その他の主要な建造物

あたりから各種催しの開催場所として利用されるようになっていた。しかし、タヴァーンやエールハウス、パブは数多くあったものの、そこを利用して洗練された商業的催しを企画するような企業家はまだほとんど見られなかった。

　長い18世紀キングス・リンの特徴として、社交が展開される催しの数や種類は広がっていたが、それらは限定された会場で行われていたことを指摘できる。市庁舎や劇場、1830年以降はマーケット・ハウスといった公共施設のほかには、セント・マーガレット教会（ⓗ）と上記であげた３つのイン、そしてフリーメーソンの集会所を兼ねるコーヒーハウスが、催しが開催される場所のほぼすべてであった。これらの施設は地理的に見て、新劇場を除き、火曜市広場（①）と土曜市広場（②）という２つの広場と、そこから伸びるキング・ストリート（③）やハイ・ストリート（④）で囲まれたある一区画（図７-１の点線で囲んだ部分）に高度に集中していた。

　都市ルネサンスが進むにつれ、とりわけ大都市では単一の目的のための専用の建築物が増える傾向にあったといわれる[5]。しかしキングス・リンでは少なくとも19世紀半ばまでは、多様な目的に対応できる施設が好まれていた。アセンブリ・ルームや劇場を含め、各施設が特定の種類の催しに特化していたことはなく、それどころか社交目的に限定されることもなかった。昼間は司法・行政機関として利用され、夜には社交場と化していた市庁舎も例外ではなかった。

　　　昼の市庁舎は、四季裁判の厳しい判決、法を解釈する威厳ある判事、博学なる弁護士の抗弁、判決の法廷で恐れおののく被告人という、厳格な雰囲気をただよわせている。夕刻になると光景はすっかり変わる。法関係者たちは去り、その後には、まばゆい照明、陽気な音楽、人々の笑い顔がやってくる[6]。

　また、昼間は活発に商売が営まれるマーケット・ハウスも、礼拝や宗教上の儀式に使われる教会も、華やかな催しの開催の場ともなったのである。

2　社交と公衆

　幅広い層の多くの住民が一同に会するような行事や催しは、18世紀にはじまったものでない。毎週日曜の教会の礼拝はその一つだったし、ギルドや都市自治体構成員が参加する儀式や饗宴も古くから見られた。こうした公衆の面前で行われ、多くの人々を動員したり参加を促す機会や催しは都市ルネサンス期の都市でも残り続けたが、後述のように一部、形を変えていく。ここでは、都市自治体が主催する儀式や儀礼を伴う催し、下院議員選挙に関連するアセンブリ、公開結婚式・葬式の3つのタイプを扱う。これらはある側面では、伝統的な社交の形を残すものといえるが、その中にさまざまな変化が見てとれる。

　都市自治体が主催する儀式の中でも毎年行われる重要なものは、10月の市長就任の儀、6月の国王誕生日の儀、そして2月の歳市開会の儀である。これらどれもが、元々はギルド構成員や都市自治体の役員たちによって組織され、継続的に行われていたものだが、18世紀に特徴的なことは、恒例のパレードと儀式はもとより、それに続くアセンブリ（社交パーティー）や舞踏会が華やかさを増し、イベント化していったことである。共同体内部の結束だけに向けたものではなく、オープンな社交の場としての重要性が高まっていったのである。これらのアセンブリにはエリートを中心とする多くの人々が最新流行の衣服やアクセサリを身につけて参加し、「あらゆる美と流行が一堂に舞踏会に会す」と称された[7]。町中の人々の注目を浴びていたこうした催しを地方紙はしばしば詳細に報告している。

　上記3つの中で最もフォーマルな性格をもつ市長就任の儀では、新市長顔見せの市中パレードとセント・マーガレット教会での礼拝というひととおりの儀式が終わると、エレガントな余興や贅沢な公開晩餐会 public dinner がはじまる。都市自治体の資金からいくらかの補助はあったものの、原則、市長自らの出費で執り行われた[8]。この晩餐会にはキングス・リンの内外から100人前後、多いときには250人のジェントルマンたちが招待され、時には婦人や若者も含ま

れた。オーフォード伯、ホレーショ・ウォルポール卿、M. B. フォークス卿、T. W. コック、J. H. アストリー卿、J. モトゥー、M. F. リシュトンなどキングス・リン近郊の農村に住む貴族や地主は常連の参加者であった[9]。戦時にはロイヤル・アングルシー連隊の士官や第五ドラゴン隊の士官など、軍関係者が顔を揃えることも多かった。男性が中心の晩餐会が終わると舞踏会に場が移り、主役が女性や若者に代わった。

若いフランス人貴族、ラ・ロシュフーコーは、ノーフォークのホルカムにコックの客人として滞在していた時、コック夫妻の紹介で市長就任を祝う会に参加した。

> 街中のパレードと、教区教会での礼拝が終わると、私たちは晩餐の座についた。3つのテーブルがあったが、一つは新旧2人の市長のテーブルで、そこに着座していたのはすべて男性であった。同じ部屋の並びのテーブルは女性用で新旧2人の市長夫人が上座についた。三つ目のテーブルは別の部屋にあり、未婚の若い男女がそこにはいた……私はオーフォード卿の隣に座った……晩餐会はすばらしく、肉の量は半端でなく、ゲーム(猟肉)もみんなが相当たいらげていたにもかかわらずたくさん残っていたし、猟鳥も大量にあった。イングランド人が最も珍重するというシカ肉も豊富にそろっていた[10]。

この日も贅沢な夕食のあとは乾杯が延々と続き、その後に舞踏会が催された。

国王誕生日の儀も国王への忠義を示す機会ということで、キングス・リンでは昔から重要な催しであった。都市自治体が主催するこの祝賀会は、18世紀には会費制になっていたが、キングス・リン内外の有力者のほかに、商工業者や専門職の人々も参加していた。たとえば、1818年のアセンブリは市長の J. P. ブレンコウが市庁舎で優雅な晩餐会を開き、国会議員のウォルポール卿とフォークス卿、第五ドラゴン隊の幹部、市議会関係者という限定されたメンバーだけでなく、主要な住民たちも多数参加していたことが新聞では伝えられてい

る[11]。しかし19世紀初頭には5シリングだった会費が、1833年に14シリングに引き上げられると大きな議論を呼んだ[12]。

> 市長主催の国王誕生日を祝う晩餐会が28日に開催される。しかし、チケットは14シリングとかなり高く、多くの商工業者や名声のある専門職の人々が公的な祝典に行く楽しみから排除されてしまうことは、どう考えても非難されるべきである[13]。

　会費が5シリングであった19世紀以前には、「多くの商工業者」を含む比較的広い範囲の社会層が参加していたのだろう。14シリングという会費は相当な資産をもっていないと出せない金額であり、議論を呼んだのである。この後の会費に関する情報はなく、中間層の人々がそれまでのようにこうした催しに参加できるようになったかは不明であるが、少なくとも長い18世紀の間はエリートに限定されない比較的広い範囲の社会層の参加があった。

　歳市開催の儀のアセンブリは、上記の2つよりもずっと非公式なものである。これもまた会費制をとっており、新聞で大々的に広告され、チケットが売りに出された[14]。しかし参加者には多くの有力者が含まれることはかわりなく、キングス・リン選出の国会議員、H. ウォルポールも1761年には出席していた。

　これら3つの定期的に行われる公的なアセンブリのほかにも、不定期に開催されるもの、たとえば、名誉革命100周年（1788年）、国王の病気回復（1789年）、（ナポレオン戦争における）大勝利（1805年）、国王軍の勝利（1813年）などを記念するものがあった。公的色彩の強いアセンブリは、共通して、他都市と比較や競争をし、都市のアイデンティティやプライドを強める良い機会であった。一例をあげると、1789年の国王の病気からの回復を祝う会は全国各地で開催されたが、国王への強い忠誠心と他都市へのライバル心から、キングス・リンは豪華で洗練されたアセンブリを行い多くの有力者を集めることに成功した。

　私たちは大きな祭典と、それとは別の祝典、そして展示会そのほかを開

催したが、こうした催しは町の最長老の住民が記憶しているどんなものよりもすばらしいものであった。つまり……どんな大都市と比べても、たとえ首都ロンドンとであっても、自信をもてるほどすばらしいものだったのだ[15]。

また、1805年のナポレオン戦争での勝利を祝ったアセンブリは、「とても豪華で、育ちの良い男女のカップルが100組近く参加し、祝いの夕べの呼びものとなっていた」と報告されている[16]。1813年の国王軍の勝利祝賀会にも200人を超える紳士淑女が参加したが、その会は美しく装飾された部屋で行われ、ダンスは明け方の4時まで続いた[17]。翌日も「愛国心あふれた大勢の紳士がイングランドと同盟軍の偉大なる勝利と、フランスの独裁者からのオランダ解放を祝うためにグローブ・インに集まり、最大級に豪華な晩餐会を執り行った。会場はユニオン・フラッグと多彩な色できれいに装飾され、ところどころに月桂樹の枝が添えられた」[18]。国家への乾杯が繰り返しなされ、参加した紳士の中には歌唱を披露し場を盛り上げる者もいたが、晩餐会は注意深く整然と進行した。こうしたエピソードは、アセンブリの豪華さや洗練性、参加者の質が都市を判断する重要な要素であり、そのような要素が都市のアイデンティティやプライドに結びついていることを示唆する。

都市自治体の主催するアセンブリは全般的に豪華であったが、それでも18世紀と比較すると、19世紀のものは贅沢三昧ではなく経費が節減される傾向があり、時には中止されることもあった。大きな要因は対仏戦争にあり、海運業で繁栄するキングス・リンは戦時になるとしばしば戦艦を送るよう要請され、大きな出費を強いられ予算不足に陥ったことも関係がある。市議会は1795年度の予算をたてる際、都市自治体の資金の支出を伴う娯楽を次年度は中止する決定をし、少なくとも1803年まで毎年同様の決議を行った[19]。もっとも、このような傾向に対しては当時の人々の間でも賛否両論がある。急進派で都市自治体を批判しがちであったW. リチャーズですら、「50年にもわたって行ってきた公的な催しが消えていくのは今の経済状況を考えれば喜ばしいというべきであろ

う［圏点は筆者］」と、この傾向に対してためらいがちに賛成の意を表しているところからも、いかにこうした公的なアセンブリが人々の生活の中に入り込んでいたかがうかがえる[20]。

次に下院議員選挙とそれに関連するアセンブリを見てみよう。18世紀の都市では、議員選挙が町全体を巻き込むような大きな催しになっていた。

キングス・リンは2名の国会議員を選出する議会バラである。町の経済的利益と周辺農村や州の利益、トーリーとホィッグの利益を比較的バランスよく反映した議員を選出しており、定員以上に立候補者が出て選挙になることは18世紀から19世紀にかけて数度しかなかった。しかし選挙が確実になると、各候補者は票集めのために大勢のフリーメンをアセンブリに招待し、勝利するとまた、感謝のアセンブリを催すのが常であった。議員候補者としての威信をかけたこの種の催しの豪華さは、他のいかなるアセンブリに見劣りするものではなかった。ホーレス・ウォルポール[21]（第四代オーフォード伯、1717〜1797年）は1757年、それまでキングス・リン選出の議員であった従兄弟のホレーショ・ウォルポールが選挙地盤の乗り換えをしたため、後継者として立候補したが、その際、183ポンドもの費用をかけた壮大な晩餐会を催した[22]。また1761年に再選された際のアセンブリは1757年のものよりもさらに豪華なものであった。その時の様子をウォルポールは友人のモンタギューへの手紙に記している。

　　私がどんな気持ちだったか考えてもみたまえ。大群だよ。こんな大衆に、私は未だ会ったことがない！市庁舎で彼らに挨拶をし、2,000人もの人々の先頭に立ってリンの街中を馬で移動し、その中の200人とひっきりなしの乾杯、歓声、歌、タバコの中で食事し、田舎風ダンスと6ペニーの安物ウィスキーで宴会は終わった。私は陽気にふるまったよ。いやそれどころか、数時間も会話につきあって、これが私の大嫌いなことだっていうことはわかっていると思うが、下手なハープシコードの演奏を聴かされ、市参事会員たちがもっているルーベンスやカルロ・マレの複製品も見たんだ[23]。

市庁舎での挨拶、市内パレード、そしてアセンブリ、舞踏会というお決まりのパターンで進んだことがわかる。市内パレードには多くの住民が加わったし、その後のアセンブリや舞踏会への参加者は基本的にはフリーメンとその家族に限定されていたとはいえ、その数は膨大であった。ウォルポールにとって、いわば義務感で開いたアセンブリであり、大量の、それも格下の社会層の人々を長時間相手にしなくてはならず、疲労していたせいか、またはロンドン近郊に居住し首都の文化に慣れているせいか、キングス・リンでは最高の部類のアセンブリも、田舎臭く洗練されていないものに映ったようである。

1822年の選挙は1784年以来の競争選挙であり、近来になく厳しい選挙戦となった。地域の最大の有力者の1人であった国会議員のM. B. フォークス卿が突然亡くなったあとの選挙には2議席に対し3人が立候補した。トーリーのウォルポール大佐と、ホィッグで故フォークス卿の息子のM. B. フォークス卿と、完全なよそ者でポートランド侯爵の息子W. H. C. ベンティンクによる熾烈な選挙戦がはじまったのである[24]。各候補者が新聞やパンフレットに自身の考えを掲載すると同時に、パーティーへの参加をフリーメンに促す広告を載せた。最終的にウォルポール卿とベンティンクが選出されたが、勝者によって「立派な晩餐会がクラウン・タヴァーンでフリーメンにふるまわれ、相当数の名声の高い人々が参加した」[25]。一方、敗者フォークスの支持者は、投票直後に慰労会と称した2つの晩餐会を開き、非フリーメンを含む多くの住民や農村地主が集まった。

　　今日、この町の非フリーメンにより、コーヒーハウスでW. B. フォークス卿のために晩餐会が開かれた。選挙には負けたが、独立した市民としての住民の地位を支持するという男らしいやり方の点で人気がある、この町を代表する国会議員の候補者には敬意を払える。このパーティーには町の商工業者や近隣の多くの農村地主が参加した。似たような趣旨のパーティーが数日のうちにフリーメンによっても開催されるという報告があった[26]。

フォークスは選挙権をもたない住民にフリーメンと同じ独立した地位を与えることに理解を示したため、大きな支持を非フリーメン層から受けていた。また地元農村の利益に立つフォークスを近隣農村地主が支持したことも自然な流れである。この例は、実際に選挙権をもたない多くの庶民もアセンブリに参加する場合があったことを示している。フォークス卿を推す後援会は、その後も次の選挙での勝利のために何度も会合を開いた。たとえば1822年11月には、同年7月の選挙でフォークスに投票をした人々約60人がグローブ・インでの晩餐会に招待され、次回の勝利のために乾杯がなされた[27]。このように、選挙は政治的党派への帰属意識を強めることで都市を分断する側面がある一方で、都市全体を巻き込む新しい地域の祝祭的催しの一つとなった。この機会に交わされる人々の連携や対抗が、キングス・リンの社交圏の中で大きな役割を担っていたのだ。

　最後に、公開されたプライベートな儀式に目を向けてみよう。私人の結婚式や葬儀は、元々、閉じられた空間の中で関係者だけで執り行われるパーソナルな行事であった。しかし18世紀には不特定多数の公衆の面前で行われる公開の結婚式や葬式が出現し、公共生活の中で重要な意味をもつようになっていった。冠婚葬祭のイベント化ともいえる。公開の結婚式や葬儀の目的は、多くの見物人に囲まれる場で影響力と社会的地位を示すことであろう。最も有名な例として、当時最大の権力と富をもっていたP. ケースの娘と、徐々に力をつけてきたバッグ家の長男トマスとの公開結婚式があげられる。未成年の少女フランシス・バーニーは、自身は参加しなかったが、この結婚式をこっそりとのぞき、様子を日記に記した[28]。

　　ちょうど今日、結婚式──公開結婚式──がこの町であったが、とてもすばらしいものだった。……私の家は教会の隣の、まさに教会の大きなドアのちょうど反対側にある。だから行列をよく見ることができるのだ。……教会まで続く歩道は信じられないくらいの、けたはずれの数の人々で

埋めつくされていた！……彼らが教会にいた15分の間に鐘が陽気に——うるさいくらいに——鳴りはじめ、そしてドアが開いた……29)。［圏点は原書どおり］

　もっとも、バーニー自身は公開結婚式という形式を好まなかったようで、「公開結婚式ほどひどいものはないと思う。この世で最もひどいものだとみんなが言っている」と日記に書き添えている30)。

　葬儀も公開で行われるものがあった。フリーメーソンやオドフェローは、奇抜な格好で人目をひく行進を街中で行うことで有名であり、19世紀にはたびたびその様子が新聞でも報告された31)。そうした中でも、ロッジから遺体の埋葬場所まで、音楽を奏でながら多数の会員が歩く葬送行進は際立っていた。たとえばフリーメーソンのロッジが執り行った船主、T. バーンの葬儀の行列には「（キングス・リン・）バラとその周辺に住む大勢のレスペクタブルな同志」が随伴し、「遺体の上に器楽合奏隊が乗り、トランペットを鳴らし、死の行進曲を奏でながら」行列は埋葬地に向かっていったが、「第五ドラゴン隊が少し離れた場所から護衛」していた32)。また、オドフェローの1832年の葬儀では、音楽隊を先頭に、そのあとに馬や葬儀用馬車、そして多数の会員が長い列になって続いていたが、それは「何か新しい性格をもっており、好奇心をかきたてられるものだった。そして（行列は）町の目抜き通りを通り抜けていった」33)。こうしたユニークな葬儀は、フリーメーソンやオドフェローが自分たちのアイデンティティを公開し、社会的認知を受ける活動の一環であったと考えられる。

3　社交と娯楽

　伝統的な行事や儀式との繋がりをもつこれらの催しとは全く異なる新しい社交の場が18世紀には現れた。消費文化の中に組み込まれ新しく登場した多岐にわたる催しや娯楽、すなわち会費制のアセンブリや演劇、音楽会から展示会や娯楽ショー、スポーツ観戦にいたるものがそれである。

新しい催しを企画する中心にいたのは、都市自治体ではなく、アソシエーションや企業家であった。こうした商業的催しへの参加を決定するのは個々人であり、住民や近隣農村に住む人々だけでなく、遠く離れた町や村からの人々の訪問も歓迎された。参加資格は身分や地位とは関わりなく、入場料等を払える資産力があるかどうかだった。催しごとに異なる入場料は参加者を特定の階層に限定することはなく、むしろ会費や入場料を比較的低く設定することで参加者を広げることも少なくなかった。また、道路や河川、グラウンドのような屋外オープン・スペースを利用した催しの場合、入場料を払わずとも見物人として参加することも可能であった。

アセンブリ

会費制アセンブリはキングス・リンでは18世紀半ばからはじまり、大きなものでは、世紀末には各種あわせて年に5〜6回の頻度で開催されていた。たとえばハリスのアセンブリや毎秋に開催されていたブラディーの舞踏会のように個人がアセンブリを組織する場合もあった。キングス・リンの寄宿学校の校長であるハリスのアセンブリは、1760年代から新聞広告に現れたが、毎回多くの参加者を集める人気の催しであった[34]。一方、若い男女の社交界デビューの場として知られる、著名なダンス教師、ブラディーの舞踏会は1802年にはすでに開催されているが、1820年代にいたるまで継続的に年に1回のペースで開かれていた[35]。舞踏会の場所は大体が市庁舎のアセンブリ・ルームであり、時にはキングス・リンで最大のイン、デュークス・ヘッド・インの大広間で開催されたことからもわかるように、大勢の参加者がいた[36]。ブラディーやハリスが企画する種の催しでは、新聞広告等を出して参加者を広く募っていた。チケットはコーヒーハウスや文房具屋、本屋等で販売され、アセンブリごとに会費は異なったが、大体4〜7シリングの価格がつけられていた。都市自治体主催のアセンブリのチケット代と比べるとやや高めに設定されており、より上層の人々を集めていたと考えられる。また別の会費制アセンブリの例として、企業家のデントンが1813年に企画したものがあげられる。「ファッショナブルな人々の

ための特別パーティー」と銘打ったアセンブリはベーカー・ストリートにあるデントン自身の邸宅で開かれたが、「驚くほど洗練されており、ゲストのために用意されたすべてが最新流行のものだ……キングス・リンや周辺農村の主要な人々とその家族が約70人集まったが、皆、感銘を受け満足した」[37]。

　会費制アセンブリの中には、おそらくアソシエーションの年間活動の一環で行われていたと思われるが、毎回異なる人々が順に世話役を務めていたものがあった。いずれの世話人も社会的地位の高い人々ばかりであった[38]。たとえば1800年と1801年で数回の会費制アセンブリが見られたが、以下のような世話人の名前があがっている。S. エヴェラード、E. エヴェラード、G. ホッグ、T. バッグ、T. P. バッグ、J. テイラー、J. ヘミングトン、L. セルフ、J. B. ツゥーゼイ、M. B. フォークス（准男爵）、T. オードリー、H. ローバート、W. ベッチャー、H. スタイルマン、J. モットー、J. H. アストリー（准男爵、国会議員）、E. ロルフである。これらの人々は、農村地主をはじめとし、キングス・リンの政治や経済の世界、慈善活動や文化活動など、さまざまな分野で目立った活躍をする者であった。このような有力者は政治的な立場も経済基盤も一枚岩とはいい難かったが、会費制アセンブリの企画では互いに協力しあっていたのである。

　特定の目的のために開催されたアセンブリもある。1823年以降、何度か開かれた診療所援助目的の舞踏会がその例である。1812年にヴォランタリ・アソシエーションの主導で新設され、多くの人々が利用していたリン診療所は、経営資金をすべて寄付に依存していたため、何度も財政危機に陥っていた。その状況を打破するために考案されたのがアセンブリの開催であり、集められた会費を診療所の経営資金にあてることにしたのである。一種の慈善事業ともいえるこのアセンブリには多くの人々が参加し、1828年には50ポンドの利益を診療所にまわすことができた。1830年には200枚のチケットが売れたが、購入者には、近隣農村の貴族や地主、キングス・リンの市長をはじめとする大半の有力者とその親族が含まれていた[39]。

　最後に、若い男女を集めたアセンブリに注目したい。若者のための舞踏会は、ブラディーの定例舞踏会のほかにも、不定期に開かれていた。既述のフランシ

ス・バーニーがキングス・リンに居住していたのは10代の頃であったが、文化的に洗練されたロンドンでの生活も経験しているフランシスにとって、父親のチャールズ同様、キングス・リンのような「片田舎」の生活は物足りなく、決して気に入ることはなかったようだ。それでも若者のための舞踏会には何度も参加していた。1768年の舞踏会について、15歳だった彼女は次のように日記に記した。

> 月曜にアセンブリ・ルームでやった大きなパーティーはあたりじゃなかった……私のパートナーはかなり若い人、というか若すぎ。私よりも若かったかも……[40]。

1765年、スーザン・バッグからサヴォリー嬢へ宛てた手紙には「アセンブリで、私はケース嬢とたくさんおしゃべりをしたけど、彼女の従兄弟はあなたにとって良い結婚相手だと思う」と書かれていた[41]。アセンブリの参加者にとって一番の関心事は出会いや結婚相手を見つけることであり、アセンブリはそのための情報交換の場であったことがよくわかる。

このようにキングス・リンにはさまざまな種類のアセンブリがあり、とりわけ富裕者にとっては最も人気のある社交の場であった。こうしたパーティーに参加するかしないかは、本来は当人の自由であったはずだが、ときには中上層の人々の中では一種の義務のように捉えられることもあった。

> 私は自分の意志とは全く逆に、アセンブリに出席させられた。私はいつだって、他人のために、自分の意志を犠牲にしている。しつこくおしつけられる（出席の）要請にどうしても抵抗できない……[42]。

キングス・リンの裕福な商人であった故 S. アレンの娘、マリアが F. バーニーに寄せたこの手紙からもそれは明らかである。

演劇

　キングス・リンの人々にとって、観劇はかなり古くからあった娯楽であり、商業的催しのパイオニアともいえる。長い間、劇場として利用されてきたセント・ジョージ・ホールは、「立派で、よく保存されており、しっかりとした造りと切妻屋根をもっており、劇場関係の歴史上記憶に残る、伝説のような場所である」といわれるほど、イングランドの中でも美しい建築物として評判が高かった[43]。そのせいか、そこには地元の劇団だけでなく、全国から公演に来た。イングランドでも最も名高い劇団の一つであるノリッジ・カンパニーは毎年、歳市の時期に巡回公演を行っていたし、ロンドンのコヴェント・ガーデン劇場も何度も公演に来ていた。18世紀後半のこうした公演は、大勢のキングス・リンの市議会議員たちも足を運ぶ華やかな催しであった[44]。中には慈善公演もあった。「キングス・リンとその周辺部隊に帰属する国王海軍に徴兵された人々の妻、寡婦、家族」という演題の公演が1779年にあったが、アマチュアの人々が演じるこの公演への入場料収入は120ポンドに達し、それは役者たちを通して慈善資金に使われた[45]。

　1813年に建設された新劇場は、前述のようにアソシエーションが都市自治体の協力も得て完成させたもので、都市ルネサンスの最先端を行く内装になっていた。たとえば「ボックス席とギャラリー席の正面の手すりはマホガニー製にして、決して布で巻いてごまかさないように」という注文を新劇場委員会は出している[46]。また、ロンドンの最新の流行を強く意識し、わざわざコヴェント・ガーデンの塗装業者と契約した[47]。1823年にさらに大がかりな改修をほどこし、各ボックス席の後ろにも「安全と快適性の追求のために」手すりをつけ加えた[48]。こうした措置は、中上層の人々のニーズを十分満たすものであった。

　一方で、この新劇場は、中上層のみならず、幅広い庶民の利用も考慮されていた。新劇場での観劇料は、当初、新劇場委員会によって、ボックス席（下方）4シリング、ボックス席（上方）3シリング、アリーナ席2シリング、桟敷席1シリングと設定された[49]。この料金はセント・ジョージ・ホールの観劇料と全く同じであり、庶民にとっても支出可能な額であった。新劇場委員会と契約

を結んでいた企業家、J. バートンが劇場経営を請け負って価格見直しをした際も、庶民向けの席の料金はそのままにし、上層向けのボックス席（上方）を4シリングに値上げすることを委員会は主張した[50]。新劇場の利用者の標的は、一部の特権階層だけではなかったのである。

　新劇場の建築により、年間を通じて演劇が上演されるようになり、また上演数も急増した。とりわけ二月市のシーズンは、日曜を除いてほぼ毎日公演が企画され、大勢の客を集めた。人々の演劇公演に対する大きな関心を反映して、新聞も演劇シーズンになると、演目や役者紹介に大きなスペースを割いた。一方、1年契約で新劇場委員会から劇場経営を請け負う管理人は、ノリッジ・カンパニーまたはコヴェント・ガーデン劇場から派遣されたが、彼らは効率的に利益をあげるために、自分たちの劇団の役者やスタッフを送り込み、観客からの要望に応えていた。

演奏会

　音楽もまた、人々の古くからの楽しみの一つであった。キングス・リンには市が雇う音楽隊 Town Waits があり、儀式や祭典で音楽の演奏を担当していた[51]。公開演奏会 public concert という形態がはじめてとられたのは、1678年に行われたセント・マーガレット教会のオルガンコンサートである[52]。しかし本格的な公開演奏会がはじまったのは、チャールズ・バーニーがセント・マーガレット教会の専属オルガン奏者に就任した1752年以降のことである。ロンドンの著名なオルガン奏者であったバーニーは、就任するや、キングス・リンの音楽水準の低さにショックを受けたという。まず、1677年に購入された教会のオルガンの老朽化と粗悪さに驚き、そしてキングス・リンの有力者たちの音楽への無知さ加減にひどく落胆した。ロンドンにいる妻への手紙には、不平不満が並べたてられている。

　　つまるところ、私はこの場所が大嫌いだ。とにかく、ロンドンとは全然違う。……オルガンはいまわしいくらいにひどい。ロンドンに150台ほど

オルガンはあると思うが、言わせてもらえば、そのどれもこれ程ひどくはない。加えて、今まで私が会話した人々の音楽への完全なる無知さ加減。ノーフォークのアポロといわれているＪ卿でさえ[53]、ひどく薄っぺらな知識しかない……[54]。

　都市自治体の幹部たちも自分たちの音楽水準の低さは認識しており、バーニーを雇うことで、地方都市として恥ずかしくない水準の音楽環境に近づけ、少しでもロンドンの流行を真似できるようにと思ったのである。バーニーの就任翌年の1753年には、早速、新しいオルガンが教会に設置された。オルガン本体が700ポンド、搬入・設置のための労働者への賃金115ポンド、そして新しいギャラリーとオルガン置き場の建築に442ポンド、合計1,257ポンドという巨額の都市自治体の資金が投入されたのである。バーニーはさらに、個人的な音楽の指導や音楽同好会を作る一方で、キングス・リンの人々に広く、音楽を聴く機会を与えるために公開演奏会を開催した。1753年の2月と8月、市庁舎で開催された演奏会には、音楽同好会会員は無料、非会員でも3シリングの入場料を払えば自由に入場することができ、非会員も含め多くが参加した[55]。新しいオルガンがセント・マーガレット教会に設置されてからは、演奏会会場は教会に移り、オルガンを使った教会音楽の演奏会が何度も開催された[56]。

　しかしバーニーは1760年にオルガン奏者を辞職しキングス・リンを出て行った[57]。表向きの理由は給料が見合わないことであった。キングス・リンではオルガン奏者に対する給料は年30ポンドと決まっており、高い名声とキャリアをもっていたバーニーであってもその例外ではなかった。彼はオルガンを演奏するだけでなく、楽器の維持管理もしなくてはならず、給料が仕事に見合わないと主張したのである。しかし、会費制演奏会を開催しその収入を得ることを特別に許可されていたバーニーの年間収入は100ポンドにも達していたことは確実であり、これはオルガン奏者としての給料には十分である[58]。したがって彼が辞職した真の理由はキングス・リンの音楽水準の低さにあったと思われる。バーニーは常に流行を発信するロンドンと比較しがちであり、地方都市では満

足がいかなかったのだ。しかしながら、キングス・リンの音楽水準はバーニー以降、確実に向上した。公開演奏会という形式は定着し、P. ハリンデール、R. ハリス、R. スライといったバーニーの後任オルガン奏者たちはみな、教会で公開演奏会を行っている。ハリスは1765年、ノリッジからホルン奏者とオーケストラを招いて、入場料半クラウン（2.5シリング）で、それまでにない大きな演奏会を市庁舎で開催した。スライも同様の演奏会を1766年と1767年に行った[59]。教会ではオルガンと合唱を中心とした演奏会が何度も企画されている。

さらに1801年にはリン大音楽祭が開催された。当時、音楽祭を開催できるところは限られており、音楽祭の開催が都市の洗練度をはかる大きな指標になっていた[60]。18世紀中は、イースト・アングリア地方で音楽祭が開催されていたのはノリッジのみであり、ロンドンの商人 T. ウェイルは、キングス・リンに住む友人、エルスデンやバッグとその家族とともにノリッジの音楽祭までわざわざ足を運んでいた[61]。1801年に行われたリン大音楽祭は、当時としては最大規模で、評判の高いノリッジ大音楽祭にもひけをとらないという自負を抱かせるほどのものであった[62]。プリンス・オブ・ウェールズの後援を得て、キングス・リンとその周辺の有力者が強力に支援したリン大音楽祭の世話人には、ウォルポール卿、M. B. フォークス卿、J. ヘミングトン市長、A. ハモンド、E. エヴェラード、T. バッグ、J. テイラーという、貴族、地主、市長、リンの最有力者など錚々たるメンバーが名を連ねていた。3日間にわたる音楽祭では、セント・マーガレット教会とセント・ジョージ劇場を会場とし、いくつもの演奏会が行われ、コヴェント・ガーデン劇場の有名な指揮者アシュリーと歌手マダム・マラを含む、何人もの著名な演奏家たちが公演者として招待された[63]。入場料は、メインプログラムとなる教会の演奏会は全席5シリング、セント・ジョージ劇場での公演はボックス席5シリング、アリーナ席3シリング6ペンス、桟敷席2シリングと、通常の演奏会や演劇の公演と比較して高めに設定された。しかし、中には「T. パントンに捧げる三声のための合唱」のように1シリング6ペンスで聴くことができる比較的手頃なプログラムもあり、多くの人々が楽しめるものであった[64]。リン大音楽祭は、キングス・リン内外から多

くの観客を集め大成功に終わった。

　この音楽祭がキングス・リンの音楽環境のさらなる発展の大きなきっかけとなった。公開音楽会の開催数は増加し、公演内容もより洗練されたものになっていった。1812年に新築された劇場では、演劇だけでなく、演奏会やオペラの抜粋も行われ、1820年代になると全幕通しのオペラも上演されるようになった[65]。観客動員数も増え、「アセンブリ・ルームでの演奏会はいつも満員で優雅さに満ちあふれていた」[66]。新しいオルガン奏者レディー着任を祝う1828年の無料コンサートには総勢2,000人の人々が演奏を聴きに足を運んだ[67]。さらに、都市の音楽の洗練度をはかる一つの基準となる音楽協会も早い段階で設立されている。音楽協会は19世紀になると、プロの音楽家を集めたオルガンコンサートや合唱など、さまざまなタイプの公開音楽会も企画していた[68]。

展示会、娯楽企画

　展示会や娯楽企画がキングス・リンの上品な社交空間の一要素として定着したのは、演劇や音楽会にやや遅れ、18世紀末頃である。はじめは二月市の期間に開催されることが多かったが、その後、時期に限定されることなく広く企画されるようになった。最も人気が高かったのは蝋人形展であった。王室や貴族をはじめとする名士たちを直接見る機会などなかった当時人々にとって、その姿の生き写しを見られるとあって、多くの観客を集めた。キングス・リンでもシルヴェスター夫人やマダム・タッソーなど、当代きっての人気蝋人形製作師の展示会が開かれている。

　たとえば、シルヴェスター夫人の蝋人形展は1802年に市場広場のメイズ・ヘッド・インの2つの大部屋を使って行われた。実寸大の50体の蝋人形がロンドンからもち込まれたこの展示会は「最高に豪華なもので、有名人をモデルにした蝋人形がたくさん、美しく陳列された」[69]。この展示会の特徴は、幅広い入場者をねらった価格設定にあった。一般入場料は1シリングであったが、商工業者 trades people は6ペンス、使用人は3ペンスと職業に応じた別の入場料が設けられたおかげで、より多くの商工業者や職人が展示会に足を運んだ[70]。

マダム・タッソーの蝋人形展は少なくとも1819年と1825年にキングス・リンで開催されている[71]。1825年のものは、社交シーズンをはずした9月に開催された。蝋人形製作師として、シルヴェスター夫人以上の名声をすでにもっていたマダム・タッソーの多忙な日程に合わせた部分も大きかったが、市長が主催者となったこの展示会は、市庁舎のアセンブリ・ルームで数日にわたって開かれた。入場料は全員1シリングであったが、多くの来訪者があった[72]。

　蝋人形展に次いで人気があったものは、動植物の剥製から加工製造品にいたる珍しいものを陳列する展示会で、いわば移動博物館のようなものである。1800年、バロックは自身の博物館から400種類の陳列品をキングス・リンに運び込んだ[73]。それらは、過去にロンドンやイプスウィッチ、ベリ・セント・エドマンズ、ノリッジなどでも展示され人気があった。1802年の歳市では、興業者は特定できないが、「外国の動物と鳥の完全に新しいコレクション」が公開された[74]。興業者自身にとっても、自らが今まで見てきたものの中で最も楽しめるコレクションであると自信をもって宣伝する内容であった。同時に、「全身まだら模様の若いハンサムな男性」と「広刃刀で厳しい訓練を受けてきた世界一小さい男性」も公開された[75]。これらの見世物には、貴族や地主たちも興味をもってやってきたという。バロックは1812年に、展示会の中でもとくに好評であった自然科学系のコレクションを再びキングス・リンにもち込んだが、「自然と芸術の不思議さ」に興味を抱く人々の関心を大いにひくものであった[76]。1818年、ノリッジ、ヤーマス、ベクルス、バンゲイでの興業を終えたあと、G. ウォンウェルがキングス・リンにもち込んだ展示会には、ヨーロッパで唯一の一角サイ、ライオン8頭（内3頭は南アフリカ産のシルバー・ライオン）、雄ゾウ、大ヘビのアナコンダをはじめとし、広告に書ききれないほどの動物が展示された[77]。こうした珍獣展はいつでも大盛況であったが、キングス・リンにおける自然科学や知識への興味の高まりが成功を引き出した要因の一つと考えられる。

　展示会のほかにも、商業化された娯楽企画がいくつか出てきた。「動くパノラマスクリーン moving panorama」は吹奏楽団の奏でる臨場感あふれる音楽

により、観衆はスクリーンを見ながらその場にいるような雰囲気を味わえるとあって、庶民にも大人気の企画であった。演目では「ネルソン将軍」(1807年)や「アルジェリア砲撃」(1823年)など、歴史的なイベントや偉人の話が好まれた[78]。1823年のパノラマスクリーンは、庶民や子どもでも気軽に行けるよう、ボックス席でも2シリング、アリーナ席は1シリング6ペンス、桟敷席は1シリング、子どもは半額という入場料を設定していた。

　アセンブリや演劇、音楽会、展示会という、都市の新しい社交の催しでは、入場料や参加費を払えば誰でも等しく参加でき、かつ価格をリーズナブルに設定することで、より広い社会層がポライトな空間を楽しむことを可能にしたことがわかる。参加者たちは、個々のレベルで精いっぱいのよそ行きの装いで場の雰囲気に馴染む努力をし、多様な人々から構成される新しい社交空間が作られることになった。しかし、参加者がその場で、平等に扱われていたというのは早計である。たとえば劇場では、座席の位置に応じて異なる席料を設定することによって、社会的差異が空間的に再配置されることになったのである。こうした異なる座席料や参加費の存在が、流動化する社会の中に新しい位階構造を作り、強化していくことに繋がった。それでは、参加費を払うことなく楽しむことができたスポーツやレクリエーションの場ではどうだったのだろうか。

スポーツ、レクリエーション

　キングス・リンの昔ながらの娯楽の代表格は闘鶏や闘犬、熊いじめといった動物をつかったものであるが、18世紀の後半になると、他の都市と同様に、その残虐性が非難されはじめた[79]。またポライトな社会にそぐわないということもあり、とりわけ中間層以上の間では衰退傾向にあったといわれる。確かに、農家や肉屋、時には都市自治体がスポンサーになって市場広場の一角を利用して行われていたキングス・リンの闘犬や熊いじめは、1800年頃までにほとんど見られなくなってきた[80]。しかし闘鶏は商業的催しとして生き残り、庶民だけでなく、キングス・リンやその周辺に住むジェントルマンたちの間でも長い18世紀を通して人気があった[81]。闘鶏は装いを変えて残ったのである。たとえば、

デュークス・ヘッド・インでは、ジェントルマンに人気のある催しとして闘鶏が開催されていた。このインには特別の闘鶏場が建物内に設置されており、大勢のジェントルマンや都市民を集めていた。闘鶏舞台と観客席が理想的に配置されたこの闘鶏場は、ファッショナブルに装飾され、まさに都市的嗜好に沿ったものだったと伝えられている[82]。また、1822年の新聞広告には「ノリッジとケンブリッジのジェントルマンの闘鶏対抗試合をスワッハムで開催。掛け金は1試合5ポンド、勝てば50ポンド」とある。高額な資金を掛けて遊ぶジェントルマンだけでなく、キングス・リンの大衆も観客としてこれに参加していた[83]。

しかし、こうした形を変えた伝統的な娯楽だけでなく、それまでにない新しい形のスポーツやレクリエーションをキングス・リンの人々は楽しむようになった。競馬やウサギ狩り、クリケットやボーリング、ボートレースや、遊覧船観光などである。ボーゼイは都市ルネサンスの要素として競馬を重視しているが、ノーフォーク周辺には17世紀頃から競馬場があった[84]。キングス・リンの人々のあいだにも19世紀になると広く普及しており、スワッハムや、中にはサフォークのニューマーケットやリンカーン州のルースまで足をのばす者もいた。1809年の『ノリッジ・マーキュリ』には「先週火曜日、リンの週市は、いつもと違って人出がかなり少なかった。スワッハムのレースの影響であることは間違いない」という記事が掲載されていることからも、多くの人々が競馬を楽しんでいたことがわかる[85]。

18世紀に普及したウサギ狩りには地方都市の人々も積極的に参加していた[86]。うさぎ狩りに夢中のR. バッグは、2月と11月のシーズンには何度も対戦試合に足を運び、試合後には近くの町で行われた懇親会に家族や友人と参加している。スワッハムのレースには1835年頃から1850年代まで継続的に、ニューマーケットやルースのレースには1830年代後半から40年代に頻繁に出席している[87]。

広大なフィールドが必要な競馬やウサギ狩りは、キングス・リンの町の中では開催は不可能であったが、クリケットやレガッタのように町中の競技場やウーズ川で定期的に開催されたスポーツやレクリエーションもある。「ジェントルマンの理想的なスポーツ」と称されたクリケットでは、プレーヤーはジェ

ントルマンであると見なされていた[88]。当時、ある程度の大きさの町にはクリケットチームがあったが、キングス・リンも例外ではなく、時々、近隣の町や村と対抗試合をし、懇親会を行っている[89]。しかし会員数はあまり多くなく、資金力も十分ではなかった。1830年代前半までのキングス・リンのチームは単独で試合をする人数を集められず、また他都市との試合に遠征する予算もなかったため、時には近隣のスワッハムのような他の都市のチームと合同でメンバーを出し、試合にのぞむこともあった。しかし、1833年以降は、有力な「数名のレスペクラブルなサポーター」を獲得することに成功しクラブの経営は軌道に乗った[90]。

　また、レガッタに関しても、「ジェントルマン・アマチュア」によって構成するいくつかのボートチームがキングス・リンにはあり、商人や海運に携わる人々の中でとりわけ人気があった。その一つが1828年に組織されたウーズ・クラブである[91]。6本のオールをもつボートをクラブが所有しなくてはならなかったこともあり、船を寄付できる船主は会員としてとくに歓迎されていた[92]。キングス・リンでは1820年頃から各ボートクラブが会費を出し合い、チーム対抗試合が年に1回の頻度で定期的に開催されていた。

　これらのスポーツを実際にやるプレーヤーたちは、もちろん、富裕なジェントルマンである。しかし重要なのは、こうしたジェントルマンたちの行う試合には多くの観客がいたということである。オープン・スペースで行われるスポーツの催しは、入場料を払わずとも試合を見ることはできるわけで、ジェントルマンだけでなく、庶民も含め、そうした催しを心待ちにしていた。1819年のキングス・リン対スワッハムのクリケットの試合には「驚くほどたくさんの観客がいた」と伝えられている[93]。また、試合を企画するプレーヤー側も、単にチームのメンバーが楽しむだけでなく、観客の楽しみも考慮しなくてはならないことを承知していた。たとえば、1820年代にキングス・リンの夏の風物詩になっていたボートレースは、選手関係者だけでなく、町中の人々が集まる行事であったが、資金不足のために1820年代に数年にわたり中止せざるをえない時期があった。しかし、「夏のお決まりの催しなのだから何としても再開させ

るべきである」という多くの人々からの強い要請を受けた[94]。チーム関係者が資金集めに奔走した結果、ようやく1829年に再開できたボートレースには「あらゆる年齢、あらゆる社会層、あらゆる類の多数の人々が集まった」[95]。また、翌年1830年にもボートクラブに所属する「ジェントルマン・アマチュア」が資金の寄付を募って大規模なレガッタレースを開催した。

　1820年頃に新しいレクリエーションとして登場してきたのは遊覧船旅行である。1820年の蒸気遊覧船は、キングス・リンからウーズ川を下り、海岸に沿ってハンスタントンまで北上する数キロを航行した。美しく装飾された大きな船には、着飾った多くの男女と音楽バンドが乗り込み、音楽会やダンス、軽食を楽しむものであった。船出には、はでやかに出発する姿を一目見ようと、大勢の人々が押し寄せ、道路は大混雑した[96]。1828年にボトムリーが企画した際は、美しいマストをもつ大型船を利用した。このときの様子は、「対岸の川岸も、近くの高台も、きれいにドレスアップした男女で埋めつくされ、遊覧船の周りにはたくさんの人々を乗せた小型ボートが囲み、遊覧船についていった」と描写されている[97]。中間層以上を中心とした乗船者だけでなく、一般庶民の観賞者もまたハレの場に着飾って出かけていたのだ。こうして蒸気船や小型ボートでの短距離の遊覧旅行はキングス・リンの夏季のレクリエーションとして確立していった。

　このようにスポーツやレクリエーションは、いぜん、ジェントルマンの特権というべきものであったが、観客を意識して公共の場で公開して行うようになり、庶民に開放されたことが都市ルネサンス期の新しい傾向であった。しかし同時に、庶民はジェントルマンとの間に大きなギャップがあることも強く認識させられることになる。大勢の観客が一堂に会す中で、服装や礼儀、行動様式などは総合的に判断され、洗練さの度合いにもとづく位階構造が自然とできあがっていった。

　スポーツやレクリエーションの中には、数は少ないながらも庶民自身も参加できる、田舎風スポーツ大会や遊歩道のようなものもあった。田舎風スポーツ大会は、大きな公的な儀式や集会の後で、都市自治体や有力者の後援で開催さ

れた。町中の貧民を招待した公開晩餐会（1814年）や新しい橋の開通式（1822年）の後などに行われた年齢別徒競走やポニー・ロバ乗り競争には多くの大衆が参加した。そして大会の最後は流行に敏感なプロの花火師による花火大会で締められることも多かった[98]。庶民が利用できた娯楽の場所の一つに遊歩道がある。公的なレクリエーションの場として機能を果たした遊歩道は、利用者も中間層以上に限定されることもなく、設置以来、キングス・リン都市民の共有物として認識され続けた。1827年には「コミュニティのあらゆる階層の人々にとってこれらの遊歩道は大事なものであり、みんなが誇りをもって保存してきた。住民にとって、健康と楽しみ両者を満足させるものである」と称されたように、遊歩道は人々の社交の場として、とても良い場であった[99]。しかし、こうした庶民自身が参加できるスポーツやレクリエーションの場であっても、社会で新たに築かれる位階構造がしっかりと意識されたのである。

　新しい社交の催しは、キングス・リンでは18世紀半ば以降に本格化し、19世紀初頭までに多様性や洗練性を増した。儀式や儀礼を重んじる伝統的な共同体的社交や催しも残ったが、それらは流行を採り入れ、洗練性を追求し、新しい社交に適応するように形を変えることにより存続した。
　社交の場の提供者は、従来の都市自治体に加え、法定委員会やアソシエーション、商業的企業家といった新しいエージェントが社交の場の提供者として現れてきた。これらの組織や個人の間の力関係や役割分担は都市ごとに異なる。都市によっては古くからこの機能を担っていた都市自治体と新しい組織や個人が激しく対立する場合もあったが、キングス・リンでは、むしろ2つはお互い協力し補完する関係にあった。
　新しく生まれた娯楽の催しの参加は、建前の上では、入場料や会費を払う者には誰にでも等しく開放されていた。しかし入場料や会費は、実際のところ、ある種の選別装置であった。一方ではそのハードルを下げて、広範な人々にとって支払い可能な額に低く設定することにより、広い階層の人々が楽しめるよう配慮する工夫も見られた。また、スポーツや遊覧観光など、直接的参加がで

第7章　社交と催し　313

きるのはジェントルマン層に限られていたとしても、観客として参加する分には制限がなかったし、大会組織者も一般観客の意向もくみながら催しを催行した。そうした場には、富裕者のみならず一般の住民や見学者もまた、それらの催しが醸し出す洗練された雰囲気にできる限りあわせた服装やマナーを意識して参加していた。しかし他方で、同じ催しに対し異なる金額の入場料や会費を設定することは、参加者を金銭的に差別化することでもある。劇場の席が示すように、それは社会的地位の差異を空間的に再配置する場であり、流動化した都市の秩序が再編され、更新される場でもあった。その意味で、入場料や会費は形の上での開放性や平等性を装いながら、新しい位階構造を構築する作用も果たしたのである。その位階構造の最上層にいたのは、都市のエリートに並び、近隣農村やさらに遠方から訪問する貴族や地主であった。

　都市の快適性への関心やポライトな社交空間への要求の背景には、首都ロンドンの影響と並んで、地方都市間の競争があった。各都市はお互いが比較し競争しあい、社交の場の充実を通して都市としての名声を高めようとしていた[100]。キングス・リンも、ロンドンや地方都市を常に比較・競争の相手として、意識していたことは当時の新聞や都市史を見ると明らかである。ロンドンはもとより、州都ノリッジとも常にコンタクトをとって先端の文化を吸収し、対抗できる文化水準を獲得しようとした。リン大音楽祭の開催がその好例である。当時、地域で唯一音楽祭を行っていたノリッジを見倣ったものであったが、ノリッジはおろか、全国水準でも十分競争できる音楽祭を開催したことにキングス・リンの人々は誇りを抱いたのである。

　こうした都市間の競争の中で、貴族や地主といった最上層の人々をいかに多く引き寄せることができるかは都市の洗練度を測る一つの基準であった。キングス・リンの魅力でもあり誇りでもある、全国的に名高い文化水準と社交機会は、周辺地域や全国から貴族や地主を呼び寄せる要素になったが、このことによりこの都市そのものの価値は一層高まった。第二部でふれたように、インフラや文化施設の建設費用の提供者になったり、法定委員会の組織の認可や陳情など、対議会での大きな力になったりと、キングス・リンの実質的なパトロン

として活動した近隣の地主階級は、都市内部の位階構造の核となると同時に、都市間の位階構造をも作っていく重要な存在であったといえる。

　18世紀中頃にはまだ、流行の社交の催しらしいものはほとんど存在しなかったキングス・リンであるが、1750年代を転機に次第に洗練された社会に移行していった。オルガン奏者 C. バーニーが、ロンドンと比較してではあるが、その粗野ぶりにため息をついたのが1750年代前半のことである。しかし1760年代に入ると同じくロンドンの生活を見慣れているはずの H. ウォルポールは以下のような感想をもった。

> （リンの）人々を公正に判断するならば、分別があり道理をわきまえているし、礼儀正しい。私が（リンに）住んでいた頃と比べ、彼らの言葉づかいは磨きがかかっている。私が思うに、これは良質の道路や郵便馬車によって促された、他の社会や首都との頻繁な交流のおかげである[101]。

　既述のように、自身主催の選挙祝賀会では、出席者やそこでの催しの洗練度の低さに不平不満を並べたてたウォルポールであったが、冷静になってキングス・リン社会を判断すると明らかに都市としての質的向上が見られたことに気づいた。彼が見抜いたのはこの都市で進みつつある質的都市化だったのである。そして長い18世紀が終わる頃には、キングス・リンの社交空間は、ウォルポールの見た世界よりもさらに洗練されたものになっていた。

注
1）　本書第3章、124ページ参照。
2）　本書第5章、210-215ページ参照。
3）　本書第5章、215ページ参照。
4）　デュークス・ヘッド・インは「大広間、食堂（大）、食堂（小）、ウェインスコット・ルーム、ニューカッスル・ルーム、ケンブリッジ・ルーム、ボストン・ルーム、ロンドン・ルーム。そのほか、ウサギ、猟犬、キツネ、ウズラと名づけられた部屋、闘鶏部屋」から構成されていた。大規模な催しには大広間が使われてい

たと思われる。Bradfer-Lawrence., *Merchants of Lynn*, p. 157.
5） Borsay, *English Urban Renaissance*; Berry, 'Creating Polite Space'.
6） Taylor, *Antiquities of King's Lynn*.
7） *LWP*, 1802/10/5.
8） Richards, *The History of Lynn*, p. 1154. 市長は毎年200ポンドの自由に使える資金を都市自治体から提供されていたが、通常その予算を大きく超える出費があった。KLA, KL/C39. たとえば1819年と1829年、W. バッグは、市長就任記念パーティーの準備に300ポンドずつ使ったといわれる。Richards, *King's Lynn*, p. 121.
9） *NYLC*, 1818/10/3, 1819/10/9ほか。
10） La Rochefoucauld, F., *A Frenchman in England, 1784: Being the 'Mélanges sur l'Angleterre' of François de la Rochefoucauld*, Marchand, J., ed. (Cambridge, 1933), p. 240.
11） *BNP*, 1818/6/10.
12） エリスは、上層の人々が勢力を強める中間層に脅威を覚え、真のジェンティリティを区別する境界の敷居をあげて中間層を排除する試みが、18世紀末から都市部で見られたことを指摘している。Ellis, *Georgian Town*, pp. 121-122.
13） *NM*, 1833/5/18.
14） チケット代は18世紀から19世紀初頭を通して大体5シリング程度であった。*BNP*, 1810/2/14ほか。
15） Richards, *History of Lynn*, p. 969.
16） *NM*, 1805/11/30.
17） *NM*, 1813/12/11.
18） *BNP*, 1813/12/8.
19） KLA, KL/C7/15, 1795/8/28, 1797/8/29ほか。
20） Richards, *History of Lynn*, pp. 1154-1155.
21） イギリスの初代首相、ロバート・ウォルポールの三男。第四代オーフォード伯になり、後にロンドン郊外のストロベリー・ヒルに移住。
22） Walpole, H., *Horace Walpole's Correspondence vol. 9*, Lewis, W. S. & Bennett, C., eds. (London, 1952), p. 171.
23） *Ibid.*, p. 350.
24） *BNP*, 1822/7/3.
25） *NYLC*, 1822/1/12.
26） *NYLC*, 1822/7/13.
27） *BNP*, 1822/11/27.

28) フランシス・バーニーは、後述の、キングス・リンのセント・マーガレット教会のオルガン奏者で全国的にも有名な音楽家、チャールズ・バーニーの娘である。フランシス自身も後に、著名な女流著述家になる。
29) Burney, F., *The Early Diary of Frances Burney 1768-78, vol. 1*, Ellis, A. R., ed. (London, 1913), p. 17.
30) Burney, *Early Diary*, p. 18.
31) *NYLC*, 1818/4/11; *NM*, 1832/10/27ほか。
32) *NYLC*, 1818/4/11.
33) *NM*, 1832/10/27.
34) *NM*, 1762/8/2, 1763/8/27ほか。1762年のチケット代は2シリング6ペンスであった。
35) Fawsett, T., 'Provincial Dancing Masters', *Norfolk Archaeology*, 25-1 (1970), pp. 136-137; *BNP*, 1802/9/29; *NM*, 1822/11/22, 1829/11/28ほか。ブラディーはパートナーシップを組んで舞踏会を開催することが多かったが、パートナーは20年間の間に何度か代わっている。
36) *BNP*, 1802/9/29; *NM*, 1828/11/22, 1829/11/28ほか。
37) *NM*, 1813/2/13.
38) 会費制アセンブリは18世紀後半には多くの都市で見られたが、色々な形で組織されていた。スワッハムでは、アセンブリ開催のために明確なアソシエーションを組織していた。新しく会員になるためには、スワッハム、またはその6マイル圏内に住む者で、かつ既存の会員2名以上からの紹介を必要とした。会員は毎回のアセンブリの会費は無料、非会員が参加する場合は、会員の紹介を受けた上で、参加費5シリングを払う会則があった。
39) *NC*, 1828/2/23.
40) Burney, *Early Diary*, p. 23.
41) Bagge's Private Collection, Letters from Miss Bagge to Miss Savory, 1765.
42) Burney, *Early Diary*, p. 108.
43) Burley, *Playhouse and Players*, p. 121.
44) *Ibid.*, p. 123.
45) *Ibid.*, p. 122.
46) KLA, KL/C8/41, 1814/2/28.
47) *Ibid.*, 1814/6/9.
48) *NYLC*, 1823/2/22.
49) KLA, KL/C8/41, 1814/6/20.

第7章　社交と催し　317

50)　*Ibid.*, 1815/2/9.
51)　音楽隊への支払いは、18世紀の収入役会計簿にたびたび現れる。KLA, KL/C 39.
52)　18世紀イギリスの地方都市では公開演奏会や会費制演奏会をはじめとする商業的な演奏会が全国に広がっていった。Borsay, P., 'Concert Topography and Provincial Towns in Eighteenth-Century England', Wollenberg, S. & McVeigh, S., eds., *Concert Life in Eighteenth-Century Britain* (Aldershot, 2004). ダラムの音楽環境についての詳細な事例研究は、Southey, R., *Music-Making in North-East England during the Eighteenth Century* (Aldershot, 2006).
53)　キングス・リン選出の国会議員、ジョン・ターナー卿のこと。いくらロンドンではなくノーフォークといえども、芸術の神アポロの名前で呼ばれるに値しないとバーニーは言っている。
54)　Burney, C., *The Letters of Dr. Charles Burney, Volume I, 1751-84*, Riveiro, A., ed. (Oxford, 1991), p. 2.
55)　*NM*, 1753/1/27, 1753/8/11; Fawsett, T., *Music in Eighteenth-Century Norwich and Norfolk* (Norwich, 1979), p. 36.
56)　*NM*, 1755/8/30, 1755/10/18; Burney, C., *Memoirs of Dr. Charles Burney, 1726-69*, Klima, S., Bowers, G. & Grant, K., eds. (Lincoln, 1988), pp. 107-108.
57)　NRO, PD 39/76, 1755/2/3.
58)　Scholes, P. A., *The Great Dr. Burney: His Life, His Travels, His Works, His Family and His Friends, vol. I.* (London, 1948), p. 66.
59)　Fawsett, *Music*, p. 37.
60)　Borsay, *English Urban Renaissance*.
61)　Wale, H. J., *My Grandfather's Pocket-Book: From AD 1701 to 1796* (London, 1883), pp. 190-191.
62)　*LWP*, 1801/10/6. ノリッジ大音楽祭に関しては NRO, MC 289/7-8. 加えて Fawsett, *Music*, p. 19 も参照のこと。
63)　*BNP*, 1801/9/23.
64)　*BNP*, 1802/3/17.
65)　たとえばオペラ『ロブ・ロイ』『ドン・ジョヴァンニ』『トム・アンド・ジェリー』が1823年に上演されたが、最新のロンドンでの公演をそのまままもってきた最新スタイルの舞台であることが大きな売り物であった。*NM*, 1823/3/15.
66)　*NM*, 1827/11/17.
67)　*NM*, 1828/8/16.
68)　*NM*, 1831/12/24.

69) イングランド王室とフランス王室の人々、オランダ、ロシア、ペルシャ、トルコの著名人、メソディスト牧師のJ. ウェズリー、ナポレオンなどの作品が展示された。*LWP*, 1802/2/16, 1802/2/23.
70) *LWP*, 1802/2/16.
71) Richards, *King's Lynn*, p. 112; *NM*, 1825/9/3.
72) *NM*, 1825/9/3.
73) *LWP*, 1800/2/17.
74) *BNP*, 1802/3/3.
75) *Ibid*.
76) *NM*, 1812/2/29.
77) *BNP*, 1818/12/23.
78) *NM*, 1807/2/28, 1823/2/22.
79) 動物を使った娯楽の一般的傾向はたとえば以下を参照のこと。Malcolmson, R. W., *Popular Recreations in English Society, 1700-1850*（London, 1973）、川島昭夫・沢辺浩一・中房敏朗・松井良明訳『英国社会の民衆娯楽』（平凡社、1993年）。
80) Richards, *King's Lynn*, p. 107.
81) コミュニティやアソシエーションの活動の中では、闘鶏は消えていった。Clark, *British Clubs and Societies*, p. 125.
82) Parker, *Making of King's Lynn*, p. 130.
83) *NM*, 1822/11/2.
84) Borsay, *English Urban Renaissance*.
85) *NM*, 1809/7/1.
86) Munsche, P. B., *Gentlemen and Poachers: The English Game Laws 1671-1831* (Cambridge, 1981), p. 34.
87) NRO, BL VIa(XII); BL Xc/15; HMN 5/10/1-6; Bagge's Private Collection, Pamphlets of Coursing Meetings.
88) Borsay, *English Urban Renaissance*. キングス・リンでも、クリケットチームの選手たちは「11人のジェントルマン」と新聞等で紹介されている。
89) 大半のクリケットの対抗試合はマーハム、スワッハム、デレハム、ダウナム・マーケットなど、キングス・リンから20マイル以内の町村のチームと行われた。*BNP*, 1819/8/18ほか。
90) *NM*, 1833/5/25.
91) *NM*, 1828/6/21, 1829/10/3.
92) 船主のハミルトンは、ウーズ・クラブの創設時に1隻のボートを寄付している。

  NM, 1828/6/21.
- 93) *NYLC*, 1819/8/7.
- 94) *NM*, 1827/7/16.
- 95) *NM*, 1829/10/3.
- 96) *NYLC*, 1820/12/2.
- 97) *NM*, 1828/8/30.
- 98) *NM*, 1829/8/29.
- 99) *NM*, 1827/4/14.
- 100) Ellis, *Georgian Town*; *do.*, 'For the Honour of the Town'.
- 101) Walpole, *Correspondence*, p. 350.

第8章　教養・知識・情報とアソシエーション

　18世紀の社交の場として、前章で検討した公共の場における催しに並んで重要なのは、アソシエーションである。洗練された社交関係を築く上で、モノだけでなく、教養や知識、情報をもっていることの重要性は高まり、人々はそれらを求めて積極的にアソシエーション活動に参加するようになった。長い18世紀の後半のキングス・リンは、イースト・アングリアではノリッジに次ぐといってよいほどの都市環境の整備が見られたが、「知の公共圏」または「知の共同体」ともいえる空間も充実し、アソシエーションや施設がますます増えていた。

　アソシエーションには多種多様なものが存在する。本章で対象とするのは、第5章で論じたものとは性格の異なる、もう一つの型、文化的アソシエーションである。公的領域に関わるアソシエーションが幅広い階層から会員を募ったのに対し、文化的アソシエーションは比較的上層の人々が集まる傾向があり、こうした団体が存在するかどうかは都市の商業化や民主化の進行具合にもよるといわれる[1]。

　本章では、文化的アソシエーションや施設を5つの型に分ける。すなわち、(1) 印刷文化を介した教養・知識、(2) 有用な知識、(3) 政治社会の知識、(4) 礼儀や素養、(5) 親睦を通した情報とネットワーク、といったものを獲得する場としてのアソシエーションについて、それぞれ具体例を見ていくとともに、それらが都市化で果たした役割について議論していく。

1 印刷文化を介した教養・知識

　18世紀のイギリスでは書籍の出版・販売・消費の分野でめざましい成長をとげていた。新しい都市社会では、こうした文字を介して新しい情報を獲得することが社会的地位にとって重要な要素となり、各種図書館や読書クラブなど、文字文化や印刷文化にふれることのできるアソシエーションが組織された[2]。ここでは、これらの施設に加え、新聞や都市史の出版も、読者または購入者としての会員を募って出版するという意味で、一種の文化的アソシエーションと考え、それも含めて見ていきたい。

　キングス・リンでは1631年にセント・マーガレット教会内に図書館が設けられた。この図書館は、リンとその周辺の地主や聖職者からの寄付を受け、実質的な管理は都市自治体が任命する有給の司書が行っていた[3]。しかし1714年までは蔵書もそろっておらず、また適切な管理もされていない状態であった。この状況を変えたのはT. サーリン、R. ベーカー、そしてJ. ホーンの3人の聖職者であった。彼らが大量の神学や医学、古典の本を図書館に寄付したことにより、図書館の蔵書数は1,000冊を超えることになった。その後、セント・ニコラス教会にあった小さな図書館の蔵書もすべてセント・マーガレット教会図書館に移動され、良質の蔵書をもつ施設となった。

　しかしながら図書館が教会の中にあったため、聖職者以外の一般の人々が自由に図書館を利用するには不便で、人々はもっと利用しやすい図書館を望んだ。そのため、本屋のA. ビッグを中心に、本屋、聖職者、医者、商工業者といった者たちが会員制図書館の設立を企画し、アソシエーションが作られた[4]。会員たちは会合を重ね、図書館の設立の実現に向けた活動を行った。英語で書かれている本を教会図書館から譲り受け、さらに図書館用の部屋も安い地代で都市自治体から借り受け、ようやく会員制図書館が開館されることになったのは1797年のことであった。市民有志による図書館設立の動きではあったが、公共性の高さを認め、教会や都市自治体が後方支援したのであった。

第8章　教養・知識・情報とアソシエーション　323

　その後の施設の運営は、引き続きこのアソシエーションが行ったが、会員から徴収する入会金半ギニー、年会費1ギニーを資金源として新たな書籍を購入し施設の維持をはかった[5]。この図書館が軌道に乗りはじめた時期については意見が分かれる。同時代人のW. リチャーズは、この図書館が多くの会員を集めることに成功し、1810年頃にはすでに蔵書数は、本が1,400冊、小冊子は600冊にまで増加し、約100人の富裕な会員が読書を楽しんでいたとしている[6]。一方で『ノリッジ・マーキュリ』は、図書館開館以来、長い間、会員を集めるのに苦労したが、1820年代半ばになるとようやく会員数も確保でき、書籍も充実し、人気のある立派な施設になったとしている[7]。両者の記述には時期のずれが見られるが、1820年代までには図書館としては概ね、成功したと考えてよい。この会員制図書館は蔵書数や利用者数の増加に伴い、何度かより大きな部屋に場所を移動したが、最終的に19世紀末に図書館の建物が新築され、公共図書館 Public Library と呼ばれるようになった[8]。

　教会図書館と会員制図書館のほかに、18世紀末にもなると、キングス・リンには貸し出し図書館や読書クラブといった、文化文芸図書を利用できる施設が出てきた。こうした施設の蔵書は主に小説であったが、運営の核になっていたのは書籍商や文具商であった。たとえば書籍商 W. ウィッティンガムは、後述のように短期間ながらもキングス・リンを基盤とする地域新聞を発行したが、失敗し廃刊した際、新聞の代替として貸し出し図書館を提供した。「新しい当世風の小説やそのほか、書籍の一大コレクション。これからの冬のシーズン、じっくりと楽しんで読めます」と広告している[9]。キングス・リンでは多くの人々が小説を読んでおり、とりわけ女性の読書人口はかなりの数にのぼっていたことが観察されているが、その背景に複数の貸し出し図書館や読書クラブがあったのである[10]。

　貸し出し図書館や読書クラブの会費は、保有する書籍の数や種類、評判などにより異なっており、比較的広い社会層の人々が利用可能であったとはいえ、庶民にとってこれらの会費は高額でありなかなか利用する機会がなかった。キングス・リンの一般の人々の間に図書館を利用する習慣がある程度定着したの

は、メカニックス・インスティチュートと呼ばれる施設が作られ、その図書館が人々に開放された1827年以降のことである。この機関については、後述する。

次に出版分野に目を移してみよう。ノーフォークでは比較的古くから新聞が発行されているが、その代表格は『ノリッジ・マーキュリ』と『ノーフォーク・クロニクル』である。前者は18世紀前半に、後者は18世紀半ばに出版がはじまっており、いずれも出版地はノリッジであった[11]。当初はノリッジを中心とした地域情報しか掲載されていなかったが、読者がノーフォーク全体やサフォーク、ケンブリッジ州にも広がるにつれ、ノリッジ以外の都市の情報が少しずつ掲載されるようになっていった。このとき、各都市の情報を提供していたのは地元の書籍商や印刷屋であることが多かった。彼らは新聞を販売するだけでなく、新聞出版にも関わっており、新聞社の地方支部のような機能をもっていた。『ノリッジ・マーキュリ』や『ノーフォーク・クロニクル』には、1780年頃からヤーマスに並び、キングス・リンのニュースが定期的に掲載されるようになり、それに伴い、キングス・リン関係の広告も多く見られるようになっていった。とりわけ1806年以降、『ノリッジ・マーキュリ』ではリンのリベラル派の強い影響力もあり、リンのニュースにより多くの紙面が割かれるようになっていった[12]。したがって、この時期になるとキングス・リンでは圧倒的に『ノリッジ・マーキュリ』の人気が高くなり、『ノーフォーク・クロニクル』には目立って新しいリンのニュースや広告が載せられることはなくなった。上記２つの新聞に加え、1808年に創刊された『ノリッジ・ヤーマス・アンド・リン・クーリエ』もまたノリッジに出版本部はあったが、キングス・リンの詳細な情報や広告が多く掲載されていた。

当時の都市にとって、地元発行の新聞をもつことは高い文化的洗練度を示すことになり、他都市との文化水準の競争には不可欠であった。人口10,000人を超すノーフォーク第三の都市であるキングス・リンで、地元新聞の発行が計画されたのも自然な流れである。キングス・リンで発行された最初の新聞は、『リン・ウィスビッチ・パケット——ノーフォーク、サフォーク、ケンブリッジ、リンカンシャー・アドヴァタイザー』であった。これは、キングス・リンのW.

第 8 章　教養・知識・情報とアソシエーション　325

ウィッティンガムによって1800年に創刊されたものであり、リンと隣町のウィスビッチの地元ニュースを中心に構成された週刊紙である[13]。編集者で発行人のウィッティンガムによる創刊号の巻頭挨拶には、新しい地元新聞の発行は困難な仕事と思われるが、出版は「自分の義務」ともいえ、既存の新聞に影響されることなく、こびることなく、ただ多くの友人たちに「リベラルな見地」から伝えていくとし、「有益で、おもしろく、よく整理されたさまざまなニュースを伝える」決意が述べられている［圏点は筆者][14]。都市ルネサンス期の知識人のあり方がうかがえる挨拶である。

『リン・ウィスビッチ・パケット』の中で、『ノリッジ・マーキュリ』などよりもずっと多くの紙面がキングス・リンのニュースに割かれたことは当然ともいえよう。しかしこの新聞は、たった2年半で廃刊になった。まだ読者層が十分に成熟しておらず、新聞を維持できるだけの読者を確保することができなかったのである。一部6ペンスという値段は、一般庶民には高価なものであった[15]。また、独自性の強い紙面を作ろうとしたものの、結局、既存の新聞と代わり映えしないものになってしまったことにも原因があるだろう。ノリッジやイプスウィッチ、ケンブリッジの地方紙との熾烈な競争の中で、広告主を探すことも容易ではなく、経営が行き詰ったと考えられる。最終的にウィッティンガムは、自分の店で扱っているロンドン紙（全国紙）や地方紙、外国紙を、それまでの『リン・ウィスビッチ・パケット』の読者に代用してもらい、同時に、既述の貸し出し図書館の設立を行う決断をした[16]。しかしながら、短期間の発行であったとはいえ、地元紙として充実した情報を提供する重要な新聞であったといえる。

その後、1841年に、新たにキングス・リンで地元紙が発行された。『リン・アドヴァタイザー・アンド・ウェスト・ノーフォーク・ヘラルド』は、より地元の話題に記事の内容を絞るものであったが、1836年に新聞税が4ペンスから1ペニーに引き下げられ、値段を一部2ペンスに設定できたこともあり、成功をおさめた[17]。また、『リン・ウィスビッチ・パケット』の創刊から40年間という月日の間にキングス・リンの読者層が成長したことも成功の一因になった

と思われる。

　書籍に関しては、キングス・リンでは18世紀に1冊と19世紀に2冊、都市史の出版が見られる。都市史編纂はこの時期流行になり、多くの都市が、都市の現在の繁栄とそれを築いた歴史と慣習、遺跡や古くからの建造物の起源等にふれた本を出版した[18]。キングス・リンでも、B. マカレルが『キングス・リンの歴史と慣習』(1738年)、W. リチャーズは『リンの歴史』(1812年)、W. テイラーは『キングス・リンの慣習』(1844年) を書いたが、いずれの本もキングス・リンの遺跡や建物の起源や歴史的叙述が見られる[19]。とりわけリチャーズの上下2巻にわたる大作では、古代から出版時にいたる長期間のキングス・リンの歴史が、経済・社会・政治・文化あらゆる側面を切り口に描かれていた。また、リチャーズが生きている時代に関しては港や河川、内陸取引などの詳細が記録され、いかにキングス・リンが繁栄をとげてきたかが示されている。これらの本の出版に際しては、普通装丁版は各1シリング6ペンス、特別装丁の大型版は各3シリングの価格で、1808年に購読申し込みを募った[20]。印刷・出版を請け負ったW. ウィッティンガムは1809年度中に、または購読申し込みが十分な数に達したらできるだけ早く、購読申込者リストを作成した上で出版することを約束した。リストは残されていないので詳細は不明であるが、結局のところ、購読申込者の数が思ったほど伸びず、予定されていた1809年度中には上下巻セット14組のみが出版されただけであった[21]。一方、テイラーの本はキングス・リン内外に住む200人を超す者の購入申し込みを受けて出版が行われた。この購入者リストは彼の本の冒頭に印刷されているが、そこには下院議員やノリッジ主教、キングス・リン市長経験者から商工業者、男性と女性、居住地もキングス・リンからノーフォーク、ロンドンと幅広い人々の名前が見つかる。

2　「有用な知識」——科学と改良——

　知識の中でも、とくに科学や実際の生活に役に立つ知識が注目されるように

なったのも18世紀のことである。スコットランド啓蒙主義等の影響を受け、科学や実用的な知識が重要であるという認識がイングランドにも普及した。科学の理解を深めることで物事一般の考え方や道徳をも習得でき、上品な人間性を育む点が高く評価されたのである。とりわけ、非国教徒アカデミーが早い段階から科学に積極的に関わっていたことはよく知られている[22]。彼らの強調する点は、科学の合理性や有用性にあった。R. ポーターは「合理的なポライトネス」というものの啓蒙的価値観を指摘しているが、18世紀末までには、こうした価値観は中間層に広く受け入れられるようになった[23]。都市の人々の間では、時代が進むにつれ、ますます科学や有用な知識にふれる機会が多くなっていったが、その普及にはアソシエーションが重要な役割をもっていた。

キングス・リンでは科学に関係したいくつもの展示会が18世紀に開かれたことは第7章ですでに述べたとおりであるが、それらに加え、科学に関連したアソシエーションも形成された。農業協会や園芸協会がその例である[24]。農業の改良を目的とした団体は18世紀後半以降、地主を中心に各地で組織され、1790年代になるとロンドンを中心に全国的な農業協会が設立されるようになった[25]。1810年には全国で70を超える農業協会があったといわれるが、ノーフォーク農業協会もその一つであった。ノーフォークには、本書でもたびたび名前があがる、ノーフォーク農法から大きな影響を受け「ホルカムのクック」として知られる農業改良家 T. W. クックも居住し、A. ヤングとの繋がりも深いことから、積極的な農業改良への取り組みが行われた[26]。クックを初代会長とするノーフォーク農業協会は、地域の農業利益を守るために活動していたが、ロンドンやスコットランド、イングランド南部の農業協会とも連絡を取り合いさまざまな情報を入手していた[27]。19世紀初頭は、その定期総会をキングス・リンやスワッハム、フェイクナムで頻繁に開催しており、T. バッグは会計役として活動に深く関与していた[28]。

キングス・リンでは1800年、ノーフォーク農業協会の支部であるウェスト・ノーフォーク農業協会から分離独立し、クックを会長、W. B. フォークスを副会長、T. バッグを会計役としてリン農業協会が誕生した[29]。リン農業協会が

めざしたのは農業の振興であり、幅広い有益な情報や知識を収集し会員に伝えたが、品種改良をはじめとする情報はまさに科学と直結するものであった。こうした知識や情報にもとづいて農業改良を行う会員には助成金を与え、また農業の振興に繋がる発見をした会員には賞が授与された。たとえばリンの W. カーティスには、貴族院の農業委員会の方針に沿った農業改良についての論文により、銀賞が与えられた[30]。会員リストが残っていないため、全体の会員構成は不明であるが、本来は地主や農業経営者を対象としていたはずだし、また、会費が年間1ギニーであったことから考えると、一般の市民が気軽に入れるようなアソシエーションではない[31]。それでも、リン農業協会の会員には T. カーや M. B. フォークス、H. スタイルマン、A. ハモンドといったウェスト・ノーフォーク有数の貴族や農村地主だけでなく、市参事会員の T. バッグや T. P. バッグ、H. ベル、L. セルフ、牧師の J. コウルトン、T. C. マニング、医師のマーシャルなど、普段からキングス・リンに本拠をおいてさまざまな活動をしている会員も少なくなかった[32]。

　園芸協会は1831年6月に公開形式で華々しい発足集会が開催され活動がはじまった[33]。ここには多くの園芸愛好家が集まってはいるが、単に植物を観賞するだけではない。植物に関する情報を集め、珍しい植物を探し出し、入手し、科学的知識をもって育て改良し、それを評価し、そして会員間で情報を共有するのである。園芸協会の活動の中心は、年に数回開催される園芸展示会や園芸ショーであるが、これには会員以外の多くの人々にも注目されており、入賞者の名前は必ず新聞に公表されるほどであった。「協会の今後の発展を期待できる幸先の良いスタートを切ったと感じさせるほど盛況であった」と伝えられた1831年の第一回展示会では、パイナップルを出展したバッグ夫人とメロンを出展した T. アレンが優勝し、賞金10シリングを獲得した[34]。この展示会では、ブドウやジャガイモ、バラ、イチゴ、チェリー、キュウリ、カリフラワーといった果物や野菜、花など多岐にわたる植物が出展されている[35]。当時としては非常に珍しい植物の苗を入手し、試行錯誤で最高級の品質のものを育て上げるには、資金力も科学の知識も必要であった。

園芸協会の会員は、農業協会の会員のように広い土地を農村にもっている必要はなかったかもしれないが、園芸という趣味に投じる時間と資金の点で、かなり限定された人々であった。1831年の会発足時の会員には、会長のG. ホッグをはじめとし、副会長のF. ブラウニング牧師、会計役のF. クレスウェル、事務局長のJ. ブランスビー牧師のほか、S. エヴェラード、W. バッグ、W. エヴェラードといったエリートが名を連ねる[36]。第三回展示会は、会員も非会員も5ポンドの入場料を必要とされたが、このときも175人の男女が来訪し、展示会とエレガントな昼食会を楽しんだ[37]。5ポンドという入場料一つとってみても、当時のその他の催しと比較して破格に高く、一般人に出せる金額ではなかった。すなわち厳選されたエリートが集い、役に立つ科学的知識を交換しあい、仲間同士の親交を深める場であったといえる。園芸協会には、男性だけでなく女性会員も多くいて積極的な活動を行っていた。『ノリッジ・マーキュリ』は「園芸協会に、社会的地位の高い多くの女性がいることはすばらしい。彼女たちはこの組織でとても活発に活動をしている」と報告している[38]。1831年の第一回展示会で優勝したバッグ夫人は、それ以降も展示会入賞者の常連となり、彼女の園芸技術は称賛を浴びていた。

　農業協会と園芸協会の会員たちは、科学的・実用的な知識の獲得を目的とはしていたものの、深く詳しい科学の知識を得ることまでは必要としていなかった。むしろそれ以上に重要であったのは、科学や実用的な知識の下に集まるエリート同士の懇親であった。両協会ともに、定期集会や催し物のあとには、決まって会員の懇親会が設定され会員が一堂に集った。ポーターも、地方都市の科学人気は知識の獲得ではなく文化的ステータスを求めてのことであったし、科学を極めることではなく横の社会関係を強固にするものであったとしているが、キングス・リンも例外ではなかった[39]。

　科学や有用な知識の獲得により比重をおいた組織は、1827年に成立した「リン工学、科学、文芸機関 Lynn Mechanic, Scientific and Literary Institution」、通称「メカニックス・インスティチュート」であった。数人の個人が集まって、多くの人々が文芸・科学に接するための方法を考えたことが、この組織の設立

のきっかけとなった[40]。農業協会や園芸協会のように会員がエリートに限定されることはなく、一般庶民でも会員になって科学に接することが可能になった。リン・メカニックス・インスティチュートではいくつもの新しい試みが見られた。まず、中心となり機関を運営していく人々の構成の面である。委員には委員長の E. エドワーズ牧師、副委員長のウェイト医師をはじめとした総勢20人が選出されたが、他のアソシエーションと比較して、医学、法学、学校教師、聖職者といった専門職に就く者が圧倒的に多い。また、キングス・リンの社会的活動や社交の場で名前が出てくることはあっても、市議会や法定委員会などの公的な場で目立った活動はしていない中間層を中心とした集まりであった[41]。中間層がエリートとは一線を引いた、自分たちの価値観に沿った、科学や実用的知識を獲得できる場を作ったということになる。

　第二に、キングス・リンで最初の成人教育機関として、科学や一般知識の普及を目的として設置されたメカニックス・インスティチュートは、商工業者が、ポライトな社会の構成員として必要な幅広い教養を身につけることを可能とした[42]。会費や参加費は決して安くはなかったが、それでも商工業者でも負担しやすいように工夫されていた。たとえばさまざまな講義の聴講や図書館などの施設使用料をすべて含む会費は、1年ごとの支払いではなく、四半期で3シリングと定められたし[43]、講義の聴講のみを希望する場合は1回5シリングとなっていた[44]。また、古典学だけでなく、自然科学、哲学、言語、化学、ビジネスなど幅広い分野の講義を行い、新しい実学的な分野の内容も多く含まれていた[45]。こうした講義は、上記の委員が無償で講師となって提供することも多く、ウェイト医師やブランスビー牧師、E. マグリッジは自然科学系の評判の高い講義を行っていた。また、小規模で数も少ないながらも、新しい発見のための研究補助を行うことがあった。1827年、銀行家の D. ガーニーから5ポンドの寄付を受けたメカニック・インスティチュートは、G. エドワードの独創的な工学の革新と、水先案内人親方のホルディッチが考案している救命用のろしの研究費に、その資金をあてた[46]。

　第三に、会員が自由に利用できるメカニックス・インスティチュートの図書

第8章 教養・知識・情報とアソシエーション　331

館には、異論の多い神学や政治関係のものだけでなく、小説、ロマンス、そしてフィクション本も一切除外され、科学を中心とした本が置かれていた。読みやすい小説を中心に取り揃えた会員制図書館や貸し出し図書館とは一線を画す[47]。メカニックス・インスティチュートを開設する際に、借金をして数百冊の図書を揃えていたが、順調に集まった会費で1830年には借金を返済し、図書を買い足ししていった結果、1831年には蔵書数は500冊を超えていた[48]。

　第四の特徴として、会員の資格は当時としては珍しいことに、男女両方に平等に開かれていた。『ノリッジ・マーキュリ』には「……さらにすばらしいことは、ウェイト医師の講義に女性も出席していたことである。男女が対等の立場で出席することが好ましいと考えられたのは、はじめてのことである……」と記されている[49]。もっとも、女性の聴講者は純粋な科学分野の講義では少なく、言語や哲学など人文系の分野で多かった。中でもノリッジのキットンによるイギリスの風景の講義では、女性の参加者が目立った[50]。

　メカニックス・インスティチュートは、開設当時はキングス・リンの多くの人々の関心をひいた。初日に行われたジャクソンによる哲学の講義は満員の聴衆から大反響を受け、その場で60名が会員になった[51]。その結果、初日だけでおよそ100人もの人が会員登録をし、人気がピークに達した1830年には会員数は200人に達し、講義回数は年間6回以上にのぼった。委員たちは「当初、我々は社会がまだ成熟していないかもしれないと危惧したが、実際はずっと好ましい状態まで成長しているようだ」という感想さえ述べた[52]。しかしながら、繁栄は長くは続かなかった。会員の減少とともに講義の頻度も徐々に減っていき、1833年にはすでに、「この町のメカニックス・インスティチュートは、もし追加の助成金がすばやく提供されなければ、つぶれてしまいそうだ。年間支出を支えるだけの会員数が確保できないからである」と経営危機が新聞に報告されるにいたった[53]。経営危機を知らされると、その後、会員数は微増し、J. アストリー卿をはじめとする富裕な人々の寄付により破たんは免れた[54]。しかし、以降も往時の勢いを取り戻すことはなかった[55]。

3　政治社会の知識や議論

　政治や外交の知識や情報をもち、それを議論できることも、この時代には重要と考えられるようになった。その背景には、交通手段の発達や出版の拡大、コーヒーハウスのような社交施設の普及がある。原則、どんな者でも利用することができるコーヒーハウスにはさまざまな新聞や雑誌が置かれ、人々は気軽に政治や外交の知識や情報を獲得することが可能になったが、そうしたものは、それまでは貴族や国会議員レベルの者しか知りえないものであった[56]。18世紀には一般市民の日常生活にも政治が入り込むようになったのである。その結果、公開の場での議論や討論が促され、J. ハバーマスの主張する市民的公共圏が誕生した。政治的安定度が比較的高いキングス・リンでは、新興工業都市とは異なり、政治的権力をもつ既存の勢力と新興勢力、たとえば都市自治体の市議会議員とその他の行政機能をもつ組織の委員との間に、強い対立は見られなかった。もちろん急進派の人々もいたが、彼らは多くの人々の支持を得ることはできなかった。また党派抗争もなかったわけではないが、選挙時以外で政治団体が目立った活動をするのは稀であり、活発な政治文化があったわけではない。しかしながら、そんなキングス・リンにも19世紀になると、国の政策や指針について議論するアソシエーションが出現した。この町では18世紀末以降、法や政治に関する議論や陳情書の作成は本書第3章で議論した公開集会が担っていたが、1830年頃になると「法に関するディベート協会 Legal Debate Society」や「反奴隷制協会」といったアソシエーションが出てきたのである。また、キングス・リンの新しい市民権の検討を要求する「独立自由市民協会 Independent Free Burgesses Society」も出現した。しかしこれらの組織では、体制批判や支持を一方的にするというよりも、こうした分野の幅広い知識や情報をもち、礼儀正しく、公共の場で議論をすることに比重がかけられていた。中立的な空間の提供というアソシエーションの基本的役割の一つは、ここでも発揮されている[57]。

ロンドンでは1730年代までにいくつものディベート協会が設立していたが、18世紀後半になると地方都市でもこのような組織が出現し、1790年までには全国で繁栄していた。公開の場での議論は、合理的娯楽 rational entertainment として、18世紀を通してますます人気が高まったが、そこでは政治、法律、経済、社会についてなど、さまざまな内容が公開の場で議論された[58]。しかしキングス・リンでは、アソシエーションの正式名称が法に関するディベート協会であることからもわかるとおり、法に関する内容に比較的限定されて議論がなされるものであった。この協会の設立の知らせは、まず、新聞で一般に伝えられた。1829年の『ノリッジ・マーキュリ』に、若い法律専攻の学生たちが集まってディベート協会を作ることになったらしいという記事が載せられたのである[59]。しかし、それ以外の記録は残っておらず、会員の名前はほとんどわからない。後に市書記として行政を司ることになる法律家の E. L. スワットマンは設立当初から議論に参加する常連であり、1831年のある会では議長に就いたという記述がある程度である[60]。しかし、ディベート協会が多くの名声のある人々の間で興味をもたれており、会員としても活動に参加していただろうことは、上記の1829年の新聞の記事の情報が「レスペクタブルな確かな筋からの情報である［圏点は筆者］」と紹介されていることからも明らかである[61]。

　反奴隷制協会は、キングス・リンで活発な社会活動を続けるウェイト医師によって1833年に組織された。キングス・リンでは18世紀末から、すでに奴隷貿易制度に異議を唱える声が大きかった。1788年の市議会では、奴隷貿易の廃止または規制に関する陳情書をキングス・リン選出の国会議員を通して下院に提出することが決定された[62]。さらに1792年にも「……アフリカの海岸における奴隷貿易は非道な行為であるというだけなく、文明化された国家の恥になるようなものである。奴隷貿易の廃止法案が下院でどうか可決されるよう、切に嘆願する……」と陳情書を下院に提出する議案が市議会では満場一致で通っている[63]。急進主義者の W. リチャーズも世紀転換期の頃から反奴隷貿易を主張しており、彼の著書の表紙には、自身を「奴隷制度の廃止を促し、黒人を不法な奴隷状況から解放させるペンシルヴェニア・ソサエティーの名誉会員」と紹介

している[64]。しかし奴隷貿易反対論がキングス・リンの中で一つの社会運動にまで広がったのは1830年代である。1833年には奴隷貿易反対論者のJ. スコーブルを呼んで、西インド諸島における奴隷の悲惨さの公開講義を行っているが、こうした中で反奴隷制協会は設立された[65]。この協会の活動には、国教会、非国教会両方の牧師と、「レスペクタブル」な住民たちのかなりの割合が支持している[66]。反奴隷制協会は、1830年代の半ばまでは、年に数回の会合を開いていた[67]。しかし、少なくともこの協会自身が陳情書を市議会に提出したり、公開集会を開催することはなかった。

　独立自由市民協会は、1808年にキングス・リンのフリーメンが、自由な市民 free burgesses のための真の社会の構築をめざして組織したものである。そして、協会は市議会に対し、それまでのフリーメンとは別の新しい自由市民の組織を公認するよう度々求めたが、市議会によって拒絶された。市議会は「フリーメンの資格に個人が申請することに対してはいつでも考慮していくが、勝手に組織したいかなる協会の存在も公認できない」と答えている[68]。しかし、独立自由市民協会は、従来の都市自治体を中心としたフリーメン社会を壊す革命的な組織のように見えるが、実のところは、都市自治体に対抗するために組織されたというわけではなく、むしろ都市自治体に深く関わる者も少なくない。たとえば1810年の設立2周年記念晩餐会で世話役を務めた会長のJ. フォースター、テイラー陸軍中佐、J. ヘミングトン、J. ディクソンという4人のうち、ヘミングトンは1789年以来、市会員と市参事会員職に就き、1812年には市長にも着任している[69]。ディクソンもまた1772年以来の市会員である。つまり独立自由市民協会設立時の1808年には、少なくとも2人は市議会議員であったわけである。独立自由市民協会は現実には懇親を主目的とするクラブのようなものであり、政治色を表明するアソシエーションとしてのインパクトも重要性も、徐々に薄れていった。その後、国会議員候補者のM. B. フォークス卿が後援をした「自由市民の連合協会 United Association of Free Burgess」が1827年に設立されたが、おそらく独立自由市民協会はそれに吸収されたと思われる。自由市民の連合協会は選挙など、特殊な状況ではパトロンのフォークスを応援し

たが、本書第5章でふれたように、通常は会員間の社交や共済を主とした活動を行っており、政治色も薄く、既存勢力に強い反対の立場をとるものではなかった[70]。

4 礼儀と素養

伝統的に、上流層の人々の間では、社交のためのマナーや教養は家庭内で自然に身につくものであったし、社交に必須ともいえるダンスや音楽、絵画といった芸術に関しては家庭教師らが必要に応じて雇われることもあっただろう。しかし中間層の人々は、18世紀ににわかに重要な社交の要素となった上品なマナーや教養を身につけるための特別な場が必要になった。社交界デビューをする前の子どもを対象とした学校は、その典型といえよう。本節では第5章で議論をした、公的な性格をもち、貧困層の子どもも対象とした読み書き中心の学校とは一線を引く、プライベートな学校（私塾やアカデミー）を中心に検討する[71]。また、第5章で議論したグラマー・スクールも、18世紀末頃からは授業内容から見ると、私塾やアカデミーと同様の機能をもつようになっていたため、それもここでは含めて議論する。それに加え、音楽の振興活動だけでなく、成人に対する音楽教育をも行う音楽協会についても簡単にふれることにする。

私塾やアカデミーは、中上流層の子どもを対象にした学校であり、基礎的な教養教育のほかに、社交の世界で必要とされるマナーや教養も教えられた。キングス・リンの学校は、イースト・アングリアの中でもとりわけ水準が高いという評判から、周辺地域の多くの中上流層の子どもが在籍していた。したがって、これらの学校で学んだ子どもは、将来の人的ネットワークも一緒に手に入れられたのである。1836年の調査によると、キングス・リンでは15の寄宿学校と20のアカデミーがあったとされるし[72]、また、1845年の人名録には6つの寄宿学校、25のアカデミーが掲載されている[73]。しかしながら、新聞広告には人名録には含まれない学校も掲載されており、さらに多くの私塾やアカデミーがあったことは明らかである。生徒の受け入れ年齢も学校の規模もまちまちなこ

れらの学校では、さまざまな科目が教えられていた。公的な学校と同様に読み書き等の基礎科目はもちろんあったが、むしろ一般教養としての音楽や語学、ダンス、絵画など、社交界で必要とされる教養やマナーを教える幅広い科目の提供に力が入れられていた。しかし、男子学校と女子学校とでは、社交界における男性と女性の役割の違いを反映し、異なる特徴ももちあわせる。ここでは新聞広告を分析することで、キングス・リンの私塾の特徴を論じていくことにする。

　まずは男子学校から見てみよう。キングス・リンで最も有名な私塾は、1818年頃にはじまったE. ベローの「古典と商学学校 Classical and Commercial School」であろう[74]。ベローはケンブリッジ大学で教育を受けた優秀な学者であり、セント・ジェームズ・ストリートにある彼の寄宿学校には、ノーフォーク州の名家の子息の半分が送り込まれたとさえいう者もいる[75]。とりわけジェントルマンに必須である古典の教育には力を入れていた。もう一つは、J. コウルトン牧師の男子寄宿学校である。ベローの学校よりも創立は少し早く、1800年代にはすでに「若いジェントルマンのための学校」として存在していた[76]。はじめはブラック・ボーイ・ストリートの建物でスミスとボネットと3人で共同経営をしていたが、1808年以降は独立し、チェッカー・ストリートの自宅を開放し、10人の生徒を寄宿させ教育を行った。学費は、寄宿料と合わせて年間20ポンドで、その学費の中には基本科目として英語、ラテン語、ギリシャ語と、そのほか、読み書き、数学、測量、地理、代数が含まれた[77]。加えて、選択科目のフランス語では、四半期で10シリング6ペンスを払うとフランス人牧師の授業をとることができた[78]。年間7シリングというランカスター式男子自由学校の授業料とは比較にならないほど高額である。こうした私塾は「富裕層または上層の子息」に限られた教育機関であったが、学費さえ払えるのであれば「商工業者や小農家の子どもも、地主や商人、富農の子どもと一緒に学べる」場でもあった[79]。1830年頃には若いジェントルマンのために、J. C. ライトがセント・ジェームズ・ストリートに古典と商学学校を開設した。成績優秀の学生には賞を与え、新聞に名前を掲載していたが、ここでも名家の子息が勉強を

第 8 章　教養・知識・情報とアソシエーション　337

していた[80]。

　こうした中上層の子息を対象にした男子学校の経営者や教師は、グラマー・スクールも含め、高学歴の聖職者がほとんどであった。ベローもコウルトンも、第5章でふれたグラマー・スクールの歴代の校長も、ほとんどがケンブリッジ大学卒の聖職者であったし、アシスタント教師であっても、高い学歴が必要とされた。グラマー・スクールの男性アシスタント教師の募集では、「20歳以上、英語部門を任せられ、書く能力があり、数学と商業会計と測量に精通していて、性格の良い者」「24歳以上、英語部門を任せられ、かつ測量や地図作成ができる者」「作文、数学、ユークリッド幾何学全集のはじめの6冊、代数の初歩を教えられ、英語部門を任せられる者」という詳細な条件がつけられた[81]。コウルトンの学校の英語のアシスタント教師の募集には、きちんとした学業資格と人物に関する証明書を添付することが求められた[82]。ベローの学校では新しく募集するアシスタント教師に「英語、作文、数学などを完璧に教えられ、同時に古典も理解するか、または絵画を教えることができる者が好ましい」という条件をつけている[83]。そして実際に採用された教師は、ケンブリッジ大学の古典の学者であった[84]。「若いジェントルマンたち」に教養や社交の基本を教えこむには、それにふさわしい教師が必要とされたのであろう。

　キングス・リンには女子を対象とした通学制の学校も寄宿制の学校もたくさんあったといわれる。女子学校は例外なく女性が経営しており、1800年から30年代までの新聞にはのべ10人以上の寄宿学校の女性校長が広告を掲載していた。しかし、これは常時、広告を出す水準の寄宿学校が10校以上あったというわけではない。というのも、生徒を寄宿させるだけの設備を整えるには資金もかかるため、新規に寄宿学校が設立されることは例外的で、ある経営者が辞めると、その施設と前任者の生徒を新しい教師がそのまま引き継ぐ形が普通であったのだ。たとえばカーター夫人の学校は1803年にアンダーソン嬢へ[85]、1806年にヘンダーソンとデイド嬢へ[86]、1815年にウェルス嬢へ譲渡された[87]。そして彼女が1818年に辞めると、別の場所で学校を開校していたホランズ嬢がより大きな施設を求め、移動してきた。同様に、ニコラス嬢の学校は1815年にホランズ嬢

に譲渡されている[88]。ウィリアムズ姉妹のもののように、全く新しく施設を整えて学校を開校する場合は稀であった[89]。

女子学校にも、男子学校と同様に、教養や社交界での礼儀と作法に繋がる授業が設けられたし、学費も同等であった。R. コットン夫人の女子アカデミーでは、基本の授業である英語の読み書きと寄宿費を合わせ、年16ポンド16シリング、寄宿せずに通学する場合は年2ポンド2シリングであった[90]。それ以外の科目についてはすべて選択制であり、作文と算数は1ポンド12シリング、フランス語は2ポンド2シリング、イタリア語は4ポンド4シリング、地球儀を使った地理と歴史は合わせて3ポンド3シリング、絵画は2ポンド2シリング、音楽とダンスは各4ポンド4シリングに設定されていた。ニュー・コンデュイット・ストリートのウィリアムズ姉妹の女子セミナリーは、基本の必修科目が少し多く、英語文法、地理、歴史、裁縫であったが、年間の授業料は寄宿料と合わせて21ポンド、通学する生徒は四半期ごとに1ポンド1シリング、選択科目のフランス語は四半期15シリングで提供された[91]。そのほか、希望者にはダンス、音楽、絵画など専門家を呼んでの授業も提供されていた。

女子学校の経営者や教師の背景はほとんど不明である[92]。当時の新聞には時々、学校による教師の募集や、教師の職を求めた自己推薦の広告が掲載されているが、男子学校の教師のように学歴を重視されることはない。むしろ、女性教師に求められていたものは、まずはその人柄であり、それを保証する推薦書が大きなポイントであった。また「ジェンティールな教育を受けてきた者」や「ファッショナブルな勉強を教えられる者」など［圏点は筆者］、上流社会との繋がりをもち、その様子や社交界の流行をも知っていることが求められていた[93]。また、ホランズの学校のように「25歳以上の国教徒で、性格が良く、英語を文法から教えることができ、加えて実用的と装飾的両方のあらゆる種類の針仕事ができること」を採用条件とするところもあった[94]。一方、教師の職を求めるある女性は、以下のような自己推薦広告を出した。

26歳の女性が、女子寄宿学校での教師の職を求めています。平易な内容

第8章　教養・知識・情報とアソシエーション　339

であれば何でも完璧にできる教師であるし、英語を文法から教える能力も、試してくれれば、十分にもち合わせていることを証明できると確信しています。雇い主のいうことを順守し、若い生徒たちにモラルを教え人間性を伸ばすために厳しく一貫した態度で監督し、指示を与えます[95]。

　これらを総合すると、女性教師に求められているものは、学力としてはせいぜい英語を正確に読める程度で十分であったが、社交界で通用する女性に育てるために、子どもをしっかりと監督できる能力と上流家庭の文化を知っていることが必要とされていたと推察できる。しかし中には専門的知識をもって求人に応募する者もいた。10年間、高貴な家の家庭教師を務めた女性は、英語を文法から教えられることはもちろんのこと、フランス語、地理、地球儀の使い方も教授可能であり、前の雇い主からの立派な推薦書も提出できると述べたが、このような教師は少数派であっただろう[96]。

　当時の学校は男女別に分かれ、ジェンダーに沿った指導を行うのが普通であったが、その点、1813年にキングス・リンの中心部に新設されたレイヴェンス嬢の学校は珍しい型であった。女子生徒に加え、3歳から8歳までという年齢制限はあったが、男児も受け入れたのである[97]。入学金は不要であったが授業料は高く、英語の読み書き、算数、地理、その他平易な勉強を含む寄宿・授業料は、年26ポンド5シリング、平日のみの寄宿生には15ポンド15シリング、通学生には6ポンド6シリングの授業料が課せられ、8歳未満の児童には割引があった。フランス語や音楽、絵画そのほかの科目については、希望者には追加の授業料を払うことで提供された。当時の女子学校としては最も充実したプログラムをもっており、開設と同時に6人の女子生徒が寄宿することになった。しかし、創設から半年もしないうちに、寄宿生の健康を考えてサウス・リンの環境の良い場所に広々とした建物を確保し、そこに移動する決定をした[98]。さらに翌年には女子生徒の募集を停止し、募集は3歳から10歳までの男児のみに限定すると、大きく方針転換がなされた。「生徒の教育だけでなく健康とモラルにも気を配り、将来を委ねられている若いジェントルマン向けの世話をす

る」ための措置であった[99]。おそらく男女共学の新しい試みはうまくいかなかったのであろうが、本格的に学校で勉強をはじめる以前の年齢の男子児童に特化した寄宿学校を提供したという点では成功した。年25ギニーの授業料を課したが、その後も着実な学校運営がなされた[100]。

　子どもを私塾に送りだす親や大人の間で、学校教育に望む共通認識があっただけでなく、生徒もまた、自分が何を学ぶべきであるのかを理解していたようだ。ノーフォークの地方地主、A. ハモンドは娘のスーザンをカーター夫人の女子寄宿学校に送っていた。ここは、18世紀末のキングス・リンの女子学校の中で最も伝統があり、名声のある学校の一つであった。また、1796年の救貧税記録をもとにした資産分類でもクラスⅢに入るこの学校は、規模も大きかったと思われる。ここでも例にもれず、基本的なコース科目のほかに、選択で別の科目をとることができたが、以下の手紙からはスーザンが「ポライトな教育の一環として」絵画の授業をとりたいと主張していることがわかる。

　　お母さん、
　　　先生の許可を得てこの手紙を書いています。キングス・リンには有名な絵の先生がいて、その人の能力は絵の専門家の中でもとても評価されています。先生は毎週土曜日、私の学校に来るのですが、四半期で15シリング払うと授業に参加できます。ポライトな教育 polite education の一環として、私はとてもその授業を受けたいのです。私のお願いをお母さんが聞いてくれるかどうか、できるだけすぐに知らせてください。もし許してくれるなら、カーター先生がその人に頼んでくれることになっています[101]。[圏点は筆者]

　こうした学校ではとりわけ選択科目のダンスの授業に対するニーズが高く、授業は社交界でも名の通ったダンス教師が学校を巡回し指導していた。若者の社交界デビューの場として圧倒的な人気を誇る舞踏会を毎年開催していたブラディーは、「ブラディーのダンス・アカデミー」と称する教室を設け、複数の

学校で選択科目としてダンスを教えていた。たとえば1813年には、毎週火曜日はヘンダーソン、木曜はニコラスの女子学校に行き、入会金1ギニー、四半期1ターム1ギニーの授業料をとって教えていた[102]。1820年の第2四半期は、キングス・リンでは、月曜はウィリアムズ、木曜はホランド、金曜はレアードの女子学校とキッズ（グラマー・スクール）、ベロー、レイヴェンスの男子学校で、カドリールやそのほか、流行のスタイルのダンスを教えた[103]。1830年には1月に4日間だけキングス・リンの学校で特別授業を行い、ウィリアム、キトル、クーパー、カーティスの女子学校、ベロー、マグリッジ、ブランスビー（グラマー・スクール）、そしてライトの男子学校で指導をした[104]。遠からず社交界にデビューする中上流層の子どもたちにとって、ダンスそのものはもちろんのこと、そこでのマナーについて舞踏会の主催者から直接的な指導を受けられるとあって、受講者が殺到した。

　以上では子ども向けのポライトな教育について見てきたが、本節の最後に、成人向けの教育を提供したともいえる、音楽協会について簡単にふれたい。第7章で見てきたように、18世紀半ばからはじまったキングス・リンの公開演奏会は半世紀の間に大きく成長したが、聴衆数の拡大等により個人が公開演奏会を企画するのは難しくなっていった。19世紀になり、その役割を担ったのが音楽協会であった。成立年度はわからないが、1830年頃には会員数も60人ほどに達していた[105]。音楽協会結成の目的の一つは演奏会を通じて音楽を理解できる一般的聴衆を育てることであった。そのためにプロの音楽家を呼んで会員向けの小規模な演奏会を定期的に開催するほか、時には公開の形で大規模な企画を行ったのである。1830年代に音楽協会の主催で毎年開催されていたマーケット・ハウスでの公開演奏会には400人もの聴衆を集めることに成功している[106]。

　音楽協会のもう一つの目的は、アマチュア音楽家を育てることであった。上流家庭では、家族や知人が集まって私的なサロンコンサートを催す機会もあり、彼らの遺産目録や遺言書にはピアノやハーモニウム、ハープなどの楽器が記されていることも少なくない[107]。音楽は私塾で授業の一つとして選択することはできたが、広い中間層の人々に音楽と接する機会を提供するには不十分であ

った。アマチュアとしての音楽の腕前をもつことは、洗練された社交において
は一定の評価を受けるものであった。音楽協会は演奏の仕方を教えたり、演奏
できる場を提供することで、音楽のアマチュアを育てたのである。

5　親睦とネットワーク

　アソシエーションの中には、特定の活動目的をもたず、会員間の親睦を深め
るために結成されたものもある。また、設立当初は何か目的はあっても、懇親
が活動の主体に変わったアソシエーションもある。しかし、洗練された社交関
係を築く上で最も重要なことは、そうしたマナーをもつ人々との繋がりをもて
る場に参加し、情報を交換し共有することで仲間同士の連帯を強化することで
あった。その意味でも本節で見ていく親睦を深めるアソシエーションの存在は
都市ルネサンスの中で重要な位置づけにある。ここでは、フリーメーソンと、
ジェントルマンクラブともいえるものを追っていくが、これらに共通の特徴は、
会員の社会的地位が比較的高いこと、会員間の社会的階層のばらつきがあまり
見られないことであった。

　フリーメーソンの起源はあいまいであり、その歴史をたどると中世のフラタ
ニティに行きつくともいわれる。しかし、クラークによれば、近代的なフリー
メーソンのロッジの形ができたのは1717年のことで、ロンドンに4つが設立さ
れて以降だとする[108]。イギリス国内の近代的ロッジは1740年までに60に達し、
1800年には500を超えたが、全国に満遍なく分布したわけではなく、イースト・
アングリアは比較的多く見られた地域であった[109]。キングス・リンで最初の
近代的ロッジ「デュークス・ヘッド」がホワイト・ライオン・インに開設され
たのは1729年と全国でも比較的早い。その後、長期の18世紀の間に7つの正式
なロッジといくつかの非公式なロッジが開設されたが、1830年時点で4つの正
式なロッジが存続していた[110]。ロッジの普及は都市化や経済成長、エリート
や中間層の支持の度合いなどに深く関連するとされるが[111]、こうした条件を
クリアしたキングス・リンは、フリーメーソンが活発な活動を行う都市の一つ

第8章 教養・知識・情報とアソシエーション 343

であった。

　この時期のイギリスのフリーメーソン団は、決して秘密結社のようなものではなかった。キングス・リンのロッジは、食事会や親睦会を定期的に開き仲間意識を高めることに加え、会員間の自助や慈善活動を行い、必要に応じて仕事を提供するなど、評価に値する活動を積極的に行っていた[112]。確かに、入会式その他の儀式の作法や街中の巡回行進、ロッジの見張りなど、第三者からすると奇妙でくだらないものと映ることもあった[113]。しかし、これらは他人に害を与える類の活動ではなく、彼らの活動は公共の場で、公開されるのが通常であった[114]。

　キングス・リンでは、ロッジごとに定期的に集まる特定の集会場所をもっていたが、それはインやタヴァーンといった公共の場であった。キングス・リンに古くからあるフリーメーソン会の一つ、「認可番号553番の厳格なる慈善団体」の「フレンドシップ」は、「イングランドの法律下で組織された、最古で名誉あるフリーメーソン協会」であり、キングス・リンだけでなく、近隣地域在住者の会員もいた[115]。このロッジはデュークス・ヘッド・インを集会場所にしていたが、1805年に隣町のウィスビッチのヴァイブ・インに移動した。また別の例では、J. ビングは1828年、「友人と、商業を営むジェントルマンたちのために」非公式ではあったが、フリーメーソンズ・タヴァーンと呼ばれる飲食施設兼ロッジを開設した。そこでは年に1回、フリーメーソンの会員の結束のための晩餐会が開催されていた。1831年のロッジ開設3周年記念晩餐会には、ロッジの会員の中でもとくに選ばれた名声のある者が35人集まったし、翌年の4周年記念晩餐会には、同様に40人が集まり、皆で楽しい理性的な夕べを過ごした[116]。ビングのロッジに全部で何人の会員が帰属していたかはわからないが、少なくとも35～40人は定期的に集まっていた。

　ロッジは娯楽の催しを企画し、一般公開することもあった。1802年にメイズ・ヘッド・インで開催されたシルヴェスター夫人の蝋人形展示会はそうした例の一つである[117]。メイズ・ヘッド・インを本拠に活動するフリーメーソンたちが、当時のイギリスで最も人気があった蝋人形師の展示会を開き、会員以

外の一般人にも公開したものであった。大規模な展示会には相当大きな資金が必要であったが、富裕な者が多いこのロッジの会員によって負担されたのである。

　フリーメーソンの活動で際立って目立っていたのは、街中で繰り広げられた大勢の会員による行進である。会員間の親交をより深め、連帯感を高めるために、ロッジはそれぞれが独特の秘密の儀式や作法をもっていたが、行進もまた、会員の帰属意識を高めることをねらった儀式の一環であった[118]。また、同時に、社会一般にロッジのアイデンティティを示し社会的認知を受けようとしたとも考えられる。キングス・リンでさまざまな特異な儀式が公共の場で観察され、新聞等でも報告されるようになったのは18世紀末のことである。たとえば1796年、新設されたロッジ「ストリクト・ベネヴォレンス」の紹介も兼ねた催しでは、会員は行列を組み、メイズ・ヘッド・インからセント・マーガレット教会まで行進した。そして、教会ではケンブリッジ大学の現職ヘブライ語教授、ロイズ博士の講演が公開された[119]。ロイズは長期にわたり、キングス・リンのグラマー・スクールで教鞭をとりエリートを育ててきた名声のある校長であり、非常に知名度が高かった[120]。キングス・リンのエリートたちとの親交も深かったロイズは、おそらく自身もこのロッジの会員であったと思われるが、講演の中でも新設ロッジの紹介を行った[121]。

　また別の行進の例としては、第7章でふれた、1818年のロッジ会員のT.バーンの葬送行進があげられる。一般庶民には奇妙に映るこの儀式には、3,000人を超える観衆がいた[122]。バーンなる人物については、「立派な船主」であること以外の情報は存在しないが、これだけ盛大な公開葬儀を行い、また新聞の大きな紙面を割いて伝えられたことからすると、生前にフリーメーソンに深く関与していただけでなく、キングス・リンでもよく知られた名士であったと思われる。

　ロッジは、一般に、政治や宗教色を排除して、地主や専門職、富裕な商工業者などが混在した組織であり、中上流層の人々の社会的融和を高めるものといわれる。当時の中上層向けのアソシエーションとしては最大規模であり、最も

成功をとげたものの一つであった[123]。キングス・リンのフリーメーソンも「議論の余地なくレスペクタブルな人々」から成り、正式なロッジの会員だけでも500人は超えていた[124]。しかし個々のロッジの会員構成にはそれぞれ特徴があった。たとえば、前述のビングのロッジは「商業を営むジェントルマンのために」開設したという点からもわかるように、会員の対象は地主や専門職というよりもむしろ、商工業者であった。また、ビング自身が急進主義者であり、このフリーメーソンズ・タバーンでは、体制改革 constitutional reform を求める仲間が1832年にリン政治協会 Political Association for Lynn 結成の決起集会を開いた場所であることからうかがわれるように、ここは改革思想をもつ者たちのたまり場になっていた[125]。一方、メイズ・ヘッド・インを集会場所にしていたロッジは、富裕な会員が多く、また、保守的な思想をもつ者も多く含まれる。1838年の市長、R. バッグもこのロッジの会員であり、定期的に会合に参加していた。彼の妻は日記に、「リチャードはいつものようにフリーメーソンの晩餐会に出かけた」と記しているが、彼の行き先はいつでもメイズ・ヘッド・インであった[126]。また、1810年に開設された認可番号107番のフィランソロピックは、設立当初から1830年代を通して常時20〜30人の会員がいたが、水夫親方が多く集まるロッジであった。1833年の会員24人のうち水夫親方は10人おり、残りはイン経営者や馬車製造工、パン屋、靴屋、石工が1人ずつ、職業不明者が9人であったことからも職業の偏りは明白である[127]。

親睦を目的としたアソシエーションのもう一つの例として、「真のイギリス人の協会 Society of True Britons」をあげてみる。真のイギリス人の協会は、キングス・リンのエリートが非日常的な空間で親睦を深めるために、1749年という比較的早期に結成された。社会的地位のある市民を新規補充しながら、半世紀にわたって続いた、珍しく長寿のアソシエーションである[128]。この協会の結成時の会員は少なくとも26人はいたが[129]、「真のイギリス人」という名前から連想しがちな、フリーメンであることや国教徒であるという条件はつけられておらず、実際、その構成はフリーメン15人、非フリーメンは11人で、その中には少なくとも2人のクエーカー教徒が含まれていた。ジェントルマンの集

まりとはいえ、年齢は比較的若い者が大半であったため、1749年の協会開設時点で市議会議員など都市自治体の要職に就いているものは数えるほどしかいない。市参事会員は一人もおらず、唯一の市議会議員は1748年に市会員になったばかりの R. マーシャルで、その他、都市自治体の収入役であった N. エルストップの名前がせいぜいあがる程度である。しかし、その後、サミュエル・ブラウンやスカーレット・ブラウン、J. バッグをはじめとし、総勢9人が市議会議員の仲間入りをしていくことから考えても、厳選されたエリートの集まりであったことは明らかである[130]。

真のイギリス人協会では、会員は自分たちの法を制定し統治し規律を守らせる理想的な仮想社会を作り、その「模擬統治」を成人男性が行う。実社会には何の影響ももたないとはいえ、市長や事務局、各種役人たちを会員間で任命し、各自が自分の社会的役割を演じ、時には罰金や罰則さえ科すなど、実社会さながらのその活動ぶりは、同時代人の目にも時には非常に奇妙に映ったようである。W. リチャーズは「自分たちの法を執行し、統治機構を維持し、そして彼らの社会の懲罰を加える。そしてそれらの議事録まで大量に残すという、ばかばかしいほど形式ばった行為を見るに、奇妙としかいいようがない」と言っている[131]。リチャーズが見たという議事録は、今となっては入手不可能であり、彼の感想を公正に判断することはできない。しかし真のイギリス人の協会の会員は現実の社会では公的な高い役職に就いていた者も多く、架空の世界での役割を演じることを通して真剣に行政のあり方を考えていたというよりも、むしろ現実の社会では行政に深く関わってこない非フリーメンをも含めた社交空間を楽しみ、ネットワークを固めていたと考えた方が妥当と思われる。

都市の中上層以上の人々にとって、社会的差異を示すためにも、さまざまなジャンルの知識や情報をもつことは重要であった。こうしたものは人との交流から得られるものであり、キングス・リンではこの目的に沿ったアソシエーションが18世紀末頃から活発に組織された。まず、図書館や読書クラブは最も身近で文字文化に接することができる場であり、知識人や書籍商などの中間層が

中心となり活動を行った。彼らは、地元のニュースや広告が掲載される新聞や都市史の書籍の出版にも深く関わっていたが、こうした文字文化や印刷文化を介して知識を獲得し、洗練された都市住民としての意識を強めていった。科学を重視する傾向はキングス・リンでも次第に強まった。1830年代までには趣味的クラブから本格的なものまで、科学や哲学を学ぶ複数のアソシエーションや施設が組織されたが、とくにメカニックス・インスティチュートは会員数も多く、活発な活動を行う団体であった。また、政治や法律、外交に関しては、公の場で議論や討論をする機会が増えたが、そうした交流から知識や情報が蓄積され、共有された。社交に必要とされる礼儀正しさや教養を学ぶ場としての学校も、重要な文化的アソシエーションの一つと考えられる。これらに加え、アソシエーションの中には、何か特定の目的をもって組織されるのではなく、懇親そのものが目的のものもあった。フリーメーソンやジェントルマンクラブがその典型であった。

　人々は文化的アソシエーションに帰属することで、知識や情報といった社交に必要な資源を獲得しようとしたのはもちろんであるが、それ以上に重要なのは、ポライトな空間を求めて集う会員同士の絆を深められたことであった。個々のアソシエーション内部での会員同士の繋がりがもつ意義は大きかった。文化的アソシエーションは、公共領域に関わるものとは異なり、比較的上層の社会層に限定された会員の集まりになる傾向があった。そこでは法律家や聖職者、医者といった専門職や知識人、商人や地主など、新旧エリートが中核にいた。また、教養や知識、趣味といった普遍性や一般性を追求するアソシエーションには、党派や宗派や職業などの違いを超えて会員が集まる特徴があった。さらに、個のレベルを超えた、都市全体に広がるアソシエーションのネットワークも存在した。複数のアソシエーションに帰属する人々を核にして、それらが作り出すネットワークは都市全体に広がっていった。クラークもいうように、経済的にも空間的にも拡大していく18世紀のイギリスの都市では、アソシエーションが生み出す社会的結束や社会的地位の相互認識が、都市化によって引き起こされた社会的分裂に対抗する一手段となったのである[132]。

注

1) Wilson, K., *The Sense of the People: Politics, Culture and Imperialism in England, 1715-85* (Cambridge/New York, 1995), pp. 76-77.
2) Harris, M. & Lee, A. eds., *The Press in English Society from the Seventeenth to Nineteenth Centuries* (London, 1986).
3) KLA, KL/TC2/1/1, 1815/9/18.
4) *NM*, 1824/10/16.
5) *Ibid*.
6) Richards, *History of Lynn*, p. 1176.
7) *NM*, 1824/10/16.
8) イングランドでは全国レベルで18世紀末に常設図書館が作られる傾向があった。たとえばノリッジでは1784年に会費制の図書館ができている。キングス・リンもこの流れにのったものと思われる。Clark, *British Clubs and Societies*, pp. 109-110.
9) *LWP*, 1802/10/5.
10) Richards, *History of Lynn*, p. 1176. 女性読書クラブがいつできたのかは不明である。しかし、少なくとも1830年には存在し、読書クラブとしてだけでなく、子どもの教育の奨励機関として機能していた。*NM*, 1831/2/19.
11) 『ノリッジ・マーキュリ』はリベラル、『ノーフォーク・クロニクル』は保守的な新聞である。
12) T. フォウセットによると、キングス・リンには13人の書籍商がいて、彼らは新聞にビジネスの広告を掲載していた。しかし書籍商の広告は『ノリッジ・マーキュリ』にしか掲載されず、『ノーフォーク・クロニクル』には全く見られなかった。Fawcett, T., 'Eighteenth-Century Norfolk Booksellers: A Survey and Register', *Transaction of the Cambridge Bibliographical Society*, 6 (1972-77), pp. 12-18.
13) W. ウィッティンガムは文学に通じた人で、既述のように、貸し出し図書館や読書クラブの中心的メンバーであったが、その他にも、ブルムフィールドの多数巻から構成される『ノーフォークの歴史』全巻を印刷するなど、キングス・リンの書籍や出版関係では最も力をもっていた。
14) *LWP*, 1800/1/7.
15) 6ペンスのうち、4ペンスは新聞税であり、実際は2ペンスでやり繰りをしていたことになる。新聞税は1836年に1ペンスに引き下げられた。Richards, *King's Lynn*, p. 112.
16) *LWP*, 1802/10/5.
17) Richards, *King's Lynn*, p. 112.

18) Sweet, *Writing of Urban Histories*.
19) Mackerell, *History and Antiquities*; Richards, *History of Lynn*; Taylor, *Antiquities of King's Lynn*.
20) *BNP*, 1808/12/7. 購買者を事前に募り資金を調達するのは、当時の一般的な出版方法であった。Brewer, J., *The Pleasures of the Imagination: English Culture in the Eighteenth Century* (London, 1997), pp. 164-166.
21) *BNP*, 1809/2/1. 残りは十分な購読申込数に達した1812年に出版された。
22) Orange, D., 'Rational Dissent and Provincial Science: William Turner and the Newcastle Literary and Philosophical Society', in Inkster, I. & Morrell, J., eds., *Metropolis and Province: Science in British Culture, 1780-1850* (London, 1983); 大野誠『ジェントルマンと科学』(山川出版社、1998年)。
23) Porter, R., 'Science, Provincial Culture and Public Opinion in Enlightenment England', *British Journal for Eighteenth-Century Studies*, 3-1 (1980); Inkster & Morrell, eds., *Metropolis and Province*; Elliott, P., 'The Origins of the 'Creative Class': Provincial Urban Society, Scientific Culture and Socio-Political Marginality in Britain in the Eighteenth and Nineteenth Centuries', *Social History*, 28-3 (2003); do., 'Towards a Geography of English Scientific Culture: Provincial Identity and Literary and Philosophical Culture in the English County Town, 1750-1850', *Urban History*, 32-3 (2005).
24) クラークは、農業協会の普及に刺激される形で18世紀末以降、医学関係の団体が出現してきたことを指摘している。Clark, *British Clubs and Societies*, pp. 114-115. ノーフォークにも慈善医学協会 Norfolk Benevolent Medical Society が1800年頃に設立され、ノーフォークの主要な町の医者が集まった。キングス・リンからは、内科医のマーシャルとレッドファーンや、外科医のアップウッド、ブライアント、ロバートソン、マンビー、フォレスト、クロウフォース、ロウズなど、医師の大半が年会費1ギニーで会員登録をしていた。*BNP*, 1801/6/3, 1803/5/11.
25) Clark, *British Clubs and Societies*, pp. 112-114, 438.
26) クックは多くの農業改良家とのネットワークをもつが、農業関係の書籍著作で有名な A. ヤングとも懇意の間柄である。また、本書第7章でふれたフランス人ラ・ロシュフーコーもイギリスの先進的な農業を学ぶために、クックを訪ねてきた。Stirling, A. M. W., *Coke of Norfolk and His Friends, vol. I* (London, 1908); La Rochefoucauld, *A Frenchman in England*.
27) 1820年代までのノーフォーク農業協会の簡単な定期総会内容については *BNP* に掲載されている。

28) *BNP*, 1804/2/29.
29) *LWP*, 1800/5/20.
30) *LWP*, 1801/12/15.
31) 全国の農業協会の会員は、地主や貴族が中心であった。Clark, *British Clubs and Societies*, p. 112.
32) *LWP*, 1800/5/20; *BNP*, 1806/7/23ほか。
33) *NM*, 1831/6/11. 発足した年には、4回の展示会が開かれた。*NM*, 1831/7/9, 1831/8/6, 1831/9/10, 1831/10/8.
34) *NM*, 1831/7/9.
35) こうした珍しい植物や野菜の苗は、たとえば第6章でふれた花屋・苗屋のファイフなどから入手したのであろう。
36) *NM*, 1831/6/18.
37) *NM*, 1831/10/8.
38) *NM*, 1831/6/18.
39) Porter, 'Science, Provincial Culture and Public Opinion', pp. 30-32; Clark, *British Clubs and Societies*, p. 440.
40) *BNP*, 1827/7/4.
41) 委員会の構成は以下の通り。E. エドワード牧師（委員長）、ウェイト医師（副委員長）、C. ピーク（監査役）、マグリッジ（事務局）、ブランスビー牧師、マンフォード牧師、マニング、バリー兄弟、J. キード、ジョイス、アッティング、スペンサー、ジャクソン、W. カーティス、ライト、ヒッチコック、セルビー、R. ジョンソン、クリスプ。*NM*, 1827/7/30.
42) *Ibid*.
43) *Ibid*.
44) Richards, *King's Lynn*, p. 112.
45) 1835年までの『ノリッジ・マーキュリ』に載った講義のタイトルの例として、以下のようなものがある。動物経済学、耳の構造と機能、目のしくみ、人間の構造、哲学、言語、地質における銀のメリット、自然哲学、英語の構造、化学、商業学、動電気学、イギリスの風景。
46) *NM*, 1827/9/8.
47) *NM*, 1827/7/30.
48) *NM*, 1831/1/8.
49) *NM*, 1829/1/10.
50) *NM*, 1834/2/1.

第 8 章　教養・知識・情報とアソシエーション　351

51）　*BNP*, 1827/7/4.
52）　*NM*, 1829/7/25.
53）　*NM*, 1833/10/19.
54）　アストリー卿は5ポンドの寄付をした。*NM*, 1833/2/23.
55）　1845年のメカニックス・インスティチュートの会員数は60名であった。*White's Directory Norfolk, 1845*.
56）　Cowan, B., 'The Rise of the Coffeehouse Reconsidered', *The Historical Journal*, 47-1（2004）; *do.*, *The Social Life of Coffee: The Emergence of the British Coffeehouse*（New Haven/London, 2005）; 中野忠「王政復古期以後のロンドンにおける市民的社交圏──コーヒーハウスをめぐる最近の研究から」『早稲田社会科学総合研究』7巻3号（2007年）。
57）　Clark, *British Clubs and Societies*, p. 461.
58）　Fawcett, T., 'Eighteenth Century Debating Societies', *British Journal for Eighteenth-Century Studies*, 3-3（1980）; Clark, *British Clubs and Societies*, pp. 118-121.
59）　*NM*, 1829/9/19. 正式にいつ設置されたのかは不明であるが、翌年の5月にはディベート協会の活動が持続している記述がある。*NM*, 1830/5/22.
60）　*NM*, 1831/1/22.
61）　*NM*, 1829/9/19.
62）　KLA, KL/C7/15, 1788/1/17.
63）　*Ibid.*, 1792/2/14.
64）　Richards, *History of Lynn*.
65）　*NM*, 1833/1/12.
66）　*NM*, 1833/1/26.
67）　*NM*, 1833/1/19.
68）　KLA, KL/C7/15, 1808/6/4.
69）　*NM*, 1810/7/20.
70）　本書第5章203ページを参照のこと。
71）　私塾・アカデミーの設立目的は、読み書きや社会生活を行うための最低限の道徳規範が教えられた公的な学校とは全く異なる。プライベート・アカデミーの詳細な事例として三時眞貴子『イギリス都市文化と教育──ウォリントン・アカデミーの教育社会史』（昭和堂、2012年）。
72）　Richards, *King's Lynn*, p. 114.
73）　*White's Directory Norfolk, 1845*.

74) *BNP*, 1818/7/15.
75) Thew, J. D., *Personal Recollections: By a Lynn Sexagenarian* (King's Lynn, 1891), p. 20.
76) *BNP*, 1805/7/3; *NM*, 1805/7/6.
77) 1808年に学校がコウルトンの自宅に移動すると、基本授業料は年25ポンドに値上げされた。*BNP*, 1810/7/4.
78) *NM*, 1805/7/6.
79) Richards, *History of Lynn*, p. 1148.
80) *NM*, 1833/6/29.
81) *BNP*, 1812/6/3, 1814/6/29, 1819/9/8.
82) *BNP*, 1803/12/28.
83) *BNP*, 1818/2/4.
84) *BNP*, 1825/6/29.
85) *BNP*, 1803/11/9.
86) *BNP*, 1806/6/11.
87) *BNP*, 1815/7/12.
88) *BNP*, 1815/5/3.
89) *BNP*, 1814/11/16.
90) *BNP*, 1801/7/8.
91) *BNP*, 1814/11/16.
92) 1829年に開校した女子学校は、メカニックス・インスティテュートの講師をつとめるE. マグリッジの妻であったが、彼女の経歴の詳細は不明である。*NM*, 1829/1/3, 1831/7/16.
93) *BNP*, 1801/12/30, 1810/7/25.
94) *BNP*, 1815/5/3.
95) *BNP*, 1803/5/18.
96) *BNP*, 1811/4/10.
97) *BNP*, 1812/12/23.
98) *BNP*, 1813/7/21.
99) *BNP*, 1814/2/23.
100) *BNP*, 1815/1/11.
101) NRO, HMN, 4/247/7.
102) *BNP*, 1813/1/20.
103) *BNP*, 1820/3/22.

104) *NM*, 1830/1/23.
105) *NM*, 1831/12/24.
106) *NM*, 1831/12/24, 1832/4/14, 1833/2/16.
107) NRO, BL X/18.
108) Clark, *British Clubs and Societies*, p. 309.
109) *Ibid.*, pp. 309-325.
110) Glasier, J. S. B., ed., *History of Philanthropic Lodge, King's Lynn, No. 107* (King's Lynn, 1911), pp. xiii-xiv; Richards, *History of Lynn*, pp. 1124-1125.
111) Clark, *British Clubs and Societies*, pp. 318-319.
112) Richards, *History of Lynn*, p. 1123.
113) *Ibid*.
114) Clark, *British Clubs and Societies*, p. 312.
115) *BNP*, 1805/7/10.
116) *NM*, 1831/1/22, 1832/2/4.
117) 詳細は第7章を参照のこと。
118) Clark, *British Clubs and Societies*, p. 312.
119) Richards, *History of Lynn*, p. 1211.
120) 第5章を参照のこと。
121) Richards, *History of Lynn*, p. 1211.
122) *NYLC*, 1818/4/11.
123) Clark, *British Clubs and Societies*, pp. 320-323.
124) Richards, *History of Lynn*, pp. 1123-1125.
125) *NM*, 1832/6/9. フリーメーソンは、一般に、ラディカルの伝統が強かった。Clark, *British Clubs and Societies*, p. 311.
126) NRO, BL/VIa(XII), 1838/6/4.
127) 残りの9人の職業は不明。Glasier, *History of Philanthropic Lodge*, p. xv. 1810年の開設時から1840年までに計37人が会員になったが、そのうち14人が水夫親方である。*Ibid.*, pp. 120-153.
128) 1810年代には、真のイギリス人協会は存在していたとしても、ほとんど目立った活動はしていなかったとW. リチャーズは記録している。Richards, *History of Lynn*, p. 1125.
129) Richards, *History of Lynn*, pp. 1125-1126.
130) 市議会議員になった者は、R. マーシャルのほか、サミュエル・ブラウン、スカーレット・ブラウン、J. バッグ、D. スウェイン、J. テイラー、E. エルスデン、A. ホ

ウキンズ、G. パッテソン、T. デイ。
131) Richards, *History of Lynn*, p. 1126.
132) Clark, *British Clubs and Societies*, p. 449.

結び

　長い18世紀のイングランドでは、より洗練された消費文化を求めて、都市は互いに切磋琢磨していた。ポライトな消費空間をもつことが、都市の地位をあげることになったのである。キングス・リンでも18世紀後半以降、こうした消費文化が広がり、多くの近隣地主や中上層の人々がそれにひき寄せられた。

　この消費文化にはさまざまなものが含まれる。その一つが常設小売店舗に並ぶ流行を意識した消費財である。この時代、常設小売店舗は増加していたが、こうしたものを扱う店舗はキングス・リンではハイ・ストリートに集中していた。これらの店では、商品が消費文化を構成していただけでなく、店自体も上品な社交の場であり、そこでの買い物行為もその一つの要素になった。

　社交のための催しも消費文化の重要な構成要素である。公共の社交の場では、屋内施設では各種パーティーや演劇、演奏会、展示会、屋外施設ではスポーツや娯楽など、新しい社交の催しが多数、開催されたが、これらは広く公開されていた。一方、伝統的な、共同体的な社交の催しも消滅したわけではなく、形を変え、新しい消費社会に馴染んでいくものも多かった。

　さらに、消費文化を構成するもう一つの重要な要素は文化的アソシエーションであった。消費文化が浸透し発展するためには、個々の参加者が洗練された都市空間において、一定の水準以上のマナーや知識、情報をもっていることが不可欠であった。こうしたものを提供したのが、文化的アソシエーションだったのである。

　買い物や、社交の催しへの参加、アソシエーションへの加入といった、都市を「消費」するともいえる都市ルネサンス期の社交は、流動化した都市社会の位階構造を再構築する場として機能した。不特定多数の人々に開かれていた都市の消費社会は、上品なふるまいや規則を順守した上で、会費や参加費さえ払えば、誰でも参加することが可能であった。しかしこうした参加費は、逆に参加者の選別装置にもなりうる。参加費の設定は恣意的なものであり、高額にしたりリーズナブルにしたり、または社会層によって異なる料金を定めたり、場

合によっては無料にするなど操作が可能である。原則、誰にでも開放されているはずの社交空間は、実際は強い選別がかかっていたのである。とりわけ文化的アソシエーションには一部の中上層のみの集いとなりがちであり、新しい都市の位階構造における上位のエリートの結束を固めるものとして機能する傾向があった。そして、比較的低い社会層まで一堂に参加するような社交の場では、中上層は服装やマナーで庶民と差別化をはかり、パトロンシップを発揮することで、自分たちの地位を認識させるのであった。

　自己顕示的な性格をもつ都市の消費空間は、18世紀の都市化の表舞台であったが、同時に新しい位階構造を築き、安定した都市社会を作り上げることにもなったのである。

結　論

　キングス・リンが最も繁栄した時期は、経済的に見れば、外国貿易が盛んであった中世であったことは間違いない。その後、外国貿易の代わりに活発な沿岸取引と国内取引が行われたが、決して中世の経済的繁栄を取り戻すことはなかったし、新しい製造業で急速な発展をとげることもなかった。しかしながら、消費文化の広まりを背景とした新しい都市文化が登場した長い18世紀は、文化的・社会的に見れば、中世とは別の繁栄期であったといってもよいだろう。キングス・リンは、この時期、工業化とは別の都市化の過程を経験したのである。
　本書では、長い18世紀後半のキングス・リンを、経済、地方自治、社交の側面から見てきた。第一部では長い18世紀キングス・リンの経済構造と社会構造、そして社会の担い手といった都市の基礎構造ともいえる部分について説明してきた。新興工業都市が経験した19世紀の都市化とは異なり、産業構造の変化や階級の成立といった急激な変化は見られなかったが、確実にキングス・リンの社会は変化していた。
　18世紀半ばに一時停滞したといわれるキングス・リンの人口は、18世紀末以降、再び増加傾向を示した。この都市に特徴的な水夫、ロープ工、製帆工といった水運関係者と商人をはじめとする古くからの職業は大きく変わることはなく重要性を保つ一方で、職業は分化が進み新しい職業も見られるようになった。富裕度にもとづく階層分けでは、少数の富裕層と多数の貧困層との格差が示されると同時に、上層の有力商人たちとともに社会を担う、商工業者や専門職から成る中間層の職業や上層に近い経済力をもつ者から、毎日の暮らしに精一杯で余裕がほとんどない者まで、大きな幅がある中間層の富の分布も明らかになった。こうした経済・社会構造の変化は、ノーフォークの都市の中でもあまり大きいほうではなく、ましてや新興工業都市とは比較にならないほど穏やかな

ものであったが、少しずつ進んだ。

　それに伴い、社会の担い手にも変化が見られた。伝統的な社会の担い手であったフリーメンは徐々にその役割を低下させていき、代わって納税義務を果たす者が都市社会の重要な構成となってきた。急激な人口増加や環境変化を経験していないキングス・リンでは、社会の担い手の交替も穏やかに進んだ。納税者の中にはフリーメンであった者も多く、新旧の社会の担い手は対立するよりもむしろ共存する形が自然にできあがった。非フリーメンに対する制約が最も大きかった地域行政の領域では、都市自治体法が施行されるまで市議会議員と国会議員選挙権だけはフリーメンの特権として最後まで残ったが、それ以外の場においては非フリーメンの参加は弾力的に認められており、激しい対立は決して起こらなかった。フリーメンは下層の住民にとっても意義があり、貧しいフリーメンは福祉的特権を大いに活用し、独立した市民としての誇りも得られた。その一方で、富裕な者は彼らのパトロンとしての役割を引き受けることで、名誉や威信、そして社交や営業の場における社会的信用を獲得した。

　第二部では都市行政の領域に目を転じた。18世紀までのキングス・リンの地域行政はほぼ都市自治体が担っており、その活動は保有する土地とフリーメンの管理という領域に限られていた。しかし18世紀の半ばともなると、非フリーメンが住民の大多数を占めるようになったし、都市生活の基盤整備として大きな資金を要するインフラ整備も必須になった。また、快適性や利便性など、都市の生活の質の向上を求める声にも対応せざるをえなくなってきた。それらは、行政組織の変化を促すことになった。

　一般に、伝統的な特権都市の行政の中核をなした都市自治体は、社会の変化に対応できず、機能不全に陥る事例が多かったとされる。しかし、キングス・リンでは長い18世紀を通して、地方行政の中心機関として機能し続けた。その核となったのは市長と市議会であり、この構成員は例外なく有力なフリーメンであった。しかし、こうした伝統的な機関も、社会の変化に伴い新しい問題が出現し、ますます増える都市住民からの要求に直面し、今までと同じやり方では対応できなくなっていた。多様な問題へのすばやい対応を要求された都市自

治体は、小委員会を積極的に組織したり、専門性を要求される問題の解決のために公開集会を開いて非フリーメンの力を借りるなど、より具体的な活動に従事する新しい組織を、都市自治体の下に作ったのである。資金の調達の面でも変化が起こった。従来の地代収入だけでは到底足りず、自治体債権や年金証券を積極的に発行し、大きな事業に備えたのである。

　しかし、社会の変化には、都市自治体だけで対応できるものではなかった。18世紀半ば以降、地域特定法で設置が認可される新しい公的な行政機関として、法定委員会が全国的に重要性を高める。この組織では具体的な活動目的が定められ、また独立した資金調達が可能であった。キングス・リンでもいくつも法定委員会は組織されたが、その中でも1803年に設立した舗装委員会は、この都市の大規模改良事業を担う重要なものであった。委員会の構成員にはフリーメン、非フリーメンの区別なく富裕な有力者が就いた。また、委員会の直接的な活動資金となる舗装委員会証券は、キングス・リンの中間層以上の多数の人々が引き受けた。資産をもつ者が公的地位にあるかどうかにかかわらず、自発的に都市の改良事業に関与したのであり、舗装委員会と都市自治体は対立するよりも、補完し合う関係にあった。

　私人の間で結ばれるアソシエーションも、救貧や共済、教育など、公的な行政機能の一部を実質的に担った。それは私人の領域と公的な領域が交わる社会的な場であった。上層から比較的下の層までの幅広い階層の人々が、公的な世界に関わりをもとうと、積極的にアソシエーション活動に参加し、時には近隣の農村地主も支援に加わった。アソシエーションは、会費や寄付によって活動資金を集めなければならなかったため、メンバーシップは広く開放されていた。また、アソシエーションの活動内容は、都市自治体とも、法定委員会とも大きくは重ならず、必要と状況に応じて組織されさまざまな活動に対応できる利点を活かし、キングス・リンでは公的な行政機関が対処しにくい領域を担当する傾向があった。時には、劇場や家畜市場やマーケット・ハウスのような公共施設の建築事業を、都市自治体との密な連携の下で担った。

　流動性や匿名性の高まった18世紀の都市空間では、それまでの比較的安定し

た位階構造が動揺していた。その中で、社交は、個人や家族がアイデンティティを確立する上でも、社会の位階を再編成する上でも大きな役割を果たすことになった。第三部は、こうしたキングス・リンの社交の世界を3つの視角から明らかにした。

　18世紀のイギリスでは、特定の社会層に限定されることなく、社会全体の消費の拡大が観察された。キングス・リンでも、18世紀末から19世紀半ばの消費の傾向は、従来の研究で指摘されている新しい消費の特徴に基本的に沿うものであった。彼らは新しい所有物を住居の部屋に置き、流行の衣服や服飾小物を身につけて社交の場に参加して自分たちの趣向や洗練を顕示し、社会的認知を受けようとした。家具や室内装飾品、テーブルウェアとともに、社交のための流行を追った衣服・服飾小物も当時の人々にとっては重要な所有物であった。

　こうした商品は徐々に都市の小売店舗で売られるようになっていた。キングス・リンでも18世紀末から1830年代の間に、常設小売店舗の数は大きく増加した。しかし、小売店舗の分布は一様ではなく、中心部に偏りが見られた。とりわけ流行の商品を扱う店舗はハイ・ストリートに集中しており、日常品の購入とは区別される、レジャーとしての買い物を楽しむ上品な空間が出現したことがわかる。しかしながら、だからといって都市の買い物空間が下層の人々を排除したわけではない。小売店舗はハイ・ストリートやその他いくつかの主要な通りをはずれたところにも、数は少ないながらも広がっていった。それらは下層の人々にも新しい消費財を提供する場となっていったのである。

　18世紀半ば以降、キングス・リンの社交の形は変化し、多様性や洗練性を高めた。伝統的な共同体的社交や行事は残り続けたものの、流行を取り入れた商業ベースの新しい社交に適応するように形を変えていった。人々は、上層から下層まで、ファッショナブルな衣装に身を包み、さまざまな催しを楽しんだ。都市の新しい社交空間は、会費や入場料さえ払えば誰でも参加できるオープンな空間であり、できるだけ広い階層の人々が楽しめるような工夫もされていた。しかし参加者誰もが平等に扱われる場であったわけではない。むしろ、社会的地位の差異を空間的に再配置する場であり、流動化した都市の位階構造が再

編・更新される場でもあった。こうした催しは都市の安定と生活の快適性を向上させ、さらに都市のアイデンティティやプライドを強めることに貢献したのである。

18世紀には地縁や血縁、生まれは次第に社会的地位を保証するものでなくなってきた。それに代わって社会的差異の重要な基準となったのが、洗練された教養や知識、情報の保持であった。こうしたものは、個人の努力により獲得されるものであると同時に、人との交流を通じて得られる部分も大きかった。キングス・リンでも知識や教養を交換するための「知の公共圏」ともいえる空間が充実し、多くの文化的アソシエーションが組織されることになった[1]。文字文化や印刷文化を介して獲得が可能である教養や知識を求める動きは、図書館や読書クラブの設立や新聞や都市史の出版を促した。また、科学や哲学といった理性的で有用な知識や、政治社会の知識や情報を獲得する目的のアソシエーションや施設も生まれた。ポライトな社交に必要な素養や知識を教育する学校も作られたし、中には特定の目的をもたず、ただ会員間の親睦を深めるために結成された組織やクラブもあった。しかし、文化的アソシエーションは、行政機能をもつアソシエーションとは異なり、メンバーシップが誰にでも開放されていたわけではなかった。メカニック・インスティチュートや音楽協会のように、そこでの催しが広く一般に開放されているように見えても、少数の正式会員との境界は明白であった。その意味では、これらの組織は、中上層の人々がより強固な絆で繋がり、エリートとしての地位を固める装置として利用されたといえる。

長い18世紀のキングス・リンを一言で表すならば、安定した経済と自治システム、そして洗練された文化水準をもった都市社会といえるだろう。経済と自治に関していえば、長い歴史をもつ既存のシステムを排除することはなく、むしろそれらを持続的に機能させる一方で、新しいものを漸次取り入れて良いものを融合させていったところに、社会の安定の要因があった。急激な成長や発展とは無縁であったが、かといって時代の変化に取り残されることもなく、改良を積み重ねていった結果であった。産業構造は中世以来大きく変化すること

はなく沿岸取引や内陸取引に依存し、有力な製造業者はほとんど出現しなかった。新興の有力な商人は台頭したが、伝統的エリート商家をおびやかすような存在ではなく、既存の商工業ネットワークを覆すほどの勢力とはならなかった。とはいえ、新興勢力は無視できないレベルであるため、既存の勢力も新興勢力を無視し従来の地位の上であぐらをかいていたわけではなかった。彼らは新しい要素を自分たちの勢力に徐々に取り込んでいった。したがって、古い力と新しい力が効果的に機能して経済の硬直を招くことなく、安定をもたらしたのだ。

キングス・リンのような中世以来の長い伝統をもち、かつ穏やかな変化をとげていた都市では、長きにわたって続いてきた都市自治体を中心とする行政システムを、全く新しいものにおき換えることは安易でないし、古い機種がそれなりに機能している以上、それを壊すことはむしろ非効率でさえあった。キングス・リンの事例から見えてくるのは、近代化や都市化といったものが、必ずしも、伝統的な行政機関の淘汰や古いエリートの退場、工業化といった変化を伴うわけではない点であり、都市のタイプによっても、変化の速度によっても、近代化や都市化の過程には様々な経路がありえたということである。新しい環境に対応するためには古い制度や機構の変化は必要であったとしても、それは根本的に新しいものに転換することを意味するわけでなく、従来の機構の中に新しいものを組み込むことで安定した統治を保持する都市も多かったのである。

工業化が都市化を促進することも事実ではあるが、他方で消費文化の広がりが都市化を進める大きな契機になった事例も存在した。市場機能や、とりわけ地域の社交の中心としての機能をもっていた都市では、新たに製造業の発展が促されたり職業構造の大きな転換を経験することなく、商業やサービス業の特化や専門化、より洗練された商業的レジャーの提供が進んだ。その変化は、都市ルネサンスと呼ぶのにふさわしい都市化の過程であった。そのような過程の担い手は、商人や専門職、商工業者もいれば、地主もいたし、古くから事業を営む者もいれば、新しく参入してきた者もおり、多様な人々が混在していたのである。

こうした都市は、急速な工業化が進む都市でしばしば見られたミドルクラス

とワーキングクラスの深刻な対立とは無縁であった。緩慢な変化の過程は、人々の関係のあり方にも、前の時代との連続性を示したのである。キングス・リンの安定した社会の背景の一つには、19世紀にいたっても形を変えながら存続した、家父長主義的な関係がある。とりわけ18世紀末以降にフリーメンの商人と水運関係者の間で強く見られるようになった緊密な関係は、まさにその代表的な事例であり、キングス・リンの基幹産業を支える彼らのためのセーフティ・ネットの形成に大きく寄与した。また、長い18世紀における安定は、アソシエーションの活動を通してももたらされた。流動的で多様な人々が住む社会に秩序を築くには彼らを結びつける絆が必要になるが、その機能を果たしたのがアソシエーションであった。キングス・リンには慈善や医療、教育といった下層の人々の救済や住民全体の生活支援を目的に結成されたものから、中間層以上の人々のより強固な絆を作り出すことになる懇親・文化活動を目的としたものまで、多種多様なアソシエーションがあった。下層から上層を繋ぐタテの関係も、同じような社会階層が作り出す互恵的なヨコの関係も、こうしたアソシエーションが補強していったのである。

　キングス・リンを事例に、工業地域とは異なった都市化の過程をたどってみることが本書の課題であった。その都市化を象徴的に表す絵を最後に掲げておこう。図結-1は第3章でもふれた、対仏戦争の終結と平和条約の締結を祝して1814年に開催された「セント・マーガレット教区の最貧層の住民」のための公開晩餐会の絵である。上層から下層にいたるキングス・リンのあらゆる住民が火曜市広場に一堂に集い、礼儀正しい雰囲気の中でこの時代最大の社交の催しを楽しんでおり、それぞれがパターナリスティックな役割を演じている姿をこの絵は示している。この催しには企画段階からフリーメン、非フリーメンを問わず、町の名士のほとんどが関わり、市長や市議会議員、教区関係の各種委員が準備に参加していた。当日は、食事の運び出し作業や、晩餐会に招待されなかった人々の妨害を阻止するための警備の作業に、教区の多くの人々もかり出された。区ごとに設けられたテーブルについた貧しい招待客の中に、主催者で各区を代表する市参事会員と市会員が配置されたが、彼らは料理を招待客に

図結-1　公開晩餐会（1815年）

とりわけ、目に見える形で権威を誇示した。絵の中では、立派な身なりでパトロンとしての貫録を示す名士が左側の来賓席に見られる。この中には近隣に住む農村地主もいたであろう。一方、大勢の招待客たちは、貧しいながらも精一杯のドレスアップをして、整然と礼儀正しく晩餐会に参加していることが見てとれる。そして、晩餐会の後には盛大な花火大会や音楽会やスポーツ大会が開催され、エリートも、夕食会に招待された貧民も、そして企画者たちも一緒になって楽しんだのである。新聞ではこの慈善の催しを高く評価した記事が載せられたが、多様な住民を一つにまとめあげたこの催しは、長い18世紀の繁栄するキングス・リンの縮図でもあったのだ[2]。

注
1) Downie, J. A., 'Public and Private: The Myth of the Bourgeois Public Sphere', in Wall, C., ed., *A Concise Companion to the Restoration and Eighteenth Century* (Oxford, 2005), pp. 58-79.

2) *NM*, 1814/7/23, 1814/7/30.

付 表

付表 369

付表1 クラスⅠ～Ⅲの納税者と査定額 (1796年救貧税記録より)

	氏　名	職業・地位	査定額 (£)
クラスⅠ	Bagge, Thomas (W. & T.), Esq.	merchant	280
	Everard, Edward, Esq.	merchant	266¾
	Allen, Maxey, Esq.	merchant	150½
	Hogg, George, Esq.	merchant	150
	Denton, Osbert	merchant	149
	Stockdale, John	merchant	143½
	Blackburn, Thomas, Esq.	merchant	141½
	Baker, Samuel, Esq.	merchant	140½
	Audley, Thomas, Esq. & Fydell	merchant, banker	140
	Everard, Edward, jur., Esq.	merchant	130
	Freeman, Robert, Esq.	merchant	126¼
	Carr, Thomas	merchant	120
	Self, Lionel, jur.	merchant	104¾
	Cary, John, Esq.	merchant	101
クラスⅡ	Bell, Henry, Esq.	attorney	99½
	Redfearn, Richard, Dr.	medical doctor	89
	Camps, Joseph	merchant	86
	Hadley, Samuel	merchant	86
	Bagge, William, Esq.	merchant	80
	Shelton, Richard	inn/pub keeper 〈Duke's Head〉	77
	Marshall, Ursula	merchant	66
	Hamond, Eliz	gentlewoman	64
	Whincop, Robert	attorney	56
	Smea, Richard	inn/pub keeper 〈Glove〉	55½
	Cade, Mary	n. a.	55½
	Partridge, William, Esq.	merchant	50
	Elsden, Eliz	gentlewoman	50
クラスⅢ	Taylor, Joseph, Esq.	merchant	47
	Claxton, Matthew	n. a.	47
	Lockett, John	china/glass dealer	46
	Hankinson, Thomas	cork cutter	45
	Hales, Ann (Mrs. Robert)	gentlewoman	44
	Swatman, Eliz	(flour dealer)	42
	Elsden, E. Rolfe, Esq.	merchant	41
	Bonner, Thomas	merchant	40¾
	Baker, William	merchant (wine, brandy)	40
	Cruso, Charles	upholster/auctioneer	40
	Gagen, Thomas	n. a.	40
	Lloyd, Henry, Rev.	clerk/Rev.	40
	Silverwood, Ben	brush maker	40
	Long, Hanslip	tanner	36¾

Edwards, Edward, Rev.	clerk/Rev.	36
Baker, William	pub/inn keeper ⟨Coffee House⟩	35
Brown, Samuel	sail maker	35
Everard, Mary, Mrs	gentlewoman	35
Hazard, William	ship chandler	35
Hurrell, Robert	n. a.	34½
Bailey, George	upholster	34
Dixon, John	grocer	34
Alderson, Isabel, Mrs.	gentlewoman	33
Forster, William	sail maker	33
Goodwin, Harvey	attorney	33
Mugridge, Edward	draper	32
Peek, George	grocer	31¾
Martin, William	grocer	31½
Daws, Charles	draper, hosier	31
Gales, Thomas	chemist	31
Perkins, William	roper	31
Upwood, Thomas	surgeon	31
Birkbeck, John & Gurney & Co.	banker	30
Case, William, Esq.	attorney	30
Clark, John	pub/inn keeper ⟨Crown Tavern⟩	30
Cooper, Matthew	ironmonger, saddler	30
Edwards, John, jur.	grocer	30
Hales, Margaret	⟨upholster⟩	30
Lake, William	n. a.	30
Middleton, Barnard	surgeon, appothecary	30
Oldmeadow, James	upholster	30
Robertson, Walter	surgeon, appothecary	30
Turner, Robert	grocer	30
Woodham, John	perfumer	30
Andrews, Joseph	grocer	29
Marshall, Richard	bookseller, stationer, printer	27½
Wardell, John	grocer, draper	27
Swaine, Mary, Mrs.	gentlewoman	26¼
Ayre, James	plumber, glazier	26
Bloye, Henry, sen.	pub/inn keeper ⟨Three Tuns⟩	26
Creak, William	draper, haberdasher	26
Fysh, James	merchant ⟨wine, brandy⟩	26
Harwood, John	attorney	26
Kemball, William	n. a.	26
____, John	n. a.	25
Allen, Stephen, Rev.	clerk/Rev.	25
Bayfield, Thomas	draper	25
Carter, Louisa	teacher	25

Cooper, Thomas	draper, haberdasher	25
Cooper, William	saddler	25
Crawforth, Hugh	surgeon	25
Edwards, John, sen., Esq.	merchant	25
Fysh, Christopher	draper, tailor	25
Grant, Valentine	pub/inn keeper 〈Maid's Head Inn〉	25
Hemmington, John	attorney	25
Jex, James	draper	25
Lawrence, Joseph	attorney	25
Lloyd, Margaret	n. a.	25
Matland, Collier	attorney	25
Oxley, Thomas	merchant	25
Reeves, James	upholster	25
Whittingham, William	bookseller, stationer	25
Eldridge, Richard	n. a.	24
Goskar, Thomas	plumber, glazier	24
Hawkins, George	attorney	24
Page, Charles	grocer	23
Watson, Brook	n. a.	23
Curtis, John	merchant (wine, brandy)	22
Fysh, Francis	draper, tailor	22
Goodain, James	coach maker	22
Hornbuckle, John	n. a.	22
Howlatt, Francis	n. a.	22
Coote, William	shoe maker	21
Crisp, John	pub/inn keeper 〈Star〉	21
Cruso, Mary (Mrs Robinson)	(upholster)	21
Hamilton, Jane (Mrs Gavin)	(attorney)	21
Kellow, Clark	pub/inn keeper 〈Bull〉	21
King, Henry	merchant (wine)	21
Pratt, Phebe	saddler	21
Diamond, Daniel	n. a.	20¼
Birkbeck & Taylor	banker	20
Chequer, John	shoemaker	20
Clark, May (Mrs. John)	(hosier, hardwareman)	20
Collon, Robert	n. a.	20
Haynes, Matthew	n. a.	20
Hutchinson, William	surgeon, appothecary	20
Jackson, Michael	furrier	20
Keed, John	bleaches maker, glover	20
Mowbray, John (& W)	brush maker	20
Newman, Charles	silversmiths, watch maker, auctioneer	20
Nice & Robson	milliner	20
Oldmeadow, Thomas	watch maker	20

Plowright, William	baker	20
Raven, Thomas	painter	20
Smith, John	n. a.	20
Steward, Sarah, Mrs	gentlewoman	20
Wardell, William	butcher	20

出典:NRO, MF/X/341/10.
注:1)寡婦の職業・地位は確実なもの以外、( )をつけて亡夫の職業を記載してあるが、そのまま商売を続けている女性も多い。
　　2)インとパブの名前は、職業欄の最後に〈 〉で記載。

付 表 373

付表2 クラスI～IIIの納税者と査定額（1836年救貧税記録より）

クラス	名前	職業・地位	査定額(£)
クラスI	Everard, Edward	merchant	445.9
	Bagge, Richard	merchant	356.3
	Hogg, George	merchant	300.3
	Eyre & Slagg	merchant	194.6
	Marster, John	merchant	160.5
	McPherson, Daniel	inn/pub keeper	156.8
	Clifton, William & Joseph	merchant	144.8
	Stockdale, John B. & son	merchant	135.1
	English, Oxley	merchant	124.6
クラスII	Willett, Charles	ironmonger	112.0
	Cooper, William & Joseph	ironmonger	110.6
	Self, Lionel	merchant (corn)	108.5
	Baines, Henry	n. a.	105.0
	Bowker, James & Green, Robert	merchant (corn)	105.0
	Elsden, Edmund & son	merchant	105.0
	Carter, Thomas Angus	merchant	102.0
	Johnson, John	n. a.	98.0
	Goodwin, Charles & Townley, Jonathan	attorney	84.0
	Ryley, Thomas	draper	82.8
	Bonner, William	merchant (pitch, tar)	79.1
	Andrews, Joseph, sen. & jur.	grocer	68.6
	Allen, Thomas	merchant (wine, spirit)	67.2
	Dawber, Matthew	merchant (corn, wool)	66.5
	Hunkinson, Thomas	cork cutter	66.5
	Kendle, John & Towell	merchant (coal)	65.6
	Marshall, Thomas	esquire	63.4
	Jackson, Thomas	merchant (corn)	63.0
	Keed, John, jun. & Co.	hatter	63.0
	Whitting, Joseph B. & Shelford	surgeon	61.6
クラスIII	Goddard, Charles & U.	brewer	59.8
	Phipps, Samuel	draper	58.8
	Baker, Edward & W.	n. a.	57.4
	Curtis, William	brewer	57.4
	Lane, Frederick	attorney	56.0
	Laws & Blott	grocer	56.0
	Parkins, William	upholster	56.0
	Bath, Henry	coach maker	55.3
	Andrews & Jones	n. a.	52.5
	Bayes, Misses	n. a.	52.5
	Green, John	merchant	52.5
	Peek, Robert	grocer	52.0
	English, William	ship chandler	51.8

Whincop, Robert	attorney	51.1
Manning, E. B.	merchant (drink)	50.4
Wales, Joseph	merchant	49.7
Bullock, Brame	merchant (wine, spirit)	49.5
Bowler, Ferrand	grocer	49.0
Carse, Samuel	upholster	49.0
Jarvis, Lewis Weston & James	banker	47.6
Plowright, Thomas & son	brazier	47.6
Bransby, John	teacher	45.5
Creake, Robert	draper	45.5
Cresswell, Francis	banker	45.5
Beloe, William	teacher	44.8
Keed, John	n. a.	44.8
Newham, William	joiner	44.1
Shipp, William	n. a.	43.4
Aickman, John & Menzie	brass founder	43.2
Aikin, John W.	bookseller, printer	42.0
Bushell, John	inn/pub keeper	42.0
Ingle, Thomas	surgeon	42.0
Partridge, Mrs.	gentlewoman	42.0
Patrick, John	shopkeeper	42.0
Pond, Henry	n. a.	42.0
Raven, Richard	painter, oil dealer	42.0
Wethered, William	n. a.	42.0
Whin, John	stable keeper	42.0
King, William	bricklayer	41.8
Ayre, James	merchant (coal)	41.3
Rivett, Charles & Ellen	hair dresser (& strawhat maker)	40.6
Saunders, John Bower	currier	40.6
Binge, Joseph	chemist	39.6
Bullen, Thomas	surgeon	39.6
Clarke, William	inn/pub keeper	38.5
Blencowe, John Prescott	merchant	36.4
Goskar, James	plumber	35.7
Oxley, William & Thomas	merchant	35.7
Baly, William	grocer	35.0
Blackburn, John	inn/pub keeper	35.0
Carnall, John	inn/pub keeper	35.0
Dillingham, James	gentleman	35.0
Frankland, Charles	n. a.	35.0
Hilton, Cyprian	n. a.	35.0
Howlett, James	merchant (wine, spirit)	35.0
Hunter, William	tailor/draper	35.0
Monement, William	cork cutter	35.0
Moyse, Walter	n. a.	35.0
Oxley, Elizabeth (Mrs. Thomas)	gentlewoman	35.0
Saddleton, James P.	silversmith, watch maker	35.0

Tweedale, John	physician	35.0
Blott, John	n. a.	34.6
Turner, William Newham	flour dealer	32.9
Kysh, Benjamin	n. a.	32.4
Linay, Thomas	n. a.	32.3
Bayes, James	chemist	32.2
Candler, William	joiner	32.2
Enefer, John	inn /pub keeper	32.2
Whittingham, William	bookseller	32.2
Boulding, John	inn /pub keeper	31.5
Bowker, Alexander	esquire	31.5
Cooper, Thomas & Taylor	draper	31.5
Crowson, (Mrs John)	upholster	31.5
Jackson, Henry	cheesemonger, bacon factor	31.5
Minchin, Mrs.	n. a.	31.5
Mugridge, (Mrs. Edward)	teacher	31.5
Porter, William	n. a.	31.5
Shepperd, Porter	cheesemonger	31.5
Townsend, John	inn/pub keeper	31.5
Wethered, William	tailor/draper	31.5
Burlingham, James	tea dealer	30.8
Wright, James C.	teacher	30.8

出典：NRO, MF/X/344/6

付表3 納税者の分類と職業（1836年）

職業	クラスI £120~		クラスII £60~120		クラスIII £30~60		クラスIV £15~30		クラスV £7.5~15		クラスVI £~7.5		職業別合計	
	人数	%	人数	%	人数	%	人数	%	人数	%	人数	%	人数	%
merchant	8	88.9	9	50.0	12	16.0	6	3.5	3	1.2	4	0.7	42	3.7
pub/inn keeper	1	11.1	1	5.6	7	9.3	22	12.7	22	8.9	14	2.3	67	6.0
ironmonger			2	11.1			1	0.6	2	0.8	1	0.2	6	0.5
draper			1	5.6	6	8.0	10	5.8	2	0.8	4	0.7	23	2.0
grocer			1	5.6	7	9.3	5	2.9	3	1.2	7	1.2	23	2.0
attorney			1	5.6	2	2.7	8	4.6	2	0.8	2	0.3	15	1.3
cork cutter			1	5.6	1	1.3			1	0.4	6	1.0	9	0.8
surgeon/medical doctor			1	5.6	3	4.0	2	1.2	3	1.2			9	0.8
hatter			1	5.6	1	1.3	1	0.6	2	0.8	2	0.3	7	0.6
teacher					4	5.3	5	2.9	5	2.0	8	1.3	22	2.0
upholster					3	4.0	2	1.2	6	2.4	13	2.2	24	2.1
banker					3	4.0	3	1.7					6	0.5
tailor					2	2.7	6	3.5	6	2.4	17	2.8	31	2.8
brewer					2	2.7	1	0.6	4	1.6	5	0.8	12	1.1
bookseller/printer					2	2.7	4	2.3	1	0.4	4	0.7	11	1.0
chemist					2	2.7	6	3.5	2	0.8	1	0.2	11	1.0
cheesemonger					2	2.7			1	0.4			3	0.3
joiner/carpenter					1	1.3	4	2.3	9	3.6	14	2.3	28	2.5
bricklayer					1	1.3	3	1.7	4	1.6	14	2.3	22	2.0
shop keeper					1	1.3	1	0.6	2	0.8	9	1.5	13	1.2
plumber/glazier					1	1.3	3	1.7	4	1.6	3	0.5	11	1.0
hair dresser					1	1.3	1	0.6	1	0.4	5	0.8	8	0.7
painter					1	1.3	1	0.6	2	0.8	4	0.7	8	0.7
surveyor					1	1.3	2	1.2	4	1.6			7	0.6
coach maker					1	1.3	2	1.2	1	0.4	2	0.3	6	0.5

付表 377

currier	1	1.3	2	1.2			2	0.3	5	0.4
ironfounder	1	1.3	1	0.6	1	0.4	2	0.3	5	0.4
gentleman	1	1.3	1	0.6	2	0.8			4	0.4
brazier	1	1.3					2	0.3	3	0.3
tea dealer	1	1.3	1	0.6			2	0.3	3	0.3
ship chandler	1	1.3	1	0.6			1	0.2	3	0.2
stable keeper	1	1.3	1	0.6					2	0.2
nursaryman	1	1.3							2	0.2
baker			10	5.8	23	9.3	11	1.8	44	3.9
silversmith/watch maker			7	4.0	2	0.8	1	0.2	10	0.9
independent			4	2.3	13	5.3	23	3.8	40	3.6
butcher			4	2.3	15	6.1	15	2.5	34	3.0
shoe maker			3	1.7	13	5.4	35	5.8	51	4.5
sail maker			3	1.7	1	0.4	4	0.7	8	0.7
hosier			3	1.7	1	0.4	1	0.2	5	0.4
saddler			3	1.7	1	0.4			4	0.4
china dealer			3	1.7					3	0.3
mariner			2	1.2	18	7.3	85	14.1	105	9.3
cooper			2	1.2	4	1.6	8	1.3	14	1.2
clerk/Rev.			2	1.2	2	0.8	4	0.7	8	0.7
corn dealer			2	1.2	2	0.8	1	0.2	5	0.4
gardener			2	1.2	1	0.4	1	0.2	4	0.4
army			2	1.2			1	0.2	3	0.3
fruiterer			2	1.2			1	0.2	3	0.3
auctioneer			2	1.2					2	0.2
civil clerk			1	0.6	4	1.6	1	0.2	6	0.5
basket maker			1	0.6	1	0.4	3	0.5	5	0.4
brush maker			1	0.6	2	0.8	2	0.3	5	0.4
glover			1	0.6	1	0.4	3	0.5	5	0.4
stonemason			1	0.6	2	0.8	2	0.3	5	0.4

occupation								
fishmonger	1	0.6	1	0.4	2	0.3	4	0.4
cloth dealer	1	0.6	2	0.8			3	0.3
turner	1	0.6			1	0.2	2	0.2
coach owner	1	0.6					1	0.1
flour dealer	1	0.6					1	0.1
miller	1	0.6					1	0.1
optician	1	0.6					1	0.1
smith			7	2.9	11	1.8	18	1.6
meter			4	1.6	10	1.7	14	1.2
fisherman			3	1.2	32	5.3	35	3.1
porter			3	1.2	11	1.8	14	1.2
gun maker			3	1.2	1	0.2	4	0.4
pilot			2	0.8	12	2.0	14	1.2
servant			2	0.8	4	0.7	6	0.5
pipe maker			2	0.8	2	0.3	4	0.4
labourer			1	0.4	73	12.1	74	6.6
ship carpenter			1	0.4	8	1.3	9	0.8
dress maker			1	0.4	3	0.5	4	0.4
dyer			1	0.4	3	0.5	4	0.4
sawyer			1	0.4	3	0.5	4	0.4
brick maker			1	0.4	2	0.3	3	0.3
cater			1	0.4	2	0.3	3	0.3
cow keeper			1	0.4	1	0.2	2	0.2
machine maker			1	0.4	1	0.2	2	0.2
pawnbroker			1	0.4	1	0.2	2	0.2
strawhat maker			1	0.4	1	0.2	2	0.2
patten maker			1	0.4			1	0.1
peruke maker			1	0.4			1	0.1
plasterer			1	0.4			1	0.1
tile dealer			1	0.4			1	0.1

付　表　379

tinplate worker			1	0.4		1	0.1
wheelwright			1	0.4		1	0.1
roper					14	2.3	14	1.2
washerwoman/laundress					7	1.2	7	0.6
commercial clerk					4	0.7	4	0.4
weaver					4	0.7	4	0.4
chimny sweeper					3	0.5	3	0.3
dairyman					3	0.5	3	0.3
lodge keeper					3	0.5	3	0.3
agent					2	0.3	2	0.2
block maker					2	0.3	2	0.2
chandler					2	0.3	2	0.2
coal dealer					2	0.3	2	0.2
hawker					2	0.3	2	0.2
lathriver					2	0.3	2	0.2
maltster					2	0.3	2	0.2
ostler					2	0.3	2	0.2
starcher					2	0.3	2	0.2
accountant					1	0.2	1	0.1
carrier					1	0.2	1	0.1
coachman					1	0.2	1	0.1
engraver					1	0.2	1	0.1
fellmonger					1	0.2	1	0.1
fire maker					1	0.2	1	0.1
goldsmith					1	0.2	1	0.1
horse keeper					1	0.2	1	0.1
house keeper					1	0.2	1	0.1
house letter					1	0.2	1	0.1
milliner					1	0.2	1	0.1
toy dealer					1	0.2	1	0.1
yeoman					1	0.2	1	0.1

	クラスⅠ		クラスⅡ		クラスⅢ		クラスⅣ		クラスⅤ		クラスⅥ		職業別合計	
小　　計	9	100.0	18	100.0	75	100.0	174	100.0	247	100.0	601	100.0	1,124	100.0
不　　明	0	0.0	1	5.3	7	8.5	35	16.7	123	33.2	945	61.1	1,111	49.7
クラス別合計	9		19		82		209		370		1,546		2,235	

出典：NRO, MF/X/344/6

付表 381

付表4 フリーメン納税者の職業別富裕度の分類（1796年）

職業	クラスI £100〜	クラスII £50〜100	クラスIII £20〜50	クラスIV £10〜20	クラスV £6.5〜10	クラスVI £ 〜6.5	職業別合計
merchant	10	1	6	2	6	6	31
attorney		2	3				5
grocer			3	5	2	5	15
upholster			3			1	4
sail maker			2	1	1	5	9
baker			1	4	6	3	14
butcher			1	3		8	12
ironmonger			1	2	1	1	5
plumber			1	1		2	4
Rev./teacher			1	1	1	1	4
surgeon			1	1		1	3
commercial clerk			1				1
painter				2	2		4
hatter				2	1	1	4
bricklayer				2			2
mariner				1	9	12	22
cooper				1	2	1	4
barber				1	1		2
joiner				1	1		2
gentleman				1		2	3
anchorsmith				1			1
bookseller				1			1
civil clerk				1			1
draper				1			1
esquire				1			1
inn keeper				1			1
ship chandler				1			1
tallow chandler				1			1
saddler					2	2	4
tailor					2		2
roper					1	4	5
peruke maker					1	2	3
stonemason					1	2	3
block maker					1		1
perfumer					1		1
brazier						2	2
shoe maker						2	2
felt maker						1	1
fishmonger						1	1
pilot						1	1
小　計	10	3	24	39	42	66	184
不　明				1		7	8
クラス別合計	10	3	24	40	42	73	192

出典：NRO, MF/X/341/10.

付表5　フリーメン納税者の職業別富裕度の分類

職業	クラスI £120〜 人数	%	クラスII £60〜120 人数	%	クラスIII £30〜60 人数	%	クラスIV £15〜30 人数	%	クラスV £7.5〜15 人数	%	クラスVI £〜7.5 人数	%
merchant	8	100.0	7	77.8	9	50.0	3	11.1	1	2.9	2	2.1
grocer			1	11.1	2	11.1	1	3.7	1	2.9	2	2.1
ironmonger			1	11.1							1	1.0
attorney					2	11.1	2	7.4			1	1.0
bricklayer					1	5.6	1	3.7			1	1.0
painter					1	5.6						
plumber/glazier					1	5.6			1	2.9		
ship chandler					1	5.6						
surgeon/medical doctor					1	5.6			2	5.7		
baker							5	18.5	5	14.3	2	2.1
pub/inn keeper							3	11.1	1	2.9		
banker							2	7.4				
mariner							2	7.4	10	28.6	39	40.2
clerk/Rev.							1	3.7	1	2.9	2	2.1
cooper							1	3.7	2	5.7	4	4.1
draper							1	3.7				
gentleman							1	3.7	1	2.9		
hatter							1	3.7				
miller							1	3.7				
sail maker							1	3.7	1	2.9	3	3.1
tailor							1	3.7			3	3.1
upholster									2	5.7		
butcher									1	2.9	2	2.1
pipe maker									1	2.9	1	1.0
stonemason									1	2.9	1	1.0
brewer									1	2.9		
corn dealer									1	2.9		
peruke maker									1	2.9		
porter									1	2.9		
roper											13	13.4
meter											4	4.1
pilot											2	2.1
sawyer											2	2.1
ship carpenter											2	2.1
shoe maker											2	2.1
weaver											2	2.1
commercial clerk											1	1.0
cork cutter											1	1.0
fisherman											1	1.0
gun maker											1	1.0
joiner/carpenter											1	1.0
lathriver											1	1.0
小 計	8	100.0	9	100.0	18	100.0	27	100.0	35	100.0	97	100.0
不 明	0		0		0		0		0		2	
フリーメン納税者合計	8		9		18		27		35		99	
全納税者合計	9		19		82		209		370		1,546	
納税者に占める フリーメンの比率（％）	88.9		47.4		22.0		12.9		9.5		6.4	

出典：KLA, KL/TC10; NRO, MF/X/344/6.

付　表　383

(1836年)

職業別合計	
人数	%
30	15.5
7	3.6
2	1.0
5	2.6
3	1.5
1	0.5
2	1.0
1	0.5
3	1.5
12	6.2
4	2.1
2	1.0
51	26.3
4	2.1
7	3.6
1	0.5
2	1.0
1	0.5
1	0.5
5	2.6
4	2.1
2	1.0
3	1.5
2	1.0
2	1.0
1	0.5
1	0.5
1	0.5
13	6.7
4	2.1
2	1.0
2	1.0
2	1.0
2	1.0
1	0.5
1	0.5
1	0.5
1	0.5
1	0.5
194	100.0
2	
196	
2,235	
8.8	

付表6 市議会議員 (1684〜1835年)

氏　名	フリーメン認可年	認可方法	職　業	市会員就任期間	市参事会員就任期間	市長就任年
Alderson, Thomas	1731	A	pipemaker	1743-1760	1761-1791	1762, 1776
Allen, John Maxey	1821	G	esquire	(1822)	1822-1828	1823
Allen, Maxey	1752	A	merchant	1759-1769	1770-1794	1771, 1779, 1792
Allen, Maxey	1779	G	merchant & beer brewer	1780-1794	1795-1804	
Allen, Robert	1661	G	wine cooper	*-1684-1721	1722-1730	1723
Allen, Stephen	1723	P	merchant	1725-1731, 1734-1750		
Allen, Stephen	1745	A	merchant	1755-1761		
Allen, Thomas	1709	P	merchant	1716-1725	1726-1751	1727
Allen, Thomas	1781	A	merchant	1781-1788		
Allen, Thomas	1803	B	gentleman	1805-1818	1819-1834-*	1821
Anderson, Ciprian	1649	A	baker	(1688)	1688-1704	1688, 1698
Awborne, Robert	1673	A	mercer	*-1684-1698	1699-1739	1699, 1707
Backler, Osbert	1656	P	maltster	*-1684-1685, 1688		
Bagge, Henry Lee	1804	P	merchant & banker	1805-1807		
Bagge, Charles	1696	A	grocer	1712-1722		
Bagge, John	1694	P	merchant	1696-1710	1711-1724	1711
Bagge, John	1720	P	merchant	1722-1730	1731-1740	1731
Bagge, John	1746	B	beer brewer	1752-1772		
Bagge, John Allen	1775	B	beer brewer	1777-1782		
Bagge, Richard	1831	G	esquire	1832-1834-*		
Bagge, Thomas	1761	A	merchant & esquire	1766-1777	1778-1806	1778, 1787, 1796, 1804
Bagge, Thomas Philip	1791	G	merchant & esquire	1792-1804	1805-1826	1805, 1815
Bagge, William	1721	A	grocer & chandler	1725-1737	1738-1761	1739, 1751
Bagge, William	1760	P	merchant	1761-1772	1773-1800	1775, 1785
Bagge, William	1799	P	esquire	1800-1817	1818-1833	1819, 1829
Bagge (Lee Warner), William Wilson	1806	G	banker	1807-1821		
Bedingham, William	1657	P	mariner	1688-1690		
Bell, Edward	1703	G	gentleman	1707-1719	1690-1710	1692, 1703
Bell, Henry	1670	A	mercer	1684-1689	1789-1819	1789
Bell, Henry	1783	G	esquire	(1789)	1710-1734	1710
Berney, John	1692	G	gentleman	1696-1709		
Blackburne, Thomas	1787	G	gentleman	1788-1797		
Blencowe, John Prescott	1799	A	merchant	1800-1816	1817-1834-*	1817, 1825
Blencowe, John Prescott	1821	G	merchant	1822-1834-*		
Blyth, William	1659	P	grocer	(1688)	1688	
Bodham, Edward	1658	A	merchant		*-1684-1687	1685

付表 385

Bodham, Edward	1688	B	merchant	1689-1697	
Bonner, Gamble Yates	1800	A	⟨merchant⟩	1803-1817	
Bordman, James	1681	A	wine cooper	1698-1715	
Bordman, James	1720	A	merchant	1722-1723	1717
Bourning, Robert	1708	P	merchant	1726-1732	
Bowker, Alexander	1797	P	merchant	⟨1798⟩	1799
Bowker, Alexander	1805	A	merchant	1808-1826	1799
Bowker, James	1812	A	merchant	1813-1831	1828
Bradfeild, Edward	1711	B	gentleman	1717-1725	
Bradfeild, John	1684	G	gentleman	1685-1699	
Bridgman, Giles	1643	A	merchant	* -1684-1698	
Bridgman, Samuel	1673	A	merchant	1685-1704	
Brodrick, William	1683	G	gentleman	1688	
Browne, Daniel	1761	P	merchant	1764-1776	
Browne, John	1702	A	merchant	1705-1715	
Browne, Samuel	1696	B	merchant	1698-1715	1716
Browne, Samuel	1723	B	merchant	1724-1732	1733
Browne, Samuel	1749	B	merchant	1754-1767	
Browne, Scarlet	1761	P	merchant	1762-1764	
Browne, William	1769	P	merchant	1770-1781	1769, 1780
Busby, Peter	1688	G	n. a.	1688	
Buckingham, Thomas	1665	P	mariner	1688	
Cariton, Francis	1744	A	grocer	1770-1779	
Cary, John	1726	P	writing master	1727-1739	1740, 1754, 1765
Cary, John	1757	A	merchant	1761-1771	1774, 1783, 1797
Case, James	1783	G	Lieutenant	1785-1794	
Case, Philip	1733	P	gentleman	1733-1742	1745, 1764, 1777, 1786
Case, Thomas	1761	P	gentleman	1762-1792	
Case, William	1776	P	gentleman	1777-1789	1790, 1798
Castleton, John	1770	A	grocer	1783-1787	
Chennery, Henry	1659	A	mercer	* -1684-1688	
Chennery, Henry	1682	G	mercer	1690-1706	1708
Chennery, Robert	1703	A	mercer	1711-1724	
Chennery, Robert	1738	B	merchant	1747-1752	
Clarke, William	1742	P	mariner	1747-1769	
Davy, John	1683	G	gentleman	1686-1687	1688
Day, Thomas	1751	A	merchant	1760-1771	
Dixon, Johnson	1771	P	merchant	1772-1804	
Edwards, George	1791	A	merchant	1793-1807	1808

Edwards, John	1794	G	n.a.	1795-1807	1808-1810
Edwards, Joshue	1732	P	upholster	1733-1747	
Edwards, Nicholas	1761	P	appothecary	1762-1771	
Edwards, Thomas	1781	A	grocer	1781-1795	
Elsden, Charles	1787	A	merchant	1790-1804	
Elsden, Edmund	1742	B	merchant	1755-1792	
Elsden, Edmund	1809	G	n.a.	1810-1829	
Elsden, Edmund Rolfe	1777	A	merchant	1783-1792	1793-1815	1794, 1803
English, Oxley	1831	A	merchant	1832-1834-*	
Everard, Edward	1726	A	merchant	1732-1741	1742-1767	1742, 1758
Everard, Edward	1760	P	merchant	1761-1769	1770-1827	1772, 1782, 1795, 1822
Everard, Edward	1783	A	merchant	1783-1792	1793-1818	1793, 1810
Everard, Edward	1814	G	esquire	1815-1831	1832-1834-*	1832
Everard, Edward	1821	G	Rev./clerk	1834-*	
Everard, James	1768	A	gentleman	1769-1772	
Everard, James	1786	G	merchant	1787-1794	
Everard, James Elsden	1821	G	gentleman	1822-1834-*	
Everard, Scarlet	1794	G	merchant	1795-1804	1805-1834-*	1807, 1820, 1830
Everard, William	1821	G	attorney	1822-1831	1832-1834-*	1833
Exton, John	1683	P	tallow chandler	1687-1704	1705-1706	
Exton, John	1719	A	appothecary	1725-1734	1735-1758	1735, 1750
Farthing, John	1719	A	mercer	1722-1731	1732-1741	1732
Farthing, Robert	1744	B	mariner	1777-1791	
Farthing, Samuel	1754	B	⟨merchant⟩	1771-1783	
Few, Robert	1669	A	mercer	1684-1694	
Framingham, Henry	1660	A	baker	⟨1688⟩	1688-1710	1690, 1700
Freeman, Robert	1769	P	merchant	1769-1780	1781-1804	1781, 1788
Fuller, Robert	1671	A	mercer	*-1684-1699	
Fysh, James	1735	G	gentleman	1736-1753	
Fysh, Timothy	1709	G	draper (woolen)	1720-1727	
Goodwyn, Daniel	1666	G	upholster	⟨1688⟩	1688	
Goodwyn, Henry	1740	P	beer brewer	1743-1754	
Goodwyn, John	1702	G	surgeon	1704-1720	1721-1742	1721, 1728, 1738
Goodwyn, John	1724	G	surgeon	1725-1735	1736-1754	1736, 1749
Green, Robert	1797	P	merchant	1798-1814	1815-1832	1816, 1726
Greene, Charles	1695	B	appothecary	1697-1710	1711-1724	1712
Greene, James	1672	P	barber	1687-1692	
Greene, John	1673	A	grocer	1695-1707	1708-1721	1709
Greene, John	1716	G	grocer	1720-1721	

Name			Occupation		
Greene, Robert	1697	G	carrier	1703-1719	
Hadley, Samuel	1799	A	merchant	1801-1834-*	
Hall, John	1688	G	n. a.	1688	
Hamilton, Gavin	1743	P	⟨merchant⟩	1747-1769	
Hamond, John	1684	A	merchant	1691-1695	
Harby, Thomas	1674	P	shipmaster	1688-1696	
Hart, John	1761	P	merchant	1767-1779	
Harwick, Charles	1688	B	draper (woolen)	1688-1721	1722-1726	1722
Harwick, Charles	1716	G	gentleman	1721-1728	1729-1732	1730
Hatfeild, John	1667	B	draper (linen)	1688		
Hatfeild, John	1725	B	gentleman	1726-1732		
Hatfeild, William	1667	A	grocer	•-1684-1686	1687-1689	
Hawkins, Abel	1747	A	merchant	1755-1760		
Hawley, Thomas	1678	A	mariner	1687-1688		
Heinesworth, Roger	1696	A	merchant	1699-1715		
Helmore, Fortescue	1731	G	n. a.	1731-1744		
Hemington, John	1784	P	gentleman	1789-1799	1800-1829	1801, 1812
Hogg, Fountain	1794	G	merchant	1795-1834-*		
Hogg, George	1727	G	mariner	1744-1761		
Hogg, George	1744	A	merchant	1754-1768	1769-1771	1770
Hogg, George	1769	A	merchant	1769-1778		
Hogg, George	1792	G	gentleman	1793-1804	1805-1834-*	1806, 1818, 1827
Hogg, William	1806	P	merchant	1807-1834-*		
Holley, Benjamin	1704	B	gentleman	1705-1721		
Holley, Benjamin	1629	A	joiner	•	•-1684-1702	
Holley, William	1674	A	brewer	1684-1690	1691-1707	1693, 1707
Hooke, Edmund	1656	A	draper (woolen)	1716-1723	•-1684-1723	1684, 1695
Hooke, Edmund	1712	G	draper (woolen)	1686		
Howly, John	1676	G	merchant	1832-1834-*		
Hutton, Francis	1832	P	merchant	1725-1746		
Hutton, Gile	1720	P	starch maker	1702-1708		
Hutton, Leonard	1685	P	starch maker	1819-1834-*		
Ingle, Thomas	1818	G	surgeon	•		
Keene, Benjamin	1658	A	merchant	1692-1711	•-1684-1709	1701
Keene, Edmund	1689	G	merchant	1711-1724	1712-1718	1714
Kidd, John	1678	B	merchant	1688	•-1684-1727	1686, 1697, 1726
Kidd, John	1708	A	mercer	1733-1742		
Kirby, Francis	1688	G	n. a.	1810-1831	1743-1751	1744
Kirby, Walter	1726	B	gentleman		1832	
Lane, Frederic	1809	G	⟨solicitor⟩			

付 表 387

Name	Year	Col	Occupation	Dates	Dates2	Dates3
Lane, William	1817	G	gentleman	1818-1834-*		
Langley, William	1732	G	mariner	1733-1754	1755-1769	1755, 1766
Lawrence, Joseph	1790	B	n. a.	1795-1808	1809-1834-*	1809
Lemon, Thomas	1660	B	mariner	1684-1687	1688-1693	
Lynstead, William	1674	G	surveyor	*-1684-1687	1688-1691	1691
Markant, Matthew	1694	G	gentleman	1695-1698		
Marshall, Richard	1747	P	merchant	1748-1765		
Marshall, Richard	1783	P	bookbinder & stationer	1783-1802		
Mixson, William	1733	A	merchant	1741-1751	1752-1771	1752
Nuthall, Benjamin	1729	G	merchant	1731-1740	1741-1768	1741, 1757
Palmer, William	1727	G	gentleman	1729-1734		
Parker, Robert	1712	P	merchant	1716-1725	1726-1731	
Patteson, George	1726	A	mercer	1738-1754	1755-1789	1756
Payne, Robert	1674	P	inn keeper	*-1684-1686	1687-1690	1689
Peast, Charles	1688	G	n. a.	(1688)	1688	
Peast, Seal	1682	P	beer brewer	1688		
Pepye, Thomas	1683	G	attorney	*-1684-1685		
Pettit, Lynstead	1733	B	ironmonger	1743-1760		
Pigge, Andrew	1732	G	apothecary	1733-1741	1742-1754	1746
Pope, Henry	1645	B	upholster	*-1684-1693	1694-1703	
Preston, Thomas	1714	A	upholster	1726-1750		
Priest, Timothy	1674	G	milliner	1684-1694		
Pulvertoft, John	1666	P	appothecary	1684-1688		
Pulvertoft, John	1721	A	grocer & chandler	1726-1727		
Robertson, James	1742	P	merchant	1747-1761	1762-1782	1763
Robertson, Walter	1741	P	merchant	1742-1746	1747-1772	1747, 1761
Robinson, Thomas	1674	B	mercer	*	*-1684-1689	
Robotham, Johnson	1722	G	merchant	1723-1731		
Robotham, Thomas	1698	P	merchant	1700-1718	1719-1735	1719
Rolfe, Edmund	1674	B	mercer	*	1711-1725	1713, 1720
Rolfe, Edmund	1720	G	gentleman	1724-1732		
Rolfe, Jonathan	1698	G	gentleman	1699-1711		
Rudkin, John	1708	G	tallow chandler	1728-1730, 1734-1742		
Sandiver, Martin	1728	A	merchant	1729-1746		
Say, Robert	1714	A	merchant	1719-1726	1727	
Scarlet, Daniel	1697	A	merchant	1700-1716	1717-1725	1718
Scarlet, Samuel	1679	P	weaver (worsted)	1696-1697		
Scarlet, Samuel	1720	B	merchant	1723-1727		
Self, Edward	1816	G	merchant	1817-1834-*		

付表　389

Self, Lionel	1787	A	merchant	1790-1800	1802, 1814, 1831
Self, Lionel	1814	A	merchant	1815-1833	1834
Sommersby, Thomas	1724	A	grocer	1731-1741	1743, 1760
Sommersby, Thomas	1759	A	grocer	1762-1771	1773
Sparrow, Robert	1662	A	draper (woolen)	*-1684-1685	1687, 1696
Stockdale, John Bailey	1803	P	merchant	1805-1817	
Stringer, William	1669	G	basket maker	*-1684-1688	
Swain, David	1747	A	merchant	1752-1763	
Swatman, William	1783	P	merchant	1783-1792	
Swatman, William	1795	G	esquire	1796-1812	1813, 1824
Tassell, Edmund	1653	A	grocer	1694-1701	
Tassell, Edmund	1689	B	merchant	-1684	
Tavener, John	1674	P	starch maker	1711-1724	
Tavener, James	1697	B	merchant	(1728)	1729
Taylor, Andrew	1727	B	esquire	1728-1748	
Taylor, Joseph	1746	G	bachelor of physics	1751-1768	
Taylor, Joseph	1770	A	merchant	1772-1781	
Taylor, Joseph	1777	A	merchant	1781-1789	1791, 1800, 1811
Taylor, Samuel	1689	G	merchant	1690-1695	
Taylor, Simon, Sir	n. a.	n. a.	〈gentleman〉	*-1684-1689	1688
Taylor, Stephen	1669	P	tailor	1688	
Taylor, William	1689	A	merchant	1691-1710	
Taylor, William	1817	G	gentleman	1818-1834-*	
Thompson, William	1667	P	butcher	1688	
Tidd, John	1674	P	butcher	1688	
Todd, Thomas	1684	P	goldsmith	1688	
Toosey, James Bramall	1797	P	merchant	1798-1834-*	
Townley, Jonathan	1829	G	attorney	1829-1834-*	
Turner, Charles	1678	G	attorney	*-1684-1691	1694, 1706
Turner, Charles	1737	G	esquire	1742-1758	1759, 1767
Turner, John	1674	P	merchant	*-1684-1711	1692, 1702
Turner, John	1691	G	merchant	1693-1702	1704, 1715, 1734
Turner, John, Bart.	1708	G	gentleman	1710-1723	1724, 1737, 1748, 1768
Underwood, Robert	1727	G	gentleman	1728-1732	
Upwood, Samuel	1772	P	gentleman	1773-1776	
Wardell, John	1784	P	grocer	1785-1821	
Weblin, John	1708	P	gentleman	1711-1724	1725
Whaite, Charles	1671	P	upholster	1687-1703	1705
Whincop, Robert	1775	P	gentleman	1776-1787	

Whincop, Robert	1789	A	⟨attorney⟩	1793-1834-*	
Whipam, John	1712	A	merchant	1717-1725	
White, Samuel	1736	A	beer brewer	1740-1759	
Wilson, John	1734	A	baker	⟨1752⟩	1752-1761
Wilson, Philip	1833	G	esquire	1834-*	
Wilson, Philip	1714	B	painter	1733-1760	1753
Wilson, Stephen	1771	B	gentleman	1771-1783	1784-1795	1784

出典：KLA, KL/C7/12-16; *CFL*.

注：1）認可方法：A 徒弟；B 継承；P 購入；G 付与。
2）職業はフリーメン登録簿にもとづき記載してある。しかし、フリーメン登録簿では空欄になっているがその他の史料で職業・地位が特定できた者に関しては、〈 〉をつけて記載した。
3）市会員・市参事会員の就任期間に関しては、1684年度から1834年度までに限定して作表したため、1684年以前以降も引き続き就任している可能性がある者には就任期間の前後に*マークをつけてある。
4）市会員の就任期間の〈 〉は、本表を作る際に必ず市会員を就任している（10月）の段階では既に市参事会員であったが、規約上、市会員にならずして市参事会員には就任しないので、前年度の途中で必ず市会員に就任していると判断し、識別のためにつけた。
5）William Wilson Bagge は1814年以降は William Wilson Lee Warner と名字が変わる。

付　表　391

付表7　公開晩餐会区別責任者（1814年）

区	責任者			副責任者	
ノース・エンド区	Hemington, J.	A	F	Dixon, J.	F
	Bagge, W.	C	F	Song	
	Allen, T.	C	F	Hunt, R.	F
	English, J.		F	Brett, W.	
	Manning, E.		F	Hogg, M.	
	Larkin			Hemington, J., jur.	
	Javis, W.		F	King, J.	F
	Smetham			Rix, T.	F
	Hulton, E., Rev.			Ayre, J.	F
ケトルウェル区	Lawrence, J.	A	F	King, W.	F
	Knatchbull			Checker, R.	
	Aldham, B.			Cobb, R.	
	Cox, W.		F	Whaley	
	Hornby			Chadwick, W.	
パラダイス区	Hogg, G.	A	F	Lane, W.	
	Camps			Baly, W.	
	Hawes, C.		F	Smith, H.	F
	Mays			Samson	
	Purdy, J.			Mugridge, E.	
ジューズ・レーン区	Lane, F.	C	F	Weatherd	
	Cotton			Crawforth, J.	F
	Williams, T.		F	Massay	
	Catlin			Lantaff, S.	F
	Lockett			Plowright, P.	
ニュー・コンデュイット区	Self, L.	A	F	Haycock, W.	
	Dillingham, J.		F	Howlett	
	Upwood, S.		F	Goodwin, F.	
	Gales			Jackson, W.	
	Dixon, T.			Case, W.	F
チェッカー区	Bagge, T. P.	A	F	Bacon	
	Bagge, W. W.	C	F	Creak	
	Matland, R.			Keed, J.	
トリニティ・ホール区	Everard, E.	A	F	Green, R.	F
	Toosey, J. B.	C	F	Sayer, G. F.	F
	Bowker, A.	C	F	Plowright, W.	F
	Brame, T.		F	Guy	F
セッジフォード・レーン区	Taylor, J.	A	F	Lake, W., jur.	F
	Goodwin, H.			Forest, J.	F
	Ryley			Hawkins, G.	
	Ashley, J. C.		F	Marriott, J.	
	Mayhew, R.			Linay, T.	F
	Saddleton, J. P.			Mayhew, G.	
	Towell, R.		F	Curtis, W., jur.	F
	Mingary			Rollett, J.	
	Page, C.			Jordan, W.	F
ストーンゲート区	Blencowe, J. B.	C	F	Bowker, J.	F
	Green, R.	C	F	Oxley, W.	F
	Foster, S.			Marshall, R., jur.	F
	Marshall, R.		F	Wales, J.	F
	Bonner, G. Y.		F	Hudson, J.	

出典：KLA, KL/TC2/2/1.
注：A：市参事会員；C：市会員；F：フリーメン．

付表8 キングス・リンのアソシエーション (c. 1750～ c. 1830年)
1. 自治を担うアソシエーション

種 類		団体・施設名	設立年度
救貧・慈善		Lying-in Charity: Child Bed Linen Society	1791
		Soup Charity Society	1791
		Lynn Benevolent Society	1804
		Strangers' Friend Society	1809
		Lynn Dispensary*	1813
		Society for Visiting and Relieving the Sick Poor at Their Own Houses	1826
		Society for Relieving the Distressed Members in Case of Shipwreck, or Meeting with Accidents	1826
		Society for Relieving of the Distressed Manufacturers	1826
		United Association of Free Burgesses	1827
		Benevolent Asylum (Methodist Almshouse) *	1829
		West Norfolk and Lynn Hospital*	1834
相互扶助		Society for Maimed and Disabled Seamen (Muster Roll Society)	1749
		Society for the Benefit of Shipwrecked Seamen	1793
		Lynn Select Provident Society for the Benefit of Widows	1795
		Lynn Sub-Division of Fakenham Provident Society for the Benefit of Widows	bef. 1807
		Benevolent Viduarian Society	1807
		Society for the Widows and Orphans of the Seamen	1820
		Master Mariners and Tradesmen's Friendly Association	1826
		United Association of Free Burgesses	1827
		Odd-Fellows Lodge	1830
		Self Supporting Institution for the Benefit of Sick and Hurt	1834
		Sailors' Friendly Society	n. a.
学校・教育・教化	学校	Wesleyan Sunday School*	c.1790
		Lancastrian School for Girls*	1792
		Lancastrian Free School for Boys*	1808
		Sunday School Society	bef. 1810
		Independent Sunday School*	bef. 1810
		Baptist Sunday School*	bef. 1810
		Primitive Methodist Sunday School*	1828
		Lynn National School Society	1833
	宗教関係	Society for Promoting Christian Knowledge	bef. 1813
		Lynn Branch of the Norfolk Auxiliary Bible Society	1813
		Lynn and West Norfolk Church Missionary Association	1823
		Wesleyan Society	n. a.
		Independents Society	n. a.
		Baptist Society	n. a.
		Unitarian Society	n. a.
		Society of Friend (Quaker)	n. a.
		Methodist Missionary Society	n. a.
		Independents Missionary Society	n. a.
		Baptist Missionary Society	n. a.
		Society of the Propagation of the Gospel	n. a.
		Bethel Union Society	n. a.
		General Tract Society	n. a.

	禁酒団体	Lynn Temperance Society (Lynn Auxiliary to the British and Foreign Magistrate)	1834
	公共施設	New Theatre* (New Theatre Society)	1813
		Market House*	1830
		Cattle Market*	1826
その他	義勇団	Lynn Loyal Volunteer	1794
		Freebridge Lynn Yeomanry Cavalry	n. a.
		All Saint South Lynn Company of Volunteer Infantry	n. a.
	その他	Subscribers of the Association for Apprehending and Convicting Horse Stealers	1778
		Lynn Association for Prosecuting Felons	1792
		Mill Society	1801
		Society of Tanners, Curriers, Shoe Manufacturers and Saddler of Lynn	bef. 1816
		Subscribers of the Lynn and Hunstanton Life Boat	1823

2．文化的アソシエーション

種類		団体・施設名	設立年度
印刷文化	文字文化	Subscription Library*	1797
		Circulating Library*	c. 1800
		Literary Society	1827
		Ladies' Book Club	n. a.
	新聞	*Lynn and Wisbech Packet*	1800
		Lynn Advertiser and West Norfolk Herald	1841
	都市史出版	Mackerell, *The History and Antiquities*	1738
		Richards, *History of Lynn*	1812
		Taylor, *Antiquities of King's Lynn*	1844
有用な知識	科学・哲学	Lynn Agricultural Society	1800
		Lynn Horticultural Society	1831
		Lynn Mechanics, Scientific and Literary Institution	1827
政治社会		Society for Independent Free Burgesses	1808
		United Association of Free Burgess	1827
		Legal Debate Society	1829
		Anti-Slavery Society	1833
礼儀と素養	アカデミー・私塾	Coulton's Boarding School for Young Gentlemen*	bef. 1800
		Mrs. Carter's Ladies' School*	bef. 1800
		Mrs. Cotton's Ladies' School*	c. 1800
		Miss Nicholas Boarding School*	c. 1800
		Mr. Brady Dance Academy*	c. 1800
		Miss Anderson's Ladies' Boarding School*	1803
		Misses Henderson's and Dade's Ladies' Boarding School*	1806
		Mrs. Raven's School for Young Gentlemen*	1813
		Miss Williams' Ladies' Boarding School*	1814
		Miss Holland's Boading School for Young Ladies*	1815
		Miss Wells Ladies' Boarding School*	1815
		Beloe's Classical and Commercial School*	c. 1818
		Mrs. Mugridge's and Miss Marshall's School for Ladies*	1829
		Mrs. and Miss Kittle's Ladies' School*	c. 1830

		Mrs. Curtis' South Lynn Seminary for Young Gentlemen*	c.1830
		Mr. J. C. Wright St James Classical and Commercial School for Young Gentlemen*	c.1830
		Mrs. Lubbock's School for Young Ladies*	1831
	教養	Music Society	bef. 1830
	スポーツ	Lynn Cricket Club	bef. 1818
		Ouse Club (boat)	1828
		a new Lynn Cricket Club	1833
親　睦		Society of True Britons	1749
		Freemason's Lodges	
		Duke's Head	1729
		Star	1762
		Friendship	1762
		Strict Benevolence	1796
		Attention	1798
		Philanthropic	1810
		Union	1823
		Good Fellowship	1824

注：1）＊はアソシエーションの活動を通して作られた施設。
　　2）設立年度がわからないものは n. a. と表記したが、目安になる年次がある程度わかるものは c. または bef.（=before）の形で記載。

付表 9 バッグ家の家系図

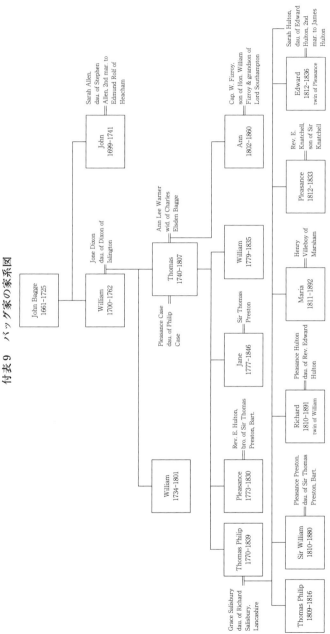

付表10　キングス・リンのハイ・ストリート・ショップ（1830年）

名前	職種	分類	番地
King, G.	ironmonger, ship agent	hardware/c.service	1
Cooper, Margaret	tea dealer	food	2
Tilson, M. G.	tea dealer, candle dealer	food/sundry	3
Tilson, W.	publican	c. service	4
n. a.	n. a.	n. a.	5
Parr, C.	shoe maker	apparel	6
Webster, Margaret	milliner	apparel	7
Laws & Blott	grocer/tallowchandler	food/sundry	8
Saddleton, J. P.	silversmith, watch maker	special service	9
West, W. B.	draper	apparel	10
Bullen, F.	bookseller, medicine, printer, tea dealer	special service/food	11
Ryley, T.	draper	apparel	12
Ashbey, J. C.	tailor/draper	apparel	13
Hillyard, Maria	carver	furnishing	14
Manclerke, W.	shoe maker	apparel	15
Rowe, W.	publican	c. service	16
Turner	silversmith, watch maker	special service	17
Goodwin & Townley	attorney	prof	18
Waite, W.	butcher	food	19
n. a.	n. a.	n. a.	20
Lake & son	hatter	apparel	21
Mayshaw, R.	clothes dealer	apparel	22
Jacob, J.	tailor	apparel	23
n. a.	n. a.	n. a.	24
Dingle, H.	hosier, grocer	apparel/food	25
n. a.	n. a.	n. a.	26
Atto, Mary	strawhat maker	apparel	27
Oldfield, J.	shoe maker	apparel	28
Regester, G.	publican	c. service	29
Smith, H.	fishmonger	food	30
Turner, W. N.	flour merchant	wholesaler	31
Matsell, J.	fishmonger	food	32
DePass, D.	shoe dealer	apparel	33
n. a.	n. a.	n. a.	34
Pond, J.	silversmith	special service	35
Cooke, H.	hair dresser	special service	36
Parsons, J.	draper, strawhat maker	apparel	37
Carse, S.	upholster	furnishing	38a
Gilbert, W.	carver	furnishing	38b
Pond, H.	draper	apparel	39
Jackson, H.	cheesemonger, bacon factor, grocer, tallow chandler	food/sundry	40
Keed, J.	leather seller, glover	apparel	41
Burlingham, J.	tea dealer	food	42
Plowright, T.	brazier	hardware	43
Johnson, T.	confectioner	food	44
Bennell, A.	publican	c. service	45
Pays, J.	chemist	sundry	46
n. a.	n. a.	n. a.	47
Garland, T.	bookseller, medicine	special service/sundry	48
Neale, J. C.	silversmith, music/musical instrument seller	special service	49
Hunter, W.	tailor/draper	apparel	50
Cooper, G.	hosier	apparel	51
Spencer, M.	gunsmith	hardware	52a
Hunter, T.	tailor/draper	apparel	52b

付　表　397

n. a.	n. a.	n. a.	53
Daisley, Mary	strawhat maker	apparel	54
Bayes, W. & J.	chemist	sundry	55
Tuck, J.	shoe maker	apparel	56a
Tuck, Mary Ann	milliner	apparel	56b
Peek, C.	grocer/tallowchandler	food/sundry	57
Lantaff, Mary	basket maker	artisan	58
Bayfield, Harriet	hosier	apparel	59a
Bayfield, Elizabeth	milliner	apparel	59b
Weathered, W.	tailor/draper	apparel	60
n. a.	n. a.	n. a.	61
DePass, D.	tailor	apparel	62
n. a.	n. a.	n. a.	63
n. a.	n. a.	n. a.	64
Andrews, J.	shoe maker	apparel	65
Smith, J. G.	draper	apparel	66
Denny, D. P.	chemist	sundry	67
n. a.	n. a.	n. a.	68
n. a.	n. a.	n. a.	69
Slator, B.	milliner	apparel	70a
Eccles, J.	tailor/draper	apparel	70b
Crowson, J.	upholster, auctioneer	furnishing/other	71
Reeve, Charlotte	upholster	furnishing	72
Aikin, J. W.	bookseller, medicine, printer	special service/sundry	73
Parkins, W.	upholster	furnishing	74
Cooper, W. & J.	ironmonger	hardware	75
Fysh, W. W.	tailor/draper	apparel	76
n. a.	n. a.	n. a.	77
Smith, J.	butcher	food	78
Balding, D. S.	tailor/draper	apparel	79
Mason, R.	strawhat maker	apparel	80
Rivett, C.	hair dresser	special service	81a
Rivett, Ellen	strawhat maker	apparel	81b
Creak, R.	draper	apparel	82
Goskar, J.	plumber	artisan	83
Phipps, S.	draper	apparel	84
Keed, J.	hatter	apparel	85
Jones, H.	silversmith, watch maker	artisan	86
Andrews, J.	grocer, tallowchandler, insurance agent	food/sundry/c.service	87
Whittingham, W. G.	bookseller, printer, medicine, insurance agent	special service/sundry/c.service	88
William, J.	draper	apparel	89
Neal, J.	shoe maker	apparel	90
Allen, H. W.	draper	apparel	91
Leach, J.	plumber	artisan	92
Adcock, J.	shoe maker	apparel	93a
Sims, E.	watch maker	special service	93b
n. a.	n. a.	n. a.	94
Clark, W.	grocer	food	95a
Norton & Buffham	milliner	apparel	95b
Rix, J.	hosier	apparel	96
n. a.	n. a.	n. a.	97
Hynes, J.	optician	sundry	98
n. a.	n. a.	n. a.	99
Peeps, J.	baker	food	100
Willett, C.	ironmonger	hardware	101
Allen, N. A.	milliner	apparel	102
n. a.	n. a.	n. a.	103
Turner, Ann	bookseller, printer, ironmonger	special service/hardware	104

Regester, S.	clothes dealer	apparel	105
Share, T.	hosier	apparel	106
Fisher, W.	cheesemonger	food	107
Pridgeon, S.	draper	apparel	108
Webster, L.	currier	apparel	109
Bullock, B.	wine merchant, grocer	wholesaler	110
Hunt, A. P.	hosier	apparel	111
Willis, R.	baker	food	112
Langford, W.	chemist	sundry	113
Peek, C.	grocer, tallowchandler, insurance agent	food/sundry/c.service	114
Sheppard, J.	tailor/draper	apparel	115
Frost, S.	shoe maker	apparel	116
Dewson, R.	brazier	hardware	117
Burch, J.	tailor/draper, actuary (Saving Bank)	apparel/c. service	118
Ayre, T.	merchant	wholesaler	119
Linay, J.	sail maker, ship chandler	artisan	120
Whitby, T.	joiner	artisan	121 a
Crispe, S.	tailor	apparel	121 b
Morris, J.	butcher	food	122
Jackman	confectioner	food	123
Thompson, R.	brewer/retail	wholesaler/food	n. a.
Hunter, W.	insurance agent	c. service	n. a.
Binge, J.	inn keeper (Freemasons' Tavern & Commercial Inn), wine/spirit merchant	c. service, wholesaler	n. a.
Cooper, T.	draper	apparel	n. a.
Hillyard, M.	oil merchant	wholesaler	n. a.
Raven, R.	painter, oil dealer	artisan	n. a.
Cave, F.	toy dealer	hardware	n. a.
Chauption, S.	toy dealer	hardware	n. a.
Coulton, J., Rev.	librarian (Lynn Subscription Library), teacher	prof	n. a.

出典：*Pigot Directory Norfolk, 1830.*
　注：apparel：衣料、food：飲食料、sundry：生活雑貨、furnishing：家具・備品、hardware：金物、special service：奢侈の新業種、c.service：飲食業・商業サービス、wholesaler：卸売商、prof：専門職、artisan：職人、n. a.：不明。

一次史料

King's Lynn Borough Archives (KLA)

KL/C7/13-16	Hall Books, 1731-1847.
KL/C8/41	New Theatre Committee's Minutes, 1813-1840.
	Corporation Committee for Superintending the Erection of the New Theatre, 1813-1816.
	Corporation Committee for its Management, 1816-1837, 1840.
KL/C9/2-3	Register of Admissions of Freemen, 1663-1841.
KL/C9/20	Book of Entries Relating Objectionable Freedoms, 1784-1824.
KL/C9/25-26	Register of Apprenticeship, 1693-1851.
KL/C22/266/21	Rules of Societies, 1826-1848.
	Master Mariners' and Tradesmen's Friendly Association, 1826.
	Lynn Saving Bank, 1828 & 1830.
	Society for the Benefit of Widows and Orphans of Seamen, 1831.
	Lynn Select Provident Society, 1832.
KL/C39/130-208	Borough Chamberlain's Accounts (Audited Series), 1751-1828.
KL/C40/1-7	Auditors' Statements of Mayor and Burgesses' Revenue and Expenditure, 1829-1835.
KL/C44/64	King's Lynn Town Dues, 1868 Statement.
KL/C47/10-25	Poll Tax Assessment.
KL/D19/1	Freemen Register Book, 1729-1779.
KL/PC1/1	Minutes of Public Meetings and of Paving Committees, 1790-1803, 1806.
KL/PC2/1-5	Paving Commissioners' Minutes, 1803-1844.
KL/PC2/10	Lynn Gas Light Company Subscribers' and Shareholders' General and Committee Minutes, 1824-1825.
KL/PC3	Paving Commissioners' Account.

	KL/PC3/1	Surveyor's Accounts, 1803-1827.
	KL/PC3/2	General Account, 1827-1852.
	KL/PC3/3	Manure Account, 1808.
	KL/PC3/4-6	Ash Account, 1808-1810.
	KL/PC3/7	Weekly Ash Collection and Labour Accounts, 1810-1814.
KL/PC4		Paving Commissioners Loans and Annuities.
	KL/PC4/1-2	Paving Loan Securities Register, 1803-1895.
	KL/PC4/4	Register of Grants of Annuities, 1806-1865.
	KL/PC4/5	Securities, with Later Transfers, Receipts and Related Papers, 1803-1868.
	KL/PC4/6	Grants of Annuities, 1831-1834.
KL/TC2		Committee Minutes.
	KL/TC2/1/1-3	General Committees, 1793-1851.
	KL/TC2/2/1	Public Meeting, 1802-1860.
	KL/TC2/3/1	Markets Committee, 1829-1872.
	KL/TC2/4/1	Waterworks Committee, 1829-1855.
	KL/TC2/5/1	Watch Committee, 1836-1868.
	KL/TC2/8/1	Urban Sanitary Committee, 1873-1880.
KL/TC10		Electoral Registers, 1834-1842; Burgess Rolls, 1835-1915.
KL/TS1		Order Book: Trustee for the Port of King's Lynn under an Act for the Relief of Maimed and Disabled Seamen and Widows and Children of Those Killed in the Merchant Service, 1747-1827.

Norfolk Record Office (NRO)

Bradfar-Lawrence Collection（2008年からこのコレクションの史料番号が新しくなったが、ここでは旧番号で統一してある。）

BL 15	Bagge MS.	
	Lynn Friendly Society, Printed Regulations, 1822.	
	Notebook of William and Thomas Bagge in Account with the Sailors' Friendly Society at the Royal Oak, 1835-1843.	
BL 42/1	Map of King's Lynn with a New Paving Improvement, 1806.	
BL IVb/4	Letters and Orders from the Marquess Townshend to Captain John Middleton, Commanding All Saints South Lynn Company of	

	Volunteer Infantry, 1803.
BL VIa (XII)	Pleasance Bagge's Diary, 1837-39.
BL VIIc	Case MS: Wills Inventories, etc.
	Will of Philip Case and Codicil, 1789-1790.
	Inventories of Philip Case's House in King's Lynn and Stradsett Hall, Money on Mortgages, Goods Sold to Rev. Edward Edwards, 1792-1795.
BL VIId	Inventory of Stradsett: Diamonds and Jewels, 1834.
BL VIIIb	Case MS: Letters to and from His Clients.
BL X/18	Wills and Codicils: William Bagge, 1801; Jane Hulton, 1868.
BL X/40	Draft Will of Edward Everard III with Codicils, etc., 1819-1827.
BL Xa/5	Bagge Family, Copies of Wills and Codicils.
	Philip Hamond, 1810: Thomas Philip Bagge, 1812; Anthony Hamond, 1819; Grace Bagge, 1833; William Bagge, 1834; Edward Bagge, 1844.
BL Xc/15	Norfolk Coursing and Sporting: Letters to Richard Bagge, Pamphlets, etc., 1835-1841.
BL Xc/23	Inventory and Valuation of the Effects of the Late Edward Bagge at Islington and Lynn, 1845.
BL Xd/13	Inventory of William Bagge, 1835.

Hamond Papers

HMN 4-5	Various Letters to A. Hamond.
HMN 4/37	Anthony Hamond's Diary, 1810-17.
HMN 5/10	Pamphlets and Letters Relating to Coursing Meeting at Swaffham.

Rolfe Papers

Gun 84	Family Tree, 1794.
Gun 130	Edmund Rolfe's Memorandom Books.

Others

C/GP 13/1	King's Lynn St. Margaret's Poor Acts, 1700-1876.
MC 50	Folke's MS: Letters of the Folkes Family.
MC 2032/3	Indenture of the Lynn and West Norfolk Hospital, 1834.
MC 352/1	Register of Shipmasters' Protests Made before the Notary Pub-

lic, 1787-1808.
MC 289/7　　　　　Norwich Grand Music Festival Programme.
MF X/341-45　　　Poor Rate Books, 1771-1836 (on microfilms; C/GP 13 original).
PD 39/76-78　　　Churchwardens' Accounts with Vestry Minutes and Church Rates, 1752-1818.

National Archives (NA)
　　E 182/707　　　　Shop Tax Record, 1786.
　　HO 107/786　　　Census Enumeration Books, King's Lynn, 1841.

True's Yard
　　Trustees of Muster Rolls, 1749-1814.

Bagge's Private Collection
　　List of Jewels, 1808-11, in the Letter from R. S. Garrard to R. Bagge, 1883.
　　Pamphlets of Coursing Meetings at Swaffham and Newmarket, 1838 & 1842.
　　Letters from Miss Bagge to Miss Savory, 1765.
　　Letter from Grace Bagge to William Bagge undated.
　　Miscellaneous Letters.

刊行一次史料

新聞

The Bury and Norwich Post (*BNP*), 1801-1835.

Lynn and Wisbech Packet: Norfolk, Suffolk, Cambridge, Lincolnshire Advertiser (*LWP*), 1800-1802.

Norfolk Chronicle or the Norwich Gazette (*NC*), 1776-1810; *Norfolk Chronicle and Norwich Gazette* (*NC*), 1810-1835.

Norwich Mercury (*NM*), 1750-1835.

The Norwich, Yarmouth, and Lynn Courier, and General Advertiser (*NYLC*), 1818-1823.

フリーメン登録簿

Norfolk and Norwich Archaeological Society ed., *A Calendar of the Freemen of Lynn 1292-1836* (Norwich, 1913).

商工人名録

Bailey's British Directory, 1784.
Universal British Directory, 1793-98: King's Lynn, 1793.
Pigot's Directory Norfolk, 1830.
White's Directory Norfolk, 1845.

国会議員選挙人名簿

Garratt, J., ed., *The Poll...for the Borough of Lynn-Regis...1768* (Lynn, 1768).

Garratt, J., ed., *The Poll...for the Election of Two Burgesses...for the Borough of King's Lynn...1784* (Lynn, 1784).

Mugridge, E., ed., *A Copy of Poll...for the Borough of King's Lynn...1824...* (Lynn, 1824).

Mugridge, E., ed., *A Copy of Poll...for the Borough of King's Lynn...1826...* (Lynn, 1826).

Garland, T., ed., *A Correct Copy of the Poll...for the Borough of King's Lynn...1835...* (Lynn, 1835).

政府刊行史料

議会資料

House of Commons PP: 1801-02 (9) Abstract of the Answers and Returns Made Pursuant to an Act, Passed in 41 Geo. III (Population Act), *1801, Enumeration* (1801).

House of Commons PP: 1812 (12) Comparative Statement of the Population of the Several Counties of Great Britain, in the Year of 1801 and 1811 (1812).

House of Commons PP: 1812 (316) Abstract of the Answers and Returns Made Pursuant to an Act, Passed in 51 Geo. III (Population Act), *1811, Enumeration Abstract* (1812).

House of Commons PP: 1812 (317) Parish Register Abstract (1812).

House of Commons PP: 1822 (8) Comparative Statement of the Population of the Several Counties of Great Britain, in the Years of 1801, 1811 and 1821 (1822).

House of Commons PP: 1822 (502) Abstract of the Answers and Returns Made Pursu-

ant to an Act, Passed in 1 Geo. IV (Population Act), *1821, Enumeration Abstract* (1822).

House of Commons PP: 1831 (348) Population. Comparative Account of the Population of Great Britain in the Years of 1801, 1811, 1821 and 1831 *(1831)*.

House of Commons PP: Return of the Number of Friendly Societies (1832).

House of Commons PP: 1831-32 (182) Parliamentary Representation. Comparative Statement of the Population, under the Latest Census, of England, Wales, Scotland and Ireland, Respectively (1832).

House of Commons PP: 1833 (149) Abstract of the Answers and Returns Made Pursuant to an Act, Passed in 11 Geo. IV (Population Act), *1831, Enumeration Abstract* (1833).

House of Commons PP: 1841 Session 2 (52) Population. Account of the Total Population, According to the Census Taken, 1841 (1841).

House of Commons PP: 1843 (496) Abstract of the Answers and Returns Made Pursuant to Acts 3 & 4 Vic. c. 99, and 4 Vic. c. 7 (Population Act and Amendment), *Enumeration Abstract 1841* (1843).

House of Commons PP: 1843 (497) Abstract of the Answers and Returns Made Pursuant to Acts 3 & 4 Vic. c. 99, and 4 Vic. c. 7 (Population Act and Amendment), *Age Abstract 1841* (1843).

House of Commons PP: 1844 (587) Abstract of the Answers and Returns Made Pursuant to Acts 3 & 4 Vic. c. 99, and 4 Vic. c. 7 (Population Act and Amendment), *Occupation Abstract 1841* (1844).

House of Commons PP: 1852-53 (1631) Census of Great Britain, 1851, Population Tables I (1851).

その他の政府刊行史料

The Act of Parliament, 43 Geo. 3 for Paving, & c. the Borough of King's Lynn (1803).

The Act of Parliament, 46 Geo. 3 for Amending; Altering, and Enlarging the Powers of an Act for Paving...the Borough of King's Lynn... (1806).

A Report of the Proceedings of His Majesty's Commissioners, for Enquiring into the Existing State of the Municipal Corporations of England and Wales, at King's Lynn (*1834*)

First Report of the Royal Commission on Municipal Corporation, Part IV Eastern and North-Western Circuits (1835).

Reports from Commissioners on Municipal Corporations in England and Wales: Report on the Borough of King's Lynn (1835).

A Report of the Commissioners Appointed to Report and Advise upon the Boundaries and Wards of Certain Boroughs and Corporate Towns (England and Wales), Part II: Report upon the Proposed Municipal Boundary and Division into Wards of the Borough of King's Lynn (1837).

An Account of the Charities Belonging to the Borough of King's Lynn, Being an Authentic Copy of the Commissioners for Enquiring Concerning Public Charities (1843).

二次文献

欧文書籍

Adbrugham, A., *Shopping in Style: London from the Restoration to Edwardian Elegance* (London, 1979).

Alexander, D., *Retailing in England during the Industrial Revolution* (London, 1970).

Anderson, G. H., *Inns and Taverns of Lynn: Their Signs and Stories* (King's Lynn, 1933).

Avis, A., *Supplement to a Reminiscence of King Edward VII Grammar School* (King's Lynn, 1993).

Barry, J. & Brooks, C., eds., *The Middling Sort of People: Culture, Society and Politics in England, 1550-1800* (London, 1994), 山本正監訳『イギリスのミドリング・ソート——中間層を通してみた近世社会』(昭和堂、1998年)。

Beloe, E. M., *"Our Borough" – "Our Churches": King's Lynn* (Cambridge, 1899).

Bennett, A., *Shops, Shambles and the Street Market: Retailing in Georgian Hull 1770 to 1810* (Wetherby, 2005).

Benson, J. & Shaw, G., *The Evolution of Retail Systems, c.1800-1914* (Leicester, 1992), 前田重朗・薄井和夫・辰馬信男・木立真直訳『小売システムの歴史的発展——1800年〜1914年のイギリス、ドイツ、カナダにおける小売業のダイナミズム』(中央大学出版部、1996年)。

Berg, M., *Luxury and Pleasure in Eighteenth-Century Britain* (Oxford, 2007).

Berg, M. & Eger, E., eds., *Luxury in the Eighteenth Century: Debates, Desires and Delectable Goods* (Basingstoke, 2003).

Berry, H. & Gregory, J., eds., *Creating and Consuming Culture in North-East England, 1660-1830* (Aldershot, 2004).

Berry, V., *The Rolfe Papers: The Chronicle of a Norfolk Family 1559-1908* (Brentwood, 1979).

Birmingham, A. & Brewer, J., eds., *The Consumption of Culture 1600-1800: Image, Object, Text* (London, 1995).

Blondé, B., Coquery, N., Stobart, J. & Damme, I. V., eds., *Fashioning Old and New: Changing Consumer Patterns in Western Europe 1650-1900* (Turnhout, 2009).

Bloomfield, F., *An Essay Towards a Topographical History of the County of Norfolk, vol. 8* (London, 1808).

Borsay, P., *The English Urban Renaissance: Culture and Society in the Provincial Town 1660-1770* (Oxford, 1989).

Borsay, P., ed., *The Eighteenth Century Town: A Reader in English Urban History 1688-1820* (Harlow, 1990).

Brewer, J. & Porter, R., eds., *Consumption and the World of Goods* (London, 1993).

Brewer, J., *The Pleasures of the Imagination: English Culture in the Eighteenth Century* (London, 1997).

Burley, T. L. G., *Playhouses and Players of East Anglia* (Norwich, 1928).

Burney, C., *Memoirs of Dr. Charles Burney, 1726-69*, Klima, S., Bowers, G. & Grant, K. S., eds. (Lincoln, 1987).

Burney, C., *The Letters of Dr Charles Burney, Volume I, 1751-84*, Riveiro, A., ed. (Oxford, 1991).

Burney, F., *The Early Diary of Frances Burney 1768-78, vol. 1*, Ellis, A. R. ed. (London, 1913).

Chalklin, C. W., *The Provincial Towns of Georgian England: A Study of the Building Process 1740-1820* (London, 1974).

Chalklin, C. W. & Wordie, J. R., eds., *Town and Countryside: The English Landowner in the National Economy, 1660-1860* (London, 1989).

Chalklin, C. W., *The Rise of the English Town, 1650-1850* (Cambridge, 2001).

Chartres, J. A., *Internal Trade in England, 1500-1700* (London, 1977).

Chinnery, G. A., ed., *Records of the Borough of Leicester Being a Series of Extracts from the Archives of the Corporation of Leicester, vol. 5: Hall Books and Papers 1689-1835* (Leicester, 1965).

Clark, J. C. D., *English Society, 1660-1832: Religion, Ideology and Politics during the*

Ancien Regime (Cambridge, 2000).

Clark, P. & Slack, P., *English Towns in Transition, 1500-1700* (Oxford, 1976), 酒田利夫訳『変貌するイングランド都市1500-1700年――都市のタイプとダイナミックス』(三嶺書房、1989年)。

Clark, P., *British Clubs and Societies 1580-1800: The Origins of an Associational World* (Oxford, 2000).

Clark, P., ed., *The Cambridge Urban History of Britain Vol. II, 1540-1840* (*CUHB*) (Cambridge, 2000).

Clarkson, L. A., *Proto-Industrialization: First Phase of Industrialization?* (Basingstoke, 1985), 鈴木健夫訳『プロト工業化――工業化の第一局面?』(早稲田大学出版、1993年)。

Cordery, S., *British Friendly Societies, 1750-1914* (Basingstoke, 2003).

Corfield, P. J., *The Impact of English Towns 1700-1800* (Oxford, 1982), 坂巻清・松塚俊三訳『イギリス都市の衝撃1700-1800年』(三嶺書房、1989年)。

Corfield, P., *Power and the Professions in Britain 1700-1850* (London/New York, 1995).

Cowan, B., *The Social Life of Coffee: The Emergence of the British Coffeehouse* (New Haven/London, 2005).

Cox, N., *The Complete Tradesman: A Study of Retailing, 1550-1820* (Aldershot, 2007).

Cunningham, H., *Leisure in the Industrial Revolution, c. 1780-c. 1880* (London, 1980).

Daunton, M. J., *Progress and Poverty: An Economic and Social History of Britain, 1700-1850* (Oxford, 1995).

D'Cruze, S., *A Pleasing Prospect: Social Change and Urban Culture in Eighteenth-Century Colchester* (Hatfield, 2008).

Defoe, D., *A Tour through the Whole Island of Great Britain*, Furbank, P. N. & Owens, W. R., eds. (New Haven, 1991).

De Vries, J., *European Urbanization, 1500-1800* (London, 1984).

De Vries, J., *The Industrious Revolution: Consumer Behavior and the Household Economy, 1650 to the Present* (New York/Cambridge, 2008).

Earle, P., *The Making of the English Middle Class: Business, Society and Family Life in London, 1660-1730* (London, 1989).

Eastwood, D., *Government and Community in the English Provinces, 1700-1870* (Basingstoke, 1997).

Ellis, J. M., *The Georgian Town 1680-1840* (Basingstoke, 2001), 松塚俊三・小西恵美・

三時眞貴子訳『長い18世紀のイギリス都市——1680-1840』(法政大学出版局、2008年)。

Estabrook, C. B., *Urbane and Rustic England: Cultural Ties and Social Spheres in the Provinces, 1660–1780* (Manchester, 1998).

Fawsett, T., *Music in Eighteenth-Century Norwich and Norfolk* (Norwich, 1979).

Floud, R. & Johnson, P., eds., *The Cambridge Economic History of Modern Britain, Vol. I Industrialisation, 1700–1860* (*CEHMB*) (Cambridge, 2004).

French, H. R., *The Middle Sort of People in Provincial England 1600–1750* (Oxford/New York, 2007).

Glasier, J. S. B., ed., *History of Philanthropic Lodge, King's Lynn, No. 107* (King's Lynn, 1911).

Gorsky, M., *Patterns of Philanthropy: Charity and Society in Nineteenth-Century Bristol* (Woodbridge, 1999).

Gosden, P. H. J. H., *Friendly Societies in England, 1815–1875* (Manchester, 1961).

Gosden, P. H. J. H., *Self-Help: Voluntary Associations in the 19th Century* (London, 1973).

Gras, N. S. B., *The Early English Customs System: A Documentary Study of the Institutional and Economic History of the Customs from the Thirteenth to the Seventeenth Century* (London, 1918).

Greaves, G. C., *The Corporation of Leicester 1689–1836* (London, 1939).

Grisenthwaite, J., *Remarks on the Political Economy and Management of the Poor in the Borough of King's Lynn with a Copious Appendix* (King's Lynn, 1811).

Habermas, J., *The Structural Transformation of the Public Sphere: An Inquiry into a Category of Bourgeois Society*, Burger, T., trl. (Cambridge, 1989), 細谷貞雄・山田正行訳『公共性の構造転換——市民社会の一カテゴリーについての探究』(未来社、1990年)。

Hallett, M. & Rendall, J., eds., *Eighteenth-Century York: Culture, Space and Society* (York, 2003).

Harris, M. & Lee, A., eds., *The Press in English Society from the Seventeenth to Nineteenth Centuries* (London, 1986).

Harvey, C., Green, E. M. & Corfield, P. J., *The Westminster Historical Database: Voters, Social Structure and Electoral Behaviour* (Bristol, 1998).

Hillen, H. J., *History of the Borough of King's Lynn* (Norwich, 1907).

Hudson, P., *The Industrial Revolution* (London/New York, 1992), 大倉正雄訳『産業革

命』(未来社、1999年)。

Hunt, M. R., *The Middling Sort: Commerce, Gender, and the Family in England, 1680-1780* (Berkeley, 1996).

Inkster, I., *Scientific Culture and Urbanisation in Industrialising Britain* (Aldershot, 1997).

Inkster, I. & Morrell, J., eds. *Metropolis and Province: Science in British Culture, 1780-1850* (London, 1983).

Innes, J., *Inferior Politics: Social Problems and Social Policies in Eighteenth-Century Britain* (Oxford, 2009).

Jackson, G., *Hull in the Eighteenth Century: A Study in Economic and Social History* (London, 1972).

Jefferys, J. B., *Retail Trading in Britain, 1850-1950* (Cambridge, 1954).

Keith-Lucas, B., *The Unreformed Local Government System* (London, 1980).

Ketton-Cremer, R. W., *Norfolk Portraits* (London, 1944).

Ketton-Cremer, R. W., *A Norfolk Gallery* (London, 1948).

Ketton-Cremer, R. W., *Norfolk Assembly* (London, 1957).

La Rochefoucauld, F., *A Frenchman in England, 1784: Being the 'Mèlanges sur l'Angleterre' of François de la Rochefoucauld*, Marchand, J., ed. (Cambridge, 1933).

Langford, P., *A Polite and Commercial People: England 1727-1783* (Oxford, 1989).

Langford, P., *Public Life and the Propertied Englishman 1689-1798* (Oxford, 1991).

Langford, P., ed., *The Eighteenth Century: 1688-1815* (Oxford, 2002), 坂下史監訳『オックスフォード ブリテン諸島の歴史 第8巻——18世紀：1688-1815年』(慶應義塾大学出版、2010年)。

Laslett, P., *The Traditional European Household*, 酒田利夫・奥田伸子訳『ヨーロッパの伝統的家族と世帯』(リブロポート、1992年)。

Lemire, B., *The Business of Everyday Life: Gender, Practice and Social Politics in England, c. 1600-1900* (Manchester, 2005).

Mackerell, B., *The History and Antiquities of the Flourishing Corporation of King's Lynn in the County of Norfolk* (London, 1738).

Malcolmson, R. W., *Popular Recreations in English Society, 1700-1850* (London, 1973), 川島昭夫・沢辺浩一・中房敏朗・松井良明訳『英国社会の民衆娯楽』(平凡社、1993年)。

McKendrick, N., Brewer, J., & Plumb, J. H., *The Birth of a Consumer Society: The Commercialization of Eighteenth-Century England* (London, 1982).

Mee, A., ed., *The King's England: Norfolk* (London, 1940).
Mui, H-C & L. H., *Shops and Shopkeeping in Eighteenth-Century England* (London, 1989).
Muldrew, C., *The Economy of Obligation: The Culture of Credit and Social Relations in Early Modern England* (Basingstoke/New York, 1998).
Munsche, P. B., *Gentlemen and Poachers: The English Game Laws 1671-1831* (Cambridge, 1981).
Norton, J. E., *Guide to the National and Provincial Directories of England and Wales, Excluding London, Published before 1856* (London, 1950).
O'Gorman, F., *Voters, Patrons and Parties: The Unreformed Electoral System of Hanoverian England, 1734-1832* (Oxford, 1989).
Overton, M., Whittle, J., Dean, D., & Hann, A., eds., *Production and Consumption in English Households, 1600-1750* (London, 2004).
Owen, D. M., ed., *The Making of King's Lynn: A Documentary Survey* (London, 1984).
Parker, V., *The Making of King's Lynn: Secular Buildings from the 11th to the 17th Century* (London/Chichester, 1971).
Patten, J., *English Towns, 1500-1700* (Folkstone, 1978).
Porter, R. & Robert, M. M., eds., *Pleasure in the Eighteenth Century* (Basingstoke, 1996).
Richards, P., *King's Lynn* (Chichester, 1990).
Richards, W., *The History of Lynn: Civil, Ecclesiastical, Political, Commercial, Biological, Municipal and Military from the Earliest Account to the Present Time* (King's Lynn, 1812).
Robson, R., *The Attorney in Eighteenth-Century England* (London, 1959).
Rowe, M. M. & Jackson, A. M., eds., *Exeter Freemen, 1266-1967* (Exeter, 1973).
Rye, W., *Norfolk Families* (Norwich, 1911-1913).
Scholes, P. A., *The Great Dr. Burney: His Life, His Travels, His Works, His Family and His Friends, vol. I* (London, 1948).
Schurer, K. & Arkell, T., eds., *Surveying the People: The Interpretation and Use of Document Sources for the Study of Population in the Later Seventeenth Century* (Oxford, 1992).
Smail, J., *The Origins of Middle-Class Culture: Halifax, Yorkshire, 1660-1780* (Ithaca, 1994).
Smith, W. D., *Consumption and the Making of Respectability, 1600-1800* (New York/

London, 2002).

Southey, R., *Music-Making in North-East England during the Eighteenth Century* (Aldershot, 2006).

Stirling, A. M. W., *Coke of Norfolk and His Friends: The Life of Thomas William Coke, First Earl of Leicester of Holkham, Containing an Account of His Ancestry, Surroundings, Public Services & Private Friendships, & Including Many Unpublished Letters from Noted Men of His Day, English & American, Vol. I* (London, 1908).

Stobart, J., Hann, A. & Morgan V., *Spaces of Consumption: Leisure and Shopping in the English Town, c. 1680-1830* (London/New York, 2007).

Styels, J., *The Dress of the People: Everyday Fashion in Eighteenth-Century England* (New Haven/London, 2007).

Sweet, R., *The Writing of Urban Histories in Eighteenth-Century England* (Oxford, 1997).

Sweet, R., *The English Town, 1680-1840: Government, Society and Culture* (Harlow, 1999).

Taylor, W., *The Antiquities of King's Lynn* (King's Lynn, 1844).

Thew, J. D., *Personal Recollections: By a Lynn Sexagenarian* (King's Lynn, 1891).

Thirsk, J., *Economic Policy and Projects: The Development of a Consumer Society in Early Modern England* (Oxford, 1978), 三好洋子訳『消費社会の誕生』（東京大学出版会、1984年）。

Thompson, F. M. L., ed., *The Cambridge Social History of Britain 1750-1950, vols. 1-3.* (Cambridge, 1990).

Trentman, F., eds., *The Oxford Handbook of the History of Consumption* (Oxford, 2012).

Vickery, A., *The Gentleman's Daughter: Women's Lives in Georgian England* (New Haven, 1998).

Wale, H. J., *My Grandfather's Pocket-Book: From AD 1701 to 1796* (London, 1883).

Walpole, H., *Horace Walpole's Correspondence, vol. 9*, Lewis, W. S. & Bennett, C., eds. (London, 1952).

Weatherill, L., *Consumer Behaviour and Material Culture in Britain, 1660-1760* (London/New York, 1988).

Webb, S. & B, *English Local Government, vol. 1: The Parish and the County* (London, 1906).

Webb, S. & B, *English Local Government, vols. 2-3: The Manor and the Borough* (Lon-

don, 1908).
Webb, S. & B, *English Local Government, vol. 4:Statutory Authorities for Special Purposes, with a Summary of the Development of Local Government Structure* (London, 1922).
Weinbaum, M., *British Borough Charters, 1307-1660* (London, 1943).
Willan, T. S., *River Navigation in England, 1600-1750* (London, 1936).
Willan, T. S., *The English Coasting Trade, 1600-1750* (Manchester, 1938).
Williams, N. J., *The Maritime Trade of the East Anglian Ports, 1550-1590* (Oxford, 1988).
Wilson, K., *The Sense of the People: Politics, Culture and Imperialism in England, 1715-85* (Cambridge/New York, 1995).
Wilson, R. G., *Gentlemen Merchants: The Merchant Community in Leeds, 1700-1830* (Manchester, 1971).
Wollenberg, S. & McVeigh, S., eds., *Concert Life in Eighteenth-Century Britain* (Aldershot, 2004).
Wrigley, E. A. & Schofield, R. S., *The Population History of England, 1541-1871: A Reconstruction* (Cambridge, 1981).

邦文書籍

岩間俊彦『イギリス・ミドルクラスの世界——ハリファックス、1780-1850』(ミネルヴァ書房、2008年)。
大野誠『ジェントルマンと科学』(山川出版、1998年)。
金澤周作『チャリティとイギリス近代』(京都大学学術出版会、2008年)。
唐澤達之『イギリス近世都市の研究』(三嶺書房、1998年)。
川北稔『洒落者たちのイギリス史——騎士の国から紳士の国へ』(平凡社、1986年)。
川北稔編『結社のイギリス史——クラブから帝国まで』(山川出版社、2005年)。
川名洋『イギリス近世都市の「公式」と「非公式」』(創文社、2010年)。
小関隆『近代都市とアソシエイション』(山川出版社、2008年)。
近藤和彦編『長い18世紀のイギリス——その政治社会』(山川出版社、2002年)。
斎藤修『プロト工業化の時代——西欧と日本の比較史』(日本評論社、1985年)。
酒田利夫『イギリス中世都市の研究』(有斐閣、1991年)。
坂巻清『イギリス・ギルド崩壊史の研究』(有斐閣、1987年)。
三時眞貴子『イギリス都市文化と教育——ウォリントン・アカデミーの教育社会史』(昭和堂、2012年)。

角山栄・川北稔編『路地裏の大英帝国——イギリス都市生活史』（平凡社、1982年）。

中野忠・道重一郎・唐澤達之編『十八世紀イギリスの都市空間を探る——「都市ルネサンス」論再考』（刀水書房、2012年）。

長谷川貴彦『産業革命』（山川出版社、2012年）。

長谷川貴彦『イギリス福祉国家の歴史的源流——近世・近代転換期の中間団体』（東京大学出版会、2014年）。

松塚俊三『歴史のなかの教師——近代イギリスの国家と民衆文化』（山川出版、2001年）。

村岡健次『近代イギリスの社会と文化』（ミネルヴァ書房、2002年）。

村岡健次・鈴木利章・川北稔編『ジェントルマン・その周辺とイギリス近代』（ミネルヴァ書房、1987年）。

安元稔編『近代統計制度の国際比較——ヨーロッパとアジアにおける社会統計の成立と展開』（日本経済評論社、2007年）。

安元稔『製鉄工業都市の誕生——ヴィクトリア期における都市社会の勃興と地域工業化』（名古屋大学出版会、2009年）。

欧文論文

Innes, J. & Rogers, N., 'Politics and Government 1700-1840', in *CUHB* (2000).

Alexander, N. & Akehurst, G., 'Introduction: The Emergence of Modern Retailing, 1750-1950', *Business History*, 40-3 (1998).

Allen, D., 'Eighteenth-Century Private Subscription Libraries and Provincial Urban Culture: The Amicable Society of Lancaster, 1769-c. 1820', *Library History*, 17 (2001).

Anderson, G. H., 'Lynn during the Napoleonic Wars', reprinted from *Lynn News and Advertiser* (1919).

Arkell, T., 'An Examination of the Poll Taxes of the Later Seventeenth Century, the Marriage Duty Act and Gregory King', in Schurer & Arkell, eds., *Surveying the People* (1992).

Barney, J., 'Local Taxes as a Measure of Commerce in the Eighteenth Century: The Cases of Poole, Dorset and King's Lynn, Norfolk', *Local Historian*, 28-2 (1998).

Barney, J. M., 'Building a Fortune: Philip Case, Attorney, 1712-1792', *Norfolk Archaeology*, 43-3 (2000).

Barney, J. M., 'Shipping in the Port of King's Lynn, 1702-1800', *The Journal of Transport History*, 20-2 (2012).

Barry, J., 'Provincial Town Culture, 1640-1780: Urbane or Civic?', in Pittock, J. H. & Wear, A., eds., *Interpretation and Cultural History* (Basingstoke, 1991).

Barry, J., 'Bourgeois Collectivism? Urban Association and the Middling Sort', in Barry & Brooks, eds., *The Middling Sort of People* (1994), 山本監訳『イギリスのミドリング・ソート』。

Barry, J., 'Civility and Civic Culture in Early Modern England: The Meanings of Urban Freedom', in Burke, P., Harrison, B. & Slack, P., eds., *Civil Histories: Essays Presented to Sir Keith Thomas* (Oxford, 2000), 木邨和彦訳『市民と礼儀——初期近代イギリス社会史』（牧歌舎、2008年）。

Beckett, J. & Smith, C., 'Urban Renaissance and Consumer Revolution in Nottingham, 1688-1750', *Urban History*, 27-1 (2000).

Berg, M., 'From Imitation to Invention: Creating Commodities in Eighteenth-Century Britain', *Economic History Review*, 55-1 (2002).

Berg, M., 'Consumption in Eighteenth- and Early Nineteenth-Century Britain', in *CEHMB* (2004).

Berry, H., 'Polite Consumption: Shopping in Eighteenth-Century England', *Transaction of the Royal Historical Society*, 12 (2002).

Berry, H., 'Promoting Taste in the Provincial Press: National and Local Culture in Eighteenth-Century Newcastle upon Tyne', *British Journal for Eighteenth-Century Studies*, 25-1 (2002).

Berry, H., 'Creating Polite Space: The Organisation and Social Function of the Newcastle Assembly Rooms', in Berry & Gregory, eds., *Creating and Consuming Culture* (2004).

Borsay, P., 'The English Urban Renaissance: The Development of Provincial Urban Culture c. 1680-1760', *Social History*, 2-5 (1977).

Borsay, P., 'Debate: The Emergence of a Leisure Town: Or an Urban Renaissance?', *Past & Present*, 126 (1990).

Borsay, P., 'Concert Topography and Provincial Towns in Eighteenth-Century England', in Wollenberg & McVeigh, eds., *Concert Life* (2004).

Borsay, P., 'Invention, Innovation, and the "Creative Milieu" in Urban Britain: The Long Eighteenth Century and the Birth of the Modern Cultural Economy, in Haßler, M. & Zimmermann, C., eds., *Creative Urban Milieus: Historical Perspectives on Culture, Economy, and the City* (Frankfurt, 2008).

Bradfer-Lawrence, H. L., 'The Merchants of Lynn', in Ingleby, C., ed., *A Supplement to Blomefield's Norfolk* (London, 1929).

Campbell, C., 'Understanding Traditional and Modern Patterns of Consumption in

Eighteenth-Century England: A Character-Action Approach', in *CWG* (1993).
Chalklin, C. W., 'Estate Development in Bristol, Birmingham and Liverpool, 1660-1720', in Chalklin & Wordie, eds., *Town and Countryside* (1989).
Clark, P. & Houston, R. A., 'Culture and Leisure 1700-1840' in *CUHB* (2000).
Cookson, J. E., 'The English Volunteer Movement of the French Wars, 1793-1814: Some Context', *Historical Journal*, 32-4 (1989).
Cooper, S. M., 'Intergenerational Social Mobility in Late-Seventeenth- and Early-Eighteenth-Century England', *Continuity and Change*, 7-3 (1992).
Cooper, S. M., 'Household Form and Composition in King's Lynn: A Reconstruction Based on the Poll Taxes of 1689-1702, in Schurer & Arkell, eds., *Surveying the People* (1992).
Corfield, P. J. & Kelly, S., '"Giving Directions to the Town": the Early Town Directories', *Urban History Yearbook* (1984).
Corfield, P. J., 'Walking the City Streets: The Urban Odyssey in Eighteenth Century England', *Journal of Urban History*, 16-2 (1990).
Corfield, P. J., 'The Rivals: Landed and Other Gentlemen', in Harte, N. B. & Quinault, R., eds., *Land and Society in Britain, 1700-1914: Essays in Honour of F. M. L. Thompson* (Manchester, 1996).
Corfield, P. J., 'East Anglia', in *CUHB* (2000).
Corfield, P. J., 'Business Leaders and Town Gentry in Early Industrial Britain: Specialist Occupations and Shared Urbanism', *Urban History*, 39-1 (2012).
Cowan, B., 'The Rise of the Coffeehouse Reconsidered', *The Historical Journal*, 47-1 (2004).
Cunningham, H., 'Leisure and Culture', in Thompson, ed., *Cambridge Social History, Vol. 2: People and their Environment* (1990).
D'Cruze, S. & Turnbull, J., 'Fellowship and Family: Oddfellows' Lodges in Preston and Lancaster, c. 1830-c. 1890', *Urban History*, 22-1 (1995).
Daunton, M., 'The Wealth of the Nation', in Langford, ed., *Eighteenth Century* (2002).
Downie, J. A., 'Public and Private: The Myth of the Bourgeois Public Sphere', in Wall, C., ed., *A Concise Companion to the Restoration and Eighteenth Century*, (Malden/Oxford, 2005).
Elliott, P., 'The Origins of the 'Creative Class': Provincial Urban Society, Scientific Culture and Socio-Political Marginality in Britain in the Eighteenth and Nineteenth Centuries', *Social History*, 28-3 (2003).

Elliott, P., 'Toward a Geography of English Scientific Culture: Provincial Identity and Literary and Philosophical Culture in the English County Town, 1750-1850', *Urban History*, 32-3 (2005).

Ellis, J., 'Regional and County Centres 1700-1840', in *CUHB* (2000).

Ellis, J., '"For the Honour of the Town": Comparison, Competition and Civic Identity in Eighteenth-Century England', *Urban History*, 30-3 (2003).

Falkus, M., 'Lighting in the Dark Ages of English Economic History: Town Streets before the Industrial Revolution', in Coleman, D. C. & John, A. H., eds., *Trade, Government and Economy in Pre-Industrial England: Essays Presented to F. J. Fisher* (London, 1976).

Fawcett, T., 'Provincial Dancing Masters', *Norfolk Archaeology*, 25-1 (1970).

Fawcett, T., 'Eighteenth-Century Norfolk Booksellers: A Survey and Register', *Transaction of the Cambridge Bibliographical Society*, 6 (1972-77).

Fawcett, T., 'Eighteenth Century Debating Societies', *British Journal for Eighteenth-Century Studies*, 3-3 (1980).

Fowler, C., 'Changes in Provincial Retail Practice during the Eighteenth Century, with Particular Reference to Central-Southern England', *Business History*, 40-3 (1998).

French, H. R., '"Ingenious & Learned Gentlemen' – Social Perceptions and Self-Fashioning among Parish Elites in Essex, 1680-1740', *Social History*, 25-1 (2000).

Gorsky, M., 'Mutual Aid and Civil Society: Friendly Societies in Nineteenth-Century Bristol', *Urban History*, 25-3 (1998).

Griffin, E., 'The "Urban Renaissance' and the Mob: Rethinking Civic Improvement over the Long Eighteenth Century', in Feldman, D. & Lawrence, J., eds., *Structures and Transformation in Modern British History* (Cambridge, 2011).

Innes, J. & Rogers, N., 'Politics and Government', in *CUHB* (2000).

Jones, E. L. & Falkus, M. E., 'Urban Improvement and the English Economy in the Seventeenth and Eighteenth Centuries', in Borsay, *Eighteenth Century Town* (1994).

King, R., 'The Sociability of the Trade Guilds of Newcastle and Durham, 1660-1750: The Urban Renaissance Revisited', in Berry & Gregory, eds., *Creating and Consuming Culture* (2004).

Klein, L. E., 'Politeness for Plebes: Consumption and Social Identity in Early Eighteenth-Century England', in Birmingham & Brewer, eds., *Consumption of Culture* (1995).

Konishi, E., 'Elite and Pluralist Power in Eighteenth-Century English Towns: A Case Study of King's Lynn', in Roth, R. & Beachy, R., eds., *Who Ran the Cities?: City*

Elites and Urban Power Structures in Europe and North America, 1750-1940 (Aldershot, 2007).

Langford, P., 'The Uses of Eighteenth-Century Politeness', *Transactions of the Royal Historical Society*, 12 (2002).

Lemire, B., 'Plebeian Commercial Circuits and Everyday Material Exchange in England, c. 1600-1900', in Blondé, B., Stabel, P., Stobart, J. & Damme, I. V., eds., *Buyers and Sellers: Retail Circuits and Practices in Medieval and Early Modern Europe* (Turnhout, 2006).

Longmore, J., 'Liverpool Corporation as Landowners and Dock Builders, 1709-1835', in Chalklin & Wordie, eds., *Town and Countryside* (1989).

McInnes, A., 'The Emergence of a Leisure Town: Shrewsbury 1660-1760', *Past & Present*, 120 (1988).

Metters, A. G., 'Corn, Coal and Commerce: Merchants and Coastal Trading in Early Jacobean King's Lynn', *International Journal of Maritime History*, 23-1 (2011).

Metters, G. A., 'Mixed Enterprises' in Early Seventeenth-Century King's Lynn', in Virgoe, R. & Wilson, R. G., eds., *Counties and Communities: Essays on East Anglian History Presented to Hassell Smith* (Norwich, 1996).

Mitchell, I., 'Retailing in Eighteenth-and Early Nineteenth-Century Cheshire', *Transaction of the Historic Society of Lancashire and Cheshire*, 130 (1981).

Mitchell, I., 'The Development of Urban Retailing 1700-1815', in Clark, P., ed., *The Transformation of English Provincial Towns 1600-1800* (London, 1984).

Mitchell, I., 'I Had Never Seen Better Shops in a Country Town–Fashionable Retailing in Hanoverian Derby', *Derbyshire Miscellany*, 17-4 (2005).

Morris, R. J., 'Voluntary Societies and British Urban Elites, 1780-1850: An Analysis', in *Historical Journal*, 26-1 (1983).

Morris, R. J., 'Clubs, Societies and Association' in Thompson, ed., *Cambridge Social History, vol. 3: Social Agencies and Institutions* (1990).

Muldrew, C., 'Credit and the Courts: Debt Litigation in a Seventeenth-Century Urban Community', *Economic History Review*, 46-1 (1993).

Muldrew, C., 'Interpreting the Market: The Ethics of Credit and Community Relations in Early Modern England', *Social History*, 18-2 (1993).

Orange, D., 'Rational Dissent and Provincial Science: William Turner and the Newcastle Literary and Philosophical Society', in Inkster & Morrell, eds., *Metropolis and Province* (1983).

Porter, R., 'Science, Provincial Culture and Public Opinion in Enlightenment England', *British Journal for Eighteenth-Century Studies*, 3-1 (1980).

Pound, J. F., 'The Validity of the Freemen's Lists: Some Norwich Evidence', *Economic History Review*, 34-1 (1981).

Power, M. J., 'Councillors and Commerce in Liverpool, 1650-1750', *Urban History*, 24-3 (1997).

Power, M. J., 'Politics and Progress in Liverpool, 1660-1740', *Northern History*, 35-1 (1999).

Schofield, R. S., 'The Geographical Distribution of Wealth in England, 1334-1649', *Economic History Review*, 18-3 (1965).

Schwarz, L., 'Residential Leisure Towns in England towards the End of the Eighteenth Century', *Urban History*, 27-1 (2000).

Shammas, C., 'Changes in English and Anglo-American Consumption from 1550 to 1800', in *CWG* (1993).

Stobart, J., 'Shopping Streets as Social Space: Leisure, Consumerism and Improvement in an Eighteenth Century County Town', *Urban History*, 25-1 (1998).

Stobart, J., In Search of a Leisure Hierarchy: English Spa Towns and Their Place in the Eighteenth-Century Urban System, in Borsay, P., Hirschfelder, G. & Mohrmann, R-E., eds., *New Directions in Urban History: Aspects of European Art, Health, Tourism and Leisure since the Enlightenment* (Münster, 2000).

Stobart, J., 'Culture Versus Commerce: Societies and Spaces for Elites in Eighteenth-Century Liverpool', *Journal of Historical Geography*, 28-4 (2002).

Stobart, J. & Hann, A., 'Retailing Revolution in the Eighteenth Century? Evidence from North-West England', *Business History*, 46-2 (2004).

Stobart, J. & Schwarz, L., 'Leisure, Luxury and Urban Specialization in the Eighteenth Century', *Urban History*, 35-2 (2008).

Stobart, J., 'In and Out of Fashion? Advertising Novel and Second-Hand Goods in Georgian England', in Blondé, Coquery, Stobart & Damme, eds., *Fashioning Old and New* (2009).

Stobart, J., 'Gentlemen and Shopkeepers: Supplying the Country House in Eighteenth-Century England', *Economic History Review*, 64-3 (2011).

Styels, J., 'Custom or Consumption? Plebeian Fashion in Eighteenth-Century England' in Berg & Eger, eds., *Luxury in the Eighteenth Century* (2003).

Sweet, R., 'Freemen and Independence in English Borough Politics c. 1770-1830', *Past &*

Present, 161 (1998).
Sweet, R., 'Topographies of Politeness', *Transaction of Royal Historical Society*, 12 (2002).
Vickery, A., 'Women and the World of Goods: A Lancashire Consumer and her Possessions' in *CWG* (1993).
Walsh, C., 'Social Meaning and Social Space in the Shopping Galleries of Early Modern London', in Benson, J. & Ugolini, L., eds., *A Nation of Shopkeepers: Five Centuries of British Retailing* (London, 2002).
Walsh, C., 'Shops, Shopping, and the Art of Decision Making in Eighteenth-Century England', in Styles, J. & Vickery, A., *Gender, Taste, and Material Culture in Britain and North America, 1700-1830* (New Haven/London, 2006).
Weatherill, L., 'The Meaning of Consumer Behaviour in Late Seventeenth- and Early Eighteenth-Century England', in *CWG* (1993).
Withington, P., 'Citizens, Community and Political Culture in Restoration England', in Shepard, A. & Withington, P., eds., *Communities in Early Modern England: Networks, Place, Rhetoric* (Manchester, 2000).
Withington, P., 'Company and Sociability in Early Modern England', *Social History*, 32-3 (2007).
Wood, F., 'Fuelling the Local Economy: The Fenland Coal Trade, 1760-1850', in Bruland, K. & O'Brien, P., eds., *From Family Firms to Corporate Capitalism: Essays in Business and Industrial History in Honour of Peter Mathias* (Oxford, 1998).
Wrigley, E. A., 'British Population during the 'Long' Eighteenth Century, 1680-1840', in *CEHMB, Vol. I Industrialisation, 1700-1860* (Cambridge, 2004).

邦文論文

青木康「一七五〇年代ベリ・セント・エドマンズ市の下院議員選挙——ベリの都市自治体をめぐる補論」『史苑』72巻1号（2011年）。
岩間俊彦「産業革命期リーズの都市エリート、1780-1820年——名望家支配からミドルクラス支配へ」『社会経済史学』63巻4号（1997年）。
唐澤達之「十八世紀ノリッジの都市自治体と基盤整備」中野・道重・唐澤編『十八世紀イギリスの都市空間を探る』（2012年）。
川北稔「イギリス近世都市の特質と魅力——17・18世紀の「都市ルネサンス」」『都市問題研究』40巻9号（1988年）。
川北稔「近世イギリスにおけるステイタス基準の展開——「政治算術」の前後」前川和

也編『ステイタスと職業──社会はどのように編成されていたか』(ミネルヴァ書房、1997年)。

草光俊雄「何か目新しいものを送られたし──ロンドン商人と英国北部の製造業者」『社會經濟史學』54巻3号（1988年）。

草光俊雄「消費社会の成立と政治文化」草光俊雄・眞嶋史叙監修『欲望と消費の系譜』(NTT出版、2014年)。

小西恵美「18世紀におけるキングス・リン・コーポレーションの活動」『三田商学研究』39巻4号（1996年）。

小西恵美「18世紀末イギリス地方都市社会の多元的構成──キングス・リン救貧税課税記録の分析を中心に」『専修大学人文科学研究所月報』234号（2008年）。

コーフィールド, P.,「イギリス・ジェントルマンの論争多き歴史」坂巻清・松塚俊三訳『思想』873号（1997年）。

坂下史「地域社会のダイナミズム」近藤編『長い18世紀のイギリス』(2002年)。

坂巻清「イギリス都市の"Incorporation"をめぐる若干の問題」『西洋史研究』新輯16号（1987年）。

鶴見卓三「解体直前におけるイギリスの旧都市自治体──レスター市の場合」『千葉大学人文研究』1号（1972年）。

中野忠・小西恵美・山本千映「17世紀末イギリスの課税記録」『早稲田社会科学総合研究』3巻3号（2003年）。

中野忠「慈善と実用──18世紀イギリスの庶民教育」浅野啓子・佐久間弘展編『教育の社会史──ヨーロッパ中・近世』(知泉書館、2006年)。

中野忠「王政復古期以後のロンドンにおける市民的社交圏──コーヒーハウスをめぐる最近の研究から」『早稲田社会科学総合研究』7巻3号（2007年）。

中野忠「馬車と鹿肉──近世ロンドンにおける社交世界の展開」『早稲田社会科学総合研究』9巻2号（2008年）。

道重一郎「18世紀ロンドンの小売商と消費社会──服飾小物商millinerの活動を中心に」『経営史学』43巻1号（2008年）。

道重一郎「イギリス中産層の形成と消費文化」関口尚志・梅津順一・道重一郎編『中産層文化と近代──ダニエル・デフォーの世界から』(日本経済評論社、1999年)。

道重一郎「消費空間としての十八世紀イギリス都市──消費空間、社交空間と小売商業」中野・道重・唐澤編『十八世紀イギリスの都市空間を探る』(2012年)。

林田敏子「イギリス警察と「近代」──ボビー神話の形成と崩壊」林田敏子・大日方純夫編『警察』(近代ヨーロッパの研究⑬)(ミネルヴァ書房、2012年)。

安元稔「近代センサスの成立過程——イギリスの事例」安元編『近代統計制度の国際比較』(2007年)。

山本千映「ヴィクトリアン・センサス——1841年センサスの成立」安元編『近代統計制度の国際比較』(2007年)。

博士学位論文

Barney, J., 'Merchants and Maritime Trade of King's Lynn in the Eighteenth Century', Univ. of East Anglia (1997).

Cooper, S. M., 'Family, Household and Occupation in Pre-Industrial England: Social Structure in King's Lynn, 1689-1702', Indiana University (1985).

Metter, A. G., 'The Rulers and Merchants of King's Lynn in the Early Seventeenth Century', Univ. of East Anglia (1982).

Muldrew, C., 'Credit, Market Relations, and Debt Litigation in Late Seventeenth Century England, with Special Reference to King's Lynn', Univ. of Cambridge (1990).

Wood, F., 'Inland Transport and Distribution in the Hinterland of King's Lynn, 1760-1840', Univ. of Cambridge (1992).

あとがき

　私がキングス・リンの研究に取り組みはじめたのは半ば偶然からである。1990年代中ごろ、慶應義塾大学大学院に入学した私は都市史のテーマを探していた。そんな折、指導教授の工藤教和先生から、誰も使用したことのない貴重史料が大学図書館にあると知らされたが、それがキングス・リン都市自治体の1770年代の会計簿であった。一次史料というものにはじめてふれて大感激をし、手書き文字に苦闘しながらも、何か発見をするたびのわくわく感に、図書館に通いつめた記憶は今でも鮮明に残っている。以来20年間、今にいたるまでキングス・リン研究にどっぷりとつかることになった。しかし当時、キングス・リンの研究をしたいと言うと、ほとんどの研究者は眉をひそめ、それどころか、もっと研究に値する都市を選ぶよう強く忠告する人もいたほどであった。確かに、その頃、キングス・リンという地名さえ知っている日本人はほとんどいなかったし、知っていたとしても19世紀の工業化や都市化に完全に乗り遅れた衰退した小都市という認識が一般的であった。中世や産業革命期以降の都市研究には大きな蓄積がある一方で、近世都市の中でもとりわけ18世紀の地方都市の研究は日本では関心をもつ者はまだ少なく、せいぜい近代都市の前段階・準備段階としてふれられる程度であった。したがって、近代化に「失敗」した中途半端な都市の事例を追うことに研究意義を見出せないというのは、当時としては当然の見解であったのかもしれない。しかし、私はその頃、1冊の本に出会った。『イギリス都市の衝撃1700-1800年』、のちの指導教授になる、ペニー・コーフィールドによる18世紀都市史のパイオニア的研究の翻訳書である。名誉革命と産業革命に挟まれ、従来注目をあびてこなかった18世紀のイギリス都市が、経済的にも社会的にも、実はとてもダイナミックに変化を遂げていたと議論するこの本は、私にとってもまさに衝撃であり、18世紀のイギリス都市社会に強く惹かれていった。

ペニーが初来日したのは1994年である。私はセミナーに参加し、そこで彼女に、研究対象としてのキングス・リンについての意見を求めた。会話の内容を十分理解できたわけではなかったが、18世紀のキングス・リンの研究はおもしろいしやってみる価値があること、そして、希望するなら指導してあげるともおっしゃってくださった。このペニーとはじめて交わした会話が後押しとなって、まだ博士課程での研究対象の都市を決めきれない中、キングス・リンという都市を実際に見てみようと思い立った。現地に向かった私を迎えたのは、中世にタイムスリップしたかのような街並みと、キングス・リン文書館（KLA）とノーフォーク文書館（NRO）に大量に残されている一次史料のリストであった。アーキヴィストのスーザン・マドックは、なぜキングス・リンの会計簿がはるか遠くの日本の大学の図書館にあるのか、それはKLAにあるべきものなのに、と不思議がった。そして、気さくに所蔵するコレクションの説明をしてくれたが、それはエンドレスに続いた。たまたまそこに居合わせた郷土史家、ポール・リチャーズは、はるばる日本からやってきた私にキングス・リンの町案内と歴史紹介をしてくれた。ポールによる18世紀の人々とその生活の話は、キングス・リンが「衰退」の途にあったという解釈とは相容れないものであった。腰をおちつけて一次史料に取り組むためにも、留学は必須と思った私は、その足でロンドンに行き、ペニーに相談をした。日本で会った時の言葉どおりに、快く指導教授になることを了承してくれた彼女のおかげで、1996年1月からロンドン大学ロイヤル・ホロウェイ校に留学することになったのである。

　当時のイギリスでは、18世紀研究が「旬」であった。とくにロンドン大学歴史学センターでペニーたちが主催する「長い18世紀のイギリス史セミナー」では、毎回、色々なテーマで研究報告がなされ刺激的だった。今でこそあたりまえのように使われている「長い18世紀」という時代区分をはじめて私が認識したのも、そこでであった。イギリスでは一次史料に依拠した研究の重要性をたたきこまれた。多種多様な史料を読み込み、どう解釈するかを考えるのは、私にとって一番楽しい作業であった。文書館に行くと開館から閉館まで、身動きもせず史料を読み続けていたが、そんな私の姿は「勤勉すぎる日本人」と

NROのスタッフに映ったという話は後になってから聞いた。

　2000年、無事、キングス・リンの都市エリートと公的な領域の多元的な分析をテーマにした博士論文は完成し、その後も授業や大学の仕事に追われながら、荒削りな博士論文のブラッシュアップを試みた。しかし、研究するにつれ、追究する対象が都市エリートにとどまらなくなってきた。中間層や一般庶民を含む住人にまで広がり、さらには都市社会や都市空間にも目が向くようになった。その結果、職業構造を含む社会・経済基盤の変化や、住民からの新たなニーズに対応するための行政の変化、そして奢侈的な消費文化や社交を含む新たな研究課題に取り組まなければならなくなった。しかし、こうした現象がすべて、質的な変化を伴う一連の都市化として理解できることに気づくまでには長い時間を要した。めざましい工業化を伴う19世紀の都市化とは異なる、社会・文化的な性格の都市化が、キングス・リンやそのほか多くの都市で進行したという視点から、20年にわたるキングス・リン研究を総括する方向性が見えてきたのは、ここ数年のことであった。したがって、本書の各章は、以下のような博士論文提出後にいくつかの本や雑誌で発表した論文がもとになるものもあるが、第7章を除き、それらの論文はすべて、全面的に書き直しをするか、または加筆・修正することになった。

「地方行政組織の変化と連続——長期の18世紀キングス・リンの事例」『比較都市史研究』22号2巻（2003年）。
「長期の18世紀イングランドの地方都市行政とコミュニティ——キングス・リン舗装委員会を中心に」イギリス都市農村共同体研究会・東北大学経済史・経営史研究会編『イギリス都市史研究——都市と地域』（2003年）。
「1830年代の都市改革——キングス・リン選挙人の分析から」『専修大学人文科学年報』35号（2005年）。
「近世イギリス都市におけるフリーメン制度の意義——キングス・リン1636-1836年」『三田商学研究』48号5巻（2005年）。
「18世紀末イギリス地方都市社会の多元的構成——キングス・リン救貧税課

税記録の分析を中心に」『専修大学人文科学研究所月報』234号（2008年）。
「イギリス地方都市の小売店――18世紀末と1830年のキングス・リンの事
　　例」『三田商学研究』54号5巻（2011年）。
「社交と都市ルネサンス――キングス・リンの事例から」中野忠・道重一
　　郎・唐澤達之編『一八世紀イギリスの都市空間を探る――「都市ルネサ
　　ンス」論再考』刀水書房（2012年）。

　本書を書くにあたり、多くの方々にお世話になった。工藤教和先生は、学部4年次から指導教授として穏やかに、そして冷静に見守り続けてくださった。私をイギリス史に導き、学問の入口に立たせ、そして留学に送り出してくださった工藤先生には、感謝の言葉しかない。学部・大学院を通して、マンツーマンで輪読につきあっていただいたが、最初に読んだ W. G. ホスキンズの『エクセターの産業・商業・人々　1680-1800』（1935年）は都市史の手ほどきとなった。
　はじめての日本人の PhD の学生として私を受け入れてくださったペニー・コーフィールドには、厳しくも優しく、都市史研究のやり方を徹底的に指導していただいた。学問だけでなく、慣れない外国での生活にも常に気を配ってくださった彼女は、私にとっては「オール・マイティ」な女性であった。どんな状況においても「楽観的に」物事を考える彼女のサポートは、何よりも心強かった。
　修士時代、都市の会計簿分析に行きづまり、突然、手紙を書いて指導を求めたのが、当時ニューカッスルの会計簿分析をなさっていた中野忠先生である。見ず知らずの一学生だったにもかかわらず親切で丁寧な指導をしていただき、今にいたるまで、何かにつけ学問上の相談にのっていただいている。先生にはいくつもの研究会と多くの日本人の都市史研究者たちをご紹介いただいたが、中でも「イギリス都市農村共同体研究会」と「長期18世紀イギリス社会経済史研究会」は、一番身近で私の研究活動のコアになっている研究会である。この2つには重複するメンバーも多いが、三好洋子先生、坂巻清先生、加藤哲美先

生、佐藤清隆先生、道重一郎先生、菅原秀二先生、唐澤達之先生、川名洋先生には何度も報告を聞いてもらい、ご指導と貴重なアドバイスをいただいた。また、山本千映さん、岩間俊彦さん、大橋里見さん、そして同僚でもある永島剛さんとは年代も近いことから、屈託のない意見交換をさせてもらい感謝している。

　松塚俊三先生と三時眞貴子さんは、専門分野は異なるものの、私の研究のよき理解者である。とりわけ J. エリスの『長い18世紀のイギリス──1680-1840』を共訳した際に交わした、18世紀都市社会に関する数々の議論なくして、本書の完成はなかった。このほかにも、松村高夫先生や安元稔先生、堀元子先生、山岡龍一さんなど、私の研究の初期段階からお世話になっている方は列挙しきれない。酒田利夫先生や玉置紀夫先生、オリーブ・チェックランド先生のように、本書の完成をお見せすることなく、他界されてしまった方もいらっしゃる。

　職場の専修大学では、齊藤佳史さん、永江雅和さん、兵頭敦史さん、佐島直子先生、樋口博美さん、黒田彰三先生、徳田賢二先生、福島義和先生、黒沢眞里子先生、故八林秀一先生など多くの方たちに、研究会やそのほかの機会に助言をいただいた。イギリス史以外の研究分野の方からは、時に目からうろこが落ちる指摘を受けることもあり、大きな刺激にもなっている。

　本書の完成に絶対不可欠だった存在として特筆しておかなければならないのはスーザン・マドックである。アーキヴィストが天職というスーザンは、いつ見ても忙しく動き回り勤勉に史料整理をしていた。NROのプリンシパル・アーキヴィストでありながら、長年、毎週木曜にKLAに通って一人でリン関係の史料を管理していたが、彼女が勤務しない日も、私が連日、KLAで史料にアクセスすることを許可してくれた。新たに見つけた貴重な史料を紹介してくれることも何度もあった。彼女なくして本書はなかっただろう。そして、キングス・リンの市長にも就任した郷土史家のポール・リチャーズは、ウェスト・アングリア・カレッジの図書館やトゥルース・ヤード漁師博物館、リン博物館などの地元の施設に紹介をしてくださった。何度となく歴史を交えた町案内をお願いし、市長就任期間には18世紀の市庁舎でもあった建物と市長室に招

待していただいたが、こうした経験のおかげで18世紀のキングス・リン社会がより身近に感じられるようになった。

　日本経済評論社代表取締役の栗原哲也氏には、厳しい出版事情の中、本書刊行をお引き受けいただき感謝している。出版部の谷口京延氏には、校正段階で多大なる迷惑をおかけした。三校にいたるまで大量の修正をお願いすることになり、深くお詫び申し上げたい。また、刀水書房の中村文江さんには、『十八世紀イギリスの都市空間を探る』で私が執筆した論文を本書へ転載する許可をいただいたことに、深く御礼申し上げる。図表等の確認や索引づくりには、専大生の東大樹くん、須郷貴裕くん、土田伶奈さんが休日返上で毎日遅くまで作業をし、助けてくれた。たくさんの方々に支えられて、ようやく、出版にこぎつけられた本書であるが、最後に、しかし最少にではなく、自由に研究活動を続けさせてくれた両親に感謝の意を表したい。

　なお、本書は平成26年日本学術振興会・研究成果公開促進費（学術図書　課題番号265158）による出版である。また本研究は、科研費補助金・若手研究Ｂ（平成17年〜19年）、平成24年専修大学特別研究員（特例）、科研費補助金・基盤研究Ｃ（平成25年〜）の研究成果である。

　　2015年1月

小　西　恵　美

索　引

事項索引

ア行

アイデンティティ　1, 3, 6, 104, 181, 183, 242, 293, 294, 298, 344, 360, 361
アセンブリ　13, 100, 234, 252, 291-301, 308, 316
　　——・ホール　7, 211
　　——・ルーム　124, 211, 226, 227, 288-290, 299, 301, 306, 307
アソシエーション　8, 9, 12, 14, 16, 100, 102, 111, 112, 128, 129, 133, 134, 159, 184, 189-196, 198, 199, 202, 203, 207, 210, 214-221, 223, 227, 229, 230, 233-235, 267, 288, 299, 300, 302, 312, 316, 318, 321-323, 327, 328, 330, 332-334, 342, 344-347, 355, 356, 359, 361, 363, 392-394
アマチュア　302, 310, 311, 341, 342
アメニティ　142, 287　→快適性
位階　13, 50, 94, 96, 104, 221, 234, 360
　　——構造　8, 11, 13, 62, 179, 190, 221, 233, 234, 308, 311-314, 355, 356, 360
遺言書　13, 238, 239, 246-248, 277, 341
遺産目録　13, 238, 239, 241-248, 259, 277, 281, 341
医者　42, 52-54, 60, 87, 131, 192, 193, 204, 222, 275, 284, 322, 347, 349　→内科医・外科医
市（市場）　13, 28, 88, 124, 127, 128, 147, 182, 186, 216, 217, 228　→市場（しじょう）
　家畜——　127, 129, 147, 161, 210, 215-217, 227, 250, 252, 261, 359
　火曜——　251, 259, 282
　歳——　9, 25, 28, 32, 118, 119, 144, 250-252, 256, 277, 288, 291, 293, 302, 307
　週——　25, 118, 119, 250, 251, 256, 259, 277, 288, 309
　土曜——　251

二月——　251, 252, 303, 306
イン　7, 41, 53, 58, 59, 66, 100, 169, 181, 182, 204, 251, 290, 299, 309, 342, 343
　グローブ・——　58, 66, 89, 100, 162, 288, 289, 294, 297
　デュークス・ヘッド・——　58, 100, 162, 201, 288, 289, 299, 309, 314, 343
　メイズ・ヘッド・——　53, 58, 66, 100, 162, 288, 289, 306, 343-345
イン（パブ）経営者　39, 52, 54, 56, 58, 59, 78, 79, 86, 87, 89, 100, 205, 275, 345
印刷文化　14, 88, 321, 322, 347, 361, 393
印刷屋　39, 53, 77, 87, 88, 258, 267, 276, 324, 325
インディペンデント　209
インフラ　5, 8, 12, 111, 123, 128, 142, 153, 161, 165, 167, 178, 180, 184, 210, 215, 229, 230, 233, 313, 358　→公共施設
ウィスビッチ有料道路　138, 152
ウェアハウス　259, 264, 266, 267, 284
ウサギ狩り　309
馬泥棒を逮捕・起訴する協会　217
エスクワイア　78, 80, 81, 116, 117, 139, 147, 171, 174-176, 188
エリート　8, 13, 26, 62, 69, 84, 92, 96-98, 101, 105, 142, 155, 160, 179, 182, 198, 201, 238, 239, 243, 246, 248, 277, 278, 287, 291, 293, 313, 329, 330, 342, 344-347, 356, 361, 362, 364
沿岸取引　9, 11, 24, 30, 32, 61, 91, 97, 108, 357, 362
園芸協会　268, 327-330
演劇　7, 13, 204, 234, 252, 298, 302, 303, 305, 306, 308, 355
演奏会　7, 40, 169, 215, 303-306, 317, 341, 355
オー・ブリンク水路（分流）　126, 132, 136
オドフェロー　203, 204, 298

オルガン　300-306
　——奏者　39, 54, 303-306, 314, 316
音楽協会　306, 335, 341, 342, 361
音楽祭　305, 306, 313, 317
音楽隊　298, 303, 317

カ行

階級　2, 100, 223, 314, 357
快適さ・快適性　7, 19, 181, 183, 252, 259, 287, 302, 313, 361　→アメニティ
街灯　7, 167, 168, 183
会費　13, 129, 189-205, 207, 208, 210, 218, 220, 221, 224, 233, 287, 292, 293, 298-300, 304, 310, 312, 313, 316, 317, 323, 328, 330, 331, 348, 349, 355, 359, 360
　——民主主義　190, 220
改良委員会　150, 152-157, 185, 250　→舗装委員会
下院議員　28, 172, 291, 295, 326
科学（文化）　14, 42, 225, 246, 267, 268, 281, 307, 326-331, 347, 361, 393
家具（屋）　39, 41, 42, 53, 54, 56, 59, 60, 78, 80-83, 87, 116, 159, 213, 234, 239-247, 254, 255, 257-259, 262, 263, 269, 271, 272, 276, 360, 398
ガス会社　168, 169, 178, 179, 183, 187
ガス灯　168, 169, 178, 187
下層　7, 51-55, 57, 58, 62, 67, 85, 90, 104, 106, 159, 204, 205, 223, 248, 249, 278, 358, 360, 363
学校　7, 8, 60, 79, 101, 123, 124, 129, 190, 205-209, 221, 229, 335-341, 347, 352, 361, 392
　アカデミー　14, 327, 335, 338, 340, 351, 393　→私塾
　寄宿——　60, 88, 101, 206, 225, 299, 335-340
　グラマースクール　60, 88, 101, 119, 122, 124, 127, 146, 205, 206, 225, 335, 337, 341, 344, 351
　慈善——　127, 129, 207
　男子自由——　207, 208, 336
　日曜——　207-209, 226
　ライティング・スクール　124, 146, 205
　私塾　14, 60, 206, 335, 336, 340, 341, 351, 393
　　→アカデミー

金物（商）　39, 41, 53, 56, 59, 78, 83, 100, 254, 255, 257-259, 262, 263, 269, 271, 273, 276, 398
寡婦　55, 56, 84, 122, 139, 145, 166, 171, 176, 194, 199-202, 302, 372
家父長主義　2, 363
観客　211, 303, 306, 309-311, 313
管財人　122, 124, 197, 221
間接税　42, 252
技師　39, 42
既製（品）　259, 261, 264, 284
寄付（金）　101, 102, 115, 129, 131, 133, 134, 139-141, 146, 163, 168, 170, 172, 189, 191-193, 195-197, 199, 200, 202, 206, 208-210, 221, 222, 224, 233, 300, 310, 311, 318, 322, 330, 331, 351, 359
義勇軍　218, 219, 228, 293
急進（派・主義）・ラディカル　294, 332, 333, 345, 353
救貧　35, 48, 49, 54, 56, 66, 93, 108, 133, 151, 152, 190, 191, 195-198, 359, 392
　——院　56
　——官　131, 133
　——社　63, 124, 150-152, 184
　——受給者　49, 54, 55, 57, 82, 83
　——税　45, 48-50, 54, 55, 57, 63, 65, 66, 82, 83, 89, 124, 151, 152, 196, 197
　——税記録　11, 21, 46, 48-52, 56, 65, 69, 82, 83, 88, 99, 159, 185, 244, 245, 271, 273, 274, 285, 340, 369, 373
　——法　90, 192, 195
教会　8, 25, 42, 152, 182, 186, 194, 196, 249, 289-292, 297, 298, 303-305, 316, 322, 323, 344
　——税　152
教会伝道協会　208
教区　33, 42, 48, 151, 152, 222, 292, 363
　——委員　50, 94, 133, 151
　——会　94, 111, 151-154, 157
　——書記　94
共済　26, 190, 191, 193, 198-204, 210, 220, 223, 224, 335, 359
教師　39, 42, 43, 53, 56, 60, 87, 101, 179, 207, 225, 299, 330, 335, 337-340
行商人　39, 79, 250, 251, 282, 283

索　引　431

競売　13, 40, 54, 153, 201, 244, 245, 262, 277
居住レジャー都市　5
ギルド　16, 25-29, 63, 176, 191, 211, 220, 291
銀行　40, 41, 53, 60, 79, 99-101, 107, 132, 159, 172, 175, 176, 188, 196, 198, 199, 201, 208, 222, 330
勤勉革命　238
クエーカー　77, 100, 115, 159, 188, 345
薬屋　39, 53, 54, 60, 76, 77, 79, 87, 88, 131, 159, 179, 244, 257, 259, 261, 264, 276, 284
区長　94, 122
靴屋　38, 39, 43, 53, 54, 60, 78, 80, 81, 86, 87, 132, 219, 257, 274-276, 345
クリケット　309, 310, 318
軍人　39, 40, 42
警吏　28
計量人　42, 61, 79, 86, 87, 119, 175
ゲーム・ルーム　124, 211, 226, 288
外科医　39, 59, 77, 78, 81, 101, 179, 201, 204, 349　→医者
劇場　7, 63, 124, 129, 204, 210-215, 217, 220, 226, 227, 288-290, 302, 303, 305, 306, 308, 313, 359
劇団　214, 288, 302, 303
下水委員会　150, 151, 184
衒示的消費　5
ケンブリッジ大学　145, 336, 337, 344
公開結婚式　291, 297, 298
公開集会　12, 114, 129-134, 141, 146, 147, 149, 159, 169, 197, 213, 216, 219, 220, 332, 334, 359
公共施設　8, 42, 129, 166, 189, 190, 210, 214, 220, 288, 290, 359, 393　→インフラ
広告　67, 125, 135, 153, 169, 171, 206, 214, 216, 225, 237, 244, 246, 250, 263-268, 278, 280, 293, 296, 299, 307, 309, 323-325, 335-338, 347, 348
小売店舗　7, 13, 234, 237, 238, 248-250, 252-258, 260, 261, 263, 268, 269, 271, 272, 275-279, 355, 360
港湾　6, 25, 42, 70, 108, 111, 118, 119, 121, 124, 126, 132, 141, 144, 145, 153, 154
　——都市　3, 5, 9, 10, 35, 45, 64, 92, 104, 154, 210, 237
　——荷担ぎ人　39, 61, 87, 119, 144, 210

コーヒーハウス　7, 53, 54, 162, 288-290, 296, 299, 332
穀物　9, 24, 27, 30, 32, 40, 52, 108, 131, 144, 216
孤児　71, 122, 199, 201, 202
国教徒　35, 209, 338, 345
古典　206, 322, 330, 336, 337
娯楽　13, 234, 252, 275, 277, 278, 287, 294, 298, 302, 306-309, 312, 318, 333, 343, 355
コルクカッター　39, 53, 59, 67, 87
コンプトン・センサス　35

サ行

三大商家　91, 97, 99, 100, 117, 118, 177
ジェントルマン　75, 77, 78, 80-82, 84, 116, 117, 131, 135, 139, 175, 176, 185, 188, 194, 217, 218, 276, 291, 308-311, 313, 318, 336, 337, 339, 343, 345
　——クラブ　342, 347
塩　24, 26, 27, 263
市会員　28, 52, 66, 114-118, 158, 159, 178, 179, 185, 212, 213, 222, 334, 346, 363, 384, 390, 391　→市議会議員
市議会　12, 28, 61, 70, 73, 105, 113-119, 122, 123, 125, 126, 129, 133-135, 138, 141-149, 153-155, 157-159, 165, 178, 183, 185, 188, 200, 205, 210, 212, 213, 225, 230, 242, 292, 294, 330, 333, 334, 346, 358
　——議員　70, 84, 93, 94, 98, 114-118, 125, 126, 130, 133, 136, 138, 141-143, 145, 146, 151-153, 155, 157-159, 161, 164, 172, 174, 178, 179, 183, 185, 186, 192, 205, 212, 213, 221, 230, 302, 332, 334, 346, 353, 358, 363, 384　→市参事会員、市会員
市参事会員　26, 28, 52, 66, 99, 114-118, 124, 131, 136, 138, 139, 141, 153, 155, 156, 158, 159, 168, 178, 179, 185, 186, 199, 201, 209, 212, 213, 218, 219, 222, 240, 241, 244, 281, 295, 328, 334, 346, 363, 384, 390, 391　→市議会議員
市場　10, 30, 237, 248, 251, 252, 266, 277, 362　→市（市場）
　——監督官　28, 114
　——使用料　119, 120, 144, 216
　——広場　29, 87, 88, 111, 168, 237, 250, 261,

288, 306, 308
——町　3, 251
市書記　28, 114, 115, 125, 134, 135, 143, 145, 184, 199, 333
慈善基金　123, 124, 139, 140
仕立屋　38, 39, 43, 60, 76, 78, 80, 81, 86, 87, 179, 257, 260, 274-276
自治都市（非自治都市）　4, 19, 28, 61, 111, 113, 145, 154, 229, 287
市長　26, 28, 66, 114-116, 118, 129, 130, 133, 134, 136, 143, 153, 155, 156, 172, 185, 192, 194, 197, 199, 213, 214, 216, 237, 240-242, 291-293, 300, 305, 307, 315, 326, 334, 345, 346, 358, 363, 384, 390
市庁舎　7, 63, 124-126, 135, 136, 162, 199, 288-290, 292, 295, 296, 299, 304, 305, 307
質的都市化　6, 14, 314
地主　8, 9, 29, 56, 70, 76, 78, 80, 81, 97, 98, 101-105, 116, 118, 131, 135, 138, 139, 144, 154-157, 161, 163, 172, 174, 177, 182, 185, 186, 188, 193, 194, 206, 212, 213, 216, 225, 238, 242, 251, 268, 287, 292, 296, 297, 300, 305, 307, 313, 314, 322, 327, 328, 336, 340, 344, 345, 347, 350, 355, 359, 362, 364
社会的差異　308, 346, 361
社会的信用　91, 92, 104, 358
社会的地位　4, 8, 13, 69, 93, 99, 100, 116, 122, 159, 213, 218, 220, 233, 234, 237, 239, 242, 297, 300, 313, 322, 329, 342, 345, 347, 360, 361
社会的模倣　6, 238, 239
社交圏　8, 297
社交シーズン　252, 264, 265, 307
奢侈的新業種　42, 88, 254, 255, 258, 263, 264, 267-269, 271, 273, 274, 276, 398
奢侈品　19, 41, 42, 60, 88, 248, 250, 251, 260, 262, 264, 278, 280
就業者　21, 38, 41-43, 58, 60, 67
住居数　36, 37, 48, 49, 65
自由市民の連合協会　203, 334
重大犯罪者を起訴する協会　218
小説　323, 331
上層　7, 52, 53, 55, 85, 104, 159, 179, 200, 238, 242, 267, 299, 303, 313, 315, 321, 336, 347, 357, 359, 360, 363　→中上層

醸造業（者）　39, 78, 80, 82, 87, 98, 117, 132
商人　9, 10, 21, 25-27, 32, 38-40, 52-54, 56, 58-61, 76-78, 80, 81, 83, 84, 86, 87, 89-92, 97-102, 106-108, 116-118, 130, 132, 133, 139, 147, 154, 157, 175-177, 179, 185, 188, 193, 195, 198, 199, 222, 244, 251, 275, 301, 305, 310, 336, 347, 357, 362, 363
消費社会　3, 10, 108, 109, 237, 355
——化　11, 13, 169, 237, 238, 248, 278
消費文化　11, 13, 14, 19, 42, 50, 60, 62, 237, 239, 242, 246, 261, 279, 280, 287, 298, 355, 357, 362
使用料　29, 42, 118-120, 123, 124, 127, 134, 141, 144, 216, 217
職業構造　11, 19, 21, 34, 38, 45, 76, 77, 362
食料雑貨商（店）　39, 53, 54, 59, 76, 78, 80-83, 86, 87, 90, 100, 107, 116, 117, 159, 179, 195, 257, 259, 261, 263, 264, 276
書籍　260, 267, 280, 322, 323, 326, 347-349
——商　39, 53, 54, 60, 77, 78, 87, 88, 258, 260, 267, 276, 323, 324, 346, 348
新家畜市場賃借人組合　216, 217
新劇場協会　213, 288
新劇場委員会　213, 214, 227, 288, 302, 303
人口　1-3, 9, 11, 19, 21, 30, 32, 34-38, 45-48, 55-57, 61, 63-66, 72, 93, 95, 107, 108, 111, 124, 133, 154, 165, 166, 222, 223, 249, 254, 323, 324, 357, 358
新興工業都市　5, 9, 38, 61, 64, 66, 113, 204, 332, 357
新古典派　4, 19
人頭税　21, 64, 65, 74, 75
真のイギリス人の協会　345, 346
審美性　7, 19, 150, 252, 287
新聞　8, 12, 24, 67, 125, 130, 135, 153, 171, 184, 214, 244, 263-265, 267, 280, 292, 293, 296, 298, 299, 303, 309, 313, 318, 322-325, 328, 331-333, 335-338, 344, 347, 348, 361, 364, 393
人名録　13, 34, 37, 51, 57, 174-176, 179, 210, 253-256, 258, 260-263, 268, 269, 273-275, 279, 281, 283-285, 335
診療所　101, 131, 192, 193, 204, 221, 222, 300
水夫　35, 38, 39, 42, 45, 58, 60, 61, 65, 75-78, 80, 81, 83, 84, 86, 87, 89-92, 99, 108, 131,

索　引　433

142, 154, 175, 196, 199-202, 205, 219, 345, 353, 357

水夫（協会・組合）
　水夫親方と商工業者のための友愛組合　202
　水夫の寡婦と孤児のための協会　201, 202
　水夫友愛協会　204
　難破した水夫の扶助組合　199, 200
スープ協会　194, 197
スポーツ　13, 298, 308-312, 355, 394
　──大会　133, 311, 364
製革工　39, 54, 78, 87, 219, 257, 276
聖職者　39, 42, 53, 54, 61, 77, 78, 80-82, 86, 88, 101, 114, 131, 133, 139, 159, 193, 196, 207, 208, 225, 226, 322, 330, 337, 347
性比　44, 45, 65
製帆工　39, 42, 53, 60, 75, 76, 78, 80, 81, 83, 84, 86, 89-91, 99, 108, 357
セーフティ・ネット　91, 143, 198, 363
石炭　9, 30, 32, 58, 63, 67, 79, 108, 131, 133, 144
施療院　56, 71, 123, 124, 133, 141, 151, 191, 196
選挙　75, 92-94, 101, 122, 156, 222, 291, 295-297, 314, 332, 334
　──権　70, 71, 74-76, 83, 85, 92-96, 106, 107, 156, 297, 358
　──人　74, 81, 85, 93, 95, 96, 107
　──人名簿　11, 85
　──法改正　93, 95, 104, 107, 131
船具商　40, 42, 53, 76, 79, 84
センサス　11, 21, 34, 36-38, 44, 48, 51, 56, 57, 63, 65-67, 85
専門職　41, 42, 52-54, 59-61, 77, 82, 88, 97, 101, 102, 105, 116-118, 133, 147, 156, 175-177, 179, 233, 276, 292, 293, 330, 344, 345, 347, 357, 362, 398
測量士　40, 60, 79, 87, 88, 164, 175, 176

タ行

第五ドラゴン隊　292, 298
樽桶工　32, 39, 54, 56, 76, 78, 80-82, 86, 87
ダンス　206, 294, 295, 299, 311, 335, 336, 338, 340, 341
治安官　28, 42, 94, 114, 122, 170, 217, 218
地域特定法　130, 149-152, 156, 157, 160, 167, 168, 170, 184, 227, 359
知識　9, 13, 14, 42, 60, 77, 101, 113, 205, 208, 234, 235, 284, 304, 307, 321, 322, 325-330, 332, 339, 346, 347, 355, 361, 393
地代　29, 118-120, 123, 124, 127, 129, 131, 134, 139, 141, 271, 322, 359
茶商（茶葉店）　39, 54, 60, 257, 259, 261, 263, 264, 276
中間層　3, 5, 8, 13, 19, 20, 51-57, 62, 84, 85, 108, 179, 191, 198, 200, 201, 204, 205, 208, 220, 238, 242-246, 248, 259, 265, 268, 277, 284, 293, 308, 311, 312, 327, 330, 335, 341, 342, 346, 357, 359, 363　→中上層
中古　248, 278, 280
中上層　11, 51, 75, 198, 246, 249, 265, 268, 277, 301, 302, 337, 344, 346, 355, 356, 361　→上層、中間層
徴税　25, 28, 114, 119, 120, 127, 128
通行料　119, 120, 144, 152, 153
定住地（セトルメント）　25
ディベート協会　332, 333, 351
滴下　6, 7, 238
手袋工　40, 60, 78, 257, 276
展示会　7, 13, 222, 234, 293, 298, 306-308, 327-329, 343, 344, 350, 355
天体観測機器（望遠鏡）　246, 267, 281
店舗税　253, 283
ドゥームズデー・ブック　24
闘鶏　308, 309, 314, 318
陶磁器（商）　40, 53, 60, 77, 245, 257, 276
党派　9, 71, 98, 115, 297, 332, 347
読書クラブ　14, 322, 323, 346, 348, 361
独立自由市民協会　203, 332, 334
時計製造工　39, 53, 60, 77, 79, 87, 88, 258, 276
屠殺　79, 84, 88, 106, 261
都市史　1, 10, 14, 69, 313, 322, 326, 347, 361, 393
都市自治体　2, 4, 10, 12, 13, 26, 28, 29, 34, 35, 49, 52, 63, 70, 72, 88, 98, 105, 111-116, 118-130, 133-139, 141-146, 149, 151-157, 159-161, 164-167, 172, 174, 176, 180, 181, 183, 184, 189-191, 193, 196, 199, 205-208, 210-217, 220, 227-230, 233, 244, 250-252, 287, 288, 291, 292, 294, 299, 302, 304, 308, 311,

312, 315, 322, 332, 334, 346, 358, 359, 362
委員会　12, 114, 125-128, 130, 131, 141, 146, 149, 155, 156, 359
饗宴　114, 123, 145, 291
債権　49, 125, 127, 135-139, 141, 142, 147, 176, 177, 179, 211-215, 217, 227, 233, 359
土地売却　123, 145
年金証券　49, 120, 125, 127, 135, 136, 141, 142, 147, 359
都市自治体法　2, 4, 21, 28, 29, 61, 94, 95, 104, 108, 113, 222, 358
図書館　7, 8, 14, 127, 129, 322, 323, 346, 348, 361
　会員制——　127, 129, 322, 331, 348
　貸し出し——　323, 325, 331, 348
　教会——　129, 322
　公共——　323
都市ルネサンス　3-7, 14, 16, 42, 88, 238, 248, 250, 256, 259, 260, 267, 269, 274, 278, 279, 290, 291, 302, 309, 311, 325, 342, 355, 362
特許状　21, 25, 26, 28, 29, 61, 63, 70, 108, 111, 113, 114, 118, 122, 189, 230
徒弟　11, 38, 73-76, 83, 88, 91, 92, 97-99, 116, 117, 121, 123, 142, 145, 176, 220, 244, 390
富の分布　11, 12, 19, 21, 34, 45, 48, 50-52, 55, 57, 69, 83-85, 88, 108, 239, 357

ナ行

内科医　39, 59, 79, 61, 204, 349 → 医者
内陸取引　9-11, 30, 32, 61, 108, 326, 362
ナポレオン戦争　35, 44, 65, 128, 130, 293, 294
肉屋　39, 53, 54, 60, 76, 78, 80-84, 87, 88, 106, 215, 252, 257, 261, 275, 276, 308
入場料　13, 299, 302, 304-308, 310, 312, 313, 329, 360
ネットワーク　9, 91, 97-102, 104, 105, 117, 191, 221, 230, 321, 335, 342, 346, 347, 349, 362
農業協会　327-330, 349, 350
納税者（地方税納税者）　20, 45, 48-52, 54-57, 69, 74, 82-87, 89, 90, 92, 94, 96, 104-106, 108, 109, 149, 205, 274, 358, 369, 373, 376, 381, 382
ノーフォーク聖書協会　208
ノーフォーク農法　32, 327

ハ行

馬車　39, 41, 53, 59, 67, 79, 88, 181, 237, 240, 242, 246, 280, 298, 314, 345
バッグ＝ホッグ＝エヴェラード商会　91, 98
波止場　39, 42, 119, 120, 144, 182, 196
花火大会　133, 312, 364
パブ　41, 53, 58, 59, 66, 100, 181, 182, 202, 205, 290, 372
バプティスト　115, 208, 209
バルト諸国　27, 30
ハンザ商人　9, 21, 27
晩餐会　133, 134, 143, 191, 194, 220, 243, 291-297, 312, 334, 343, 345, 363, 364, 391
反奴隷制協会　332-334
パン屋　38, 39, 53, 54, 56, 60, 76, 78, 80-84, 86, 87, 89, 90, 116, 179, 257, 259, 261, 275, 276, 345
皮革（業）　41, 42, 77, 79, 87, 132, 219, 220, 257-259
非国教徒　35, 115, 191, 209, 327
非フリーメン　82, 85-90, 94, 96, 105, 119, 130, 131, 142, 144, 146, 158, 159, 172, 174, 177, 180, 183, 201, 203, 225, 296, 297, 345, 346, 358, 359, 363
病院　8, 71, 101, 124, 192-194, 220-223
美容師　39, 87, 88, 258, 262, 267, 276
病人やけが人のための自立促進機関　204
貧困層　48-50, 57, 108, 220, 335, 357
貧民監督官　94, 131, 133, 151
フェイクナム共済組合　200
賦課金　119, 120, 124, 134, 144
服地商（店）　39, 53, 54, 56, 59, 78, 80, 87, 88, 100, 116, 117, 179, 245, 257, 258, 260, 265, 266, 274, 276, 283, 284
舞踏会　169, 192, 222, 237, 291, 292, 296, 299, 300, 301, 316, 340, 341
船大工　39, 42, 75, 76, 78, 80, 81, 86, 87
船主　40, 42, 79, 121, 144, 199, 298, 310, 318, 344
フリーメーソン　104-108, 204, 290, 298, 342-345, 347, 353
フリーメン　11, 12, 19, 20, 61, 69-78, 80-96, 102, 104-109, 111, 113, 116, 117, 119, 121-123, 126, 127, 130, 131, 133, 134, 141, 142,

索引　435

144, 145, 149, 155, 156, 158-160, 172, 174-176, 179, 180, 183, 188, 191, 195, 205, 206, 224, 225, 229, 230, 295-298, 334, 345, 358, 359, 363, 381, 382, 384, 390, 391
職業　69, 70, 76-83, 85-92, 105
制度　10, 12, 69-72, 75, 77, 88, 90, 92, 96, 97, 104, 108, 142
　登録数　72-74, 81
　登録簿　11, 57, 77, 105, 106, 175, 176, 188
　特権　69-74, 85, 87, 88, 92-94, 104, 113, 142, 180, 206, 358
　認可　70-73, 75, 92, 105, 108, 122, 384, 390
　納税者　69, 74, 82-85, 89, 90
プロト工業化　30
ベッドフォード・レベル　23, 30, 151, 184
ベッドリネン協会　194, 197
ベル=ランカスター方式　207, 225
弁護士　39, 78, 81, 86, 87, 159, 175, 177, 201, 239, 240, 290→法律家
奉公人　38, 39, 43, 45, 87
法定委員会　2, 12, 94, 111, 112, 128, 149, 150, 152-156, 160, 170, 183, 184, 189, 190, 200, 210, 220, 221, 227, 229, 233, 244, 312, 313, 330, 359
訪問協会　133, 134, 196, 197, 220, 223
法律家　42, 52-54, 59, 60, 77, 82-84, 86, 90, 97, 101, 114, 139, 175, 179, 213, 275, 280, 333, 347→弁護士
法律顧問　28, 114, 122, 143
ボーリング　309
舗装委員会　12, 49, 128, 129, 136, 139, 142, 149, 150, 154-161, 163-172, 176, 178, 180-183, 186, 188, 189, 212, 216, 229, 230, 261, 359
　寄付（金）　163, 168, 170, 172
　地主委員会　155
　準備委員会　155, 156, 183
　証券　49, 163, 170, 172-179, 183, 186, 188, 230, 359
　年金証券　170-172, 179, 188
　夜警　170
墓地　127

マ行

マーケット・ハウス　129, 162, 215, 217, 227, 288-290, 341, 359

マナー　13, 205, 234, 313, 335, 336, 341, 342, 355, 356→礼儀
未婚女性　55, 56, 139, 171, 176
水先案内人　39, 42, 61, 76, 78, 87, 119, 154, 210, 330
メカニックス・インスティチュート　324, 329-331, 347, 351, 352
メソディスト　77, 191, 195, 208, 209, 223, 318
文字文化　14, 322, 346, 347, 361, 393
催し　5, 7, 8, 13, 16, 19, 53, 58, 100, 102, 133, 169, 192, 209, 215, 234, 235, 249, 252, 267, 279, 287, 288, 290-295, 297-299, 302, 308-310, 312-314, 321, 329, 343, 344, 355, 360, 361, 363, 364

ヤ行

やり繰り経済　61
遊歩道　7, 163, 165, 181, 311, 312
有用な知識　14, 205, 321, 326, 327, 329, 361, 393
遊覧船　309, 311
有料道路信託団体　138, 139, 150, 152, 185
有力住民　94
よそ者支援協会　195
万屋　40, 79, 87, 88, 250, 257, 261, 262, 276, 279

ラ行

ライフサイクル　44, 54, 55, 248
リベラル　324, 348
利便性　19, 150, 180, 182, 183, 211, 213, 358
流動性　13, 233, 359
リン=ハンスタントン救命ボート協会　219
リン限定共済組合　200, 201, 224
リン慈善協会　194, 195, 223
リン節酒協会　209, 210
リン日曜学校協会　209
リン病院　193, 222
礼儀　14, 205, 206, 311, 321, 335, 338, 393→マナー
礼儀正しさ　198, 233, 234, 249, 314, 332, 347, 363, 364
レガッタ　309-311
レジャー　1, 3, 4, 8, 19, 42, 233, 360, 362
ロイヤル・アングルシー連隊　194, 292

労働者　38, 39, 41, 55, 61, 79, 86, 87, 108, 119, 121, 145, 154, 198, 200, 204, 205, 208, 210, 223, 248, 249, 282, 287, 304
蝋人形展　306, 307, 343
炉税　35, 64

ロマンティシズム　239

ワ行

ワークハウス　49, 123, 124, 133, 138, 145, 151, 152, 182, 196

人名索引

※ファーストネームがイニシャルの者は研究者。

ア行

アストリー（家）　103, 104
アストリー、ジャコブ J.　102, 212, 292, 300, 331
アレン（家）　99, 102, 103, 118, 158, 173, 228, 301, 369, 384
アレン、スティーブン　101, 102, 146, 158, 196, 208, 301, 370, 384
アレン、トマス　158, 173, 328, 373, 384, 391
アレン、マクシー　138, 158, 173, 369, 384
アンドリューズ、ジョセフ　59, 107, 195, 196, 263, 284, 370, 373, 397
アンドリューズ、ジョン　263
ウィッティンガム、ウィリアム G.　178, 323, 325, 326, 348, 371, 375, 397
ウィンコップ、ロバート　137, 138, 158, 173, 222, 369, 374, 389, 390
ウェイト、ジョン　101, 197, 222, 330, 331, 333, 350
ウェザリル、L.　243
ウェッブ、S. & B.　2, 113, 149, 150, 152
ウォルポール（家）　102, 103, 122, 315
ウォルポール、ホーレス（オーフォード伯）　240, 293, 295, 296, 314, 315
ウォルポール、ホレーショ（ウォルポール卿）　172, 212, 240, 292, 295, 305
ウォルポール、ジョン（ウォルポール大佐）　75, 212, 296
ウッド、F.　10, 144
エヴェラード（家）　97-99, 117, 138-140, 150, 160, 173, 177, 212, 369, 370, 373, 386, 391
エヴェラード、エドワード　97, 99, 107, 115, 119, 137-141, 158, 163, 173, 201, 202, 212, 218, 222, 239, 300, 305, 369, 373, 386, 391
エヴェラード、スカーレット　141, 158, 173, 178, 212, 215, 218, 300, 329, 386
エヴェラード、ウィリアム　99, 100, 139, 209, 222, 329, 386
エスタブルック、C. B.　16
エドワーズ、エドワード　101, 173, 197, 208, 222, 330, 370
エリス、J.　3, 6, 55, 56, 315
エルスデン（家）　56, 99, 118, 136, 158, 174, 218, 369, 386
エルスデン、エドモンド　56, 158, 173, 178, 197, 212, 305, 353, 369, 373, 386
オーエン、D.　10
オードリー、トマス　99, 100, 158, 173, 300, 369

カ行

カーター、トマス A.　100, 143, 373
カーター夫人　337, 340, 370, 393
ガーニー（家）　138, 173, 188, 376
ガーニー、ダニエル　100, 138, 178, 222, 330
キース・ルーカス B.　143
クック（家）　102, 103
クック、トマス W.　212, 327, 349
グッドウィン、チャールズ　101, 212, 373, 383, 396
グッドウィン、ハーヴェイ　101, 158, 159, 173, 177, 186, 370, 391
クラーク、J. C. D.　1
クラーク、P.　3, 8, 218, 230, 342, 347, 349
グリーン、ロバート　99, 158, 178, 201, 212, 373, 386, 391
クルーソー、チャールズ　54, 206, 369
クルーソー、ロビンソン　201, 371
クレスウェル、フランシス　100, 192, 193, 197, 222, 329, 374
ケース、ウィリアム　101, 119, 158, 173, 370,

索 引

385, 391
ケース、フィリップ　97, 98, 101, 102, 139, 140, 239, 240, 241, 243, 280, 297, 385, 395
コウルチャー、マーティン　174, 225
コウルトン、ジェームズ　101, 178, 328, 336, 337, 352, 393, 398
コーフィールド、P. J.　2, 3, 64

サ行

サイモンズ、ソロモン　237, 246, 278, 279
ジェフェリーズ、J. B.　249, 250
シュウォーツ、L.　5
シルヴェスター夫人　306, 307, 343
スウィート、R.　3, 6, 7, 92
スタイルズ、J.　248
ストックデール、ジョン B.　90, 99, 158, 174, 222, 369, 373, 389
ストバート、J.　6
スミス、ベンジャミン　139-141, 191
スワットマン、ウィリアム　115, 118, 138, 158, 168, 174, 178, 212, 219, 389
セルフ、ライオネル　99, 158, 173, 178, 201, 212, 213, 300, 328, 369, 373, 389, 391

タ行

タウンシェンド（家）　102, 103
タウンシェンド、チャールズ　219, 228, 240
ツウィーデール、ジョン　101, 222, 375
デ・フリース、J.　64
テイラー、ウィリアム　10, 100, 326, 389, 393
テイラー、ジョセフ　100, 115, 158, 185, 188, 219, 300, 305, 334, 353, 369, 371, 389, 391
デフォー、ダニエル　22, 23, 32

ハ行

パーカー、V.　10, 26
バークベック、ジョン　100, 138, 158, 159, 173, 188, 208, 370, 371
バーニー、J.　10
バーニー、チャールズ　303-305, 314, 316, 317
バーニー、フランシス　297, 298, 301, 316
ハイレン、H. J.　227
バッグ（家）　97-99, 102, 103, 117, 138, 158, 160, 177, 239, 241, 243, 244, 277, 297, 301, 305, 384, 390, 391, 395
バッグ、ウィリアム　97, 102, 137, 138, 158, 173, 205, 212, 215, 222, 239, 315, 329, 369, 384, 391, 395
バッグ、エドワード　97, 197, 239, 395
バッグ、グレース　247, 395
バッグ、ジョン　102, 228, 346, 353, 384, 395
バッグ、トマス　97, 137, 138, 158, 173, 205, 206, 218, 239, 241, 247, 297, 300, 305, 327, 328, 369, 384, 395
バッグ、トマス P.　97, 158, 173, 201, 202, 212, 218, 241, 242, 300, 328, 384, 391, 395
バッグ、プリーザンス　197, 223, 247, 328, 329, 395
バッグ、リチャード　97, 309, 345, 373, 384, 395
パッテン、J.　64
ハバーマス、J.　332
ハモンド（家）　56, 103, 104, 138, 340, 369
ハモンド、アンソニー　102, 173, 177, 193, 218, 251, 282, 305, 328, 340
バリー、J.　6, 7, 107
ハルトン（家）　99, 122, 138, 212, 213, 222, 247, 387, 391, 395
ビング、ジョン　178, 343, 345, 398
ファイフ、ヘンリー　268, 350
ファウラー、C.　254, 255
フォックス（家）　102, 103, 122, 193
フォックス、マーティン B.　92, 163, 172, 195, 196, 203, 212, 216, 224, 292, 296, 297, 300, 305, 327, 328, 334
ブラウン、サミュエル　98, 102, 138-140, 346, 353, 385
ブラックバーン、トマス　99, 158, 173, 369, 384
プラット（家）　103, 104
プラット、エドワード　102
ブラッドファー=ローレンス、H. L.　10
ブラディー、チャールズ　299, 300, 316, 340, 393
プラム、J. H.　3
ブランスビー、ジョン　101, 225, 330, 341, 350, 374
ブルーワ、J.　3
ブレンコウ、ジョン P.　99, 117, 138, 158, 173,

178, 192, 197, 201, 212, 222, 374, 384, 391
ベケット、J.　6
ベネット、A.　255, 256
ヘミングトン、ジョン　118, 158, 174, 213, 214, 219, 228, 300, 305, 334, 387, 391
ベル、ヘンリー　101, 103, 115, 158, 173, 212, 213, 328, 369, 384
ベロー、エドワード　101, 336, 337, 341, 374, 393
ボウカー、アレクサンダー　99, 118, 158, 173, 212, 375, 385, 391
ボウカー、ジェームズ　99, 212, 213, 337, 385, 391
ポーター、R.　327, 329
ホッグ（家）　97-99, 117, 158, 160, 177, 387, 391
ホッグ、ジョージ　138-140, 158, 164, 173, 174, 177, 192, 197, 201, 212, 213, 215, 222, 300, 329, 369, 373, 387, 391
ポップジョイ、ウィリアム　163, 173, 177, 186
ボナー、ギャンブル Y.　116, 158, 385, 391

マ行

マカレル、ベンジャミン　10, 65, 326, 393
マグリッジ、エドワード　101, 178, 330, 341, 350, 352, 370, 375, 391, 393
マケンドリック、N.　3, 238
マダム・タッソー　306, 307

マッキネス、A.　5
マニング、エドワード B.　99, 199, 222, 350, 374, 391
マルドリュー、C.　10, 64
ミュイ、H-C. & L. H.　255, 256, 258, 260, 283, 284
メター、A.　10, 32

ヤ行

ヤング、アーサー　327, 349

ラ行

ラ・ロシュフーコー、フランソワ　292, 349
ランカスター、ジョセフ　207, 225
ラングフォード、P.　160, 185, 238
リグリー、E. A.　64
リシュトン、マーティン F.　174, 292
リチャーズ、P.　10, 64
リチャーズ、ウィリアム　10, 182, 194, 198, 199, 208, 294, 323, 326, 333, 346, 353, 393
レーン、フレデリック　101, 158, 178, 201, 212, 373, 387, 391
ロイズ、デイヴィッド　206, 225, 344
ローレンス、ジョセフ　101, 107, 118, 153, 158, 170, 174, 212, 371, 388, 391
ロルフ（家）　102-104, 225
ロルフ、エドモンド　102, 174, 212, 225, 300, 388

地名索引

ア行

イースト・アングリア　10, 21-23, 30, 193, 237, 250-252, 260, 277, 305, 321, 335, 342
イーリー　22, 23
イスリントン　102, 103, 241-243
イプスウィッチ　23, 168, 187, 307, 325
ウィスビッチ　23, 24, 103, 184, 325, 343
ウーズ川　21, 22, 24, 26, 27, 32-34, 42, 119, 131, 132, 144, 154, 161, 309, 311
ウェスト・リン　62, 118, 144, 151
ウォーリック　27
オール・セント教区　34, 35, 37, 49, 184

オランダ　22, 30, 263, 268, 294, 318

カ行

火曜市広場　25, 34, 127, 134, 144, 162, 187, 250, 252, 256, 269, 271, 272, 288-290, 363
キング・ストリート　162, 182, 187, 269, 272, 289, 290
クイーン・ストリート　162, 182, 187, 269, 272
グラス・マーケット　162, 182, 187, 269
グリムズビー　22
ゲイウッド　24, 241
ケトルウェル区　33-36, 391
ケンブリッジ　22-24, 27, 252, 309, 324, 325

7, 208, 209, 223, 233, 237, 251, 253-255, 258-260, 262-264, 267, 287, 294, 296, 301- 307, 313-315, 317, 325-327, 333, 342

ロンドン・ロード　161, 162, 272

サ行

- サウス・リン　33-37, 62, 65, 118, 144, 184, 219, 339
- サウスゲート区　33, 34
- サザンプトン　27, 254-256
- サフォーク　22-24, 131, 171, 309, 324
- サンダーランド　30
- ジューズ・レーン区　33, 34, 36, 133, 182, 391
- ストウブリッジ　32, 252
- ストーンゲート区　33, 34, 37, 66, 391
- ストラッドセット　97, 103, 239, 240
- スネッティシャム　29, 103, 118, 144
- スワッハム　103, 106, 251, 309, 310, 316, 318, 327
- セッジフォード・レーン区　33, 34, 37, 391
- セント・ジェームズ・ストリート　161, 162, 187, 336
- セント・マーガレット教区　33-36, 48, 49, 57, 65, 133, 152, 363
- セント・メリー　118, 144
- ソールズベリー　153, 265

タ行

- ダウナム・マーケット　103, 318
- ダムゲート・ストリート　162, 163, 182, 237
- チェッカー・ストリート　162, 182, 263, 336
- チェッカー区　33, 34, 36, 391
- デレハム　103, 318
- 土曜市広場　25, 34, 128, 161, 162, 187, 215, 251, 256, 269, 289, 290
- トリニティ・ホール区　33, 34, 37, 391

ナ行

- ニュー・コンデュイット区　33, 34, 36, 391
- ニューカッスル　30, 227
- ニューマーケット　22, 24, 309
- ネルソン・ストリート　162, 187, 240, 243
- ノース・エンド区　34, 37, 164, 391
- ノース・ランクトン　29, 103
- ノーフォーク・ストリート　34, 162, 182, 187, 264, 269, 271-278
- ノリッジ　22-25, 28, 35, 41-47, 64, 67, 70, 72, 75, 103, 106, 138, 163, 184, 188, 193, 208, 219, 251, 253-255, 258-260, 305, 307, 309, 313, 321, 324-326,

- バード・ケージ・
- パーフリート　164
- バーミンガム
- ハイ・ストリート　264, 266, 268, 290, 355, 360,
- バッキンガム
- パラダイス区
- ハル　32, 254, 2
- ハンティンドン
- ピーターバラ
- ヒーチャム　10
- ビショップス・リ
- フェンランド
- フリーブリッジ
- ブリストル　16, 255, 258-260,
- ブロード・ストリ
- ベッドフォード
- ベリー・セント・エ
- ボストン　23, 2
- ホルカム　102,

- マーシュランド
- マーハム　318
- マンチェスター
- ミルフリート

- ヤーマス（グレー　32, 35, 41-47,
- ヨークシャー

- ラットランド
- リヴァプール
- リンカーン　2
- レスター　27,
- ロンドン　5-7 70, 106, 135,

【著者略歴】

小西恵美（こにし・えみ）

2000年　慶應義塾大学商学研究科後期博士課程修了・博士（商学）。
現在　　専修大学経済学部教授。
主著　　'Elite and Pluralist Power in Eighteenth-Century English Towns: A Case Study of King's Lynn' in Roth R. & Beachy, R., eds., *Who Ran the Cities? City Elites and Urban Power Structures in Europe and North America, 1750-1940* (Aldershot, 2007)；「18世紀イギリス「都市ルネサンス論」再考」『専修大学人文科学研究所月報』241号（2009年）。
共訳　　エリス, J. M.『長い18世紀のイギリス都市——1680-1840』（法政大学出版会、2008年）。

長い18世紀イギリスの都市化
成熟する地方都市キングス・リン

2015年2月27日　第1刷発行　　　　定価（本体7500円＋税）

著　者　小　西　恵　美
発行者　栗　原　哲　也

発行所　株式会社　日本経済評論社

〒101-0051　東京都千代田区神田神保町3-2
電話　03-3230-1661　FAX　03-3265-2993
info8188@nikkeihyo.co.jp
URL：http://www.nikkeihyo.co.jp

装幀＊渡辺美知子　　　　　　　印刷＊文昇堂・製本＊誠製本

乱丁・落丁本はお取替えいたします。　　　Printed in Japan
Ⓒ Konishi Emi 2015　　　　　　　　ISBN978-4-8188-2358-7

・本書の複製権・翻訳権・上映権・譲渡権・公衆送信権（送信可能化権を含む）は、㈱日本経済評論社が保有します。
・ JCOPY 〈(社)出版者著作権管理機構　委託出版物〉
　本書の無断複写は著作権法上での例外を除き禁じられています。複写される場合は、そのつど事前に、(社)出版者著作権管理機構（電話03-3513-6969、FAX03-3513-6979、e-mail: info@jcopy.or.jp）の許諾を得てください。